카뮈의 말

# 카뮈의 말

인간의 위기에 맞서 자유를 외친 목소리,
1937~1958년의 연설들

알베르 카뮈
이재룡·조경민 옮김

**마음산책**

옮긴이 이재룡

성균관대학교 불어불문학과를 졸업하고 프랑스 브장송대학교에서 석사 및 박사학위를 취득했다. 숭실대학교 불어불문학과 교수를 지내고 현재 숭실대학교 불어불문학과 명예교수로 있다. 저서로『꿀벌의 언어』『소설 때때로 맑음』1~3권이 있으며, 역서로는 밀란 쿤데라의『참을 수 없는 존재의 가벼움』, 외젠 이오네스코의『외로운 남자』, 로맹 가리의『인간의 문제』, 에리크 뷔야르의『그날의 비밀』등이 있다.

조경민

숭실대학교 불어불문학과를 졸업하고 동 대학원에서 석사학위를 취득했다. 현재 주콩고민주공화국 대한민국 대사관에서 근무하고 있다.

# 카뮈의 말
인간의 위기에 맞서 자유를 외친 목소리, 1937~1958년의 연설들

1판 1쇄 인쇄 2023년 5월 1일
1판 1쇄 발행 2023년 5월 5일

지은이 | 알베르 카뮈
옮긴이 | 이재룡 · 조경민
펴낸이 | 정은숙
펴낸곳 | 마음산책

편집 | 성혜현 · 박선우 · 김수경 · 나한비 · 이동근
디자인 | 최정윤 · 오세라 · 차민지
마케팅 | 권혁준 · 권지원 · 김은비
경영지원 | 박지혜

등록 | 2000년 7월 28일(제2000-000237호)
주소 | (우 04043) 서울시 마포구 잔다리로3안길 20
전화 | 대표 362-1452 편집 362-1451    팩스 | 362-1455
홈페이지 | www.maumsan.com
블로그 | blog.naver.com/maumsanchaek
트위터 | twitter.com/maumsanchaek
페이스북 | facebook.com/maumsan
인스타그램 | instagram.com/maumsanchaek
전자우편 | maum@maumsan.com

ISBN 978-89-6090-809-3 03330

* 책값은 뒤표지에 있습니다.

저는 획일성이 아니라 차이를 신뢰합니다.
차이가 없다면 창조와 문화의 수액이 말라
자유의 나무는 죽게 됩니다.

■ 일러두기

1. 외국 인명·지명·독음 등은 외래어표기법을 따르되 관용적인 표기와 동떨어진 경우 절충하여 실용적인 표기를 따랐다.
2. 국내에 소개된 작품명은 번역된 제목을 따랐고, 국내에 소개되지 않은 작품명은 병기 후 원어 제목을 독음대로 적거나 우리말로 옮겼다.
3. 원서의 주는 ■로, 옮긴이 주는 □로 구분해주었다.
4. 편명은 「」로, 책 제목은 『』로, 공연명, 미술품명, 매체명은 〈 〉로 묶었다.

이 책은 1958년 11월 13일 파리에서 개최된 알제리엔 협회 만찬에서 행한 강연의 미공개 필사본으로 마무리되는, 알베르 카뮈의 공개연설로 알려진 서른네 편의 원고를 모은 것이다. 이 연설과 강연 들은 1937년의 '지중해의 새로운 문명'에 대한 강연을 제외하고 모두 전쟁 이후에 이루어졌다. 소설가, 수필가, 극작가, 논설 기자로서 그가 이룬 명성 덕분에 프랑스 그리고 해외에서 사람들은 세계의 현황과 그 인식에 대한 카뮈의 견해를 꾸준히 요청하고 기대했다.

그러나 알베르 카뮈는 자신이 전문성이나 정당성이 없다고 느끼는 주제에 대해 발언해야만 하는 위험에 노출되는 것을 흔쾌히 받아들이는 연사는 아니었다. 1946년에 그는 이미 "저는 연단에 설 나이가 아니"라고 말하기도 했다. 그의 망설임에도 불구하고 공개연설은 기록의 몫, 투쟁의 몫과 더불어 그의 참여 형태 중 하나가 된다.

이 작가는 마치 창작자의 경험과 간간이 연설하는 사람의 경험 사이에 공통점이 별로 없다는 듯 연설 원고에 자신의 작품이나 인물 중 어떤 것도 거론하거나 인용하지 않는다. 그러나 예술가의 참여에 대한 문제는 〈인간의 위기La Crise de l'Homme〉(뉴욕, 1946)부터 그 유명한 스웨덴 연설(스톡홀름과 웁살라, 1957)에 이르기까지, 그가 연단에서 발언한 내용의 핵심이다. 그는 시민의 참여와 작가의 참여 사이에 단절은 없다고 말한다. 후자의 경우 자신의 작품 자체에서 공포, 거짓, 관료적이고 이데올로기적인 추상 개념 그리고 불의에 그대로 노출된 인간의 진실에 그 어느 때보다 더 가까이 다가갈 길을 모색하기에 그렇다는 것이다. "예술가는 정복자가 평준화하는 지점에서 차이를 구별합니다. 육체와 열정의 차원에서 살아가고 창조하는 예술가는, 그 어떤 것도 단순하지 않다는 사실과 더불어 타인의 존재를 알고 있습니다." 그리고 이 육체는 행복할 수도 있고 불행할 수도 있다.

카뮈의 반항은 공동의 운명과 개인의 자유를 동시에 인식하면서, 부조리의 심장부에 자리한다. 이것이 바로 이 언사의 초석이다. 각각의 연설에서 알베르 카뮈는 인간으로서 그의 참여를 명확히 밝힌다. 즉, 언어의 남용과 이념의 과잉 때문에 인간이 그 자신에게 늑대가 될 수밖에 없었던 반세기 동안, 소음과 분노로 인해 박탈당한 소리, 얼굴, 품위를 사람들에게 되돌려주는 것이다. '증오를 정의의 욕망으로 변형'하기, '자기 안에 있는 죽음의 독을 제거'하기. 이것이 작가가 전해야 하는 세대의 고유한 경험이다.

'인간의 위기'. 이것을 진단하고 인지할 수 있도록 해야만 한다. 연설가는 원인이나 징후에 대해 생각을 이리저리 다시 표현하고 같은 말을 되풀이할 정도로 노력해야 한다. 그러나, 인간에 대한 '호의'를 고려하지 않는다면 "세상에는 거대한 고독밖에 남지 않을 것"이라는 그의 말처럼, 가장 중요한 것은 인간이 그들 스스로 인간에 대한 호의를 되찾을 수 있다는 희망을 지니고 대책을 세우는 일이다. 예술가, 작가에게는 비록 소박하지만 필수적인 역할이 있다.

알베르 카뮈가 생각하기에는, 인간의 직분이란 것이 있으며 그 직분은 각자의 고유한 한계 내에서 세계 속 불행의 강도를 약화하기 위해 그것에 맞서는 일이다. 특히 전체주의와 제국주의의 영향으로 전 지구화된 세상에서 그가 가진 지식인의 권위, 그의 독특한 이력 덕분에 그의 발언은 청중의 각별한 공감을 불러일으킨다. 알베르 카뮈는 참여를 국경 안에 가두지 않는다. 유럽 전체가 그의 관심사이며 프랑코 체제 역시 관심의 대상이 되고, 사람들이 그에게 화내지 않는다는 현실에는 관심을 넘어 분개까지 한다. 또한 알베르 카뮈는 인간과 정의를 철저히 무시하고 모든 자유를 무너뜨리는 광적인 전체주의에 억압받고 있는 동유럽의 형제들을 위해서도 연단에 올라선다.

문화 이상으로 중요한 것은, 자신의 운명에 맞서 싸우는 사람들을 하나로 묶는 형제애와 문명이다. 그는 자신만의 도덕으로 자신을 그려낸다. 인간의 직분은 매일, 평생에 걸쳐 일상적으로 지속되는 하나의 견습 과정이자 훈련이다. 그는 『작가수첩』에 이렇게 썼다. "나는 참여문학에 참여한 작가를 선호한다. 삶의 용기와 작품의 재능, 그쯤이면 이미 그다지 나쁘지 않다."

갈리마르 편집부

# 차 례

진실에 대한 열정을 가진 자유국가에서
인간은 서로에게 호의를 느낄 것입니다.
그게 아니라면 세상에는
거대한 고독밖에 남지 않을 것입니다.

# 토착 문명, 지중해의 새로운 문명

1935년 여름 말부터 알제리 공산당Parti Communiste Algérien, PCA 당원이었던 알베르 카뮈는 각색가, 연출가 그리고 배우의 역할을 동시에 맡아 그가 이끌었던 팀인 '노동 극단Théâtre du travail'을 창설하며 문화 활동에 전념했다. 그와 동시에 영화 상영, 음악회, 강연을 기획하는 알제 '문화의 집'의 사무국장이 되었다. 1937년 2월 8일 당시 스물세 살이었던 카뮈는 이 기관의 건립을 계기로 아래의 강연을 했다. 그 내용은 1937년 4월 알제 '문화의 집'에서 발간한 회보 〈죈느 메디테라네Jeune Méditerranée〉에 수록되었다. 그해 가을 카뮈는 알제리 공산당을 탈퇴했다.

## I

오늘 여러분 앞에 선보이는 '문화의 집'은 지중해 문명을 고양하려 한다고 주장합니다. 이런 유형의 기관과 관련된 보편적 취지에 충실하면서도 지역적 틀 안에서 그 존재와 위대성을 더 이상 증명할 필요가 없는 문화 구축에 기여하고자 하는 것입니다. 이 점에 대해 좌익 지식인들이 그들의 대의명분에 조금도 관련이 없고, 우익의 교조주의자들에 의해 (샤를 모라스Charles Maurras□의 경우처럼) 독점되었던 문화를 위해 복무한다는 사실에 무엇인가 놀라운 점도 아마 있을 것입니다.

## "전통이란 현실을 위조한 과거입니다"

사실 지중해의 지역주의적 대의에 봉사하는 일은 공허하고 미래가 없는 어떤 전통주의를 복원하거나, 다른 문명에 비해 어떤 문명의 우월성을 과장하는 것, 예컨대 전도된 파시즘을 되살려 북쪽 민족과 라틴 민족을 대립시키는 것처럼 보일 수도 있습니다. 이런 일에는 영속적인 오해가 도사리고 있습니다. 이번 발표의 목표는 그 점을 밝히는 것입니다. 모든 오류는 지중해성과 라틴성을 혼동하고, 아테네에서 시작된 것을 로마에 위치시킨다는 데에서 비롯됩니다. 우리에게는 명백한 사실인데, 이는 단지 일종의 태양의 국수주의라고 할 수만은 없는 것입니다. 우리는 이런 전통에 굴복하고 우리의 살아 있는 미래를 이미 사멸한 업적에 구속할 수 없을 것입니다. 전통이란 현실을 위조한 과거입니다. 이와는 정반대로 우리를 둘러싼 지중해는 유희와 미소로 가득한, 살아 있는 나라입니다. 다른 한편으로 국수주의는 그 행동으로 평가됩니다. 국수주의는 항상 역사에서 퇴폐의 징후로 나타납니다. 광대한 로마제국 체계가 무너졌을 때, 그토록 다양한 지역이 존재 이유를

---

□ 　프랑스의 고전적 전통과 애국주의를 고창했던 작가. 제2차 세계대전 중 반독주의자이면서 동시에 페텡 괴뢰정부를 찬양했다가 전후에 몰락했다.

찾았던 정신적 통일성이 붕괴되었을 때, 그 퇴폐의 시간에 이르러서야 비로소 국적들이 등장했습니다. 그 후부터 서구는 더 이상 그 통일성을 되찾지 못했습니다. 현재 국제주의는 다시금 서구의 통일성에 진정한 의미와 소명을 부여하고자 애쓰고 있습니다. 다만 그 원칙이 더 이상 기독교가 아니며, 더 이상 신성 제국의 로마 교황청이 아닙니다. 그 원칙은, 그것은 인간입니다. 통일성은 더 이상 신앙이 아니라 희망에 있습니다. 문명은 모든 국가가 소멸되어도 그 통일성과 위대함이 정신적 원칙에서 비롯되는 한 지속됩니다. 거의 유럽만큼이나 큰 인도는 국가도 왕도 없이, 두 세기 동안의 영국에 의한 지배 후에도 고유한 체질을 간직했습니다.

모든 고려보다도 앞서서 우리가 지중해의 국수주의 원칙을 폐기하는 이유가 여기에 있습니다. 게다가 오직 지중해 문명이 지닌 우월성의 문제만을 다룰 것입니다. 인간은 자신의 나라와 공조하며 자신을 표현합니다. 그리고 문명의 영역에서 우월성은 오로지 이 공조 안에서만 존재합니다. 남보다 더 위대하거나 덜 위대한 문명은 없습니다. 더 진실되거나 덜 진실된 문명들만 있을 따름입니다. 우리는 한 나라가 스스로 자신을 표현하도록 돕고자 할 따름입니다. 진정한 질문, 그것은 새로운 지중해 문명이 실현 가능한가, 바로 이것입니다.


II

명백한 증거들

하나, 10여 개 국가를 연결하는 호수인 지중해가 있습니다. 노랫소리가 울려 퍼지는 스페인 카페에서 목청이 터져라 소리치는 사람들, 제노바 항구와 마르세유 부두에서 배회하는 사람들, 우리 이웃에 사는 묘하고 강력한 종족, 이들은 모두 한 가족입니다. 유럽을 여행하며 이탈리아나 프로방스 쪽으로 내려가다가 자유분방한 사람들, 우리 모두가 잘 아는 이런 강하고 형형색색인 삶을 만나면 우리는 안도의 숨을 내쉬게 됩니다. 저는 오스트리아에서 독일에 이르는 중부유럽에서 2개월을 보냈는데, 어깨를 짓누르는 기이한 불편함, 온몸을 사로잡는 말 없는 묵직함이 어디에서 오는지 궁금했습니다. 얼마 전에야 깨달았습니다. 그들은 항상 목 끝까지 단추를 잠갔습니다. 그들은 느긋하게 사는 법을 몰랐습니다. 웃음과는 너무도 다른 희열이 무엇인지 몰랐습니다. 하지만 바로 이 미묘한 부분을 통해 조국이란 단어에 유효한 의미를 부여할 수 있습니다. 조국, 그것은 인간을 대학살로 내모는 추상적인 것이 아니라, 노르망디 사람이나 알자스 사람보다는 제노바 사람이나 마요르카 사람에게 더욱 친근감을 느끼게 만드는 요인, 어떤 존재들이 공유하는 삶의 취향입니다. 지중해, 그것은 냄새, 굳이 드러낼 필요가 없는 어떤 향기입니다. 우리 모두 피부로 느낍니다.

둘, 다른 역사적 증거들도 있습니다. 이런 것들입니다. 어떤 교조가 지중해와 만나 그 결과로 생긴 사상의 충돌 속에서 변함없이 남아 있는 것은 바로 지중해 연안국, 교조를 이겨내는 나라였습니다. 기독교는 그 기원에 있어서 감동적이지만 무엇보다도 유대교적인 폐쇄적 성격에다가 양보를 모르며, 엄격하고, 배타적이며, 존경을 요구하는 것이었습니다. 그것이 지중해와 만나면서 새로운 교조가 나왔습니다. 가톨릭입니다. 초기의 감상적인 취향의 전반적 성격에 철학적 교조가 더해졌습니다. 그 기념비는 완성되고, 예쁘게 꾸며졌으며, 인간에게 알맞게 조정되었습니다. 지중해 덕분에 기독교는 우리가 알고 있는 기적적 행로를 시작하며 세계 안으로 들어왔습니다.

내면적이며 온통 고뇌에 찬 기독교를 자연과 순박한 희열의 찬가로 만든 사람도 또한 지중해 사람 아시시의 프란체스코입니다. 그리고 기독교를 세계에서 분리한 유일한 시도를 두고 우리는 바로 북구 사람, 루터에게 빚지고 있습니다. 엄밀히 말해 개신교는 길흉을 열광적으로 따지는 지중해 성향이 제거된 가톨릭입니다.

좀 더 자세히 살펴봅시다. 이탈리아와 독일에서 살아보았던 사람들에게 두 나라의 파시즘은 같은 얼굴이 아닙니다. 독일의 모든 곳, 사람들의 얼굴, 도시의 길거리에서 느낄 수 있습니다. 군사도시 드레스덴은 보이지 않는 적에게 질식당합니다. 이탈리아에서 가장 먼저 느끼는 것은 바로 그 나라입니다. 독일인에게서 첫눈에 보게 되는 것은 당신에게 "하일 히틀러!Heil Hitler!" 하고 인사하는 히틀러 추종자입니다. 이탈리아인에게서 보게 되는 것은 다정하고 명랑한 사람입니다. 이 대목에서도 교조는 나라 앞에서 뒷전인 것처럼 보입니다. 인간적으로 생각하는 사람들이 비인간적인 나라에서도 억압 없이 살 수 있다는 것은 지중해의 기적입니다.


Ⅲ


그러나 지중해라는 살아 있는 이 현실은 우리에게 새로운 것이 아닙니다. 이 문화는 르네상스가 중세를 통해 재발견하려고 애썼던 고대 라틴의 이미지인 것처럼 보입니다. 모라스와 그 일당이 복속하려 했던 것도 바로 이 라틴의 속성입니다. 야만의 에티오피아에서 이탈리아의 문화적 업적을 고양하려 했던 저질의 선언서에 서구 지식인 스물네 명이 서명했던 것도 바로 이런 차원의 라틴의 미명 아래에서였습니다.

전혀 아닙니다. 우리의 '문화의 집'이 주장하는 것은 이러한 지중해가 아닙니다. 왜냐하면 그것은 진실이 아니기 때문입니다. 그것은 로마와 로마인들로 상징되는 추상적이고 관습적인 지중해입니다. 상상력 없는 모방자인 이 민족은 그들에게 결핍된 예술적 재능과 삶의 의미를 전사戰士적 재능으로 대체하기를 상상했습니다. 그들이 그토록 자랑하는 이런 차원은 지성 속에서 숨 쉬는 힘이 아닌 무력이 강요하는 차원이었습니다. 모방마저도 그들은 밋밋하게 했습니다. 그들이 모방했던 것은 그리스의 본질적 정신이 아니라 그 퇴폐와 오류의 산물입니다. 위대한 비극 혹은 위대한 희극의 강하고 단단한 그리스가 아니라 마지막 세기의 예쁘장한 모습과 교태입니다. 로마가 그리스에게서 취한 것은 생명이 아니라 유치하고 계산적인 추상화입니다. 지중해는 다른 것입니다. 지중해는 로마와 라틴 정신의 부정 그 자체입니다. 살아 있는 지중해는 추상화만을 할 수밖에 없었습니다. 고대 로마 시대의 카이사르와 아우구스투스의 명실상부한 계승자를 무솔리니라고 인정할 수도 있습니다. 무솔리니가 그들처럼, 진실과 위대함을 영혼 없는 폭력을 위해 희생했다면 그러하다는 의미에서 하는 말입니다.

지중해에게 우리가 요구하는 것은 추론과 추상화에 대한 취향이 아니라 마당들, 사이프러스나무, 고추 덩굴과 같은 삶, 에우리피데스가 아니라 아이스킬로스, 바티칸의 모조품이 아니라 도리아 양식의 아폴론 신상들입니다. 로마의 허세가 아니라 힘과 비관주의를 지닌 스페인, 자기 목소리에 도취해 군중을 짓누르는 연극의 무대장치가 아니라 햇빛이 부서지는 풍경입니다.

IV

모든 물결이 지나가는 국제적 호수인 지중해는 아마도 동방의 위대한 사상과 만나는 유일한 지방일 것입니다. 왜냐하면 지중해는 고전적이며 정리된 것이 아니라 아랍의 동네나 제노바의 항구, 튀니지의 항구처럼 산만하고 요동치는 것이기 때문입니다. 삶에 대한 당당한 취향, 압도감과 권태에 대한 감각, 정오의 텅 빈 스페인의 광장, 낮잠, 이런 것이 진정한 지중해이며 그렇게 해서 동방과 가까워집니다. 라틴 서방이 아닙니다. 북아프리카는 서방과 동방이 공존하는 유일한 지방 중 하나입니다. 물길이 만나는 지점인 알제의 부두에서는 스페인 사람, 이탈리아 사람, 그리고 그들을 둘러싼 아랍 사람들이 살아가는 방식에 아무 차이가 없습니다. 지중해 정신의 가장 본질적인 것은 역사와 지리적으로 이러한 동방과 서방의 유일한 만남에서 분출되었습니다(이 업적은 가브리엘 아우디시오Gabriel Audisio[•]에게 돌릴 수밖에 없습니다).

이러한 문화, 이러한 지중해의 진실은 명백히 존재하며 모든 점에서 드러납니다. 첫째, 언어의 단일체─라틴어에서 파생된 언어

---

[•]　　뒤에 나오는 〈알제리엔 협회 강연〉 참고.

중 하나의 언어를 알면 다른 언어를 쉽게 배울 수 있다는 점. 둘째, 기원의 단일체―기사 신분, 사제 신분, 봉건제 등 중세의 경이로운 집단주의. 모든 점에서 지중해는 교조를 자신의 모습과 닮도록 변형하고, 자신의 속성은 바꾸지 않으면서 사상들을 수용하는, 생생하고 다채롭고 구체적인 이미지를 제공했습니다.

그렇다면 왜 더 나아가야 하는 것일까요?


## V

왜냐하면, 그토록 많은 교조를 변화시켰던 나라는 새로운 교조들도 변화시켜야만 하기 때문입니다. 지중해의 집단주의는 엄밀한 의미에서의 러시아 집단주의와 다를 것입니다. 집단주의 게임은 러시아에서 진행되지 않습니다. 집단주의는 현재 지중해 연안국과 스페인에서 진행되고 있습니다. 인간의 게임이 오랫동안 진행되어온 것이 사실이지만, 가장 비극적 단계에 도달하고 또 좋은 패들이 우리의 손에 집중되어 있는 곳은 아마 이곳일 겁니다. 우리 목전에는 우리보다 훨씬 강한 현실들이 놓여 있습니다. 우리의 사상은 그것을 수긍하고 거기에 적응할 것입니다. 우리의 적들이 온갖 반론에서 실패하는 것도 바로 이런 이유 때문입니다. 어떤 교조의 운명을 예단하거나, 비록 러시아의 과거일지라도 과거를 기준으로 심판할 권리는 누구에게도 없습니다.

이 대목에서 우리의 임무는 지중해를 복원하고, 지중해에서 부당하게 자기 권리를 주장하는 자들에게서 그것을 되찾아 지중해가 기대하고 있는 새로운 경제 형태를 수용할 준비를 하는 것입니다. 기회가 닿을 때마다 지중해에 내재한 구체적이고 생동적인 무언가를 발견해 이 문화의 다양한 측면을 활성화하는 것입니다. 이 점과 관련해 우리에게 가르쳐줄 것이 많은 동방 세계와 밀접하게 맞닿은 우리야말로 이런 임무에 가장 잘 준비되어 있습니다. 우리는 로마에 대항한 이곳에서 지중해와 함께 살고 있습니다. 그리고 알제와 바르셀로나 같은 도시가 감당할 수 있는 본질적 역할은 인간을 억압하지 않고 고양하는 지중해 문화의 측면을 소박하게나마 활성화하는 것입니다.

VI

우리 시대에 지식인의 역할은 어렵습니다. 역사를 변화시키는 것은 그들에게 속한 권리가 아닙니다. 어떤 말을 하든 간에 혁명이 먼저 이뤄지고 사상이 그 뒤를 따릅니다. 그렇기에 정신의 영역에 충실하겠다고 선언하기 위해서는 커다란 용기가 필요합니다. 그러나 적어도 이런 용기가 무용한 것은 아닙니다. 지식인이란 명칭에 그토록 경멸과 지탄이 따르는 것은, 그를 두고 삶에 진력할 능력이 없고 세상 무엇보다도 자신만을 앞세우는 추상적 입담꾼이란 생각이 퍼져 있기 때문입니다. 그러나 자신의 책임을 회피하지 않으려는 사람들의 본질적 임무는 지성이 다루는 분야에 생명을 주고, 문명에 그 건강함과 햇살의 진정한 모습을 보여주며, 정신에 진정한 모든 의미를 다시 부여하는 데에 있습니다. 앞서 저는 이 용기가 무용하지 않다고 말했습니다. 역사를 변화시키는 일이 지성의 권한에 속하지 않는다면, 그 고유한 임무는 역사 자체를 만드는 인간에게 영향을 끼치는 데에 있습니다. 우리는 이러한 임무에 기여할 만한 하나의 덕목을 갖고 있습니다. 우리는 문화를 삶에 밀착시키고자 합니다. 우리를 웃음과 태양과 바다로 감싸고 있는 지중해는 우리에게 그런 교훈을 주었습니다. 크세노폰의 '만군의 후퇴Retraite des dix mille'에는 이런 대목이 있습니다. 아시아를 떠돌다가 고향으로 돌아오던 그리스 병사들은 허기와 갈증에 시달리며 실패와 모욕감에 절망한 채 어느 산의 정상에 올랐다가 바다를 보았답니다. 그러자 그들은 평생 봐온 참혹한 광경에서 느끼던 역겨움과 피곤을 잊고 춤을 추기 시작했습니다. 우리도 역시 이 세계와 분리되기를 원치 않습니다. 단 하나의 문명만이 있습니다. 그것은 추상화와 대문자로 자라난 문명이 아닙니다. 단죄하는 문명도 아닙니다. 에티오피아의 약탈과 죽음을 정당화하며 난폭한 정복에 대한 취향을 합법화하는 문명도 아닙니다. 이런 문명을 우리는 잘 알고 있으며 그런 문명을 원치 않습니다. 우리는 숲속에서 사는 문명, 언덕과 사람들이 있는 문명을 원합니다.

얼핏 보면 그들의 의견과는 아무 상관 없는 명분에 복무하기 위해 좌익 사람들이 오늘 당신 앞에 나선 이유가 여기에 있습니다. 여러분과 마찬가지로 우리는 여러분도 이제 정반대의 의견에 확신을 갖기를 원합니다. 살아 있는 모든 것은 우리의 것입니다. 인간이 정치를 위해 생긴 것이 아니라, 정치가 인간을 위해 생긴 것입니다. 지중해의 인간들에게는 지중해 정치가 필요합니다. 우리는 우화로 먹고살고 싶지 않습니다. 우리를 둘러싼 폭력과 죽음의 세계에는 희망이 들어설 자리가 없습니다. 그러나 문명, 진정한 문명, 우화보다 진리를 앞세우고 꿈에 앞서 삶이 우선하는 문명을 위한 자리가 있을 것입니다. 그리고 이런 문명은 오로지 희망을 만들 뿐입니다. 인간은 거기에서 자신의 진리로 먹고살게 됩니다.'

서구의 사람들이 진력해야 할 대상은 바로 이런 모든 노력들입니다. 국제주의의 틀 안에서 이는 실현 가능합니다. 각자 자신의 영역, 나라, 지방에서 소박한 일에 만족한다면 성공은 멀리 있지 않습니다. 우리의 임무를 의식하기 위해 눈만 크게 뜨면 됩니다. 문명이란 삶에 복무할 경우에만 이해되며 정신은 인간의 적이 될 수 없다는 것을 남들에게 이해시키는 일이 우리의 임무입니다. 지중해의 태양이 모든 사람을 위한 것이듯 인간 지성의 노력은 갈등과 살인의 원천이 아니라 공동의 유산이어야만 합니다.

우리의 사회적 이상과 타협할 수 있는 새로운 지중해 문명이 실현될 수 있을까요?

그렇습니다. 그러나 이 실현에 도움을 줄 수 있는 사람은 바로 우리와 여러분입니다.

1937

---

■   저는 문명의 진보가 아니라 새로운 문명에 대해 이야기했습니다. 진보라 불리는 불길한 장난감을 가지고 노는 일은 너무 위험할 것입니다. (카뮈가 남긴 주석)

# 지성의 옹호

전쟁이 중단되고 4년이 지난 1944년 8월 말, 〈탕 프레장Temps présent〉이 다시 발간되었다. 1945년 3월 15일 '프랑스 우정 협회'의 후원을 받아, 이 가톨릭 주간지는 '지성적인 청년들'에게 파리의 공제조합 회의실에 모일 것을 요청했다. 〈탕 프레장〉의 편집장인 스타니슬라스 퓌메Stanislas Fumet를 비롯해 앙드레 망두즈André Mandouze, 에마뉘엘 무니에Emmanuel Mounier, 모리스 쉬망Maurice Schumann 같은 연사들이 있었던 이 중요한 자리에서 알베르 카뮈가 자신의 의견을 표명했다. 1945년 말 〈바리에테Variété〉 창간호에 실린 「지성의 옹호Défense de l'intelligence」는 후에 카뮈의 『시론집Actuelles』 1권(1950) 속 「비관주의와 독재Pessimisme et Tyrannie」 장에 재수록되었다.

지금 이야기하고자 하는 프랑스식 우정이 호감 있는 사람들끼리의 단순한 감상적 토로에 그친다면, 저는 이를 대수롭지 않게 생각했을 것입니다. 우정은 가장 쉽지만 가장 쓸모없는 것일 수도 있습니다. 아마 제가 생각하기에 우정을 다져왔던 사람들은 무언가 다른 것을 원했던 것 같습니다. 그것은 바로 더 어려운 우정을 쌓는 것이었습니다. 이익에 순응하고 서로 칭찬하며 만족하는 것에 그치지 않도록, 저는 주어진 10분 동안 단지 우정을 구축하는 일의 어려움을 이야기하고 싶습니다. 이 관점에서 우정과 반대되는 것에 대해 말하는 것보다 더 좋은 방법은 없기에, 거짓말과 증오에 대해 이야기하려 합니다.

우리가 거짓말과 증오에서 해방되지 않는다면 프랑스식 우정을 위해 사실상 아무것도 할 수 있는 게 없습니다. 어떤 의미에서는 우리가 그로부터 벗어나지 못한 게 사실입니다. 우리는 너무 오랫동안 거짓과 증오가 지배하는 학교에 있었습니다. 따라서 이는 전력으로 싸웠던 사람들의 가슴속에 남아 있는 수치스러운 흔적인 히틀러주의의 아마도 최종적이자 가장 오래 지속되는 승리일 것입니다. 달리 무엇을 할 수 있을까요? 몇 년 전부터, 세상은 전례 없는 증오의 폭발 상태에 빠져 있습니다. 4년 동안 우리는 우리의 집에서 증오가 이성적으로 행사되는 것을 목격했습니다. 아침에는 지하철에서 아이들을 보듬어주던 저와 여러분 같은 사람들이, 저녁에는 주도면밀한 학살자로 변신했습니다. 그들은 증오와 고문의 관료가 되었고, 4년 동안 이 관료들은 여러 행정을 담당했습니다. 그들은 고아원을 만들고, 거기에서 형체를 알아보지 못할 정도로 얼굴 한복판에 총을 쏘고, 어린아이가 들어가지도 않을 아주 작은 관 속으로 아이 시체를 차 넣고, 누이 앞에서 남동생을 고문했습니다. 그곳에서는 비겁자가 만들어지고 가장 자랑스러운 영혼들이 파괴되었습니다. 해외에서는 이러한 이야기들을 믿지 않았습니다. 그래서 4년 동안 이 이야기들은 우리의 육체와 불안 속에서 신뢰를 얻어야만 했습니다. 4년 동안 매일 아침,

프랑스인들은 일정한 몫의 증오와 모욕을 받았습니다. 그 순간에 프랑스인들은 자신의 일기장을 펼쳤습니다. 반드시, 이 모든 것에 대한 무언가가 남아 있습니다.

우리에게 여전히 증오가 남아 있습니다. 얼마 전 디종에서 열네 살짜리 아이로 하여금 집단 폭행을 당한 부역자의 얼굴을 찢어버리도록 내몰았던 일이 우리 뇌리에 여전히 남아 있습니다. 특정한 이미지와 얼굴의 기억에 대해 영혼을 불태우는 분노가 우리에게 여전히 남아 있습니다. 학살자들의 증오에 희생자들은 증오로 답했습니다. 그리고 학살자들이 사라진 후에도 프랑스인들은 덜 풀린 화를 지닌 채 살고 있습니다. 우리는 여전히 여분의 분노를 품고 서로를 바라봅니다.

"증오에 굴복하지 마십시오
아무것도 폭력에 내주지 마십시오"

그렇습니다. 우리가 우선 이겨내야 할 것이 바로 이 부분입니다. 이 중독된 마음을 치유해야만 합니다. 내일 우리가 적에게 거두어야만 할 가장 어려운 승리, 그것은 증오에 대한 갈증을 정의의 욕망으로 변모시킬 각별한 노력으로 획득해야만 합니다. 증오에 굴복하지 마십시오. 아무것도 폭력에 내주지 마십시오. 우리의 열정이 맹목적으로 변하는 것을 받아들이지 마십시오. 이것이 우리가 우정을 위해, 그리고 히틀러주의에 저항하며 아직 할 수 있는 일입니다. 오늘날 몇몇 신문에서는 여전히 폭력과 모욕이 활개를 치고 있습니다. 이는 우리가 아직 적에게 굴복한다는 뜻입니다. 그와 반대로 우리는 비판이 모욕과 합류하는 일을 결코 방치하지 말아야 합니다. 우리의 반대편이 내세우는 이유가 옳을 수 있고 그것이 심지어 나쁜 이유일지라도 공정할 수 있다는 것을 수긍해야 합니다. 최종적으로 우리의 정치적 심성을 되잡아야 합니다.

곰곰이 생각해볼 때 이것은 무엇을 의미할까요? 지성을 옹호해야 한다는 것을 의미합니다. 저는 논점이 여기에 있다고 확신합니다. 몇 년 전, 나치들이 권력을 잡았을 때 괴링H. Göering은 "누군가 지성에 대해 말한다면, 나는 권총을 뽑겠다"고 선언하며, 나치 철학에 대한 정확한 개념을 제시했습니다. 그리고 이러한 철학은 독일 전역에 흘러넘쳤습니다. 그와 동시에 문명화된 유럽 전역에서는 지성의 과잉과 지식인의 결점이 비난받았습니다. 이에 흥미로운 반응을 보인 지식인들이 있었지만, 그들이 이 재판을 마무리한 것은 아니었습니다. 도처에서 본능의 철학이 승리했고, 이해하기보다 느끼는 것을 앞세우는 싸구려 낭만주의가 승리했습니다. 마치 본능과 지성, 이 두 가지가 서로 분리될 수 있다는 듯이 말입니다. 이후 지성은 계속 시빗거리가 되었습니다. 우리는 전쟁을 치렀고 패배했습니다. 그 후 비시정부는 패전의 가장 큰 책임이 지성에게 있다고 가르쳤습니다. 또한 시골 사람들까지 프루스트를 지나치게 많이 읽었다고 했습니다. 그러자 모든 사람이 〈파

리-수아르Paris-Soir〉[*], 페르낭델Fernandel[ㅁ], 친목 잔치를 지성의 표
식으로 알고 살았습니다. 엘리트의 범속함으로 프랑스가 죽었고
그 범속성은 바로 책 속에 그 기원이 있었다는 것입니다.

## "지성이 사라진다면 독재의 밤이 찾아올 것입니다"

지금까지도 지성이 푸대접받는 것은 여전히 적이 패배하지 않
았다는 증거입니다. 선입견 없이 이해하려는 노력만으로 충분할
까요. 여러분의 섬세한 정신을 규탄하고, 모든 주장을 비난하기
위해 객관성을 논하는 것으로 충분할까요. 아닙니다! 고쳐야 합
니다. 저는 모든 사람과 같이 지성의 과잉을 알고, 지성이 쉽게 배
반하는 위험한 동물이라는 것을 알고 있습니다. 이는 좋은 지성
이 아닙니다. 우리는 용기에 토대를 둔 지성, 존중받을 권리를 위
해 4년 동안 대가를 치러야 했던 지성에 대해 말하고 있습니다.
이 지성이 사라진다면 독재의 밤이 찾아올 것입니다. 이것이 우리
의 모든 의무와 권리를 동원해 지성을 놓지 말아야 하는 이유입니
다. 그 대가로, 그 대가만으로 프랑스식 우정은 의미를 지닐 것입니
다. 우정은 자유로운 인간만이 가질 수 있는 지혜이기 때문입니
다. 그러나 지성과 상호적인 이해가 없다면 자유도 없게 됩니다.

---

[*]    1940년 초 파리에 도착한 카뮈는 잠시 〈파리-수아르〉에서 편집 담당자로 일했으
      나 아무런 기사도 출간하지 않고 1940년 6월 피난 이후 신문사를 떠났다. 1944년
      카뮈가 편집장으로 있었던 신문사 〈콩바Combat〉는 카뮈가 보기에 〈파리-수아르〉
      가 구현했던 선정적이고 타협적인 전전戰前 언론과는 대척점에 놓인다.
[ㅁ]    남프랑스 사투리를 구사하며 서민적인 코미디를 연기했던 프랑스의 배우.

마치기 전에, 청년들에게 이야기하겠습니다. 저는 여러분에게 도덕을 전하고자 하는 것이 아닙니다. 수많은 프랑스인은 도덕을 피의 빈곤과 혼동합니다. 저에게 다른 권한이 있었다면 오히려 열정에 대해 전했을 것입니다. 그러나 장차 프랑스 지성을 실천할 사람들은 적어도 한두 가지 점에서 절대 포기하지 않을 각오가 되어 있었으면 합니다. 다른 사람들이 지성은 늘 과하다고 말하거나, 더 큰 성공을 위해 거짓도 행사할 수 있다는 것을 증명해보라고 할 때도 굴복하지 않아야 합니다. 속임수에도, 폭력에도, 무기력함에도 굴복하지 않아야 합니다. 그러면 아마도 허황된 요언에 그치지 않는 프랑스식 우정이 가능해질 것입니다. 그렇게 된다면 아마도, 진실에 대한 열정을 가진 자유국가에서 인간은 서로에게 호의를 느낄 것입니다. 그게 아니라면 세상에는 거대한 고독밖에 남지 않을 것입니다.

1945

# 알베르 카뮈의 한담
## (루마니아인들에게 전함)

알베르 카뮈가 루마니아인들에게 이 메시지를 전할 당시, 루마니아는 중대한 정치적 위기를 겪고 있었다. 붉은 군대가 독일군과 루마니아군을 진압한 후 1944년 8월 설립된 연합정부는 공산당의 압력으로 10월에 물러나고, 페트루 그로자Petru Groza가 통치하는 친소 정부가 들어섰다. 1946년 선거와 1947년 국왕 미하이 1세의 퇴위 이후, 루마니아는 모스크바의 보호하에 인민민주주의 국가가 되었다. 카뮈의 연설이 어떻게 전달되었는지는 알려지지 않았다. 다만 카뮈가 편집장으로 있던 〈콩바〉에서 루마니아 특파원을 차례로 연임했던 피에르 코프만Pierre Kauffmann과 세르주 카르스키Serge Karski가 이 원고의 라디오방송을 위해 중개 역할을 했으리라 짐작해볼 수 있다.

오늘 여러분 앞에서 말하고 있는 이 프랑스인은 루마니아와 다를 바 없이 4년 동안 굴복하고 모욕당한 나라의 국민이었다는 것 말고는 다른 자격이 없습니다. 따라서 오늘 제가 여러분에게 드리는 말씀은 공식적인 것이 아니며, 더 위대한 인물이라면 감당할 만한 그런 개인적인 자신감이 제게 있는 것도 아닙니다. 저는 억압받는 평범한 프랑스 국민 수백만 명 중 한 사람으로서 이야기할 것입니다.

저와 우리나라의 모든 사람은 루마니아와 프랑스를 잇는 연결 고리를 알고 있습니다. 그러나 외교적 언어 또는 학술적 담화의 언어로 나타나는 연결 고리는 언제나 좀 모호한 듯합니다. 만약 이런 방식으로 연결 고리에 대해 말해야 한다면 저는 여러분에게 아무런 이야기도 하지 않았을 것입니다. 4년 전부터 프랑스 국민과 루마니아 국민은 다른 의미의 연결 고리를 형성했고 그것이 바로 고통의 공동체라고도 할 수 있는 유럽 공동체입니다. 제가 말하려는 것은 이것입니다.

저는 조심스러운 표현들을 그다지 좋아하지 않습니다. 그렇기에 저는 제가 생각하는 대로, 루마니아와 프랑스는 같은 시기에 치욕을 당했고 또 치욕을 씻었다고 이야기할 것입니다. 이것이 우리를 비슷하게 만들고 공동의 운명으로 만듭니다. 그리고 이것은 서로를 더 잘 이해하도록 도와야 하는 이유이기도 합니다. 만약 국민들이 함께 나눈 치욕과 혁명으로도 가까워지지 않는다면, 이 세상의 어떤 것도 그들을 가깝게 만들 수 없을 것이며 그들은 영원한 고독에 처할 것입니다.

가까스로 억압의 밤에서 벗어나면, 유럽은 연대 책임을 인정하지 않을 수 없습니다. 우리는 현재 루마니아의 자유를 위협하는 모든 것이 프랑스의 자유를 위협한다는 사실과, 반대로 프랑스인들을 해치는 모든 것이 동시에 루마니아의 자유로운 사람들에게도 해를 끼친다는 것을 알고 있습니다. 우리는 모든 유럽 국민과 다 같이 살거나, 다 같이 죽는다는 것을 알고 있습니다. 잘된 일입니다. 지성이 자유롭거나 행복했던 시대에 어떻게 해야 할지 몰랐던 것들을 모욕과 절망을 겪은 세월이 지나면 우리는 할 줄 알게 될 것입니다.

저는 여러분이 프랑스를 걱정하고 프랑스의 위대함을 기억하고 있다는 것을 알고 있습니다. 루마니아인들은 "프랑스는 무엇을 하는가? 프랑스는 무엇을 할 것인가?"에 대해 스스로 질문해보았을 것입니다. 이 질문에 저는 대답할 수 없습니다. 저와 비슷한 나이대의 프랑스인들이 나라를 생각할 때, 그 고뇌를 아무하고도 나눌 수 없다는 것을 저는 알고 있습니다. 그러나 적어도 여러분에게 우리가 확신하는 바에 대해서 말할 수 있습니다. 우리는 프랑스와, 더불어 함께하는 유럽이 하루아침에 회복될 수는 없다고 확신합니다. 정치적 위대함을 이루긴 어렵지만 잃기는 쉽다는 것을 우리는 알고 있습니다. 고통 없이는 위대함을 얻을 수 없지만 위대함은 항상 존재한다는 것 또한 알고 있습니다.

이는 우리를 앞으로 나아가게 합니다. 증오와 억압으로 이루어진 위대함이 아니기 때문입니다. 이것은 정의와 자유의 위대함입니다. 여러 해 동안, 부당함을 지극히도 싫어했던 우리는, 자유의 희망이 불타올랐던 우리는, 불공정한 국가이기보다 차라리 억압받는 국가이길 바랄 정도였습니다. 친애하는 루마니아인들이여, 여러분과 모든 유럽은 이 위대함을 우리와 자유로이 공유하게 될 것입니다.

1945

뉴욕 컬럼비아대학교에서 〈인간의 위기〉를 강연하고 있는 알베르 카뮈. 1946.

(ⓒ Alamy)

# 인간의 위기

1946년 봄, 알베르 카뮈는 외무부 문화교류부로부터 북미에서 일련의 강연을 해달라는 요청을 받았다. 그는 선박을 타고 여행하는 중에 「인간의 위기La Crise de l'Homme」를 집필했다. 1946년 3월 28일 컬럼비아대학교 저녁 모임에서 처음으로 낭독했으며, 그 자리에서는 베르코르Vercors□와 티므레Thimerais□□도 발언했다. 카뮈는 미국에 머무는 동안 약간씩 원고를 보완해 여러 번 같은 강연을 했으며 그중 하나가 최근 도로시 노먼 자료집(바이네케도서관, 예일대학교)에서 발견되었다. 여기에 실린 원고가 바로 그것이다. 〈트와이스 어 이어Twice a Year〉의 편집장 도로시 노먼Dorothy Norman은 리오넬 에이블Lionel Abel이 영역한 원고를 1946년 말 게재했다.

---

□　　본명은 장 브륄러Jean Bruller로, 프랑스의 작가이자 삽화가다. 미뉘 출판사의 공동 설립자이기도 하다. 필명인 '베르코르'는 제2차 세계대전 당시의 베르코르 전투(나치 독일과 프랑스 항독군 사이의 전투로, 항독군이 프랑스의 베르코르 고원을 피난처로 삼은 것을 두고 이름이 붙여졌다)에서 따온 것이다.

□□　프랑스의 작가로, 미뉘 출판사에서 『인내의 사고La pensée patiente』를 펴냈다.

신사, 숙녀 여러분,

미합중국에서 강연을 해달라는 제안을 받고 저는 거리낌을 느꼈고 주저했습니다. 저는 연단에 설 나이가 아니고, 일반적으로 진리라 일컫는 것을 소유했다는 느낌도 들지 않기 때문에 단호한 확언보다는 사유하는 것에 더 편안함을 느낍니다. 이런 거리낌을 전하자 제가 개인적인 의견을 갖는 것은 중요하지 않다는, 대단히 정중한 대답을 들었습니다. 중요한 것은 청중이 어떤 의견을 갖도록 제가 프랑스에 대한 약간의 정보를 제공할 능력이 있어야 한다는 것이었습니다. 그 점에 대해 청중에게 프랑스 연극과 문학, 심지어 철학과 관련된 현재 상황을 이야기해달라는 제안을 하더군요. 저는 프랑스 철도원의 기막힌 노력과 북부 지방 광부들이 작업하는 방식을 이야기하는 것도 아마도 똑같이 흥미로울 것이라고 대답했습니다. 그러자 절대로 재능을 억지로 강요할 수 없고, 전문 분야는 그 분야에 능력이 있는 사람이 다뤄야 좋다는 지적이 돌아왔습니다. 오래전부터 문학적 문제에 관심이 있었던 터라 저는 틀림없이 차량 계기판에 대해 아무것도 모르기에, 철도보다는 문학에 대해 이야기하라는 것이 당연했습니다.

그 순간 정신이 확 들었습니다. 결국 제가 알고 있는 것을 말하고, 프랑스에 대한 생각을 제시하는 일이 중요했습니다. 정확히 그런 이유로 저는 문학이나 연극에 대해 이야기하지 않는 쪽을 택했습니다. 왜냐하면 문학, 연극, 철학, 지적 연구, 국민 모두의 노력은 근원적인 질문, 삶을 위한 투쟁의 반영에 불과하고 이는 우리 시대의 모든 문제를 일으키는 인간을 위한 것이기 때문입니다. 프랑스인들은 인간이 항상 위협받는다고 느끼며 세계가 갑론을박하는 위기에서 인간에 대한 어떤 개념이 온전히 살아남지 못한다면 계속 살아갈 수 없다고 느끼고 있습니다. 그래서 우리나라에 대한 신의에 따라 저는 인간의 위기를 말하는 쪽을 택했습니다. 이는 제가 알고 있는 것을 이야기하는 것이기에, 제 세대의 인간들이 겪은 정신적 체험을 가급적 명료하게 되짚어보는 것이야말로 더할 나위 없는 최선이라고 믿습니다. 왜냐하면 이 체험은 세계의 위기만큼이나 폭이 넓고, 부조리한 운명과 오늘날 프랑스의 감수성의 한 측면에 약간의 희미한 빛을 비출 수 있기 때문입니다.

우선 이 세대의 자리매김을 하고 싶습니다. 프랑스와 유럽의 제 또래 사람들은 제1차 세계대전 직전이나 그 전란 동안에 태어났으며, 청소년기에는 세계적 경제위기의 순간과 마주쳤고, 히틀러가 권력을 잡았던 해에 스무 살이 되었습니다. 교육을 보충하려고 그다음에 세상은 우리에게 스페인내란, 뮌헨협정, 1939년의 전쟁, 패배, 4년간의 점령과 지하투쟁을 선사했습니다. 저는 우리를 흥미로운 세대라고 부를 수 있다고 생각합니다. 따라서 저의 개인적 생각보다는 오늘날 서른 살이 된, 끔찍한 세월 동안 수치심으로 키워졌고 반항심으로 살며 지성과 감성을 형성했던 프랑스인 중 일부의 생각을 이야기하는 것이 여러분에게 더 유익하리라 여기는 게 타당합니다.

그렇습니다. 이 세대는 흥미롭습니다. 우선 윗세대가 만들어놓은 부조리한 세계 앞에서 이 세대는 아무것도 믿지 않으며 반항

속에 살았습니다. 이 시대의 문학은 이야기 또는 문장까지도 명료함에 대해 반항했습니다. 미술은 주제, 사실성, 그리고 단순한 조화에 반항했습니다. 철학의 경우 진리는 없고 그냥 현상만 있으며, 스미스 씨, 뒤랑 씨, 포겔 씨가 있으나 이 개별적인 세 현상 사이에는 아무런 공통점도 없다고 가르쳤습니다. 이 세대의 도덕적 태도는 더욱 단호했습니다. 그들에게 민족주의는 철 지난 진리이고 종교는 유배의 장으로 보였으며, 25년간의 국제정치는 모든 순수성을 의심하고 모든 사람이 옳으니 누구도 결코 틀리지 않다고 생각하도록 가르쳤습니다. 우리 사회의 전통적인 도덕의 경우, 그것은 달라지지 않은 것처럼 보였는데, 다시 말해 흉악한 위선이었습니다.

따라서 우리는 부정否定 속에 빠져 있었습니다. 물론 그 점이 새로운 것은 아니었습니다. 다른 세대, 다른 나라도 역사의 다른 시기에서 이러한 체험을 했습니다. 그러나 새로운 점이 있다면, 모든 가치를 낯설게 보는 이 동일한 인간들이 살인과 공포에 대해 개인적인 입장을 정리해야 했다는 것입니다. 이 경우 그들은 가장 가혹한 모순 속에서 살아야만 했기에, 인간의 위기가 존재한다고 생각할 수밖에 없었습니다. 왜냐하면 그들은 사실상 지옥에 들어가듯 전쟁에 들어갔고, 부정은 곧 지옥 같았기 때문입니다. 그들은 전쟁도 폭력도 사랑하지 않았습니다. 그들은 전쟁을 수락해야만 했고 폭력을 행사해야만 했습니다. 그들은 증오를 위한 증오를 품지 않았습니다. 하지만 그들은 이 어려운 골칫거리를 학습해야만 했습니다. 자신과의 모순 한가운데에서, 그 어떤 전통적 가치에도 기댈 수 없는 상태에서, 그들은 인간에게 한 번도 제기된 적

없는 고통스러운 문제를 해결해야만 했습니다. 자, 이제 한편으로 제가 방금 정의한 독특한 세대가, 다른 한편으로는 인간 의식의 위기가 있는데, 이 위기에 관해 가급적 명료하게 그 특징을 짚어 보고자 합니다.

그렇다면 이 위기란 무엇일까요? 일반적으로 정의하기보단, 세상이 잊고자 하지만 아직도 우리의 가슴을 뜨겁게 태우는 네 가지 짧은 역사를 통해 그것을 예시하고자 합니다.

1) 유럽의 어느 수도에 있는 게슈타포 건물에서 밤새 심문받고 피투성이가 된 두 명의 용의자가 밧줄에 묶여 있었는데, 그들의 눈앞에서 여자 수위가 꼼꼼히 청소를 하고 있었습니다. 아침 식사 후였던 터라 그는 편안해 보였습니다. 고문받은 용의자 중 하나가 비난하자 그는 화를 내며 한 문장으로 대답했는데 이를 프랑스어로 대충 번역하면 "입주자들이 하는 일에는 절대 개입하지 않아요"였습니다.

2) 리옹에서 제 동료 중 하나가 세 번째 심문을 받기 위해 감방에서 끌려 나왔습니다. 이전 심문에서 귀가 찢어졌기에 그는 머리에 붕대를 감고 있었습니다. 그를 끌고 가던 독일 장교는 이전의 고문 현장에 있었던 사람이었는데 제 동료에게 관심을 기울이며 다정하게 물었습니다. "자, 그 귀는 어떠신가요?"

3) 항독 저항운동 후 그리스에서 독일군 장교가 인질로 잡은 세 형제를 총살하려는 준비를 했습니다. 그 형제의 늙은 어머니가 그의 발밑에 엎드려 빌었더니 그는 형제 중 하나만 살려주겠다고 하며 단, 어머니가 직접 고르라는 조건을 내세웠습니다. 그가 결정을 못 하자 독일군은 총을 겨누었습니다. 어머니는 가족을 부양하

는 책임을 지는 장남을 골랐는데 그 순간 그는 독일군 장교가 의도한 대로 나머지 두 아들을 처형한 셈입니다.

4) 수용소로 끌려갔던 여자들이 스위스를 통해 프랑스로 귀국했습니다. 그중 한 명은 저의 동료이기도 했습니다. 스위스 영토에 들어오자마자 그들은 매장하는 광경을 보았습니다. 그것을 보자 그들은 미친 듯이 폭소를 터뜨렸습니다. 그들은 "여기에서는 시신들을 저렇게 처리하네"라고 했습니다.

제가 이런 이야기들을 고른 것은 그 이야기들의 선정적인 성격 때문이 아닙니다. 사람들의 감성을 고려하고 마음의 평화를 주기 위해서는 대체로 모른 척 눈을 감는 쪽이 낫다고 알고 있습니다. 그러나 이런 이야기는 관습적인 '그렇군'이라는 대답과는 다른 문제, '인간의 위기가 있는가?'라는 문제를 제기할 수 있도록 합니다. 이 이야기를 들었던 모든 사람과 마찬가지로 이 질문은 제게 이런 대답을 하게 해줍니다. 그렇습니다, 인간의 위기는 있습니다. 왜냐하면 한 존재의 죽음이나 고문은 우리 세계에서 무관심, 우호적 흥미, 실험적 태도, 혹은 단순한 수동적 태도로 관찰될 수도 있기 때문입니다. 그렇습니다. 인간의 위기가 있습니다. 왜냐하면 한 존재를 죽이는 일이 그것이 당연히 불러일으켜야 할 혐오감과는 다른 방식으로, 파렴치한 행위가 아닌 무언가로 인식될 수 있기 때문이고, 또한 인간의 고통이 마치 식량을 배급받거나 버터 한 조각을 얻으려고 억지로 줄을 서는 것만큼이나 똑같이 다소 번거로운 짓이라고 용인되기 때문입니다.

이 점을 두고 생각하면, 그저 히틀러를 비난하고 짐승이 죽었으니 그 독毒도 사라졌다고 말하는 것은 너무 안이한 일입니다. 독은 사라지지 않았고, 우리는 독을 마음속에 품고 있으며, 국가나 정당이나 개인 들이 여전히 독의 찌꺼기를 지닌 채 서로를 바라보고 있다는 것을 우리는 잘 알고 있습니다. 저는 국가가 그의 영웅들과 마찬가지로 배신자들과도 얽혀 있다고 항상 생각했습니다. 그런데 문명 역시, 특히 백인 문명은 그 성공과 마찬가지로 그 타락에도 얽혀 있습니다. 이런 관점에서 보면 우리 모두는 히틀러주의에 연계되었고, 우리는 유럽의 얼굴을 갉아먹기 시작했던 그 흉측한 악을 가능하게 한, 보다 보편적인 원인을 찾아봐야만 합니다.

따라서 제가 이야기했던 네 가지 이야기를 통해 이 위기의 가장 명백한 징후를 열거해보도록 하겠습니다. 그 징후는 다음과 같습니다.

1) 한 인간이나 역사적 힘이 품격이 아니라 성공 여부를 기준으로 평가되는, 가치의 전도에서 비롯된 공포의 고조. 현대의 위기는 어떤 서구인도 미래가 보장되지 않으며, 모두가 역사에 의해 어떤 식으로든 부서질 수 있을 것이라는 어느 정도 명료한 불안과 더불어 살고 있다는 사실에서 기인합니다. 이 불쌍한 인간, 현대판 욥이 그 상처로 인해 퇴비 더미에서 죽지 않으려면, 그가 품은 가상의 불안과 공포를 없애고 정신적 자유를 되찾아야 합니다. 그렇지 않으면 그는 현대적 의식에 제기된 문제 중 그 어느 것도 해결하지 못할 것입니다.

2) 이 위기는 설득의 불가능성에 토대를 두고 있습니다. 사람들은 살아가면서 항상 되찾을 수 있는 공통적인 무언가를 갖고 있다는 생각에 기대어서만 살 수 있습니다. 어떤 사람에게 인간적으로 말을 건네면, 항상 인간적인 반응을 얻을 수 있다고 우리는 믿

고 있습니다. 그런데 우리는 이런 것을 발견했습니다. 우리가 설득할 수 없는 사람들이 있다는 사실입니다. 강제수용소의 피해자가 자신을 때리는 나치 친위대원들에게 그렇게 해서는 안 된다고 설명하기를 기대하는 일이 불가능했습니다. 제가 언급했던 그리스인 어머니에게는 독일군 장교에게 그가 저지르는 짓이 적절치 않다고 설득하는 일이 불가능했습니다. 나치 친위대원이나 독일군 장교는 한 사람 혹은 사람들이 아니라, 어떤 개념이나 이론의 차원으로 격상된 본능을 대표합니다. 차라리, 비록 살인에 대한 열정일지라도, 본능이 아니라 열정이 더 나았을 것입니다. 왜냐하면 열정은 유효기간이 있어서 다른 열정, 또는 육체나 마음에서 우러나온 다른 목소리가 그것을 설득할 수 있기 때문입니다. 그러나 예전에 자신이 찢었던 귀에 대해 다정한 관심을 보일 수 있는 사람, 이런 사람은 열정적인 사람이 아니라 그 무엇도 그를 멈추게 하거나 설득할 수 없는 수학적인 사람입니다.

"누구도 더 이상 죽지 않고,
아무도 더 이상 사랑하지 않으며,
위임장 없이는 살인을 저지르지 않게 되었습니다"

3) 수학이란 역시 인쇄물, 다시 말해 고조된 관료주의가 자연적 대상을 대체한 것입니다. 갈수록 인간은 자연과 자신 사이에 그를 고독에 빠뜨리는 추상적이고 복잡한 기계를 개입시킵니다. 그것은 빵이 더 이상 없게 되자 배급표가 등장한 것과 같습니다. 프랑스 사람들은 하루에 1200칼로리 이상을 배급받지 못하지만 적어

도 여섯 장의 서로 다른 서류와 그 서류에 찍힌 100여 개의 도장을 받게 되었습니다. 관료주의가 끊임없이 창궐하게 된 세계에서는 어디나 마찬가지입니다. 프랑스에서 미국에 오기 위해 저는 두나라의 무수한 서류를 사용했습니다. 이곳에 오기 위한 것을 빼고도 저는 이 강연에 배포할 만큼 충분한 자료를 인쇄하려고 아마도 수많은 종이를 사용했을 것입니다. 서류, 사무실, 공무원이 늘어나면서 인간의 온기가 사라지고, 서류 처리라 부르는 미로를 통해어느 사람도 다른 사람과 접촉하지 않을 수 있는 세계를 만들어냈습니다. 제 동료의 상처 입은 귀를 위로했던 독일군 장교는 그 일이 공무원의 업무 중 일부를 이루며 따라서 어떤 죄악도 아니라고 믿기 때문에, 그럴 수 있다고 생각했습니다. 결국, 누구도 더 이상 죽지 않고, 아무도 더 이상 사랑하지 않으며, 위임장 없이는 살인을 저지르지 않게 되었습니다. 이것이 적어도 제가 생각하기에는 훌륭한 조직이라는 것입니다.

4) 수학이란 또한 현실의 인간을 정치적 인간으로 대체합니다. 개인적 열정은 더 이상 존재하지 않고 그 대신 집단적 열정, 다시 말해 추상적인 열정만 있습니다. 우리는 모두 싫든 좋든 정치 안에 들어가 있습니다. 중요한 것은 한 어머니의 고통을 존중하거나 덜어주는 것이 아니라 하나의 교조를 승리하게 하는 것입니다. 그리고 인간적인 고통은 더 이상 스캔들이 아니라 그 끔찍한 총량은 아직 계산할 수도 없는 덧셈 속의 숫자일 따름입니다.

5) 이런 모든 징후는 효율성과 추상화의 숭배라는 하나의 징후로 요약됩니다. 오늘날 유럽에서 인간이 오로지 고독과 침묵만을 겪는 이유가 여기에 있습니다. 그것은 인간이 다른 사람들과 자신

의 공통된 가치 속에서 누군가를 만날 수 없기 때문입니다. 그리고 가치에 기반을 둔 인간의 존중이 더 이상 옹호되지 않기에 이제 인간에게 부여된 유일한 선택은 희생자가 되거나 가해자가 되는 것뿐입니다.

Ⅱ

이것이 제 세대의 인간들이 이해한 것이며, 그들이 대면했고 아직도 대면 중인 위기입니다. 그리고 그 위기는 우리 수중에 있는 가치, 다시 말해 우리가 살고 있는 부조리에 대한 의식이 아니라면 아무것도 남지 않는 가치로 해결해야만 합니다. 이런 상태에서 우리는 위로도 확신도 없이 전쟁과 공포 속으로 들어가야만 했습니다. 다만 우리는 유럽 곳곳에 나타나는 짐승들 앞에서 물러서지 말아야 한다는 것을 알고 있었습니다. 하지만 우리가 처한 입장에서 이 의무에 정당성을 부여할 방법을 몰랐습니다. 더욱이 우리 중 가장 명석한 사람은 자신의 머릿속에 공포와 대직하고 살인을 부정하게 할 만한 어떤 원칙도 없음을 깨달았습니다.

왜냐하면 실제로 아무것도 믿지 않고, 아무것도 의미가 없으며, 어떤 가치도 확신하지 못한다면, 모든 것이 허용되며 아무것도 중요하지 않기 때문입니다. 그렇다면 선도 악도 없으며, 히틀러는 틀리지도 맞지도 않게 됩니다. 나병환자를 돌보며 헌신할 수 있는 것과 마찬가지로 수백만 명의 무고한 사람을 화장터로 보낼 수도 있게 됩니다. 한 손으로 귀를 찢고 다른 손으로 쓰다듬어줄 수도 있습니다. 고문당하는 사람 앞에서 설거지를 할 수도 있습니다. 시체를 정중하게 대할 수도 있고 쓰레기통에 버릴 수도 있습니다. 모든 것이 등가입니다. 그리고 아무것도 의미가 없다고 생각하기 때문에, 옳은 사람은 성공하는 사람이라고 결론지어야만 합니다. 이런 생각이 너무도 진심에서 우러나온 것인지라 오늘날까지도 수많은 회의주의적 지성인은 만약 어쩌다가 히틀러가 전쟁에서 이겼다면 역사는 그에게 경의를 표하고 그의 끔찍한 동상이 올라갈 좌대를 세웠을 것이라고 당신에게 말하기도 합니다. 아무것도 의미가 없다고 생각하기 때문에 히틀러를 숭상하고 그 공포와 살인을 정당화한다면, 우리가 생각하는 역사가 히틀러를 숭상하고 공포와 살인을 정당화할 수도 있다는 것을 추호도 의심할 수 없습니다.

우리 중 몇몇이 모든 우월한 가치가 부재한 상태에서 적어도 역사만은 의미가 있다고 믿을 수 있다고 생각할 수도 있습니다. 그들은 종종 그런 생각에 따라 행동하기도 했습니다. 그들은 민족주의의 시대를 청산하고 갈등이 있든 없든 간에 그 뒤를 잇는 제국의 시대, 보편적 사회 그리고 지상낙원을 준비하려면 전쟁이 필요했다고 말했습니다.

그러나 그런 생각을 하면서 그들은 우리처럼 아무것도 의미가 없다고 생각한 경우와 똑같은 결론에 도달했습니다. 역사에 의미가 있다면 그 의미는 총체적이거나 혹은 아무것도 아닐 것입니다. 이런 인간들은 역사가 최상의 변증법에 복종하며, 우리 모두가 하나의 결정적 목표를 향해 나아가고 있다는 듯 생각하고 행동했습니다. 그들은 "역사가 인간을 위해 만들어진 것이 아니라 인간이 역사를 위해 만들어진 것이다"라는 혐오스러운 헤겔의 원칙에 따라 생각하고 행동했습니다. 오늘날 세계의 운명을 영도하는 모든 정치적, 도덕적 현실주의는 종종 자신도 모르는 사이에 실은 독일식 역사철학에 순종했습니다. 그에 의하면, 전 인류는 합리적인 길을 따라 결정적 우주를 향해 나아간다는 것입니다. 이는 허무주의를 절대적 합리주의로 대체한 것인데, 이 두 경우 모두 결과는 같았습니다. 역사가 최상이며 숙명적 논리에 복종하는 것이 사실이라면, 또한 이와 같은 독일 철학에 따라 봉건제 국가가 숙명적으로 무정부 국가를 계승하고, 다시 봉건제 국가와 제국주의 국가가 보편적 사회로 마침내 도달하는 것이 사실이라면, 이 숙명적인 전진에 도움이 되는 모든 것은 좋은 것이며, 역사의 완성은 결정적 진리가 됩니다. 그리고 그 완성은 전쟁, 음모, 개인적이거나 집단적인 살인과 같은 평범한 수단에 의해 이뤄지기 때문에 모든 행위는 그것이 좋은지 나쁜지가 아니라 효율적인지 아닌지에 따라 정당화됩니다.

그리고 오늘날의 세계에서 제 세대의 사람들은 수년간 아무것도 진실이 아니라고 생각하거나, 역사적 숙명에 굴복하는 것이 유일한 진실이라고 생각하는 이중의 유혹에 빠졌습니다. 그렇게 해서 수많은 사람이 이 유혹 중 하나에 굴복하고 말았습니다. 세계는 권력의 의지, 다시 말해 마침내 공포에 내던져졌습니다. 어느 것도 진실이나 거짓이 아니라면, 좋은 것과 나쁜 것이 없고, 유일한 가치가 효율성이라면, 가장 효율적으로 보이는 것, 다시 말해 가장 강해 보이는 것이 규칙이 되어야 합니다. 이 세상은 더 이상 정의로운 사람과 불의의 사람이 아니라 주인과 노예로 나뉩니다. 옳은 생각을 하는 사람은 남을 제압하는 사람입니다. 고문을 당하는 사람보다 가정주부가 옳은 사람입니다. 고문하고 처형하는 독일군 장교, 무덤 파는 사람으로 변신한 나치 친위대원, 이들이 바로 이 새로운 세상 속의 현명한 사람입니다. 여러분 주변을 둘러보시고 이것이 여전히 사실이 아닌지 확인해보십시오. 우리는 폭력의 고리 속에 있으며 거기에서 질식하고 있습니다. 나라 안에서나 세계에서나 불신, 원한, 탐욕, 권력을 향한 질주가 암울하고 절망적인 우주를 만들어냈습니다. 그곳에서 개개인은 '미래'라는 단어만으로도 온갖 고민이 떠올라 현재 속에서 살 수밖에 없으며, 추상적 권력에 내맡겨졌으며, 분주한 생활에 야위고 넋이 빠져 현명한 여가 시간과 단순한 행복, 자연적 진리로부터 분리되었습니다. 아마도 아직 행복한 이 미국에서 여러분은 이런 사실을 보지 못할 수도 있고, 혹은 제대로 보지 못할 수도 있지 않을까요? 그러나 제가 언급한 사람들은 수년 전부터 이런 불행을 뼛속 깊이 느끼며, 사랑하는 사람들의 얼굴에서 그 불행을 읽으며, 그들의 병든 마음속 깊은 곳에서는 결국 모든 것을 휩쓸어가고 말 끔찍한 반항심이 솟구치고 있습니다. 모든 게 쉽게 풀리리라 상상하기에는 너무도 많은 잔혹한 이미지가 그들 머릿속을 떠나지 않을뿐더러, 그 시절에 대한 공포감을 너무 심각하게 느끼기에 그들은 반항이 지속되는 것을 받아들일 수 없습니다. 이 대목에서 그들에게 진정한 문제가 시작됩니다.

Ⅲ

이 위기의 특징들이 권력에 대한 의지, 공포, 현실적 인간을 정치적이자 역사적 인간으로 대체한 것, 추상화와 숙명성의 범람,

미래 없는 고독이라면, 그리고 우리가 이 위기를 해소하길 원한다면, 우리는 바로 이 특징들을 바꿔야 합니다. 그리고 우리 세대는 그 문제의 부정과 더불어 그 거대한 문제와 대면했습니다. 우리 세대가 투쟁의 힘을 얻어야 할 곳은 바로 부정 자체였습니다. 신이나 플라톤, 혹은 마르크스를 믿어야만 한다느니 같은 말을 우리에게 하는 것은 완전히 헛수고입니다. 왜냐하면 우리는 바로 그런 유의 믿음이 없기 때문입니다. 유일한 문제는 과연 희생자가 되느냐 아니면 가해자가 되느냐 외에는 선택권이 없는 세계를 수용해야 하는지의 여부였습니다. 당연히 우리는 그 어느 쪽도 원치 않습니다. 이 구분은 허상이며, 결국 오로지 희생자만 남을 뿐이며, 암살자와 살인자는 결국 한배를 타고 동일한 패배를 맞이할 것이기 때문입니다. 단순하게 말하자면 문제는 이제 더 이상 이런 조건과 세계를 수용하는지 마는지가 아니라 어떤 이유로 그 세계에 대항할 수 있는지에 있습니다.

따라서 우리는 겉으로 드러난 이유가 없음에도 악에 대한 투쟁을 선택하도록 우리를 이끌었던 반항 자체에서 우리의 이유를 찾았습니다. 그리고 우리는 단지 우리 자신을 위해 반항했던 것이 아니라, 모든 인간에게 공통된 무엇인가를 위해 반항했다는 것을 알아차렸던 것입니다.

어떻게 그럴 수 있었을까요?

가치가 없는 세계, 우리가 살고 있는 이 감정의 사막에서 반항이란 실제로 무엇을 의미할까요? 반항이란 우리를 '아니오'라고 말하는 사람으로 만들어주는 것이었습니다. 우리는 또한 '예'라고 말하는 사람이기도 했습니다. 우리는 이 세계, 그 본질적 부조리, 우리를 위협하는 추상화, 우리에게 마련된 죽음의 문화 앞에서 '아니오'라고 말했습니다. '아니오'라고 말하며 우리는 이제 이런 사태가 지겹게 지속되었고, 넘을 수 없는 한계가 있다고 단언했습니다. 그러나 동시에 우리는 그 한계 '아래'에 있었던 모든 것을 인정했고, 우리 마음속에 스캔들, 파렴치한 행위를 거부하는 무엇인가가 있으며 더 이상 모욕을 주는 것이 불가능하다고 말하기도 했습니다. 그리고 물론 이것은 우리가 생각해봐야 할 하나의 모순이었습니다. 우리는 이 세상이 실재적 가치 없이 살아가고 투쟁한다고 생각했습니다. 그러나 마침내 우리는 독일에 대항해 투쟁했습니다. 제가 알고 있는 프랑스인 중 레지스탕스에 가담한 사람들은 전단을 돌리기 위해 탄 기차 안에서 몽테뉴를 읽었고, 그들은 적어도 우리나라에서는 명예의 개념을 갖고 있으면서도 회의주의자들을 이해할 수 있다는 것을 증명했습니다. 따라서 우리 모두는 살아 있고, 희망하고, 투쟁한다는 사실만으로도 무엇인가를 단언했습니다.

그러나 그 무엇이 보편적 가치를 지녔을까요? 그것은 한 개인의 의견을 넘어선 것일까요? 그것이 행동의 준칙으로 쓰일 수 있었을까요? 대답은 아주 간명합니다. 제가 언급한 사람들은 자신들 반항의 운동 속에서 죽기를 받아들였습니다. 그리고 그 죽음은 그들이 자신의 개인적 존재를 넘어, 그들의 개인적 운명을 훨씬 넘어서는 덕목을 위해 자신을 희생했음을 증명했습니다. 적대적인 운명에 대항해 우리의 반항인들이 옹호했던 것, 그것은 모든 사람에게 공통된 가치였습니다. 사람들이 수위 앞에서 고문당할 때, 귀가 의도적으로 찢겨나갈 때, 어머니들이 자식을 죽음으로 내몰도록 강요될 때, 정의로운 사람들이 돼지처럼 매장될 때, 반항인들은 자신 속의 무엇인가가 부정되었고 그것이 단지 자신만의 것이 아니라 인간들이 그에 대해 연대할 준비가 되어 있는 공통의 자산이라고 판단했습니다.

그렇습니다. 프라하의 학생에게 가해진 욕설은 파리 변두리의 노동자에게도 가해졌으며 중부유럽의 어느 강가에 뿌려진 피는 텍사스의 어느 농부가 난생처음 본 아르덴 지방의 대지 위에 자신의 피를 뿌리도록 했습니다. 이것은 그 잔혹한 시절의 위대한 교훈입니다. 그 자체로는 부조리하고 미친 짓이며 거의 생각하지도 못할 일이지만, 동시에 이 부조리 속에 교훈이 있었습니다. 공통된 품위가 위태롭고, 옹호해야 하고 지켜야 할 인간들 사이의 교류가 핵심이었던 집단적 비극 속에 우리가 있었다는 교훈입니다. 이를 바탕으로 우리는 어떻게 행동해야 하는지를 알게 되었고, 가장 절대적인 도덕적 파국에서 인간이 어떻게 그의 행동을 통제하기에 충분한 가치를 되찾을 수 있는지를 배웠습니다. 그들 인격에 대한 서로의 인정 속의 소통, 그것이 바로 진리이며, 옹호해야 하는 것은 바로 이런 소통입니다.

"예속은 침묵이며 모든 것 중에서도
 가장 끔찍한 것입니다"

이러한 소통을 유지하려면 인간들은 자유로워야 합니다. 주인과 노예 사이에는 아무런 공통점이 없고, 노예가 된 인간과는 말을 할 수도 소통할 수도 없기 때문입니다. 그렇습니다. 예속은 침묵이며 모든 것 중에서도 가장 끔찍한 것입니다.

그래서 이 소통을 유지하기 위해 우리는 불의가 사라지도록 해야 합니다. 억압받는 자와 착취자 사이에는 접촉이 없기 때문입니다. 시기심도 침묵의 영역에 속합니다.

또한 이 소통을 유지하기 위해 우리는 거짓말과 폭력을 금지해야만 합니다. 거짓말하는 사람은 다른 사람 앞에서 마음의 문을 닫고, 고문하고 억압을 가하는 자는 결정적인 침묵을 부과하기 때문입니다. 그러므로 우리는 우리 반항의 단순한 운동을 부정하는 것으로부터 우리의 자유와 진정성의 윤리를 도출했습니다. 그렇습니다. 살인의 세계에 대항하기 위해 우리가 내세워야만 하는 것이 바로 이 소통입니다. 자, 이것이 우리가 지금 알고 있는 것입니다. 살인으로부터 우리를 보호하기 위해 오늘날 우리가 견지해야만 하는 것도 바로 이것입니다. 이제 우리가 알고 있듯이 우리는 불의에 대항해, 예속과 공포에 대항해 투쟁해야만 합니다. 왜냐하면 이 세 개의 역병은 인간 사이를 침묵이 압도하게 만들며, 그 사이에 장벽을 세우고 서로를 볼 수 없도록 눈을 어둡게 하고, 절망적인 세계에서 인간을 구할 수 있고 그 운명에 대항할 수 있는 형제애라는 유일한 가치를 찾지 못하도록 가로막기 때문입니다. 긴 밤의 끝에서, 위기로 찢어진 세계 앞에서 이제 마침내 우리는 무엇을 해야 하는지를 알고 있습니다.

무엇을 해야 할까요? 우리는 이렇게 해야만 합니다.

1) 사실을 있는 그대로 말해보고, 우리가 특정 생각에 동의할 때마다 수백만 명의 사람을 죽인다는 것을 분명히 깨달으십시오. 우리는 살인자이기에 생각을 하지 않는 것이 아닙니다. 우리는 잘

못 생각하기 때문에 살인자입니다. 이렇게 해서 우리는 겉보기에는 아무도 죽이지 않고 살인자가 될 수 있습니다. 그래서 우리 모두 어느 정도는 살인자입니다. 가장 먼저 해야 할 것은 생각과 행동을 통해 모든 형태의 현실적이며 숙명적 사유를 단순명료하게 폐기하는 것입니다.

2) 두 번째로 해야 할 일은 제대로 생각하는 것을 방해하며 횡행하는 공포의 세계를 이완시키는 것입니다. 유엔이 이 도시에서 중요한 회의*를 진행한다고 들었는데, 우리는 이 세계적 기구의 첫 번째 성문 선언을 통해 뉘른베르크재판 이후 전 세계에서 사형 제도의 폐지를 엄숙하게 선포해야 한다고 제안할 수도 있습니다.

3) 세 번째로 해야 할 일은 매번 가능할 때마다 정치를 진정한 제자리, 즉 부차적 자리로 되돌려놓아야 합니다. 사실 정치는 이 세계에 복음이나 정치적, 도덕적 교리문답을 전달하지 않습니다. 우리 시대의 큰 불행은 바로 정치가 감히 교리와 완벽한 철학, 심지어 가끔은 사랑의 기술까지 우리에게 제공하려 든다는 것입니다. 정치의 역할은 우리의 내면적 문제를 해결하는 것이 아니라 살림살이를 하는 것입니다. 저로서는 절대적인 것이 존재하는지 모릅니다. 그러나 그것이 정치적 차원에는 없다는 사실을 알고 있습니다. 절대적인 것은 모두에게 보편적으로 해당되는 문제가 아닙니다. 그것은 개개인의 사안입니다. 모든 사람은 제각기 절대적인 것에 대해 내면적으로 자문할 여유를 가질 수 있도록 서로의

---

■　　1946년 3월 25일부터 8월 18일까지 유엔 안정보장이사회가 뉴욕에서 회의를 열었다. 20여 회의 모임이 브롱크스의 헌터칼리지(현 리먼칼리지)에서 이뤄졌다.

관계를 조정해야 합니다. 우리의 삶은 어쩌면 남에게 속한 것일 수도 있고 필요하다면 삶을 내주는 것이 옳을 수도 있습니다. 그러나 우리의 죽음은 오로지 우리에게 속합니다. 그리고 그것이 자유에 대한 저의 정의定義입니다.

4) 네 번째로 해야 할 일은 부정적 생각과 긍정적 행동의 가능성을 화해시킬 수 있는 긍정적 가치를 부정을 바탕으로 창조하는 것입니다. 그것이 제가 초안만 제시한, 철학자들의 작업입니다.

5) 우리가 다섯 번째로 해야 할 것은, 이런 태도가 모든 선의의 사람들이 함께 만날 수 있는 어떤 보편주의를 창조하는 일로 귀결된다는 것을 깨닫는 일입니다. 고독에서 벗어나려면 말을 해야만 하는데, 따라서 솔직하게 말하고 어떤 경우라도 거짓말하지 말 것이며, 알고 있는 모든 진실을 말해야만 합니다. 그러나 진실이 모든 사람에게 공통된 가치에 의해 정의되고 그 위에 토대를 둔 세계에서만 우리는 진실을 말할 수 있습니다. 이것은 진실되고 저것은 아니라는 것을 결정할 수 있는 사람이 히틀러 씨는 아닙니다. 오늘이든 내일이든, 이 세계에 속한 어느 인간도 그의 진실이 다른 사람에게 강요할 수 있을 만큼 좋다고 결정할 수 없습니다. 왜냐하면 인간의 공통적인 의식만이 이런 야심을 감당할 수 있기 때문입니다. 이 공통된 의식이 살아가는 데에 필요한 가치를 되찾아야만 합니다. 최종적으로 우리가 공략해야 하는 자유는 거짓말하지 않을 권리입니다. 오로지 이런 조건 아래에서만 우리는 살고 죽을 이유를 알 수 있을 것입니다.

자, 이것이 우리의 입장입니다. 이런 생각에 이르기 위해 이토록 멀게 돌아올 필요가 없었을지도 모릅니다. 그러나 따지고 보면 인간의 역사는 진리의 역사가 아니라 실수의 역사입니다. 진리란 아마도 행복처럼 아주 단순하며 그리 복잡한 사연이 없을 것입니다.

그럼 우리의 문제가 모두 해결되었다는 뜻일까요? 물론 아닙니다. 이 세계는 더 나아진 것도, 더 합리적으로 변한 것도 아닙니다. 우리는 여전히 부조리에서 벗어나지 못했습니다. 그러나 적어도 우리의 태도를 바꾸도록 노력해야 할 하나의 이유를 얻었으며 지금까지는 바로 이 이유가 우리에게 결핍되어 있었습니다. 인간이 없었다면 이 세상은 항상 절망스러웠을 테지만 인간이 있으며, 그들의 열정과 꿈과 그 공동체가 있습니다. 우리는 세계에 대한 비관적 관점과 인간에 대한 깊은 낙관주의를 통합하려는 유럽의 몇몇 사람들입니다. 우리는 역사 속에 있기에, 역사에서 벗어났다고 주장하지 않습니다.

우리는 단지 역사에 속하지 않은 인간의 몫을 역사로부터 보존하기 위해 역사 속에서 투쟁한다고 주장할 따름입니다. 역사를 외면하지 않으면서도 역사에 더 이상 예속되지 않고, 개개인이 모든 인간에게 빚지고 있는 의무가 명상과 여유, 그리고 스스로 찾아야 할 행복의 몫에 의해 균형을 이루는 그런 문명으로 가는 길을 찾고자 주장할 따름입니다.

우리는 사건, 사실, 부와 권력, 저절로 만들어지는 역사, 그냥 굴러가는 세계를 숭상하기를 언제나 거부합니다. 우리는 인간에게 주어진 조건을 있는 그대로 보고자 합니다. 그리고 그 조건이 무엇인지는 우리도 알고 있습니다. 인간의 운명에 거의 감지할 수 없는 변화를 주기 위해 수 세기의 역사 동안 피의 바다를 요구해온 것이 바로 이 끔찍한 조건입니다. 그것이 법칙입니다. 18세기의 수년 동안, 프랑스에서 수많은 목이 추풍낙엽처럼 떨어졌고, 프랑스혁명은 모든 심장을 열광과 공포로 불태워버렸습니다. 그리고 마침내 그다음 세기 초 합법적 군주제는 입헌군주제로 대체되었습니다. 20세기의 또 다른 우리 프랑스인들은 이 잔인한 법칙을 너무도 잘 압니다. 전쟁, 점령기, 대학살, 수많은 감옥, 고통으로 얼룩진 유럽, 이들을 통해 우리 중 몇몇은 마침내 덜 절망하는 데에 도움에 되는 두세 개의 미세한 변화를 얻었습니다. 여기에서는 낙관주의야말로 파렴치한 행위일 것입니다. 오늘 죽어 있는 몇몇 사람들이야말로 가장 훌륭한 사람들입니다. 그들은 스스로 죽음을 자임했기 때문입니다. 그리고 아직 살아 있는 우리는 다른 사람들보다 덜 행동했기에 살아 있다고 말할 수밖에 없습니다.

우리가 계속 모순 속에서 살아가는 것도 바로 이런 이유 때문입니다. 유일한 차이는 이 세대는 이제 이 모순을 인간에 대한 거대한 희망과 연계할 수 있다는 데에 있습니다. 저는 프랑스의 감각 중 한 측면을 여러분에게 알려주고 싶었기에 여러분은 이것만 잊지 않는다면 충분할 것입니다. 오늘날 프랑스와 유럽에서 인간의 조건 속에서 희망하는 자는 미친 사람이며 사건들에 대해 절망하는 자는 비겁한 사람이라고 생각하는 세대가 있습니다. 이 세대는 절대적 해석과 정치적 철학의 군림을 거부하지만, 피와 살이 있는 인간과 그의 자유를 향한 노력을 긍정하고자 합니다. 이 세대는 행복과 보편적인 만족이 실현될 가능성을 믿지 않지만, 인간의 고통을 줄일 수 있는 일이 가능하다고 믿습니다. 세계는 그 본질 자체가 불행하고, 따라서 행복을 위해 무엇인가 해야만 하고, 세계가 불의로 가득하기 때문에 정의를 위해 애써야 한다고 생각하는 것입니다. 또한 세계가 부조리하기에 우리는 거기에 온갖 이유를 부여해야만 합니다.

결론적으로 이와 같은 것들이 무엇을 의미할까요? 이는 생각과 행동에 있어서 겸손해야만 하며 자기 위치를 지키며 우리의 일을 잘해내야 함을 의미합니다. 또한 정당과 정부의 바깥에서 국가를 넘어선 대화를 시작하는 공동체, 그들의 삶과 발언을 통해 이 세계가 경찰과 군인과 돈의 세계가 되는 것을 멈추고, 남자와 여자, 풍요를 낳는 노동과 사유 깊은 여유의 시간을 긍정하는 세계가 되는 공동체를 창조해야만 하는 것을 의미합니다.

우리의 노력과 생각, 그리고 필요하다면 우리의 희생을 제가 생각하는 그런 방향으로 집중해야만 합니다. 그리스 세계의 퇴폐는 소크라테스 살해와 더불어 시작되었습니다. 그리고 몇 년 전부터 유럽에서는 수많은 소크라테스를 죽였습니다. 이것은 하나의 단서입니다. 남에게 너그럽고 자신에게 엄격한 소크라테스 정신 하나만으로도 살인자의 문명에는 위험하다는 단서가 됩니다. 따라서 오로지 이 정신만이 세계를 재생시킬 수 있다는 단서이기도 합니다. 아무리 감탄할 만한 노력일지라도 권력과 지배를 추구하는 모든 노력은 더욱 심각하게 인간을 파괴할 따름입니다. 자, 어쨌거나 이것이 우리 프랑스와 유럽인들이 이 순간 겪고 있는 미미한 혁명입니다.

# 결론

공식적으로 미국을 방문한 한 작가가 자기 나라의 낙원 같은 풍경을 제시해야 할 의무를 느끼지 않고, 지금껏 선동이라 불리기에 적당한 방향으로 어떤 노력도 하지 않은 것에 여러분은 아마도 놀랐을 것입니다. 그러나 여러분 앞에서 제가 제기한 문제를 곰곰이 생각해본다면 이는 한결 당연하게 보일 것입니다. 여태 아무런 느낌도 없었던 사람들에게는 도발적이었을 테니 짐작하건대 선동은 한 셈입니다. 우리의 체험을 공유한 프랑스인들은 남들의 동정도 억지스러운 사랑도 요구하지 않습니다. 그들이 제기한 유일한 문제는 세계의 여론에 좌우되지 않았습니다. 5년 동안, 우리의 명예를 지킬 수 있는지, 다시 말해 전쟁이 끝난 다음 우리의 위치에서 발언할 권리를 유지할 수 있는지를 파악하는 것이 관건이었습니다. 그 권리를 굳이 남에게 인정받을 필요도 없었습니다. 단지 우리에게 있다는 사실을 우리가 인정해야만 했습니다. 쉽지 않았지만 결국 우리가 그 권리를 인정했다면, 우리가 치렀던 희생의 크기를 우리가 알았고, 나아가 오직 우리만이 알았기 때문이었습니다.

그러나 그 권리로 인해 우리가 남에게 교훈을 줄 권리가 생긴 것은 아닙니다. 인간을 너무 오랫동안 멸시했던 이들로부터 공격받고 패배했던 사람들이 단지 모욕적인 침묵에서 벗어날 권리일 따름입니다. 그 이상은 우리도 자기 분수를 알 것이라는 사실을 믿어주십시오. 흔히 말하듯 향후 50년의 역사는 부분적으로 프랑스가 아닌 다른 나라들이 결정해버렸을 가능성도 있습니다. 개인적으로 그에 대해 전혀 알지 못하지만 제가 아는 것은 25년 전

162만 명의 인간을 잃었고 얼마 전 수십만 명의 의용군을 잃은 이 나라는 실제건 아니건 자국의 힘을 남용했다는 점입니다. 그 점은 사실입니다. 세계의 여론, 그 판단 혹은 경멸은 이 사실을 전혀 바꿀 수 없습니다. 여론에 호소하거나 여론을 설득하려는 일이 제게는 우스꽝스럽게 보이는 이유가 여기에 있습니다. 그러나 제 생각에, 이 여론 앞에서 세계의 위기가 얼마나 우선권과 권력의 논쟁에 좌우되는지 강조하는 일은 우스꽝스럽지 않을 것입니다.

오늘 저녁의 토론을 요약하며 저 자신의 이름으로 처음 발언하건대 단지 이것만은 말하고 싶습니다. 매번 프랑스 혹은 다른 나라, 혹은 다른 문제를 힘의 잣대로 판단하려 든다면 우리는 인간의 말살로 귀결되는 인간관을 이 세계로 한 발짝 더 들여놓게 될 것이며, 지배의 욕구를 강화해 최종적으로 우리는 살인자의 편을 들게 될 것입니다. 사유체계와 마찬가지로 이 세계의 모든 것은 서로 연결되어 있습니다. 그리고 목적이 수단을 정당화한다고 말하거나 쓰는 사람, 위대함은 힘의 잣대로 평가된다고 말하거나 쓰는 사람, 이 사람은 이 시대의 유럽을 파괴하는 범죄가 흉측하게 축적되는 데에 절대적으로 책임이 있습니다.

자, 이렇게 해서 제가 여러분에게 해야 할 말의 의미를 명확하게 정의했다고 믿습니다. 여러분이 너무 성급하게 판단 내리고 싶어 하지 않도록 유럽의 제 동료들의 목소리와 체험에 충실한 것이 저의 의무이기도 했습니다. 왜냐하면 그 사람들은 살인자들이 아니라면 더 이상 누구도 심판하지 않기 때문입니다. 그리고 그들은 각자 품고 있는 인간의 진리를 국가에서 발견하리라는 희망과 확신을 갖고 모든 나라를 바라봅니다.

오늘 저녁 제 말에 귀를 기울이고 있는 미국의 젊은이들을 특별히 언급하면서, 제가 말씀드린 사람들은 마음속에 있는 인류, 그리고 성인 미국인의 얼굴에서 읽을 수 있는 자유와 행복에 대한 취향을 존중한다고 말하고 싶습니다. 그렇습니다. 그들은 모든 선의의 인간들에게서 기대할 수 있는 것, 즉 이 세계 속에 그들이 정착시키고 싶은 대화의 정신에 충실히 기여해주기를 여러분에게 기대하고 있습니다. 우리의 투쟁, 우리의 희망 그리고 우리의 주장이 멀리에서 보면 아마 여러분에게는 혼란스럽거나, 부질없는 것으로 보일 수도 있습니다. 그리고 지혜와 진리의 길에서, 만약 그런 것이 존재한다면, 이 사람들이 가장 곧고 가장 단순한 길을 택하지 않은 것도 사실입니다. 그러나 이는 이 세계, 그리고 역사가 그들에게 곧고 단순한 그 어떤 것도 제공하지 않았기 때문입니다. 그들은 그들의 조건 속에서 찾지 못했던 비밀을 자신의 손으로 만들려고 애쓰고 있습니다. 그리고 그들은 아마도 실패할 것입니다. 그러나 그들의 실패는 곧 이 세계 자체의 실패일 것이라는 게 제 신념입니다. 아직도 폭력과 묵묵한 증오로 물들어 있는 이 유럽, 공포로 찢긴 이 세계에서, 그들은 남아 있는 인간을 보존하려고 애씁니다. 그들의 유일한 야심입니다. 이 마지막 노력이 프랑스에서 아직 표현될 수 있다는 것, 모든 프랑스인에게 생기를 부여하는 정의를 향한 열정에 관련된 생각을 어렴풋하게나마 여러분에게 제시할 수 있었다면, 그것이 저에게는 유일한 위안이며 가장 단순한 자부심이 될 것입니다.

1946

# 우리는 비관주의자인가?

컬럼비아대학교에서 「인간의 위기」를 낭독한 지 한 달 후, 알베르 카뮈는 1946년 5월 1일 뉴욕 브루클린대학교에서의 강연으로 미국 순회를 마무리했다. 이 강연은 그 주요 주제를 재론하는 방식으로 「인간의 위기」를 보완한다. 「우리는 비관주의자인가?Sommes-nous des pessimistes?」 원고는 1946년 7월 영문으로 미국 잡지 〈보그Vogue〉에 '인간의 위기. 관성은 가장 강한 유혹이다The Crisis of Man. Inertia is the strongest temptation'라는 제목으로 처음 게재되었다. 이 번역본의 결론에는 작가가 남긴 자료에서 발견된 원고와 비교해볼 때 두 문단이 더해졌다. 여기에는 그 두 문단 또한 함께 적었다. 미국에서 돌아온 후 카뮈는 원고를 더욱 축약된 형식으로 '살인자였던 다른 우리Nous autres meurtriers'라고 제목을 붙여 잡지 〈프랑시즈Franchise〉 3호인 1946년 11월~12월호에 발표했다.

어느 유럽인이 인생은 비극적이라고 표현했을 때, 그는 자신이 가능한 한 지적인 상태가 되었다고 판단했습니다. 당연히 명청한 짓입니다. 그러나 저에게는 이것이 미국인이 인생은 좋은 것이며 고통은 존재하지 않는다고 확신했을 때 그가 자신이 가능한 한 이성적인 말을 했다고 판단한 것과 같아 보입니다. 물론 이는 심각한 오류입니다. 공통된 조건 앞에서 미국과 유럽은 정반대의 악惡으로 고통받고 있다고 생각합니다. 제게는 낙관주의자가 되지 말아야 한다고 말하는 것이 비관주의자가 되지 말아야 한다고 말하는 것만큼이나 비이성적으로 보입니다. 고대 그리스인은 인생이란 밤의 얼굴과 낮의 얼굴을 지녔다는 것을 알고 있었고, 인간이 자신의 조건에 충실하려면 이 빛과 어둠에 동시에 시선을 고정해야만 한다는 것을 알고 있었습니다. 그리고 하나의 문명은 항상이 모순을 그보다 높은 차원의 종합으로 극복하는 방식에 따라 평가됩니다. 유럽과 미국에서 어떤 생각을 하든 간에 우리는 모두이 종합을 향해 전진했으며 우리 모두는 이 문제에 대해 제각기의견이 있습니다. 한쪽이 실패하면 다른 쪽은 멸망하고 다시 진흙탕과 피가 태양과 밤을 대체할 것입니다. 그리고 서구 정신의 위대한 모험 중 대부분이 우리의 손에 달려 있지 않은 것도 아마 사실일 것입니다. 그러나 여전히 우리의 손에 좌우되는 것, 그것은우리가 진리라고 믿는 것을 확언하고, 유지하고, 결코 배신하지않을 수 있는 가능성입니다.

그리고 오늘날의 세계가 행복의 세계도 불행의 세계도 아니란것이 진리입니다. 이 세계는 모든 사람의 가슴속에 있는 행복에의 요구와, 인간의 위기가 그 정점에 이르렀다는 역사적 숙명 사이에 있는 폐쇄된 터입니다. 따라서 이 위기에 대한 정확한 생각, 다른 한편으로는 개개인이 욕망할 수 있는 행복에 대한 정확한감성을 갖는 일이 필요합니다. 그래서 우리는 통찰력을 지녀야 합니다.

인간의 위기는 적어도 절반은 이 세계에 계속해서 누적되고 있는 나쁜 행동이나 어리석은 원칙을 대면한 개개인의 타성과 피곤으로 이루어져 있습니다. 인간에게 가장 강력한 유혹은 이 타성에 관한 유혹입니다. 그리고 이 세계는 더 이상 희생자의 비명이 들리지 않기 때문에, 여전히 많은 사람이 몇 세기 동안은 이런 식으로 계속 살아가리라 생각할 수 있습니다. 일상적인 일을 하면서 어느 날 닥칠 죽음을 편안하게 기다리며 사는 편이 더 쉽기 때문이며, 사람들은 아무도 직접 죽이지 않았고 가급적 거짓말을 덜 하려고 애쓴다는 이유로 인간의 선을 위해 충분히 할 일을 했다고 믿습니다. 그러나 사실 자신의 삶과 타인의 삶을 새삼 문제 삼아 보거나, 인간의 조건이 전반적으로 최대한 평화를 찾도록 가능한 만큼 자신이 해야만 했던 일을 했는지 생각하지 않는다면 어느 인간도 마음 편히 죽을 수 없습니다.

인간의 비참한 조건에 대해 너무 오래 고민하고 싶지 않은 사람들은 아주 일반적인 방식으로 말하는 쪽을 더 좋아합니다. 혹자는 인간의 위기가 진정 있는 것인지, 결국 이런 위기는 어느 시대에나 있는 것 아닌지 제게 물었습니다. 이 모두는 동시에 맞기도 하고 틀리기도 합니다. 만약 맞다면, 적어도 강제수용소의 수용자들에게는 말할 수 없는 종류의 진실입니다. 그리고 고문받은 사람들이 그 고문을 겪는 동안 따지고 보면 세상은 항상 이러했다고 생각하며 위안 삼았을 거라고 믿기는 어렵습니다. 그렇습니다. 그들을 위해서라도 저는 인간의 위기가 있었다고 믿습니다. 제 세대의 모든 사람에게 이 위기는 멈추지 않았습니다. 이와 관련된 질문을 하는 사람들에게 항상 저는 제가 전부를 아는 것은 아니며 이 세계를 아울러 전반적인 설명을 내놓지도 못한다고 대답했습니다. 그러나 오래전부터 우리는 마음이 편치 못하며, 우리의 미래에 확신이 없고, 한마디로 말해 문명화되었다고 하는 사람들에게는 정상적인 상태가 아니란 것을 알고 있습니다. 그리고 이 표현이 맞든 아니든 간에 우리가 인간의 위기라 부르는 것이 바로 이 점입니다. 반복해서 말할 만하니 반복하건대 공포가 있기에 위기가 있습니다. 저는 인간적 가치들이 경멸의 가치와 효율성의 가치로, 자유의 의지가 지배의 의지로 대체되었기 때문에, 사람들이 아무것도 의미가 없다고 혹은 오로지 역사적 성공만 가치가 있다고 믿기 때문에 공포가 있다고 말한 바 있습니다. 더 이상 그는 정의와 함께 있다는 이유로 옳지 않고, 성공한 사람이라는 이유로 옳은 사람이 됩니다. 극단적으로 말하면 이는 살인의 정당화입니다. 이런 세상에서는 항상 우연이나 임의적 호의 덕분에 그들이나 그들의 아이들이 살아남게 됩니다. 그리고 이런 세상에서 그들의 모든 힘을 비판하지 않은 채 사는 사람들(다시 말해 거의 모든 사람들)은 그 나름대로 다른 이들과 마찬가지로 살인자들이기에 인간들은 당연히 부끄러워하는 것이 옳습니다. 이 또한 진실입니다.

인간의 의지가 행복과 정의에 적용될 때, 그 의지라는 또 다른 힘을 우리가 갖고 있다는 것도 역시 진리입니다. 그 경우, 우리는 우선 무엇을 원하는지를 아는 것으로 충분합니다. 우리가 원하는 것은 바로 더 이상 힘이 옳지 않다고 하고, 결코 무기나 돈의 권력 앞에 머리를 숙이지 않는 것입니다. 물론 이런 유의 결심은 현실주의자들을 웃게 만듭니다. 왜냐하면 현실주의자들에게 이런 임무는 끝이 없으며, 따라서 그것을 지속할 좋은 이유가 보이지 않기 때문입니다. 그들은 성공하는 임무만을 시도합니다. 진정으로 중요하거나 인간적인 것은 어느 것도 시도하지 않고, 그들이 원하지 않았다 하더라도 살인의 세계를 수긍하며, 우리 모두가 비록 이 임무가 끝나지 않을지라도 그것을 계속하려고 존재한다는 사실을 의식하지 못합니다. 저는 절대적 진보를 믿는 이성이나 그 어떤 역사철학에도 그다지 동의하지 않지만 적어도 인간은 자신의 운명에 대한 인식에 있어서 끊임없이 앞으로 나아갔다고 믿습니다. 우리는 우리의 조건을 극복하지 못했으나 더 잘 알게 되었습니다. 우리가 모순 속에 있음을 알지만 동시에 그 모순을 거부해야만 하며, 모순을 줄이기 위해 해야만 하는 일이 무엇인지 알고 있습니다. 우리 인간의 의무는 자유로운 영혼의 무한한 고뇌를 가라앉혀줄 몇몇 공식을 찾는 데에 있습니다. 분열된 것을 화해시키고, 명백히 불의한 세계에서도 정의를 상상 가능한 것으로 만들고, 세기의 불행으로 고통받은 민중을 위해 의미 있는 행복을 되돌려야 합니다. 물론 이것은 초인적인 임무입니다. 그러나 우리는 인간이 오랜 시간을 들여 완수하는 임무를 초인적이라고 합니다. 이런 관점에서 보면 인간의 조건에서 초인적이지 않은 것은 아무 것도 없습니다.

이것이 비관주의일까요? 전혀 그렇지 않습니다. 우리의 임무가 무엇을 원하고, 무엇을 원치 않는지를 제대로 미리 정의하려는 냉철한 노력입니다. 병이 들었다면 어떤 병으로 아픈지 알아야만 하고, 그다음에는 치료법을 찾아 적용해야 합니다. 우리는 추상화와 공포로 고통받고 있기에 무엇을 해야 할지 단호하게 결정지으려면 제대로 파악하는 것이 좋습니다. 우리 젊은 프랑스 사람들은 이 세상의 모든 것이 잘 되어가고 있고, 바꿀 것이 없다고 말하는 사람들을 비관주의라고 부릅니다. 왜냐하면 그런 사람들에게서는 아무것도 기대할 수 없기 때문입니다. 쇠사슬과 감옥 한가운데에서도 이 세상이 실제로 자기 흐름대로 돌아가는 것은 이런 사람들 때문입니다. 우리 중에는 냉철한 사람들이 충분히 많고, 그와 동시에 미국에서 상상하는 것보다 훨씬 더 단호하게 자신을 치유하고 세계가 앓고 있는 병을 치유하려고 그들의 힘이 닿는 일을 하리라 결심한 사람들이 많기도 합니다.

　오늘날 유럽의 젊은이들이 무슨 소용이 있느냐고 자주 제게 묻습니다. 일반적인 사항을 평가하는 데에 익숙하지 않은 터라 잘 모르겠습니다. 그러나 제가 아는 젊은이들, 그들은 환상 없이 살지만 그들의 결정과 용기는 튼튼하기만 하다는 것을 알고 있습니다. 젊음에 환상이 없다는 것이 좋지 않다고 반박한다면 저는 환상 없이 사는 것이 바람직한지 아닌지가 문제가 아니라고 대답하겠습니다. 문제는 현실을 있는 그대로 아는 것입니다. 이들은 존재와 가장 직접적인 현실들과 바로 접촉하며 환상 없이 살도록 강요받았고, 그럼에도 불구하고 세계에 제기된 문제를 아직은 생각할 줄 알고, 해결할 의지를 지니고 있기에 무너지지 않았습니다. 이는 에너지와 명철함이 화합할 수 있으며 열정이 차분한 용기와 만날 수 있다는 증거이기도 합니다. 이는 오늘날 몇몇 유럽인들의 가슴속에서 일어나는 체험이며, 과학적 발견 혹은 거부권이라는 교묘한 발명품과 더도 덜도 아닌 똑같은 차원에서 우리 문명의 미래를 책임지고 있는 것입니다. 결국 이 체험은 "따라서 나는 우리가 과격해야만 한다고 생각한다. 그것은 상식과 지혜를 배제하는 일이 아니다"라고 말한 생쥐스트, 우리의 위대한 혁명가 중 하나인 그의 말에 요약되어 있습니다.

우리는 우리가 원하는 문명의 종류와 우리가 원치 않는 끔찍함이 무엇인지를 알고 있습니다. 그러나 우리가 무엇을 기대할 수 있을까요? 이 세계가 여전히 상상력 없는 사람들의 손아귀에 있으니 한동안 기다릴 수밖에 없습니다. 더 이상 보존될 수 없는 것을 보존하려고 하고, 결코 파괴될 수 없는 것을 파괴하려는 자들 말입니다. 거짓말하고, 다른 사람에게 거짓말을 하도록 강요하는 사람들, 공무원과 경찰 들, 그들의 손아귀에 이 세계가 있습니다. 그렇게 계속된다면, 살인자가 되는 일이 쉽다고 생각해 인간을 죽이는 자들에 의해 모든 것이 쓸려나갈 것입니다. 당연지사입니다. 그러나 우리가 맹목적인 탐욕의 공격에 대항해 계속해서 인간이 옹호해야 할 일들을 옹호하는 일 또한 당연한 일입니다. 보존하기 위해서 성공할 필요도 없습니다. 마침내 이 세계를 변화시키고야 마는 유일한 것은 일부 인간들의 길고 긴 집념이기에 우리는 그 일을 계속할 것입니다. 초기 기독교인들은 그들을 지탱하는 이 위대한 운동을 '십자가의 광기'라고 불렀습니다.

오늘날 우리에게 필요한 것은 인간의 광기입니다. 거대한 희망, 과거에 유럽의 지성인들이 환상의 도움 없이 대면했던 세계 속에서 그들을 지탱했고 앞으로도 계속 지탱할 것인 거대한 희망, 침묵의 결단력에 토대를 둔 견고하고 멀리 내다보는 거대한 광기가 필요합니다. 이를 안다면 이런 질문에 더 쉽게 대답할 수 있겠

지요. "우리는 비관주의자인가?"■

1946

■        마지막 두 문단은 1946년 7월 〈보그〉에 실린 영문판에 나타난다.

아내 프랑신 포르Francine Faure, 쌍둥이 아이들과 함께 있는 카뮈, 1946.

(ⓒ Tallandier / Bridgeman Images)

# 문명에 대한 원탁회의에서의 발언

1946년 초, 산업 미학의 선구자 자크 비에노Jacques Viénot가 '문명 협회'를 창단하자 카뮈의 스승인 알제 문과대학교의 자크 외르공Jacques Heurgon 교수, 카뮈가 갈리마르 출판사 낭독회에서 자주 접하던 로제 카유아Roger Caillois 등이 주변에 모여들었다. 1946년 10월 22일, 문명 협회는 알베르 카뮈, 조르주 프리드만 Georges Friedmann, 모리스 드 강디악Maurice de Gandillac, 피에르드 라뉘Pierre de Lanux, 모리스 메를로-퐁티Maurice Merleau-Ponty▪, 장 발Jean Wahl을 초대해 '현재 세계 속에서 개인의 운명'이란주제로 토론하도록 부탁했다. 이 회의는 협회의 기관지 〈셰맹 뒤몽드Chemins du monde〉 3호의 주제가 되어 게재되었다. 카뮈의발언은 전문이 수록되었고 다른 토론자의 발언은 요약해 적었다.

▪ 메를로-퐁티와 카뮈는 1946년 10월 〈레 탕 모데른Les Temps modernes〉에 '요가 수행자와 프롤레타리아Le Yogi et le Prolétaire'의 세 장 중 첫 번째 장이 실린 이후로 불화를 겪었다(이 원고는 1947년 『휴머니즘과 폭력』에 재수록되었다). 메를로-퐁티가 아서 케스틀러Arthur Koestler의 책 『요가 수행자와 경찰 Le Yogi et le Commissaire』(샤를로, 1946)에 대해 쓴 냉소적인 이 대응은 카뮈에게는 모스크바 재판을 정당화하는 것과 크게 다르지 않았다. 케스틀러와 카뮈는 1957년 함께 펴낸 『사형제도에 대한 생각 Réflexions sur la peine capitale』이 증명하듯, 공통된 신념으로 서로 존중하는 관계를 유지했다.

모리스 드 강디악에 따르면 기술주의에 입각한 나치의 이데올로기는 개인을 '우두머리들의 개인주의'가 지배하는 '투쟁의 공존' 속에 살아가는 '창조적 힘'으로 보았다. 반면에 미국 문명에서 개인주의의 역할은 무엇이었을까? 거기에 자유로운 개인이 있을 수 있다면, 자유 자본주의 문명과 공산주의 세계에서 그들의 자리는 어떠했을까? 공산주의 세계는 '인간의 실질적 해방'을 출발시키는 '과도기적 단계'인가? 장 발은 국가 사회주의에서 개인주의의 한 형태를 보는 것을 거부하는 반면, 조르주 프리드만은 '자연환경'과 대립하는 도시의 '새로운 환경'에서 살고 있는 '기술 만능 문명'에서 미국, 소련, 독일에 공통된 인자를 인정한다. 이런 나라들에만 한정되지 않는 삶의 기계화는 '더욱 조밀해진 기술의 존재를 통해 인간의 존재를 대체하는 현상'을 일으킨다. 개인에 대한 기술의 작동은 '심리적이며, 우리를 변화시키고' 사회적 소외로 이어진다. 미국 군인들에게서 프리드만은 '기술과의 내밀한 공조 의식'뿐 아니라 '우리에게 공통된 어떤 감정이 상당히 부재하는 것'도 보았다. 그는 "이런 문제의 대부분을 해결하는 데 있어 자본주의국가보다 사회주의국가가 더 잘 완비되었다"고 서둘러 덧붙이면서도 19세기 이래로 현대 민주주의에서 점증하는 국가주의가 개인의 자유를 위협한다고 인정했다. 그는 중요한 것은 "과거를 아쉬워하는 것이 아니라, 오늘날 진행되는 문명들 속에서 개인의 만개滿開를 어떻게 도울 수 있는지를 보는 것"이라고 했다. 피에르 드 라뉘는 미국식 표준화의 상투적인 편견을 수정하려고 했다. 그는 1929년의 경제위기에서 '개인적 가치로의 회귀', 제퍼슨주의적 가치의 부활을 감지한다. "문제는 자유의 정복이 아니라 자유의 사용인데……."

"무엇을 살려낼 수 있고 살려내야만 하는가?"라는 질문에 카뮈는 다음과 같이 답했다.

저는 우리가 말을 할 때 의무적으로 해야 할 단호한 확언보다는 섬세한 의미에 대해 훨씬 더 많이 이야기해야 한다고 생각하기에 조금 난처합니다. 이미 보았다시피, 지난 5년 동안 수많은 사람이 바로 이런 섬세함을 위해 투쟁했고, 이는 놀라운 일입니다. 우리에게 개인의 문제를 제기한다면, 그것이 무엇인지 안다고 상정할 때, "개인의 운명은 어떠할 것인가?"라고 단정적으로 말해야 합니다. 우리는 모두 알고 막연하게나마 느꼈습니다. 개인이 죽임을 당할 것이라는 것을 말입니다.

이 개인이 살해당한다면, 우리가 그런 느낌이 든다면, 이렇게 질문을 해봐야 합니다. 개인이란 살려내야만 하는 존재라고 우리는 생각하는가? 혹은 우리는 그것을 원치 않는가……?

개인이 구성하는 가치의 집합이 어떤 사람에게는 낡아서 살려낼 필요가 없는 것으로 보일 수도 있습니다. 이 경우 역사의 종말을 기다리면 그만일 따름입니다.

우리가 그를 살려내길 원한다면, 두 가지 질문이 제기됩니다. 첫 번째, 오늘날의 개인을 한순간 희생으로 내모는 취약의 원리는 무엇인가? 두 번째, 이 개인을 위협하고 어느 날 희생시킬 역사적 혹은 이념적인 외부의 사건이란 무엇인가?

첫 번째 질문에 대해서는 프리드만이 말한 방향으로 대답할 수 있을 듯합니다. 무정부주의적 개인주의는 역사에 의해 극복되었습니다. 그러나 우리는 마음속에 여전히 무정부주의적 개인을 품고 있으며 그 개인에 대해 청산할 무언가가 남아 있습니다. 그것은 나쁜 개인이기 때문입니다. 저는 그런 개인이 어떤 측면에서 인간의 고독을 상정하고 있다고 믿으며, 또한 저는 인간이 혼자가 아니란 것을 마음속 깊이 확신하고 있습니다. 최근 몇 년 동안 우리는 프라하에서 장교의 뺨을 때리면, 벨빌의 노동자가 어느 날엔가 죽음을 당하리란 것을 깨달았습니다.

우리가 거론한 자유주의적 개인주의는 우리 역시 마음에 품고 있는 것입니다. 제가 보기에는 이 역시 단죄되었고, 이런 관점에서 저는 프리드만의 의견에 동조합니다. 신비화된 의식에 대한 마르크스의 분석은 전적으로 유효합니다.

두 번째, 외부에서 개인을 위협하는 것은 무엇인가? 이에 대해서도 구체적 심리학이 아니라 구체적 사회학을 동원해봅시다. 우리로 하여금 두려움의 감정을 갖게 만드는 것은 무엇인가? 부정할 나위 없이 그것은 침묵입니다. 최근 몇 해 동안 우리가 배운 것은, 우리는 한 인간에게 인간적 사유를 기대할 때 그로부터 인간적 행위가 돌아오리라 생각하는 세계 속에서만 살 수 있다는 점입니다. 그런데 인간적 사유를 기대하는 일이 아무런 소용도 없는 인간 유형이 있다는 사실을 우리는 알게 되었습니다. 강제수용소에 갇힌 사람은 그를 담당하는 독일의 나치 친위대원에게 그런 짓을 하지 말라고 설득할 엄두도 내지 못했을 것입니다. 이런 관점에서 본다면 우리는 침묵의 세계, 다시 말해 폭력의 세계 속에 있습니다.

두 번째 사안은 다른 측면, 즉 추상화의 측면에서 프리드만의 의견과 일치합니다. 기술의 차원에서 인간적 접촉은 기계적 도구의 중개로 대체되는 게 사실입니다. 사회적 차원에서도 맞는 말인데, 왜냐하면 이 세상에 관료주의라는 국제적 현상이 있으며, 그 안에서는 국가와의 관계에 있어 모든 층위에서 결코 우리가 하나의 인간존재와 만날 수 없기 때문입니다.

이 시대의 세 번째 특징은 현실적이며 일상적이고 구체적인 인간이 점차 역사적인 인간으로 대체되는 것입니다. 날이 갈수록 우리는 정치화됩니다. 여러분은 도처에서 이 사실을 읽을 수 있으며, 스스로 자문해보면 알 수 있습니다. 갈수록 정치가 당신의 반응과 세계를 생각하는 방식에 개입하는 것을 알 수 있습니다.

우리가 감지할 수 있는 네 번째 특징은 권력을 향한 의지이며 이런 특징들이 함께 공포를 상징합니다. 우리가 다소 막연하고 다소 정확한 공포의 감정과 더불어 공포의 세계에 살고 있다는 것이 제게는 부정할 수 없는 사실처럼 보입니다. 이는 어디에서 기인한 것일까요? 구구절절한 철학적 설명 없이 이렇게 말할 수 있다고 믿습니다. 즉, 한 인간이 진보가 불가피하고 믿는 한, 역사적 논리가 불가피하다고 믿는 한, 예컨대 봉건사회가 숙명적으로 최초의 무정부상태의 뒤를 이으며 국가들은 이 봉건 상태에서 벗어나 국제주의 혹은 국제적 연맹, 그리고 절대적 합리주의에 토대를 둔 계급 없는 사회로 이어진다고 믿는 한, 우리가 교육이나 편견에 의해 유효하다고 믿는 가치를 뛰어넘어 도달해야 할 것은 바로 이런 역사적 가치가 되고 맙니다.

따라서 절대적 합리주의, 혹은 어떤 종류든 간에 진보의 개념에 토대를 둔다면, 우리는 목적이 수단을 정당화한다는 원칙을 수용하게 됩니다. 계급 없는 사회에 도달하는 것이 불가피하다면, 우리는 거짓말과 폭력 등 수단을 선택하는 데에 망설임이 없어질 테고, 인간 풍습에서 유감스러운 일인 살인도 그것이 불가피하고 바람직한 역사적인 무엇인가를 상징하는 것이라면 결국 거부되지 않을 것입니다.

개인이 한편으로 그 가슴속에 오류를 품고 있고 다른 한편으로 자기 앞에 놓인 억압적인 현상에 대처해야 한다면, 우리는 가급적 이 운명에 대항하려고 애써야만 할 것입니다. 그러나 우리는 모순 속에 살고 있습니다. 평균적인 유럽인, 혹은 평균적인 지식인을 예로 들자면 그 자신이 이런 원칙들을 믿지 않을 때 그는 어떤 원칙으로 대항할 수 있을까요?

기독교를 믿는 사람들은 유럽인의 80퍼센트가 은총 밖에서 살고 있으며, 나머지 20퍼센트, 진정한 기독교인은 너무 제한적이라고 인정할 것입니다.

따라서 오늘날 세계를 짓누르고 있는 가치에 대항하는 일에 종교적, 전통적 가치는 제외됩니다. 우리는 이러한 가치에 대항할 어떤 근거 있는 가치도 갖지 못했고, 어떤 가치도 없다면 우리는 —현재 상태를 확인하는 것에 한정합니다—허무주의 속에 있는 것입니다. 그리고 전쟁 중에 그랬던 것처럼 지금 제기된 문제는 수많은 유럽인이 정확한 가치를 갖지 못한 가운데 어떻게 억압의 기도企圖에 대항할 수 있는지 알아야 한다는 것입니다.

전쟁 중에 아무것도 믿지 않았던 사람들은 히틀러에게 할 말이 없었습니다. 이런 사태에 대해 절대적 허무주의는 절대적 이성주의와 똑같은 효과를 지닙니다. 우리는 모순 속에 있으며 그것을 뛰어넘어야만 한다는 사실을 확인해야 합니다. 제 생각에 우리에게 제기된 역사적 문제는 바로 여기에 있습니다. 이 모순을 극복하려면 손 혹은 머리를 써서 특정한 방식으로 생각해야만 합니다. 사유, 재건 그리고 모순적 측면 간의 화해는 두려움의 분위기 속에서는 이뤄질 수 없습니다.

개인이 살아남고 싶다면 우선 두려움으로부터 강해져야 하고, 이어 사형제도의 폐지도 요구해야 합니다. 이는 법률적 차원에서 긴장을 줄여줄 수 있을 것입니다. 이것이 이뤄질 수 있다면, 저는 그럴 수 있다고 믿는데, 이것이야말로 오늘날 개인을 살려낼 수 있는 유일한 시도입니다.

절대적 진리가 없는 사람들은 아무도 죽이길 원치 않고 남에게도 죽이지 말라고 요구합니다. 그들은 진리를 찾고자 하므로 따라서 이런 추구를 허용하는 일정한 수의 역사적 조건이 그들에게 필요합니다. 그게 바로 제가 소박한 사유의 조건들이라고 부르는 것입니다. 우리는 그런 조건을 정의할 수 있으며 그것이 실현되도록 행동할 수 있습니다. 제 생각에 그런 행동은 1000분의 1의 확률과 비슷합니다. 그렇다고 해서 시도하지 못할 이유는 없습니다. 물론 이런 원칙은 제가 여러분 앞에서 하려고 하는 작은 분석에서 도출해야만 합니다. 어떤 체제든 간에 이 세계의 정치는 권력의 의지, 현실주의, 따라서 거짓된 것에 토대를 두었고, 우리는 이를 완전히 폐기해야만 하며, 어떤 정부든 간에 모든 정부에 대한 신뢰를 완전히 거둬야만 합니다.

이 차원에서 생각을 더 진전시키기를 원한다면 우리는 사태를 분명하게 말해야만 하며, 한 사례만 인용하자면, 소크라테스의 경우와 달리, 죄인이기 때문에 사유를 제대로 못 하는 것이 아니라 사유를 제대로 못 하기 때문에 죄인이라는 생각이 들기도 합니다. 우리가 관심을 보이는 이 경우, 거짓된 원칙에 입각해 세계를 이끈다면 우리는 정확히 수학적으로 죄와 살인을 양산하게 됩니다.

이런 종류의 원칙을 직접 혹은 간접적으로 수긍하는 모든 사람은 자신을 살인자라고 간주해야만 하며, 현재까지 자신들이 간접적으로, 혹은 가끔 직접적으로 살인자의 방식대로 살았다는 사실을 인정해야만 합니다.

사정이 이렇다고 할 때, 우리가 이 원칙에 토대를 두고 지배되는 사회를 비판한다면 우리는 사회의 내부에서 개인 간의 새로운 사회계약을 실현해야만 할 테고, 이 관점에서, 이런 문제는 국내적 차원에서 제기될 수 없고, 오로지 국제적 문제만 있기에 이런 사회는 위험을 감수하고 먼저 자신을 희생하는 개인과 더불어 실현될 수 있을 것입니다. 제가 자유주의적 개인주의를 비난하는 이유는 그들이 자유에서 오로지 이득만 취하기 때문입니다. 따라서 이들은 예컨대 명예와 사회가 그들에게 제공하는 모든 것을 거부하고, 오로지 일정한 수준의 금전만 받는 것에 한정해, 나머지는 향후 우리가 결정해야 할 것들을 위해 처분해야 할 것입니다. 그들은 자신을 희생해야만 하며 그렇지 않으면 우리는 여전히 신비화 수준에 머물 것입니다. 다른 한편으로 이들은 현실에 대한 예측성 발언을 연습해야만 합니다. 우리는 아직 신문, 발언 등 살인행위가 아닌 특정한 행동 요소를 가지고 있습니다. 이것은 개인의 영역에 남아 있는 것을 보존하기 위해 우리가 절대적으로 동원해야만 할 잠정적이고 소박한 요소입니다. 이는 정신을 자극하기 위해 몇몇 제안을 하는 틀을 제공하는 것에 불과합니다.

개인의 운명, 그것은 바로 우리가 내려야 할 이러한 결심, 우리가 수행해야만 하는 역사의 분석, 그 결심들 속에 있습니다. 다시 말해 여기에 동의하고 신문을 다시 읽기 시작하고, 오늘날 유럽을 여러 면에서 피투성이로 만든 살인자들과 동조하지 않는 것이 중요한 게 아닙니다. 입장을 취하는 것이 중요합니다. 그리고 이 순간부터 이 결심을 통해 이 모범적 가치가 권력의 가치에 대항해 제안될 수 있는지가 중요합니다. 개인의 자리를 완전히 제거하려고 위협하는 세계에서 개인이 자기 자리를 여전히 보존할 수 있는 확률은 1000분의 1일 것입니다. 동일시하고 싶지 않으나 고대 시대가 끝나갈 즈음 만사가 악화할 적에 이런 종류의 움직임이 있었고, 당시 가능했던 만큼의 국제주의 성격을 띠며 문명의 전환기를 준비했던 스토아주의자들의 모임이 있었습니다. 그 새로운 문명은 기독교주의였습니다.

우리 역시 죽음인가 아니면 새로운 문명인가 하는 기로에 서 있습니다. 그것을 준비해야 하는 주체가 바로 우리 세대, 다시 말해 오늘날 살아 있는 사람들입니다. 이 세대는 필연적으로 희생될 것이며 과연 그 희생이 무익할 것인지, 풍요로울 것인지가 문제이며 그 선택은 우리에게 달렸습니다.

메를로-퐁티는 그 제안이 소박한 것을 높이 평가했지만, 카뮈가 진정으로 해결책을 제공했는지, 혹은 비정치적 태도를 권장하며 오히려 그가 몰아내려는 일종의 개인주의 속에서 다시 추락하는 것은 아닌지 자문했다. 자아 속에 칩거하는 것이 정부가 우리에게 부과하는 '우리가 두려워하는 참화'를 막지는 못한다. 이와 유사하게 스토아주의자들도 '내면의 순수함을 추구'하려는 외적인 노력을 중단하고 기독교도가 되면서 새로운 문명을 이끌지 못했다. 조직화된 국가의 형태를 찾지 않는다면 우리는 '순수한 윤리' 속에 빠진다.

카뮈가 답했다.

그것은 어떤 의미에서 맞습니다. 그러나 저도 당연히 그런 반박에 대해 생각했고 제 생각은 이렇습니다.

개인을 구원하고 싶은가, 아닌가? 제 생각에 구원하고 싶다면 그건 살인을 거부하는 것입니다. 그러나 오늘날 저는 처음에는 고귀했으나 결국에는 모두 추악한 결론에 도달한 두 사상 중 하나를 선택할 수밖에 없는 난관에 봉착했습니다. 신비화된 의식에 대한 마르크스주의자들의 분석은 그 또한 하나의 이데올로기라는 점에서 다시 마르크스 이데올로기에 적용될 수 있습니다.

처음에는 선택의 기준이 우리에게 없었으나 나중에는 생겼고, 인간의 노력이 세계를 통해 우리에게 미칠 수 있는 문제와 왜곡은 당장 우리 눈앞에 가로놓인 심각한 문제보다는 덜한 것으로 보입니다. 그 심각한 문제는 좌익이건 우익이건 할 것 없이 살인으로 귀결되는 현실주의 정치, 힘의 정치입니다. 지난 6년 동안 우리가 겪은 지옥, 이를 겪은 모든 사람에게 심리적으로 불가능해져버린 어떤 것이 있습니다. 살인을 받아들일 수 있다는 생각입니다.

제가 제안한 해결책이 왜곡될 수도 있습니다. 처음에는 그 확률이 낮았습니다. 어쨌거나 다른 선택보다는 덜 해로울 것이라 믿습니다.

이제 순수한 윤리라는 문제에 대한 생각에 대답하겠습니다. 당신은 스토아주의자들이 교회를 창조했다고 말했습니다. 저도 그렇게 생각합니다. 저는 우리가 고대인들을 연구하며 시골집에 은거한다고 주장하는 게 아닙니다. 우리가 삶 속에, 정치 속에 살며 각자의 장소에서 증언하고 있다고 저는 주장하는데, 이 증언은 우리의 증언이자 동시에 만인의 증언이기도 합니다. 제가 예측성 발언이란 단어를 사용했는데, 아무렇게나 사용한 것은 아닙니다.

강디악은 진보의 개념, 진리를 가졌다는 확신이 필연적으로 살인으로 이어진다고 생각했다. 폭력은 또한 불확실성, '총체적으로 결정되지 않은 자유에 대한 고뇌'를 표현한다고 했다. 불확실성과 확신이 저항을 유발한다.

이에 대해 카뮈가 답했다.

저는 이렇게 생각하는데(이것이 제가 마르크스주의자가 아닌 지점입니다), 어떤 절대적인 것이 있다면 그것은 모두의 문제가 아니라 개개인의 문제이며, 따라서 앞서 제가 묘사하는 것으로 그친 행동은 제가 잠정적 혹은 매개적이라 부른 가치를 둘러싸고 일정한 사람들을 모으는 일이 되리라고 믿습니다. 그런 가치들은 우리가 숨 쉬고 살 만한 세상이 무엇인지 정의하는 일로 충분할 것입니다. 예컨대 대문자의 정의라고 말하지 않겠지만 어떤 정의, 혹은 어떤 자유는 한편으로 우리가 서로 잘 살 수 있고, 다른 한편으로 제가 보기에 시대의 의무 중 하나인 화합을 추구하기 위해 필수 불가결한 가치입니다…….
우리가 말했던 이러한 행동이 발동하기 위해서는 절대적 가치들이 필요하며 이 세계가 허무주의로 고통받으면 행동은 절대 이뤄지지 않을 것입니다. 따라서 우리는 문제를 뒤집어야만 합니다. 당신처럼 문제를 제기하는 것이 아니라, 우리가 해야 할 유일한 일은 잠정적 의지를 중심으로 일정한 사람들을 모으는 데 충분한 에너지, 결정력, 명증성을 갖는 것입니다. 오늘날 중요한 것은 후속 조치와 미래를 준비하는 일이며 세계의 내면 자체에 질서를 유지하는 인간의 어떤 태도라는 점에서 그 스토아주의자들 이야기로 돌아가게 됩니다. 제가 저널리즘에 종사하던 시절에 한번은 "진리는 상업적", 다시 말해 팔리는 것이라 말한 적이 있습니다. 일정한 사람들에게 절대적 진리와 비슷한 어떤 것이 아니라 스스로 추구할 수 있는 목표를 제공하는 게 중요하다고 말했다면, 이 사람들은 아마도 필요한 능력을 찾았을 것입니다. 성공 확률이 75퍼센트인 것들 중 하나를 선택해야 한다면, 아무런 이점이 없습니다. 이 시대가 어떤 비극적인 점을 지녔다면 그 시대에는 성공할 기회가 거의 없기 때문입니다.

프리드만이 개입해 긴 발언으로 카뮈의 회의주의를 비판했다. 전쟁 이후 인류에게 "생산과 배분의 수단과 사회적 행동을 위한 합리적 조직이 필요 없었는가?" 캐스틀리의 책 『요가 수행자와 경찰』은 유일한 내면적 개혁을 믿는 자와, 제도들을 완전히 신뢰하는 자들 사이의 대립을 분명하게 도출했다. 하지만 '제도의 필연적 혁명과 인간 자신에 대한 노력 사이의 상호작용'이 진정한 문제이기에 그것은 '거짓된 딜레마'다. 마찬가지로 마르크스에 대한 기계론적 독해를 제공하는 것도 피해야 한다. 헤겔의 '원인과 효과의 상호적 작용'이 문제의 핵심이며, 정치적 노력과 윤리적 노력의 상호작용을 구체적으로 실현하는 방법을 찾도록 해주는 것도 헤겔의 개념이다. 양대 정치 진영 사이에 끼어 있는 프랑스는 정치 작업에서 이 '항구적 인간의 가치'를 통합할 수 있는 좋은 위치에 있다. 현대 개인의 운명은 바로 이런 문제의 해결에 달려 있다.

카뮈가 답했다.

## "이미 만들어진 자유를 소유하지 않는 것이 인간의 조건입니다"

요가 수행자의 학파만 취한다면 제 제안 중 나쁜 생각만 얻게 될 것입니다. 케스틀러 자신도 요가 수행자와 경찰의 화해가 훗날을 위해 필요하다고 얼마 뒤 말했습니다……. 제 생각에는 잘못된 일이지만, 신문에서 공동체를 무척이나 비웃은 적이 있었습니다. '바르뷔Barbu'■라 불리는 공동체입니다. 그 공동체에는 네 번째 세대를 위한 역사의 승리를 기다리다 지친 150명의 개인이 모여, 그들끼리 품위 있는 삶을 영위하며 자신들이 품위 있다고 인정하는 상태를 실현했던 사례가 있습니다. 그 규칙들에 따라 규정된 원칙에 부합하는 것을 발견해내는 잠정적인 틀을 통해 부과된 법만을 인정했습니다. 이는 나쁜 것으로부터 이탈해 이 사회의 좋은 점을 유지하려는 개인의 의지를 나타내는 놀라운 특징입니다. 그것은 가치 있는 것을 유지하려고 노력하는 입장인데…….

저는 그다지 비관주의자가 아닙니다. 저는 앞선 토론에서 저의

■ 점령기에 손목시계 상자 공장의 노동자였던 마르셀 바르뷔Marcel Barbu는 발랑스에서 기업의 재산권을 노동자에게 양보해 작업 공동체를 세웠다. 생산수단과 이익의 배분을 넘어 바르뷔 공동체는 가정을 비롯해 물질적, 윤리적, 문화적, 정신적인 생활을 포괄하는 공동체의 이상을 제안했다. 전후에 바르뷔는 드롬의 의원으로 선출되어 노동 공동체 법안을 제안했으나 성공에 이르지 못했다. 의회 동료들로부터 자주 야유를 받았던 그는 1946년 6월 의원직에서 물러났다.

친구 프리드만이 사례로 들었던 모든 것을 분석해야만 할 것입니다……. 마찬가지로 자유는 모든 이가 항상 말하는 것이기에 그 개념이 더 자세히 검토되어야 합니다. 사람들은 자유가 무엇인지 알아야만 합니다. 사상의 자유는 우리에게서 결코 빼앗을 수 없는 것입니다. 따라서 이는 곧 표현의 자유입니다. 분석이 필요합니다……. 당신은 개인의 덫과 그에 따른 자유의 덫을 이야기하고 있었습니다. 오히려 좋은 일입니다. 그는 갇힌 게 아닙니다! 일종의 방해가 있을 때만 진정한 자유가 존재합니다. 자유, 해방, 투쟁이 있습니다. 그리고 이미 만들어진 자유를 소유하지 않는 것이 인간의 조건입니다.

1946

# 장 암루슈가 화학의 집에서
# 대독한 메시지

1946년 11월 18일, 이스티클랄Istiqlal 정당(독립당)의 파리 대표
단은 모로코의 술탄 시디 모하메드 벤 유세프Sidi Mohamed Ben
Youssef의 즉위 19주년을 기념하는 행사를 '화학의 집'에서 개최
했다. '동서의 사상을 가깝게 하는 우정과 정신적 친밀감의 표시
아래' 아랍과 프랑스의 유명 인사들이 이 모임에 초대되어 발언
했다. 여기에 불참한 알베르 카뮈는 샤를로 출판사*와 잡지 〈라
르슈L'Arche〉를 매개로 알게 된 카빌리 출신의 기독교인 장 암루
슈Jean Amrouche**에게 자신의 원고를 대신 읽어주기를 부탁했
다. 이 원고와 다른 발언자의 원고는 이스티클랄 자료 및 정보 사
무소에서 출간되었다.

"수년 동안 우리는 무심한 하늘 아래 헐벗은 사막에서 어깨를

---

■   에드몽 샤를로Edmond Charlot가 설립한 샤를로 출판사는 알제에서 알베르 카뮈의
     초기작 『안과 겉』과 『결혼』을 출간했다. 카뮈는 그 출판사에서 '시와 연극Poésie et
     Théâtre' 시리즈 출판을 담당했다.

■■  장 암루슈는 알제에서 1944년 2월 앙드레 지드André Gide의 후원 아래 잡지 〈라르
     슈〉를 창간했다. 이 잡지는 13호에 카뮈의 글 「미노타우로스 혹은 오랑에서의 체
     류Le Minotaure ou la Halte d'Oran」를 게재했다.

맞대고 살았다……."■ 더불어 살고, 함께 투쟁했으며, 그가 오로지 전우로 대했던 아랍의 이 민족을 나중에 거래 수단으로 취급했던 자신의 나라가 그에게 주었던 실망감에서 결코 벗어나지 못했던 한 남자의 위대한 책은 이런 구절로 시작됩니다.

정도의 차이를 감안한다면, 저 역시 제 아랍 친구들을 생각할 때 똑같은 공감과 고독의 감정을 느낍니다. 그들이 고통에 빠졌을 때 함께했던 저는 행복과 자부심을 느낄 때에도 그들과 함께할 수 있기를 원했습니다. 그러나 그런 기회는 드물었습니다.

제가 오늘 이런 연대감을 과시할 수 있는 기회를 이토록 기꺼이 잡은 이유가 여기에 있습니다. 여러분 모두는 여러분의 왕에게 축하를 드리고 그에게 온당한 것을 돌려주려고 이렇게 모였으므로, 프랑스의 몇몇 작가를 대신해 모로코의 술탄이며 왕이신 시디 모하메드 벤 유세프 폐하께 축하 인사를 전합니다. 오늘날 수백만 모로코인들의 희망과 존엄을 대표하는 분에게 자유인으로서 전하는 존경 어린 우정의 자유로운 표현, 전혀 공식적이지 않은 이 축원을 드리는 일이 제게는 어렵지 않습니다.

그리고 자유로운 작가들이 오늘 여러분의 국왕에게 보낼 수 있는 관심과 호감에는 아마도 더 각별한 사연이 있을 것입니다. 우리는 그의 가장 큰 관심이 백성들에게 최선을 다해 가르침을 전파하려는 것임을 모르지 않습니다. 이는 잘 계산된 것입니다. 왜냐하면 지식은 항상 보편적이며, 무지는 분열하는 것인 반면 지식은 통합하기 때문입니다. 살인, 증오 그리고 폭력은 못된 심성이 아

■    T. E. 로렌스의 『지혜의 일곱 기둥』에서 인용.

니라 무지한 영혼에서 비롯됩니다. 아는 사람은 지배하고 폭력을 행사하는 것을 항상 거부할 것입니다. 권력자보다는 모범이 되기를 선호할 것입니다.

그토록 많은 장애물에도 불구하고 교육에 큰 비중을 부여할 정도로 현명한 이 군주가 그의 백성뿐만 아니라 인간 전체를 위해 일을 한 이유가 여기에 있습니다. 저는 아마도 결코 이슬람교도가 되진 않을 테지만, 또한 여기 모인 여러분 중 그 누구도 결코 불안정하고, 모든 것을 맛보고 알려는 탐욕에 사로잡히고, 그 모순 속에서 살며 불가능한 지혜에 미쳐 있는, 유럽인이라 불리는 이상한 동물이 되지 않으리라 생각합니다. 그러나 지식의 어느 수준에서 이러한 차이점은 상호 존중이 동반된다는 조건하에 필요하며, 심지어 유익할 것으로 보입니다. 유럽인이 아랍인을 관광거리나 이해 불가한 사람들로 보기를 멈추는 날, 아랍인이 유럽인과 그들을 대표하는 경찰관을 혼동하는 것을 멈추는 날, 그런 날이면 세계는 더 살기 좋은 곳이 될 것입니다.

아마도 그런 날은 아직 요원할 것입니다. 오늘날 서구 국가들은 권력 다툼에 진력하며, 권력에 대한 의지가 죽기 전에는 아무것도 해결되지 않을 것입니다. 그러나 이를 깨달은 사람들이 점점 자리를 박차고 일어나고 있습니다. 그들은 모로코인이거나 프랑스인, 혹은 다른 나라 사람들입니다. 분명한 것은 그들이 함께하며, 함께 똑같은 투쟁을 이어가리라는 점입니다. 그들의 의무는 지식을 얻고, 그것을 통해 평화로운 세상에서 평화로운 마음으로 살 수 있는 보편적 가치를 창조하고자 일하는 것입니다. 이를 이해했기에 우리가 여러분의 국왕에게 품은 존경심에 감사한 마음이 깃드는 것입니다.

　모로코의 친구들이여, 이 기념일에 걸맞은 유일한 언어는 진실의 언어입니다. 우리의 마음은 평안하지 못하며, 진정으로 우리가 원래 그렇듯이 평등한 형제가 될 수 있는 화합을 희구하는 것이 진실이라 말합시다. 또한 오늘날 여전히 우리 앞에 가로놓인 이기주의와 이해관계의 장애물을 우리 모두 인식한다는 것도 말합시다. 그러나 결코 증오의 정신에 머무르지 않고 제각기 이 장벽이 마침내 허물어질 때까지 계속해서 해야 할 일에 매진할 것이라는 것도 말합시다. 지금부터 권력의 무심한 하늘 아래에서, 제가 살았던 아프리카의 이 헐벗은 사막, 제 영혼을 조금은 당신들의 영혼과 닮게 해주었던 이곳에서, 우리는 더 위대하고 더 나은 인간에 대한 이념을 위해 나란히 투쟁을 계속할 것입니다.

1946

# 무신론자와 기독교인들.
## 라투르 모부르 수도원에서의 강연

알베르 카뮈는 점령기 시절 만났던 장 메이디외Jean Maydieu 신부의 초청을 받고 1946년 12월 1일 파리 7구의 라투르 모부르 수도원에서 기독교인들과의 만남에 참여했다. 이 자리에서 했던 강연은 '무신론자와 기독교인들L'Incroyant et les chrétiens'이란 제목으로 『시론집』 1권에 수록되었다. 하지만 1949년 4월 호 도미니크 수도회 잡지 〈라 비 앵텔렉튀엘La Vie intellectuelle〉에 게재된 이 모임의 보고서는 『시론집』에는 실리지 않은 카뮈의 발언을 인용하고 있다. 카뮈의 원래 강연 중 이런 발언이 어디에 있는지 확인할 단서가 없으므로 인용된 그 발언을 『시론집』에 실린 글의 뒤에 첨부하는 형식을 취했다.

여러분의 신념을 공유하지 않는 한 사람에게 여러분이 묻는 매우 일반적 질문에 대답해달라고 부탁했기 때문에ㅡ무신론자들이 기독교인들에게 기대하는 것이 무엇인지 여러분에게 말하기에 앞서서ㅡ저는 이 자리에서 먼저 몇몇 원칙을 확언함으로써 그 정신적 아량에 감사를 표하고자 합니다.

우선 제가 굴복하지 않으려고 노력하는 무신론적 바리새인이 하나 있습니다. 제가 무신론적 바리새인이라 부르는 사람은 기독교가 쉬운 것이라고 믿는 척하며, 외부에서 본 기독교의 이름으로, 자기 자신에게 요구하는 것보다 더 많은 것을 기독교인에게 기세등등하게 요구하는 사람입니다. 사실 기독교인은 많은 의무를 지고 있으며 이를 이미 받아들인 사람들입니다. 그 의무의 존재를 그들에게 환기하는 것은 그것을 스스로 내동댕이친 사람의 몫이 아닙니다. 만약 누군가가 기독교적인 것을 요구할 수 있다면, 그 주체는 기독교인 자신입니다. 결론적으로 이 발표를 마무리하며 혹시 제가 감히 여러분에게 어떤 의무를 요청한다면, 그것은 기독교인이건 아니건 간에 오늘날 모든 인간에게 요청해야 하는 의무일 따름입니다.

두 번째로, 그 어떤 절대적 진리와 메시지도 저 자신이 소유하고 있다고 느끼지 않기에 저는 결코 기독교적 진리가 헛된 것이라고 생각하지 않고, 단지 제가 그 진리에 입문할 수 없었다는 사실로부터 논의를 시작하겠습니다. 이런 입장을 보여주기 위해 저는 기꺼이 이런 것을 고백하겠습니다. 3년 전, 저는 논쟁 중에 여러분 중 하나인 대단한 분과 대립했습니다.* 그해의 열기, 살해된 두세 명의 친구에 대한 고통스러운 기억 때문에 저는 그런 주장을 폈습니다. 그러나 프랑수아 모리아크의 몇몇 과격한 언어에도 불구하

---

* 1944년부터 1945년까지 부역자 숙청을 주제로 치열한 논쟁을 벌이며 프랑수아 모리아크François Mauriac와 알베르 카뮈가 대립했다. 모리아크가 〈르 피가로Le Figaro〉를 통해 인민재판의 파행에 대해 불안감을 내비친 반면, 카뮈는 엘리트 계층의 부역자에 대해 "증오는 없지만 동정 없는" 정의의 복구를 〈콩바〉를 통해 옹호했다.

고 저는 그가 했던 말에 대해 숙고하기를 결코 멈춘 적이 없었습니다. 이러한 사유 끝에 이렇게 저는 신자와 비신자 간 대화의 유용성에 대한 제 의견을 여러분에게 제시하고, 우리 논쟁의 바탕과 정확한 논점에서 모리아크 씨의 말이 제 말에 반해 옳았다고, 스스로 그리고 공개적으로 인정하기에 이르렀습니다.

그렇기에, 제 세 번째이자 마지막 원칙을 제시하는 것이 제게는 더 용이할 것입니다. 그 원칙은 단순명료합니다. 우리 모두에게 흡족한 타협점을 얻기 위해 저는 제 생각이나 여러분의 생각(제가 판단할 수 있는 한도 내의 여러분의 생각을 말합니다), 그 어느 것도 변화시키려고 애쓰지 않을 것입니다. 오히려 오늘 제가 하고 싶은 말은, 이 세계는 진정한 대화를 필요로 하며, 대화의 반대는 거짓말뿐만 아니라 침묵이기도 하다는 것이며, 따라서 제각기 자신의 모습을 지키며 진실된 말을 하는 사람들 사이에서만 대화가 가능하다는 것입니다. 다시 말해 오늘날의 세계에는 기독교인의 태도를 유지하는 기독교인이 필요합니다. 예전에 소르본대학교에서 마르크스주의자인 강연자를 앞에 두고 가톨릭 사제가 공개적으로 자신도 반교권주의자라고 말했습니다. 그렇습니다! 저는 철학이 스스로를 부끄러워하는 것만큼이나 반교권주의자인 사제를 좋아하지 않습니다. 따라서 저는 여러분 앞에서 기독교인이 되려고 노력하지 않겠습니다. 저는 여러분과 공포를 공유합니다. 그러나 여러분의 희망은 공유하지 않으며, 아기가 고통받고 죽어가는 이 세계에 대항한 투쟁을 계속하고 있습니다.

"추상화에서 빠져나와 오늘의 역사가 짓고 있는
피투성이 표정을 직면해야 합니다"

그리고 다른 글에 썼던 것을 여기에서 말하지 않을 이유도 없겠
지요? 저는 그 가혹한 세월 내내 로마에서 큰 목소리를 내기를 오
랫동안 기다렸습니다. 무신론자인 제가요? 바로 그렇기 때문입
니다. 힘 앞에서 단죄의 소리를 지르지 않는다면 정신이 파멸되리
란 것을 제가 알기 때문이기도 합니다. 그런데 단언하건대 저와
수백만 명의 사람들은 그 소리를 듣지 못했고, 하루하루 지날수
록, 그리고 도살자들이 늘어남에 따라, 불신자건 신자건 그들 모
두의 마음속에서 고독이 끊임없이 커져갔습니다.
　이미 단죄가 분명히 이뤄졌다는 설명을 듣기도 했습니다. 그러
나 그 언어는 교황이 주교에게 회칙을 전하는, 전혀 명료하지 않
은 언어로 이뤄졌습니다. 단죄했으나 이해되지 않았던 것입니다!
진정한 단죄가 있었는지 느끼거나, 이런 사례가 그 자체로 해답의
요소, 혹은 아마도 여러분이 제게 요구하는 전면적인 해답을 주었
다고 보는 사람이 있을까요. 이 세계가 기독교인들에게 기대하는
것은 그들이 크고 분명하게 말하는 것, 가장 단순한 사람의 마음
속에서도 결코 한 치의 의혹, 털끝만 한 의혹도 일어나지 않는 방
식으로 단죄하는 것입니다. 기독교인들은 추상화에서 빠져나와
오늘의 역사가 짓고 있는 피투성이 표정을 직면해야 합니다. 스페
인의 주교가 정치범의 처형을 축복할 때, 그는 더 이상 주교나 기
독교인이 아니고, 심지어 인간도 아니고, 그저 이념의 권좌에 앉
아 아무 일도 하지 않고 사형을 명령하는 사람, 아니 한 마리의 개

입니다. 우리는 개가 되길 원치 않고, 개보다 나은 무엇인가가 되기 위해 치러야 할 값을 지불하기로 결심한 사람들이 결집하길 기대합니다.

그러면 지금 기독교인들은 우리를 위해 무엇을 할 수 있을까요?

우선 무익한 말싸움을 끝내야 하며, 그중 첫 번째가 비관주의를 둘러싼 논쟁입니다. 예컨대 마르셀[*] 씨는 그가 정신을 잃을 정도로 열정적으로 좋아하는 사유의 형식을 포기하는 게 좋을 거라고 저는 믿습니다. 마르셀 씨는 민주주의자라고 자처하며 동시에 사르트르 연극의 금지를 요구할 수 없습니다. 이런 입장은 모든 사람을 피곤하게 만듭니다. 마르셀 씨는 인간의 수치심과 신성한 진리를 절대적 가치인 양 옹호하고자 했는데, 그가 어느 날 제멋대로 절대적 가치로서 옹호하고자 했던 것은 얼마 되지 않는 몇몇 잠정적인 가치일 뿐입니다.

게다가 예컨대 한 기독교인 혹은 마르크스주의자가 어떤 권리로 저를 비관주의라고 비난할 수 있겠습니까. 피조물의 비참함과 신의 저주라는 끔찍한 표현을 발명한 것은 제가 아닙니다. "하나님 한 분 이외에 선한 이는 없다"라고 외치고, 세례 없이 죽은 아기의 저주를 외친 사람은 제가 아닙니다. 인간은 홀로 자기를 구

---

[*] 철학자이자 연극연출가, 연극평론가인 가브리엘 마르셀Gabriel Marcel은 장-폴 사르트르Jean-Paul Sartre의 연극 〈무덤없는 주검〉이 코펜하겐에서 논란을 일으킨 후 파리 공연이 금지되지 않은 것을 아쉬워하며, 이 연극의 고문 장면들이 수치스럽다고 평가했다(1946년 11월 10일 자 〈레 누벨 리테레르Les Nouvelles littéraires〉).

원할 능력이 없으며, 천한 밑바닥에서 오로지 신의 은총만이 희망이라고 말한 사람도 제가 아닙니다. 그리고 그 유명한 마르크스주의자의 희망이란! 누구도 인간에 대한 불신을 끝까지 밀고 나가지 않았고, 결국 이 우주의 경제적 파탄은 신의 변덕보다 더욱 끔찍합니다.

기독교인과 공산주의자 들은 그들의 낙관주의가 보다 장기적인 것이며, 나머지 모든 것에 비해 우월하며, 신이나 역사는 경우에 따라 그들의 변증법의 만족할 만한 결과라고 제게 말할 것입니다. 저도 똑같은 추론을 할 수 있습니다. 그리스도교가 인간에 대해 비관적이라면, 인간의 운명에 대해서는 낙관적입니다. 그렇다고 합시다! 제 경우, 인간의 운명에 대해서는 비관주의자이면서 인간에 대해서는 낙관주의자입니다. 제게는 항상 소략하게 보였던 인본주의라는 미명이 아니라 아무것도 부정하지 않으려고 시도하는 무지의 이름으로 그렇다고 봅니다.

따라서 비관주의와 낙관주의라는 단어는 정확히 정의될 필요가 있으며, 할 수 있을 때까지 우리는 우리를 분리하는 것보다는 통합하는 것을 구별해내야만 합니다.

"공포의 힘과 대화의 힘 사이에서
불평등한 대전투가 시작되었습니다"

바로 이 대목에 제가 말해야만 했던 모든 것이 있습니다. 우리는 악을 목전에 두고 있습니다. 저는 스스로 "악이 어디에서 비롯되었는지 찾고 있었고, 거기에서 벗어나지 못했다"라고 말했던,

기독교 이전의 아우구스티누스와 조금 비슷하다고 느끼기도 했습니다. 그러나 악을 줄이지 못한다면 적어도 보태지는 말아야 한다는 것을 몇몇 사람들과 더불어 알고 있던 것도 사실입니다. 아마도 우리는 조물주가 만든 이 세상에서 아이들이 고문당하는 것을 막을 수 없을 것입니다. 그러나 우리는 고문당하는 아이들의 숫자를 줄일 수는 있습니다. 여러분이 우리를 돕지 않는다면 이 세상에서 다른 누가 우리를 돕겠습니까?

공포의 힘과 대화의 힘 사이에서 불평등한 대전투가 시작되었습니다. 이 전투의 결과에 대해 저는 합리적인 환상만 갖고 있을 뿐입니다. 그러나 그 전투를 수행해야만 한다고 믿으며, 적어도 인간들이 그러려고 결심했다는 것을 알고 있습니다. 다만 그들은 조금 외롭다고 느끼며, 실제로도 그러하며, 2천 년을 간격으로 우리는 자칫 소크라테스의 희생이 몇 차례 반복되는 것을 볼 위험에 처할 것입니다. 내일에 벌어질 일은 대화의 도시 혹은 대화의 증인들의 장엄하고 의미 있는 처형입니다. 제 대답을 제시한 후, 제가 기독교인들에게 묻는 질문은 바로 이것입니다. "소크라테스는 여전히 혼자일 것이며, 그의 생각이나 당신들의 교리에 의해 여러분이 우리와 합류할 가능성은 전혀 없는 것입니까?"

잘 알고 있습니다만, 기독교는 부정적으로 대답할 수도 있습니다. 오! 여러분의 입에서 나오지는 않으리라 믿습니다. 그러나 기독교가 타협을 고집하거나, 단죄가 모호한 교리의 형식을 뒤집어쓸 수도 있고, 그럴 가능성이 가장 높습니다. 아주 오래전에 기독교에 속했던 저항과 분노의 덕목도 완전히 벗어버리려고 고집부릴 수도 있습니다. 그러면 기독교인들은 살고 기독교는 죽을 것입니다. 그러면 그 희생은 사실상 다른 사람들이 치르게 될 것입니다. 제 마음속에서 희망과 고뇌로 꿈틀거리는 모든 것에도 불구하고 이를 결정하는 것은 어쨌거나 미래일 것입니다. 저는 제가 아는 것만을 말할 수 있을 따름입니다. 그리고 제가 아는 것, 가끔 제게 향수를 불러일으키는 것은, 기독교인들이 결심하면 아이들과 인간들을 위해 오늘날 믿음도 법도 없는 한 줌의 고독한 사람들이 곳곳에서 외치는 비명에 세계의 수백만 명, 아시겠지만 수백만 명에 이르는 목소리가 더해질 것이란 점입니다.

여기부터는 1949년 4월 〈라 비 앵텔렉튀엘〉에 게재된 알베르 카뮈의 발언이다.

제가 여기 있는 것은, 여러분의 신념을 공유하지 않는 사람에게 그 질문에 답하러 오라고 했기 때문입니다. 그러나 아기들이 고통받고 죽은 이 세계를 보면 저는 여러분의 희망을 공유할 수 없습니다.

그렇다면, 여러분의 질문에 어떻게 답해야 할까요. 프랑스의 가톨릭 교인들에게 우리는 무엇을 기대하고 있을까요? 이렇게 질문을 확대해보겠습니다. "이 세계는 기독교인들에게 무엇을 기대하는가?"

이렇게 자문할 수도 있습니다. 이 세계는 무엇을 기대하는가? 세계가 기대하는 것을 자문하며 동시에 우리는 오늘날의 세계가 어떠한지를 자문할 수 있을 것입니다.

여러분도 아마 동의하겠지만, 이 세계는 은총 없이 살고 있고,

오늘날 80퍼센트의 유럽인은 행동의 근거를 대거나 한 죽음을 이해하는 일을 가능케 하는 가치를 박탈당한 채 살고 또 죽고 있습니다. 저는 과거나 지금이나 여전히 그들 중 하나이며, 제 세대의 사람들은 그들이 명료한 의식이 있건 없건 간에 이 세계의 고통과 기대가 무엇인지를 보여주는 좋은 사례일 것입니다. 그리고 그들에 대해 이야기하면서 저는 아주 조심스러울 것입니다. 제가 그들을 잘 알고, 여러분의 질문에 대답할 가장 큰 기회가 제게 주어졌기 때문입니다.

당장 말하건대, 오늘날 이 세계를 괴롭히는 가장 큰 문제는 악의 문제이며, 기독교도 여기에 관심을 가질 수 있다고 생각합니다. 제 세대 인간의 체험을 요약하려고 애쓰면서, 이들이 도달한 지점에서 정확하게 이 사람들을 위해 기독교가 할 수 있는 일이 무엇인지 자문하며 그 역사적 성격을 파악하는 일이 우리 모두에게 한결 교훈적이리라 생각합니다.

제 세대의 프랑스 사람들은 제1차 세계대전 직전에 태어났습니다. 그들은 경제위기의 시대에 성년이 되었습니다. 그리고 히틀러가 권력을 잡았던 해에 스무 살이 되었습니다. 그들은 스페인내란, 뮌헨협정, 1939년의 전쟁 및 패배, 4년의 점령기와 지하투쟁을 겪었습니다. 이들은 사실상 흥미로운 세대입니다. 그들의 윗세대가 만들어놓은 부조리한 세계에 반항한 세대이기 때문입니다.

여러분이 잘 생각해본다면, 이 세대의 모든 것이 반항의 징후였다는 점을 인정할 것입니다. 문학은 문장, 의미, 심지어 명료성 자체에 대한 반항이었습니다. 미술은 형식, 주제, 현실에 반항했고, 음악은 멜로디에 반항했습니다. 철학은 진리는 없고, 현상만 있을 뿐이고, 스미스 씨, 뒤랑 씨, 포겔 씨가 있지만 그 부분적인 개체들 사이에는 아무런 공통점도 없다고 우리에게 가르쳤습니다.

이 세대의 도덕적 태도는 더욱 극단적이었습니다. 민족주의는 철 지난 진리고, 종교는 유배고, 25년간의 국제정치는 모든 진리를 의심하고 누구도 옳지 않기 때문에 모든 이가 옳다고 했습니다. 우리 사회의 도덕은 끊임없이 괴기스러운 위선이었습니다.

그러다 보니 우리는 부정 속에 빠져 있었습니다. 물론 이 세대의 진실이 새로운 것은 아니었습니다. 역사상의 다른 세대들도 부정 속에 빠져 있었습니다. 그러나 새로운 것은, 이 세대를 도울 수도 있었던 가치의 부재 탓에 이들은 살인과 공포를 받아들이도록 강요받았다는 것입니다. 달리 말해 이 세대는 빈손으로 인간의 위기 속에 던져졌으며, 우리는 제기된 문제를 이해하기 위해 그 위기를 정의하도록 노력해야만 할 것입니다.

그것을 어떻게 정의해야 할까요? 저는 가장 신속하고 구체적인 방법을 찾았습니다. 두 개의 일화를 여러분에게 이야기하면 제 목표에 더 빠르게 이를 수 있을 것 같습니다.

제 동료 중 하나가 독일 비밀경찰에게 체포되었습니다. 그는 어느 날 아침, 퐁프가에 있는 건물의 어떤 방에 동료 둘과 함께 있게 되었습니다. 그의 동료도 고문을 받았던 터였습니다. 건물의 여자 관리인이 청소를 하러 올라왔고 거기에 있던 사람들이 이런 분위기에서 청소를 한다고 그를 비난했더니 그는 "나는 입주민이 뭘 했던 간에 절대로 개의치 않아요!"라고 대답했습니다.

또 다른 일화도 제 동료 중 하나에게 일어났던 일입니다. 그는 심문받기 위해 감방에서 조금 거칠게 끌려나왔습니다. 귀에 붕대를 감고 있었습니다. 그를 찾으러 온 독일 장교는 전에 그를 심문했던 사람이었는데 관심과 심지어 동정심을 보이며 "귀는 어떠신가요?"라고 물었습니다.

제가 이런 이야기를 하는 것은 이 이야기들이 선정적인 성격을 지니고 있기 때문이 아닙니다. 우리가 대면한 정신 상태를 특징적으로 보여주기 때문입니다. 이 이야기들은 제가 인간의 위기라 부르는 특징을 잘 보여줍니다. '인간의 위기가 있는가'라는 질문에 추상적이지 않은 방식으로 대답할 수 있도록 해줍니다. 고통이나 고문을 일상적이고 범상한 정도의 감정으로 대할 수 있으며, 매일 벌어지는 삶의 일부로 고통의 현상이 편입되어 마치 조금 지겨운 일, 표를 얻기 위해 줄을 서는 것과 똑같은 일로 간주된다면, 거기에는 분명히 인간의 위기가 있다고 대답할 수 있습니다.

이 모든 것을 남의 탓으로 돌리고, 말하자면 히틀러의 잘못이라며 짐승이 죽었으니 그 독도 사라질 것이라고 말하는 일도 아마 가능했을 것입니다. 그러나 독은 사라지지 않았고 우리 가슴속에 남아 있으며, 여전히 인간과 정당과 국가가 많은 분노와 함께 서로를 바라보는 방식에서 그 독을 느낄 수 있습니다. 한 국가는 그 영웅들과 마찬가지로 배신자들과도 연루되었다고 저는 항상 생각했습니다. 문명도 마찬가지입니다. 백인 중심의 서구 문명은 그 성공만큼이나 타락에 책임이 있다고 생각합니다. 우리 모두는 히틀러주의에 연루되었고, 아직까지도 그렇고, 세계를 두루 떠돌며 몇몇 국가에서 전개되기 시작한 다른 체험, 다른 것에 대해서도 그렇게 되리라 생각합니다.

제가 말씀드린 이야기들을 통해 구체화하려고 했던 이 위기, 이 이데올로기는 어떤 것일까요?

제 또래의 사람들은 당황하며 두려움에 빠졌습니다. 그다음에 몇몇 사람은 깊이 생각해보려고 했습니다. 그들에게 이 위기가 공포의 고조라는 것을 알아차리는 일은 어렵지 않았습니다. 그 점에 대해서 강조하지 않겠습니다. 이 공포의 고조는 일련의 가치 또는 무가치의 판단에 기인했습니다. 그것은 한 인간을 그의 품위, 혹은 개인적 삶이 지닌 가치가 아니라 성공이나 효율성을 기준으로 판단하게 만들었습니다. 여자 관리인도 분명히 모든 이들처럼 양심이 있었을 테지만 당시는 독일 점령기였다는 사실이 엄존했습니다. 점령은 어떤 질서의 승리를 의미했으며, 그것은 승리자의 질서이기 때문에—불편한 질서였지만 우리는 대항할 수 없었습니다—승리자는 일정한 자유, 그중에서 고문할 수 있는 자유를 누렸습니다. 따라서 가장 간단한 것은 하던 청소를 계속하며 세상이 돌아가던 대로 내버려두는 것이었습니다.

공포의 고조가 바로 이런 가치의 부재에 근거한다는 것을 밝히는 이유는 그것의 치유법을 상상하기 위해 우리가 진단을 내려야만 하기 때문입니다.

우리는 다른 진단도 시도해보았습니다. 이 공포, 이 불안의 상태는 설득 불가능성에 토대를 두고 있습니다. 사람들은 어느 한 사람에게 인간적으로 말하면 인간적 반응을 얻을 수 있다는 생각에 근거해 살 수밖에 없습니다. 그런데 설득할 수 없는 인간들이 있습니다. 강제수용소에서 고문을 자행하는 나치 친위대원이 자신이 하는 짓이 마땅히 해야 하는 옳은 일이라 확신했을지도 모른다는 상상마저 듭니다. 그러나 귀가 잘린 제 동료가 과연 독일 장

카뮈와 그가 편집장으로 있었던 신문 〈콩바〉의 포스터들. 1944.

(© Leonard de Selva / Bridgeman Images)

교가 그런 일을 하며 진실 속에 있었다고 확신할 수 있을까요? 여기에는 공통된 가치가 부재합니다. 이것이 이 짧은 강연에서 반복되는 후렴구가 될 것입니다.

비록 모호하지만 서로 동의할 수 있는 일정한 가치의 이름으로 여러분이나 저나 누구나 말을 할 수 있는 반면, 독일 장교와는 공통된 가치가 아예 없다는 의미에서 부재한다는 뜻입니다. 독일 장교는 자신의 사무실에서 그 스스로 이데올로기의 대표이며 공무원이라고 여겼고, 그가 더 이상 공무원이 아닐 때 다시 인간으로 되돌아오는 일이 자연스럽다고 생각했습니다. 그 밖의 시간에 그는 그의 국가라는 토대 위에서 가치를 옹호해야 했습니다. 히틀러가 매일 저녁 그가 좋아하는 카나리아 새를 깨우지 않으려고 뒷문으로 들어갔던 것도 이런 이유 때문입니다.

여전히 저는 이러한 공포스러운 일이 자연적 대상을 추상화와 관료화로 대체한 무언가로 구성되었다고 믿고 있습니다. 표에 관련된 문제는 더 이상 되풀이하지 않겠습니다. 여러분은 이미 제 말뜻을 이해했습니다.

수많은 공문서를 양식에 맞춰 작성하고, 그것을 들고 공무원의 사무실을 찾아 계단을 오르내리다 보니 사람들 사이의 인간적 소통이 끊어지게 되었습니다. 그 결과, 우리는 한 사람이 어떤 사람인가에 따라 판단하는 것이 아니라, 이 관료조직을 관장하는 교조를 기준으로 사람을 판단하는 추상적 세계를 만들어버리는 지경에 이르렀습니다. 예컨대 저는 오늘날 사람들이 더 이상 죽지 않고, 더 이상 사랑하지 않으며, 대리인을 내세워서만 다른 이들을 죽인다고 저는 믿습니다. 그것이 바로 훌륭한 조직이라는 것입니다. 사형을 언도하는 사람들이 제가 일이라고 부르는 것을 할 수밖에 없다면 사형제도의 문제는 전혀 다른 방식으로 해결될 것입니다.

이런 사정은 우리가 과거에 또한 지금도 여전히 현실의 인간이 정치적 인간으로 대체된 세계에 있다는 것을 의미합니다. 개인적 열정은 더 이상 존재하지 않고 집단적, 다시 말해 추상적인 열정만 남아 있습니다. 우리 모두가 원하든 원치 않든 간에 정치에 개입되었다면, 중요한 것은 한 남자 혹은 한 여자의 고통을 존중하는 것이 아니라, 하나의 교조를 성취하는 것이라고 말할 수밖에 없습니다.

이 모든 징후는 전통적인 공통 가치의 소멸에 근거해, 추상화와 이데올로기의 숭배 아래 다시 효율성을 숭배하는 것으로 요약됩니다. 이것이 유럽의 사람들이 고독만을 겪고, 서로에게 공통된 가치 속에서 모든 다른 사람들과 합류하지 못하는 이유입니다. 이러한 가치에 기반한 인간에 대한 존중을 통해 여러분이나 제가 더 이상 옹호되지 못하기 때문에 인간에게 주어진 유일한 선택권은 제가 이미 다른 데에서 말했듯* 희생자가 되거나 가해자가 되는 것입니다.

이것이 제 세대의 사람들이 이해한 것입니다. 그들은 제가 여러분에게 말할 수 있었던 것보다 덜 명확하고 거리를 두지 못한 방식으로 이것을 이해했습니다. 그들은 막연한 방식으로, 때로는 정

---

■ 카뮈가 언급한 것은 1946년 11월 19일부터 30일까지 〈콩바〉에 연재된 '희생자도, 가해자도 아닌Ni victimes, ni bourreaux' 중 '몸을 구하십시오Sauvez les corps'라는 제목의 기사다.

신보다 육체로 이해했습니다. 그러나 그들도 이런 상황과 맺은 관계를 청산해야만 한다고 생각했습니다. 거기에서부터 문제가 시작됩니다. 우리는 수중에 있는 가치, 다시 말해 아무 가치도 갖지 못한 상태에서 이것을 정리해야 합니다. 우리는 출구를 모색하는 시각장애인처럼 위로도 확신도 없이 이 전쟁, 이 공포 속에 들어가야만 했습니다. 우리는 어떤 질서에 굴복할 수 없다는 것을 몸의 반응을 통해 어렴풋이 알면서도 그것에 근거를 부여할 방법을 몰랐습니다. 보다 혜안이 있는 사람들은 이런 공포와 맞설 수 있는 어떤 원칙도 그들에게 없다는 점을 인식했고, 설령 맞선다 해도 허망하게 맞설 뿐이었습니다.

우리가 아무것도 믿지 않고, 아무 의미도 없기에 어떤 것도 단언할 수 없고 어떤 가치도 부정할 수 없다면, 모든 것이 허용되며 아무것도 중요하지 않습니다. 청소를 하거나, 남자와 여자를 고문하는 것은 그다지 주목할 만한 차이를 보이지 않습니다. 나병환자를 치료하는 데에 헌신하는 것과 마찬가지로 수백만 명의 무고한 사람을 화장터로 보낼 수도 있습니다. 모든 것이 완벽하게 등가입니다. 아무것도 의미가 없으므로 아무것도 정당성을 갖출 수 없는 세상에서 속임수의 희생자가 되지 않으려면 옳은 자는 성공한 자라는 결론을 내야만 했습니다. 히틀러가 전쟁에서 이겼다면 역사는 그의 치세를 인정하고 그가 위대한 정치인이라고 했을 것입니다. 그렇게 되면 그에게 대항했던 많은 사람마저도 어떤 면에서는, 목표가 달성되었으니 수단이 정당화될 수 있다고 말하고 또한 기록해 역사에 남겼을 것입니다.

우리 중 몇몇 사람은 이런 극단적 사례 앞에서 뒷걸음질하며,

우월한 가치가 부재한 마당에 역사에 의미가 있다고 믿는 일도 가능하리라 생각했습니다. 어쨌거나 마치 그렇게 생각하는 양 행동했습니다. 그들은 전쟁이 민족주의의 시대를 청산하고 지상의 낙원으로 이어지는 제국의 시대를 예비하기에 필요했다고 말했습니다.

그들은 마치 역사에는 총체적 의미가 있거나 아무 의미가 없기 때문에 그 무엇도 의미 없다고 생각한 것과 같은 결과에 도달했습니다. 그들은 최종적 목표를 향해 우리가 함께 가고 있는 것처럼 행동했습니다. 그들은 제가 혐오하는 헤겔의 원칙인 "역사가 인간을 위해 만들어진 것이 아니라 인간이 역사를 위해 만들어진 것이다"에 따라 생각하고 행동했습니다. 사실상 세계의 운명을 이끄는 모든 현실주의는 독일의 정치철학에서 나왔고, 그에 따르면 우주는 결정적 우주로 향하는 합리적 길을 따라 전진합니다. 역사가 하나의 논리나 하나의 숙명에 복종하는 게 진실이라면, 봉건국가가 무정부적 국가의 뒤를 잇고, 봉건주의에 뒤이어 국가가 오고, 다시 국가를 잇는 제국이 탄생하고, 제국 다음으로 보편적 사회가 오는 것이 진실이라면, 이 역사의 전진에 도움이 되는 모든 것은 선하며, 역사의 완성, 그것이 결정적인 진리입니다. 그렇다면 그 진리가 오기를 기다리기만 하면 될 따름입니다.

그것이 오로지 전쟁, 거짓말, 잔꾀, 그리고 개별 및 집단적 살인과 같은 일상적인 수단을 통해서만 이루어질 수 있기 때문에 사람들은 좋음과 나쁨이 아니라 효과적인가, 아닌가에 따라 모든 행위를 정당화합니다.

오늘날의 세계에서 10년 전부터 제 세대의 사람들은 아무것도 의미 없다거나, 역사의 숙명성에 자기 자신을 방기하는 것만이 의미 있다고 생각하는 이중의 유혹에 빠졌습니다. 그렇게 해서 많은 사람이 이쪽이나 저쪽의 유혹에 굴복했고, 세계는 권력의 의지, 다시 말해 폭력의 의지에 내맡겨졌습니다.

여러분의 주변을 둘러보시고 혹시 이런 묘사가 과장된 것인지 말해보십시오. 우리는 진정으로 폭력과 권력의 사슬에 얽혀 있으며 그 속에서 질식할 것 같습니다. 나라 안에서, 혹은 국경을 넘어가도 여전히 탐욕, 원한, 잔꾀, 불신, 속임수, 저의가 우리에게 절망적인 세계를 만들어주는 중이며, 그 세계에서 역사에 속하지 않은 자아의 한 부분, 즉 사유와 여가, 어떤 미래는 인간에게서 박탈되었습니다. 저는 많은 것이 아니라 단지 행복과 가장 단순한 여유를 바랄 뿐입니다.

이 문제의 해결이 우리에게 전적으로 달려 있지 않다는 점은 굳이 말할 나위도 없습니다. 역사적 차원인 이런 종류의 문제는 몇몇 사람의 노력, 심지어 한 세대의 노력으로도 해결되지 않습니다. 시간이 걸리고, 아마도 많은 희생, 심지어 헛된 희생마저 불가피한 것이 역사의 논리일 것입니다.

하지만 저는 아무것도, 거의 아무것도 의미가 없다고 생각하는 우리에게 이런 질서, 이런 우주에 대항해 투쟁할 만한 어떤 정당성이 부여되었다고 말할 수 있다고 믿습니다. 이런 결론으로 우리를 이끈 (철학적 추론이 아니라) 도덕적 추론을 되풀이하지 않는 것은, 우리가 그보다 조금 더 멀리 나아가길 원하기 때문입니다.

요약해보고자 합니다. 우리가 이런 세계 앞에 놓여 있고, 이런 세계를 수락하지 않기 위해 무엇인가를 해야만 했는데, 아무것도 없이 이 세계에 대항할 수밖에 없었기에 우리는 저항 속에서 그 수단과 이유를 찾아야만 했습니다.

하나의 궤변 혹은 복음서 차원의 진리인지 알 수 없지만 우리는 그런 결론에 이르렀습니다. 이 점을 강조하고 싶습니다. 우리가 어떤 사물의 질서, 어떤 가치의 질서를 거부했을 때, 이 거부 속에는 아마도 하나의 '아니다'가 있었을 테고, 그러나 또한 하나의 '그렇다'도 있었을 것입니다. 어떤 면에서 우리는, 우리가 원치 않았던 어떤 질서가 있었지만 또한 그보다는 나은 어떤 것이 우리 마음속에 있다고 확언하기도 했던 것입니다. 따라서 우리는, 이런 차원과 방향에서 투쟁했고 싸웠던 사람들은 그들이 얼핏 보았던 진리를 위해 죽기를 수락했으며, 이를 통해 그들은 그 진리가 그들을 넘어서는 어떤 진리임을 증명했다고 생각했습니다. 실제로 그들이 투쟁에 돌입한 것은 그들 자신이 이 억압의 희생자였기 때문이 아니며 그들이 죽음을 각오한 것은 다른 사람들이 이 억압의 희생자였기 때문이었습니다.

여기에서 우리에게 필요한 두세 개의 잠정적 가치를 제공할, 인간들 사이의 소통 이론에 대한 토대를 찾는 일은 어렵지 않을 것입니다.

우리가 수락할 수 없었던 것은 바로 공포 혹은 가혹함, 혹은 관료주의로 인해 인간이 분리되는 것이었습니다. 가치의 일정 부분을 위해 소통하는 인간 사이의 근원적 분열이 이루어지는 일을 우리는 수락할 수 없었습니다.

우리가 옹호해야 할 것이 이 소통이라고 생각하는 일은 아주 쉬웠으며, 오늘날 저의 유일한 확신이기도 합니다. 잠정적 행동을 허락할 만한 가치를 진정성, 정의, 자유에서 도출하는 일은 어렵지 않습니다. 우리 사이에 소통을 유지하길 원한다면 우리는 인간들 사이의 정의를 요구할 수밖에 없습니다. 억압자와 피억압자 사이에는 침묵만 있을 따름입니다. 주인과 노예 사이도 마찬가지입니다. 또한 우리는 진정성을 요구할 수밖에 없습니다. 인간 사이를 갈라놓는 것은 거짓말과 인색함이기 때문입니다.

제가 개인적으로 생각하는 것은 이 정도이며 아마도 많은 사람 역시 그럴 것입니다. 그리고 기독교가 우리를 위해 할 수 있는 일도 바로 이런 부분일 것입니다.

우리가 이렇게 생각하고, 저 역시 그렇게 생각하는 바인데, 그렇다면 과연 우리는 무엇을 해야 할까요?

## "아무도 죽이지 않고도 살인자일 수 있습니다"

사태를 있는 그대로 직시하며, 우리가 어떤 사유를 하는 데에 동의할 때마다 수백만 명을 죽이거나, 수백만 명의 살해를 인정한다는 것을 의식해야만 한다고 말하고 싶습니다. 살인자가 아무 생각이 없는 것은 아닙니다. 단지 그는 나쁜 생각을 합니다. 아무도 죽이지 않고도 살인자일 수 있습니다. 그렇기에 여기에 있는 우리는 모두 어느 정도 살인자입니다. 가장 먼저 해야 할 일은 모든 형식의 현실적이며 숙명론적 사유를 생각과 행동을 통해 완전히 거부하는 것입니다.

두 번째로 할 일은, 공포로 억눌린 세계를 해방하는 것입니다. 오늘날 세계를 짓누르는 악이 일부분 가치의 부재에 기인한 것이라면, 이 가치에 대해 생각할 필요가 있고, 우리를 하나로 이어줄 것들을 찾을 때까지 우리의 생각을 밀고 나가야 할 것입니다. 그러나 그 생각은 공포 속에서는 찾을 수 없습니다. 순수하게 현실주의적인 이유에서 저는 사형제도의 폐지가 세계를 해방하는 방법일 수 있다고 생각합니다.

세 번째, 정치를 진정한 제자리로 돌려놓아야 합니다. 이것은 시대착오적인 언어입니다. 이 세계에 복음이나 정치적, 도덕적 교리문답을 제공하는 문제가 아닙니다. 우리 시대의 큰 불행은 정치가 우리에게 교리문답, 복음, 심지어 사랑의 기술까지 줄 수 있다고 주장하는 데에서 옵니다. 정치의 역할은 살림살이를 하는 것입니다. 절대적인 것이 존재하는지는 모르겠으나 그것이 정치적 차원의 문제는 아니란 것은 압니다. 절대적인 것은 모든 사람의 문제가 아니라 각자의 문제입니다. 그래서 모두가 절대적인 것으로부터 원하는 것에 각자 알아서 몰두할 수 있도록 서로의 관계를 조절해야 합니다. 우리의 삶은 남에게 속한다고 생각하지만 우리의 죽음은 완전히 배타적으로 우리에게 속한다고 생각합니다. 그것이 자유에 대한 저의 정의입니다.

네 번째로 해야 할 일은, 기독교인이 아닌 사람들을 위해 부정에 토대를 두고, 기독교인들을 위해 확신에 토대를 두고, 신앙이 무엇이든 간에 선의의 사람들이 공통된 차원에서, 잠정적 단계에서 하나가 되도록 만드는 잠정적, 매개적 가치를 추구하고 창조하는 것입니다. 이것은 철학자들이 할 일이며, 저는 이 부분에 대해서는 더 이상 이야기하지 않겠습니다.

다섯 번째로 할 일은 이러한 태도가 중간 정도의 보편주의, 다시 말해 인간의 중간 수준에 해당하는 보편주의를 창조하는 일로 이어진다는 점을 잘 이해하는 것입니다. 고독에서 벗어나려면 허심탄회하게 이야기해야만 하고, 절대 거짓말하지 말아야 하며, 자신이 아는 모든 진실을 말해야 합니다. 특히 이러한 보편주의는 인격에 큰 중요성을 부여하지 않는다면 실현할 수 없다고 믿습니다. 말하자면 누구도 혼자서 결론을 짓는 말, 설명하는 말, 모든 사람에게 해당되는 교조를 제시할 수 없다는 것입니다. 이는 공통된 도덕에 토대를 두지 않는다면 절대적으로 실현 불가능하다고 생각합니다.

이 말은 우리가 여러분 같은 기독교인들 사이에, 우리 사이에, 그러니까 고독한 사람들 사이에, 그리고 정파가 있는 사람, 다시 말해 고독하지 않은 사람들 사이에 공동체를 실현해야 한다는 것으로 귀결됩니다. 이러한 공동체는 이 추론 작업을 하며, 일상적 삶과 일상적 정치에서 필요할 때마다 우리에게 필요한 가치를 옹호하는 것을 그 규칙으로 삼을 것입니다. 이 지점에서 기독교인의 역할이 개입합니다.

기독교인들이 우리를 위해 무엇을 할 수 있을까요? 다른 많은 단어처럼 비관주의와 낙관주의란 단어는 그 뜻을 명확히 정의하고, 재검토할 필요가 있으며, 가장 중요하고 시급한 문제를 해결하기 위해 조금 뒤로 미루고자 애써야 하는 논쟁의 근간을 의미합니다.

기독교의 청중을 앞에 두고 두 번째로 해야 할 말은 오늘날의 상황은 타협이 없으며 기독교인들은 타협할 필요가 없다는 것입니다. 제가 보기에 이는 민중공화주의 정파[ㅁ]의 단죄를 의미합니다. 기독교인은 아우성칠 것입니다. 우리에게는 그들의 미소가 필요하지 않습니다. 생쉴피스 성당 주변에는 수많은 기독교인이 있습니다! 우리에겐 그들의 비명이 필요합니다. 제가 아무리 강조해도 부족할 것입니다.

세 번째로, 기독교인은 그 잠정적 가치를 정의해야만 합니다. 그 역할을 해내야만 합니다. 오늘날 그들에게 우리가 요구할 수 있는 작업의 질이 어떠해야 할지를 우리가, 그리고 기독교인 스스로가 정의해야만 한다고 저는 생각합니다. 기독교의 경우, 이는 자신에게 충실하는 것을 의미하며, 다시 말해 절대적으로, 두말없이 현대의 모든 이데올로기를 거부하는 것입니다. 기독교의 자산과 영향력은 종종 세상에 적응하는 작업에서 비롯되었지만, 기독교가 본래의 도덕적, 전통적 토대 위에 굳건히 서지 못하면 이는 해로운 결과를 초래할 수 있습니다. 오늘날 이 세계가 영웅과 성인을 필요로 한다고 제가 생각하지 않는다는 것을 기독교는 잘 이해해야만 합니다. 기독교에 가장 해를 끼치는 것, 그것은 틀림없이 영웅주의입니다. 가장 먼저 해야 할 일은 영웅주의 형식을 띤 비판이어야 할 것입니다. 그것을 해야 할 사람이 뒤아멜 씨라는 것에는 저는 동의하지 않지만, 이 문제를 감히 말하자면, 수준 높게 일종의 평등 의식을 갖고 다룰 수 있는 능력을 보여준 어떤 사람이어야 한다고 생각합니다.

[ㅁ]    민중공화당Mouvement Républicain Populaire, MRP 을 가리킨다. 이는 1944년부터 1967년까지 활동했던 중도 기독교 성향의 정당이다.

그리고 결국은 기독교인이라면—이 대목에서 말을 끝내려고 합니다만—고유한 언어를 명료하게 가져야만 합니다. 기독교적 형이상학이나 일반적인 기독교적 태도에는 기독교의 자산이 되었으며 앞으로도 지속해야 하는 어떤 것이 있습니다. 제가 아는 한 그것은 일관성을 지닌 드문 철학 중 하나이며 역사적인 감각과 영원의 감각으로 역할을 할 능력이 있습니다. 불행히도 그것은 몇몇 극단으로 흐르기도 했습니다. 역사적 감각은 현실주의로 변모했고, 영원의 감각은 사회적 문제와 시급한 문제에 대해서는 거의 무관심했습니다. 저는 기독교인들이 제기되는 문제의 긴박성을 그들의 생각과 행동으로 알아차리고 그 타락을 거부하기 위해 그들의 역사적 감각을 활용하도록 애써야 한다고 믿습니다. 그것은 명료한 언어를 요청합니다.

그리고 여러분에게 너무 큰 충격을 주지 않길 기대하는 바인데, 글로 썼던 것을 말로 전하지 않을 이유를 찾지 못했습니다. 저는 끔찍한 전쟁 동안 로마에서 큰 목소리가 나올 것을 내내 기다렸습니다. 이런 말을 하는 것을 양해해주시길 바랍니다만, 스페인의 주교가 정치적 사형에 축복을 내릴 때, 그는 주교도 기독교인도 아니며 심지어 인간도 아닙니다. 그는 살인자입니다. 그리고 기독교인의 의무는—어떤 사람은 그것을 지지하기도 했습니다!—이 주교가 실은 살인자라고 말하는 것입니다. 모든 사람에게 가급적 적은 사람들이 살인자가 되도록 하며 인간의 일이 살인자의 일보다 우위에 있도록 하는 의무 외에는 다른 의무가 없습니다.

제가 해야 했던 말은 이것이 전부입니다. 제가 아는 것은, 그리고 제게 때때로 향수를 불러일으키는 것은, 세계의 기독교인들이 결심만 한다면 오늘날 도처에서 쉼 없이 아기와 인간의 편에서 변론 중인 소수의 고독한 사람들에게 수천만의 목소리가 합쳐질 것이란 사실입니다.

1946

# 스페인? 더 이상 무슨 말을 해야 할지 모르겠습니다……

알베르 카뮈에게 '제2의 고향'이라고 할 수 있는 스페인은 (외조부모가 메노르카 출신인 이유도 있지만) 그의 작가로서의 삶, 작품, 앙가주망에서 각별한 위치를 차지했다. 공동 집필로 참여한 연극 〈아스투리아스의 반란Révolte dans les Asturies〉(1936)의 주제인 1934년 광산 혁명부터, 프랑코F. Franco 정권을 피해 망명한 사람들의 운명을 기억하며 프랑코 장군 치하에 있는 스페인의 유네스코 가입에 항의한 일까지, 카뮈는 스페인 공화주의자들을 위해 계속해서 청원하고 기사를 작성하며, 발언하기를 멈추지 않았다. 이 원고는 1946년 후반 또는 1947년 초에 작성된 것으로 보이며, 대중을 앞에 두고 연설한 사실은 확인할 수 없다. 그러나 그의 문체로 보아 공개연설을 목적으로 쓰인 것으로 추정되어 이 부분을 책에 포함하기로 결정했다.

스페인? 더 이상 무슨 말을 해야 할지 모르겠습니다. 1938년, 저와 비슷한 나이와 피를 가진 사람들은 스페인 공화국의 혁명과 절망을 함께 겪었습니다. 1944년, 우리는 거대한 희망을 나누었고, 저는 스페인 공화국을 위해 최선을 다해 발언했습니다. 우리가 똑같은 패배를 겪었기에 또한 똑같은 승리를 겪어야 한다고 생각했기 때문입니다. 그러나 분명 합리적인 생각은 아니었습니다. 우리는 헛되이 말했을 따름이고, 스페인에 정의가 없으므로 오늘날 인간을 위한 승리도 없습니다. 정의는 민주주의의 경우처럼, 전부 정의로 이루어져 있거나, 전부 그렇지 않다고 할 수 있습니다. 제 자랑스러운 친구들이 스페인의 감옥에 갇혀 있을 때, 누가 감히 제가 자유롭다고 말할 수 있겠습니까? 그렇지 않습니다. 우리가 할 수 있는 일은 침묵과 우정을 지키는 것입니다.

스페인 동지들이여, 우리는 지금 세상의 비겁함을 알고 있습니다. 여러분이 본보기가 된다고 믿었겠지만 여러분은 단지 부속물에 불과할 뿐입니다. 독재의 역사는 먼 길을 거슬러 올라가며, 이는 우리에게 흔한 조롱거리가 됩니다. 피, 투쟁, 추방, 분노, 이 모두는 지금 헛된 것입니다. 단지 자신만의 정의, 위엄, 권리를 가지고 있다면 현실주의자들의 눈에는 아무것도 가진 게 없는 것으로 보인다고 해도 과언이 아닙니다. 또한 오늘날 세상을 통치하는 현실주의자들 사이에서는 분열이 일어나고 있습니다. 여러분은 여러분의 땅이 세르반테스, 칼데론, 고야, 마차도의 땅이라고 믿었습니다. 현실주의자의 눈에는 그 땅이 그저 수은 광산의 땅, 군인들에게는 그저 항구가 있는 땅에 불과할 뿐이라는 것을 그들은 항상 우리에게 알려주고 있습니다.

그러나 그들은 위대함을 대포의 수와 파괴의 규모로 가늠할 수 없을 것이며, 죽어가고 있던 문명이 영혼의 근원으로 돌아가 삶의 예술을 되찾고자 할 날이 오게 될 것입니다. 이 시간은, 이 진리의 시간은 무엇보다도 진정한 문명의 마지막 국가인 스페인의 시간이 될 것입니다. 그렇습니다. 저는 여러분과 함께 꺾이지 않는 맹목적인 희망으로, 마침내 승리를 확신하고 고통을 보상받으며 정의를 되살리는 삶에 대한 집요함으로 그 시간을 기다리고 있습니다. 그날이 되면 8년 만에 처음으로 치욕과 고통의 엄청난 무게가 사라질 것이며 저는 마침내 자유롭게 숨 쉴 수 있을 것입니다. 그날이 되면 여러분의 자유는 우리 모두의 것이 될 것입니다. 오늘 여러분의 고통스러운 침묵이 우리의 것인 것처럼 말입니다.

1946~1947

# 나는 대답한다……

1948년 5월 25일, 연극배우이자 전직 조종사였던 게리 데이비스 Garry Davis는 미국 국적을 포기하고 스스로 '세계시민'임을 선언했다. 9월 파리에서 열린 유엔총회에서 데이비스는 유엔에 망명을 요청하고, 세계 정부 수립을 호소했다. 알베르 카뮈는 이후 창설된 데이비스 연대 위원회에 가입했다. 11월 20일 〈프랑-티뢰르Franc-Tireur〉에 이에 관한 첫 기사가 게재된 후 그는 12월 3일 파리 플레옐 홀에서 열린 회의에 참석했다. 카뮈는 그곳에서 담화를 발표했으며 이 담화는 데이비스 연대 위원회에서 일시적으로 발간한 잡지 〈파트리 몽디알Patrie mondiale〉의 창간호와 이후 12월 9일 〈콩바〉에서 인터뷰 형식으로 재구성되었다.

**질문자**   당신은 무엇을 위해 이곳에 왔습니까?

**카뮈**   할 수 있는 일을 하기 위해서죠.

**질문자**   그래서 무슨 소용이 있는 걸까요?

카뮈    그럼 유엔은 대체 무슨 소용이 있는 걸까요?

질문자   어째서 데이비스는 소련에 가서 발언하지 않는 걸까요?

카뮈    소련이 그의 입국을 원치 않기 때문이죠. 내내 그는 소련
        의 외교 대표와 다른 사람들에게 입국을 요청했습니다.

질문자   그렇다면 데이비스는 왜 미국에 가서 발언하지 않을까
        요?

카뮈    논리적으로 생각해보세요. 당신은 매번 유엔이 미국의
        식민지라고 말하지 않습니까.

질문자   당신은 왜 프랑스 국적을 포기하지 않습니까?

카뮈    좋은 반론입니다. 위험하지만 자연스러운 질문이네요.
        우리 친구들 또한 그런 질문을 하기 때문이죠. 제 대답
        은 이렇습니다. 데이비스는 미국 국적을 포기하면서 굉
        장히 많은 특권을 포기했습니다. 그러나 현재 프랑스 국
        적을 가진다는 것은 특권이라기보다 오히려 무거운 짐
        이 됩니다. 엄밀히 말하자면 불행에 빠진 조국을 포기한
        다는 것은 참 어려운 일입니다.

질문자   데이비스의 행동은 쇼에 불과하다는 의심을 살 만하지

파리 플레옐 홀에서 연설 중인 알베르 카뮈와 미국의 평화주의 운동가 게리 데이비스(우),
프랑스 작가 베르코르(좌), 1948.

않습니까?

**카뮈** 오늘날 단순한 사실이 쇼처럼 보인다면 그건 그의 잘못이 아닙니다. 규모는 다르지만 그렇다면 소크라테스 또한 시장 한복판에서 끊임없이 쇼를 한 것이나 다름없습니다. 그리고 우리는 그의 말이 틀렸다는 것을 증명하지 못했고, 그를 죽음으로 단죄했습니다. 사형이야말로 현대 정치사회에서 가장 흔한 반박의 형태입니다. 이것은 또한 이 사회가 타락하고 무기력하다는 것을 고백하는 가장 통상적인 방법이기도 하죠.

**질문자** 데이비스가 미국 제국주의를 따르고 있다고 보진 않습니까?

**카뮈** 데이비스는 미국 국적을 포기하면서 다른 제국주의와 마찬가지로 미국 제국주의와 결연한 것입니다. 그렇게 함으로써 그에게는 제국주의를 단죄할 권리가 생겼고, 그 권리는 소련을 제외하고 모든 주권을 금지하려는 사람들에게 부여하기 어려운 권리일 것입니다.

**질문자** 데이비스가 소련 제국주의를 따른다고 보진 않습니까?

**카뮈** 앞선 대답과 같은 대답일 테지만 덧붙여 말하자면, 제국주의는 마치 쌍둥이처럼 함께 성장하고 서로가 없다면 잘 지낼 수 없습니다.

질문자    주권은 현실입니다. 현실을 고려해야 하지 않습니까?

카뮈    암 또한 현실입니다. 우리는 그럼에도 불구하고 그것을
치료하려고 하며, 다혈질적인 기질에서 비롯된 암을 치
료하기 위해 오히려 새빨간 고기를 더 많이 먹어야 한다
고 이야기할 만큼 뻔뻔한 사람은 없을 것입니다. 의사는
절대로 자신이 모든 진리를 손에 쥐고 있는 교회의 지도
자와 같다고 생각하지 않습니다. 이 점에서 그들이 정치
인보다 더 낫다고 할 수 있습니다.

질문자    현재 역사적 상황에서 주권을 제한한다면 그것은 이 세
상이 유토피아가 되지 못하게 하는 것 아닙니까? (이 질
문은 〈르 라상블레망Le Rassemblement〉*에 무기명으로 실린 반론
이기도 하다.)

카뮈    〈르 라상블레망〉의 반론에 대답할 사람은 드골 장군입
니다. 그는 실제로 루르점령에 관해서, 나쁜 답을 분별
하고 거부하기 위해 좋은 답을 손에 쥐고 있을 필요가
없다고 말했습니다. 게다가 데이비스는 대안을 제시했

■    드골 장군의 프랑스 국민연합Rassemblement du Peuple Français, RPF의 주간지 〈르 라
상블레망〉은 〈콩바〉에서 카뮈와 가깝게 지냈던 알베르 올리비에Albert Ollivier가 운
영했다.

고 이에 대해 유토피아적이라고 이야기한 것은 당신입니다. 단지 현실이라는 이름으로, 당신은 모험 가득한 영혼들에 다가가는 자식들에게 경고하는 가장을 떠올리게 합니다. 마침내 그 아이는 아버지에게 불복종하고, 고향의 식료품점을 떠났을 때야 비로소 가족을 존경하게 될 것입니다. 따라서 역사는 육화되는 유토피아에 지나지 않습니다.

질문자　이 세계 속에서 미국이 사회주의 건립에 유일한 걸림돌이 된다고 보진 않습니까? (이 질문은 이런 방식으로도 표현될 수 있다. "소련이 세상의 자유에 유일한 걸림돌이 된다고 보진 않습니까?")

카뮈　더 나은 일을 이루기 위해 갖춰야 하는 완고함으로 당신이 예견하는 전쟁이 있다면, 제2차 세계대전으로 어렴풋이 짐작할 수 있는, 전 세계에 닥칠 파괴와 고통의 양은 역사적 미래를 예측할 수 없게 만들 것입니다. 저는 폐허로 뒤덮이고 사람들은 더 이상 고통을 외칠 힘조차 없는 유럽에서 자유에도, 사회주의에도 기대를 걸지 않을 것입니다.

질문자　그 말은 즉, 당신은 전쟁보다 타협을 선택한다는 뜻입니까?

카뮈   여러분 가운데 몇 명은 교수형이나 총살 중에서 기꺼이 선택권을 준다는 것을 알고 있습니다. 이것은 그들이 인간적 자유에 사로잡히는 생각입니다. 우리는, 이 선택이 불가피한 것이 되지 않도록 우리가 할 수 있는 것을 합니다.

질문자   그러나 불가피하다면, 어떻게 하시겠습니까?

카뮈   만약 당신이 제가 믿지 않는 것을 피할 수 없게 된다면, 우리에겐 세상의 종말이 아닌 다른 선택의 여지가 없습니다. 남아 있는 것은 저널리즘뿐이며, 그것은 가장 최악입니다. 이야기를 마치기 전에 반대로 제가 한번 질문해보겠습니다. 수백만 인간의 불행, 결백의 외침, 가장 단순한 행복을 상기시키는 사람들, 초라한 진실을 그들의 당연한 희망과 비교하길 요구하는 사람들의 경고를 받아들이지 않고 거절할 만큼 그들을 마음속 깊이 고무시키는 정치적 신념과 교리에 대해 단 하나의 오류도 없다고 확신합니까? 1000분의 1의 확률로 여전히 핵전쟁의 위협을 초래하는 것들에 대해 그들이 옳다고 감히 확신합니까? 그러니까, 그들 스스로 매우 자신감이 넘치고 모든 것을 간과해도 될 정도로 아주 확신합니까? 우리가 그들에게 묻는 이 질문들은 이미 그들에게 안겨 있고, 우리는 그들의 답을 기다리고 있습니다.

1948

# 자유의 증인

1947년 말, 다비드 루세David Rousset, 장-폴 사르트르, 조르
주 알트망Georges Altman 등은 혁명민주연맹Rassemblement
Démocratique Révolutionnaire, RDR을 설립해 대서양 진영과 소
련 진영으로 양분된 좌익에게 제3의 대안의 길을 제시하는 정
치운동을 일으켰다. 연맹에 소속되어 있지는 않았지만 알베르
카뮈는 동조자로서 1948년에 연맹에서 발행한 잡지 〈라 고슈La
Gauche〉에 두 편의 글을 기고했다. 그해 12월 13일, 파리의 플레
엘 홀에서 이루어진 혁명민주연맹의 회의 가운데 카뮈는 앙드
레 브르통André Breton, 장 폴 사르트르, 리처드 라이트Richard
Wright, 그리고 카를로 레비Carlo Levi까지 참여해 4천 명이 넘는
청중 앞에서 연설했다. 카뮈의 연설문은 1948년 12월 20일 자
〈라 고슈〉 10호에 게재되었고 나중에 '예술가는 자유의 증인이다
L'Artiste est le témoin de la liberté '라는 제목으로 〈앙페도클Empé-
docle〉▪ 창간호(1949년 4월)에 실렸다.

▪ 알베르 베겡Albert Béguin, 알베르 카뮈, 르네 샤르René Char, 기도 메스테르Guido
Meister, 장 바느Jean Vagne가 창간한 월간지. 1949년 4월 호부터 1950년 7~8월
호까지 발간되었다.

우리는 멍청하고 가혹한 이데올로기에 떠밀려 모든 것에 수치심을 느끼는 데에 익숙해진 어떤 시대에 살고 있습니다. 자기 자신도 부끄럽고, 행복한 것도 부끄럽고, 사랑하거나 창조하는 것도 부끄럽습니다. 라신이 〈베레니스〉를 쓰고 얼굴을 붉히며, 렘브란트는 〈야간 순찰대〉를 그렸다는 것을 용서받기 위해 골목 모퉁이의 야경꾼 사무소에 등록하려고 달려갈 법한 시대입니다. 오늘날 작가와 예술가는 심약해졌고 우리 사이에서는 직업에 대해 용서를 구하는 일이 유행이 되었습니다. 실제로 사람들은 우리를 부추기는 데에 어느 정도 열을 올리고 있습니다. 정치적 사회 구석구석에서 우리를 향해 목청을 높여 소리 지르며 우리의 존재 이유를 정당화하라고 윽박지릅니다. 우리는 우리가 쓸모없음을 정당화해야만 했고, 동시에 그 쓸모없음 자체를 통해 자질구레한 명분들에 쓰임새가 있다고 다시 정당성을 부여해야만 했습니다. 이토록 모순된 비난에서 벗어나는 일이 매우 어렵다고 대답하면, 저들은 모든 사람의 눈높이에 맞게 자신을 정당화하는 것이 불가능하지만 몇몇 사람의 편을 든다면 관대한 용서는 구할 수 있다고 합니다. 그들 편이 유일한 진실이란 말을 믿는다면 말입니다. 이런 종류의 논리가 먹히지 않으면 저들은 이렇게 말합니다. "이 세계의 비참한 꼴을 보시오. 세계를 위해 당신은 무엇을 했습니까?" 이 냉소적인 협박에 예술가는 이렇게 대답할 것입니다. "세계의 비참함이라고요? 저는 거기에 아무것도 보탠 것이 없습니다. 당신들 중 누구도 나만큼 이렇게 말할 수 있습니까?" 그러나 우리 중 그 누구라도 강직한 마음만 갖고 있다면 절망한 인류가 부르짖는 호소의 목소리에 무심할 수 없다는 것도 사실입니다. 따라서 진심으로 죄의식을 느껴야만 합니다. 우리는 모든 것 중 가장 최악인 세속적 고해성사실로 끌려가게 됩니다.

그러나 그리 간단치 않습니다. 우리에게 요구되는 선택은 그 자체로 순탄하지 않습니다. 그것은 이전에 이뤄졌던 다른 선택에 의해 결정되어 있습니다. 그리고 예술가가 했던 최초의 선택은 바로 예술가가 되고자 했던 것입니다. 그가 예술가가 되기로 선택했다면 그것은 자신이 누구인지를 고려했고 예술에 대해 어떤 생각을 품었기 때문이었습니다. 이런 이유가 그의 선택에 정당성을 부여할 만큼 충분히 좋은 것이었다면 역사에 대한 그의 태도를 결정짓는 데에 도움이 되기에 지속적으로 충분히 좋을 가능성이 있습니다. 그것이 적어도 제가 생각하는 바이며, 우리가 여기서 저마다 자유롭게 말하고 있기에, 오늘 저녁 저는 저를 조금 구별하고 싶습니다. 제가 느끼지 못하는 나쁜 양심이 아니라, 세계의 비참함 앞에서, 혹은 바로 그 때문에, 제 직업과 관련해 제가 느끼는 두 가지 감정, 다시 말해 인정과 자부심에 대해 말하고 싶습니다. 이에 정당성을 부여해야 하기에, 증오로 뼈만 남은 세계 한가운데에서 저는 누구에게도 불구대천의 원수가 아니라는 사실을 차분하게 말할 수 있는 작업을 제 힘과 재능의 한계 내에서 행하고 있는 이유를 설명하고자 합니다. 이는 설명을 요구하는 일이고 저는 우리가 살고 있는 세계와 거기에서 예술가와 작가가 할 수밖에 없는 일에 대해 이야기하지 않고는 말을 할 수 없을 것 같습니다.

우리를 둘러싼 세계는 불행에 빠져 있고, 사람들은 우리에게 그것을 변화시킬 수 있는 무엇인가를 하라고 요구합니다. 그런데 이 불행이란 어떤 것일까요? 얼핏 그것은 단순하게 정의됩니다. 최근 몇 해 동안 사람들은 이 세계에서 많은 사람을 죽였으며, 어떤 이들은 앞으로도 죽일 것이라고 내다보았습니다. 그토록 많은 숫자의 시체들, 그것은 결국 분위기를 무겁게 만들고 맙니다. 새로운 일도 아닙니다.

공식적 역사는 거대한 살인자들의 역사입니다. 그리고 카인이 아벨을 죽인 것은 오늘에 벌어진 일이 아닙니다. 오늘날에는 카인이 논리의 이름으로 아벨을 죽이고 레지옹도뇌르훈장을 요구합니다. 이해를 돕기 위해 예를 하나 들겠습니다.

1947년 11월의 대규모 파업 동안, 신문은 파리의 사형집행관들도 작업을 멈출 것이라고 선언했습니다. 제가 보기에 우리 동포의 이런 결정은 그다지 잘 알려지지 않았습니다. 그들의 요구사항은 명료했습니다. 모든 기업의 정해진 규칙과 마찬가지로, 매번 처형할 때마다 특별수당을 달라는 것이었습니다. 특히 그들은 사형집행관의 공식 지위를 힘주어 주장했습니다. 그들은 국가로부터 인정받고 싶었고 성실하게 복무한다는 의식을 가졌기 때문에 국가가 헌신적인 봉사자들에게 부여할 수 있는 유일한 보상을 바랐습니다. 이때 유일한 구체적인 명예는 행정상의 지위였습니다. 그래서 역사의 무게에 눌려 우리의 마지막 자유 직종이 사라지게 되었습니다. 그것은 실로 역사의 무게 덕분이었습니다. 야만의 시절에는 공포의 후광이 사형집행관을 세상으로부터 멀리 떼어두었습니다. 그들은 직업상 생명과 육체의 신비를 침해하는 사람들이었습니다. 그들은 공포의 대상이었고 그들 자신도 이를 알고 있었습니다. 그리고 동시에 이 공포가 인간 생명의 가치를 신성한 것으로 만들었습니다. 오늘날 사형집행관은 단순히 수치의 대상입니다. 이러한 조건에서는 그들이 손톱이 깨끗하지 않아서 부엌에 숨어 있는 가난한 부모가 되기를 더 이상 원치 않는 것이 당연하다고 저는 생각합니다. 살인과 폭력이 이미 교조가 되었고 이제 제도가 되는 과정에 있는 문명에서는 사형집행관도 행정기관의 틀 안으로 들어갈 완벽한 권리가 있습니다. 사실을 말하자면 우리 프랑스인들은 조금 뒤처져 있습니다. 세계 곳곳에서 집행관들은 이미 정부 부처의 자리를 꿰차고 있습니다. 그들은 도끼를 결재용 도장으로 바꾸었을 따름입니다.

죽음이 통계나 행정 업무의 사안이 될 때, 실로 세상사는 제대로 돌아가지 않습니다. 그러나 죽음이 추상적으로 변하면, 생명마저도 그렇게 됩니다. 각자의 삶은 하나의 이데올로기에 삶을 굴복시키기로 결심한 순간부터 추상적으로 변하지 않을 도리가 없습니다. 불행한 것은 우리가 전체주의 이데올로기, 다시 말해 자기 확신에 넘치고 어리석은 이성 혹은 짧은 진실을 확신해 자신의 지배 속에서만 세계의 구원을 보는 이데올로기의 시대에 살고 있다는 것입니다. 누군가 또는 무언가를 지배하고자 하는 것은 그 누군가의 불모성, 침묵, 죽음을 원하는 것입니다. 우리 주변을 둘러보기만 하면 이를 확인하기에 충분합니다.

"논쟁의 힘에 취해 금세 눈이 먼 우리는
  사람들 사이가 아니라
  그림자의 세계 속에 살게 됩니다"

대화가 없다면 생명도 없습니다. 그리고 오늘날 세계의 대부분 지역에서 대화는 논쟁으로 대체되었습니다. 20세기는 논쟁과 모욕의 세기입니다. 국가들과 개인들 사이에서, 과거에는 심지어 관심 없었던 분야에 대해서도 전통적으로 숙고한 대화가 이뤄지던 자리를 논쟁이 차지하고 있습니다. 주야로 수천 개의 목소리가 제각기 자기 자리에서 요란한 혼잣말을 계속하며 국민에게 거짓된 말과 공격과 방어, 선동의 말을 쏟아붓고 있습니다. 그런데 논쟁의 작동 원리는 무엇일까요? 그것은 상대방을 적으로 간주하고, 그를 단순화하고, 바라보기조차 거부하는 것입니다. 내가 욕을 퍼부은 사람의 눈 색깔이 무엇인지 모르고, 그가 웃었는지, 어떤 방식으로 웃었는지 모릅니다. 논쟁의 힘에 취해 금세 눈이 먼 우리는 사람들 사이가 아니라 그림자의 세계 속에 살게 됩니다.

설득이 없다면 생명도 없습니다. 그리고 오늘날의 역사에는 오로지 협박만이 있을 따름입니다. 사람들은 서로에게 공통된 어떤 것이 있으며 언제라도 함께 만날 수 있다는 생각에 의거해서만 살 수 있고, 그렇게 살고 있습니다. 그런데 우리는 설득할 수 없는 사람들이 있다는 것을 발견했습니다. 강제수용소의 희생자는 그들을 그런 처지로 몰락시킨 사람들에게 그런 짓을 하지 말아야 한다고 설명하는 것이 불가능했고, 지금도 마찬가지입니다. 그들은 더이상 인간이 아니라 가장 굳건한 의지로 뜨거워진 어떤 이념을 대변하는 무언가입니다. 지배하고자 하는 자는 귀가 멀었습니다. 그들과 대면하면 싸우거나 죽어야만 합니다. 오늘날의 인간이 공포 속에서 사는 이유가 바로 거기에 있습니다. 『사자의 서』에서 말하길, 정의로운 이집트인은 용서받으려면 "나는 누구에게도 두려움을 주지 않았습니다"라고 말해야만 했습니다. 이런 조건이라면 최후 심판의 날에 신의 축복을 받을 자들이 늘어선 줄에서 우리 동시대의 위인들을 찾아봐야 헛수고일 것입니다.

이제 귀와 눈이 멀어 겁에 질린 채 식량 배급표로 연명하고 전 생애가 경찰의 서류 한 장에 요약되는 이 그림자들이 익명의 추상 화된 존재로 취급될 수 있다는 것은 그리 놀랍지 않습니다. 이런 이데올로기에서 도출된 정치체제들은 체계적으로 국민을 뿌리째 뽑아내어 오로지 통계 속에서만 미미한 삶을 지닌 창백한 상징인 양 유럽 전역으로 끌고 다녔습니다. 이 아름다운 철학들이 역사에 들어온 이후, 과거에는 서로 악수하는 방식을 알았던 거대한 인간 무리는 이제 논리적 세계가 그들을 위해 발명한, 이주민을 뜻하는 두 자의 이니셜 속에 매장되었습니다.

그렇습니다. 이 모든 것이 논리적입니다. 전 세계를 하나의 이론으로 통일하고자 할 때, 이 세계를 이론만큼이나 눈멀고 귀먹은 것으로 만드는 일 빼고 다른 길은 없습니다. 인간을 생명과 자연으로 이어주었던 뿌리 자체를 끊는 일 빼고는 다른 길이 없습니다. 도스토옙스키 이후로 유럽의 위대한 문학에서 풍경을 찾을 수 없는 것은 우연이 아닙니다. 오늘날 의미 있는 책들은 마음의 미세한 움직임과 사랑의 실에 관심을 기울이는 대신에 판사들, 소송 그리고 재판이 작동하는 원리에만 열광하고, 세계의 아름다움에 창문을 여는 대신에 고독한 사람의 고뇌를 끌어안고 창문을 꼼꼼히 닫습니다. 오늘날 유럽의 모든 사상에 영감을 준 철학자는 오로지 현대 도시만이 자기를 의식할 수 있는 길을 허락하며, 심지어 자연은 추상적이며 이성만이 구체적이라고까지 말합니다. 사실 그것은 헤겔의 관점이며, 이는 지성의 거대한 모험의 출발점이었지만 결국 모든 것을 살해하고 말았습니다. 자연의 거대한 장관 속에서 이 술에 취한 정신은 오로지 자기 자신만을 보았습니다. 그것이 궁극의 맹목입니다.

더 멀리 갈 필요가 있을까요? 유럽의 파괴된 도시를 겪은 사람들은 제가 무엇을 말하는지 압니다. 단조로운 종말론적 풍경을 따라 유령들이 잃어버린 자연과 존재와의 우정을 찾아 배회하는 도시는 오만으로 말라비틀어져 뼈만 남은 이 세계의 모습을 보여줍니다. 서구인의 거대한 드라마는 그와 역사의 변천 사이에 자연의 힘이나 우정의 힘이 더 이상 끼어들지 못한다는 것입니다. 끊어진 뿌리, 말라비틀어진 팔은 이미 그들에게 약속된 사형대와 닮아버렸습니다. 그러나 이러한 비이성의 극치에 도달했으니, 적어도 우리는 이성의 제국을 뒤쫓아 질주하는 척했지만 상실한 사랑의 이유만을 찾았던 이 세기의 사기를 고발하는 일에 아무런 거리낌이 없게 되었습니다. 이를 잘 아는 우리의 작가들은 사랑이 빠진 불행한 대체물, 즉 도덕이라 불리는 것을 내세우고 있습니다. 그러나 그들 대부분이 결코 되찾을 수 없는 것이 하나 있는데, 그것은 그들이 박탈당한 사랑의 힘입니다. 자, 그들이 부끄러워하는 이유가 여기에 있습니다. 예술가도 그 부끄러움에 한몫했으니 이 부끄러움을 공유하는 것은 아주 당연합니다. 그러나 적어도 그들은 그들의 직업이 아니라 그들 자신에 대해 부끄러워한다는 것을 말할 줄 알아야 합니다.

"육체와 열정 차원에서 살며 창조하는 예술가는
  타인이 존재한다는 것을 압니다"

 예술의 품위를 구성하는 모든 것은 이런 세계와 대립하며 이 세
계를 부정합니다. 예술 작품은 그것이 존재한다는 사실만으로 이
데올로기의 정복을 부정합니다. 내일의 역사가 갖는 의미 중 하나
는 정복자와 예술가 사이에 이미 시작된 투쟁입니다. 하지만 양측
모두 동일한 목표를 지향합니다. 정치 행위와 창작은 세계의 무질
서에 대한 반항을 드러내는 양면입니다. 두 경우에 모두 사람들은
세계에 그 통일성을 부여하고자 합니다. 그래서 오랫동안 예술가
와 정치적 개혁자의 대의명분은 구분되지 않기도 했습니다. 보나
파르트의 야심은 괴테의 그것과 같았습니다. 그러나 우리의 교과
서에 보나파르트는 북을, 괴테는 '로마의 비가Erotica Romana'를 남
겼습니다. 그런데 기술에 근거한 효율성의 이데올로기가 개입하
면서부터, 미세한 움직임을 통해 혁명가가 정복자가 되면서부터,
사상의 두 흐름은 갈라졌습니다. 좌익이건 우익이건 간에 반대되
는 것의 조화인 통일성이 아닌 차이의 억압인 전체성을 추구합니
다. 예술가는 정복자가 평준화하는 지점에서 차이를 구별합니다.
육체와 열정의 차원에서 살아가고 창조하는 예술가는, 그 어떤 것
도 단순하지 않다는 사실과 더불어 타인의 존재를 알고 있습니다.
정복자는 타인이 존재하지 않기를 원하며, 그의 세계는 주인과 노
예의 세계, 곧 우리가 살고 있는 바로 그런 세상입니다. 저는 오로
지 증오 위에 세워진 위대한 작품은 단 하나도 알지 못하는데, 반
면 우리는 증오의 제국이 무엇인지 잘 압니다. 태도의 논리 자체

를 통해 정복자는 사형집행관과 경찰관이 되고, 예술가는 어쩔 수 없이 반항인이 됩니다. 지금 정치사회 앞에서 예술가의 유일하고 일관된 태도는 예술을 포기하는 것인데, 그것은 양보 없는 거부입니다. 그래도 차마 그것을 원할지라도 현시대 이데올로기의 언어나 수단을 사용하는 사람들의 공범자가 될 수는 없습니다.

우리에게 정당화와 참여를 요구하는 것이 얼마나 허망하고 가소로운지 그 이유가 여기에 있습니다. 우리는 비록 본의가 아닐지라도 참여한 상태입니다. 투쟁이 우리를 예술가로 만든 것이 아니라, 예술이 우리를 투사가 되라고 떠밀었습니다. 그 기능 자체로 예술가는 자유의 증인이며, 이것이 때때로 그가 대가를 치르는 정당화입니다. 그 직능 자체로서 예술가는 가장 어렵게 꼬인 역사의 굵은 실타래, 인간의 육체를 옥죄는 것에 얽혀 있습니다. 세계가 이러한 가운데 우리는 거기에 참여한 상태이며 우리는 천성적으로 오늘날 국가적 차원이건 일부 당파의 차원이건, 승승장구하는 추상적 우상의 적입니다. 도덕이나 덕성의 이름이 아닌, 그들이 우리를 믿게 하려고 애쓰는 것처럼, 또 다른 속임수를 통해 우리는 적이 됩니다. 우리는 도덕군자가 아닙니다. 우리 개혁주의자들이 취하는 풍모를 보면 도덕군자가 아니라는 점을 아쉬워하지 않는다는 것을 알 수 있습니다. 이성의 가장 비참한 모습으로 위장한 시도들을 우리는 항상 인간에게 고유한 열정의 이름으로 거부합니다.

동시에 이는 우리 모두의 연대감을 정의하기도 합니다. 우리는 더 이상 홀로일 수 없기에 각자의 고독을 옹호해야만 합니다. 우리에겐 시간이 없으며 우리는 홀로 작품을 쓸 수 없습니다. 톨스토이는 자신이 겪지 않은 전쟁에 대해 글을 썼고 그것은 모든 문학 중에서 가장 위대한 소설이 되었습니다. 우리의 전쟁은 그것 외에는 다른 어떤 것도 쓸 수 있는 시간을 주지 않았고 바로 이 순간 전쟁은 샤를 페기Charles Péguy와 수천 명의 젊은 시인을 죽였습니다. 커다랄 수도 있는 우리의 차이에도 불구하고 그것을 넘어 오늘 저녁 이 모든 사람이 모인 것에 의미가 있습니다. 국경선을 넘어, 가끔은 그 사실을 인지하지 못한 채, 우리는 전체주의적 창조물 앞에 우뚝 설, 똑같은 작업이지만 천 개의 얼굴을 지닌 일에 함께하고 있습니다. 모두 함께, 그렇습니다, 혼란스러운 나라 안에 그들 창조물의 묵묵한 형식을 세우려고 하는 사람들과 함께 말입니다. 또한 지금 여기에 없지만 만물의 순리에 따라 어느 날엔가 우리와 합류할 사람들도 함께 말입니다. 그리고 그들 예술을 수단으로 삼아 전체주의 이데올로기를 위해 일한다고 믿는 사람들도 함께합니다. 그러나 결국 그들의 작품 속의 예술의 힘은 선동 구호를 파괴할 것이며, 그들은 그들이 진정한 종이라고 주장하며 일시적으로 그들을 고용했던 자들의 불신을 받는 동시에 어쩔 수 없이 우리의 우정을 얻게 될 것입니다.

진정한 예술가는 좋은 정치적 정복자가 되지 못합니다. 왜냐하면, 아! 저는 이것을 잘 압니다만, 그들은 가볍게 상대방의 죽음을 수락할 능력이 없는 사람이기 때문입니다! 그들은 죽음이 아니라 삶의 편입니다. 그들은 법이 아니라 육체의 증인들입니다. 그들은 소명 의식을 통해 그들의 적의 법마저도 이해하도록 선고받았습니다. 이들이 선악을 판단하는 능력이 없는 것이 아닙니다. 그러나 최악의 범죄자의 마음에서도 타인의 삶을 사는 그들의 태도를 통해 그들은 인간의 항구적 정당화, 즉 고통을 인지합니다.

바로 이것이 우리가 절대적 판결을 내리고, 따라서 절대적 징벌을 인정하는 것을 막아줄 것입니다. 우리의 세계, 즉 사형제도가 있는 세계에서 예술가들은 인간의 마음속에 죽음을 거부하는 무언가가 있다는 점을 증언합니다. 우리는 사형집행관이 아니라면 누구의 적도 아닙니다! 그렇기에 예술가들이 사무용 토시를 낀 산악파의 협박과 무력에 맞서는 영원한 지롱드파로 지목되는 것입니다. 따지고 보면 이 나쁜 입장은 그 거북함으로 인해 위대함을 지니고 있습니다. 누구나 이를 인정하고 우리의 차이를 존중하며, 지금과는 달리 분열을 멈추는 그런 날이 올 것입니다. 예술가들은, 그들의 가장 심오한 사명은, 그들의 적의 의견이 그들의 의견과 같지 않을 수 있는 권리를 끝까지 옹호하는 것입니다. 시인들은 다른 사람들이 발언하도록 하며, 아무도 죽이지 않고, 틀리는 것이 침묵과 시체 더미 속에서 옳은 것보다 낫다고 선언할 것입니다. 그들은 혁명이 폭력을 통해 성공할지라도 대화를 통해서만 유지될 수 있다는 것을 증명하려 애쓸 것입니다. 그리고 이 단 하나의 사명이 그들에게 가장 감동적인 형제애, 의심쩍은 투쟁과 위협받는 위대함의 형제애, 지성의 모든 세기를 통해 고통스럽든 행복하든 간에 역사의 추상화에 맞서 역사를 초월하는 것, 그 육체적인 것을 확언하기 위한 투쟁을 결코 멈추지 않았던 형제애를 안겨줄 것입니다. 오늘날 그 화려한 유럽 전체가 들고 일어나 그들에게 이런 시도는 가소롭고 허망하다고 외치고 있습니다. 그러나 그 반대를 증명하기 위해 세계의 우리 모두는 여기 모였습니다.

1948

# 살인자들의 시대

1949년 여름 동안, 알베르 카뮈는 외무부 문화교류부의 요청으로 남미에서 일련의 강연을 했다. 주로 브라질에서 이루어졌으며, 칠레에서도 한 바 있다(공개 석상에 나타나진 않았지만 아르헨티나에도 잠깐 체류했고, 우루과이도 경유했다). 작가의 자료집에 보관된 아래의 강연에는 '살인자들의 시대Le temps des meurtriers'라는 제목이 붙어 있었다. 이 강연에서 카뮈가 다루는 문제들은 1946년 북미 강연의 연장선상에 있으며, 또한 이 강연은 1951년 출간된 『반항하는 인간』의 예비적 작업의 일환이다.

신사, 숙녀 여러분,

여러분 중 일부가 넓은 아량으로 유럽에 흥미를 기울였습니다. 그분들의 배려에 감사드립니다. 이 늙은 대륙은 얼굴이 흉악해질 정도로 많은 상처를 지니고 있습니다. 유럽은 고약한 성격을 가지고 있으며 종종 자기 국경 바깥에는 아무것도 없다고 믿는 부당한 오만에 빠져 있으나 유럽 전체는 브라질 한 국가보다도 넓지 않습니다. 그러나 과거를 보면 무시할 수 없는 위대한 세기가 있었고 보다 나은 문화도 있었습니다. 그리고 멍청하고 잔인한 이데올로기에 떠밀려 인간들이 모든 것을 부끄러워하고 심지어 행복한 것조차 부끄러워하는 일에 익숙해지던 시절, 권력의 정신으로 황폐화된 세계의 거대한 사막 속에서 여기저기 대륙 사이에 흩어져 있던 사람들이 불행한 유럽 쪽을 다시 돌아보며, 어느 나라의 어느 인간이든지, 인간의 이름으로 포기할 수 없고 내버려둔 채 살 수 없는 한두 개의 가치가 몰락하지 않고는 유럽의 노예화, 혹은 절망이 저렇게 굴러갈 수 없다는 사실을 깨닫고 유럽의 미래에 대해 질문하기 시작했습니다.

저는 그들의 불안을 공유하며 여기에서 그에 대해 답변하고자 합니다. 제게는 예언가의 자질이 없고 유럽에 아직도 미래가 있는지를 결정할 자격도 없습니다. 그러나 적어도 저는 이것을 말할 수 있습니다. 유럽은 다시 자유인들과 접촉해야 합니다. 유럽이 세계에 유익하려면 몇몇 질병으로부터 회복되어야만 합니다. 그 질병 중 어떤 것은 완전히 제 능력 밖의 사안입니다. 오늘날 다른 이들이 그 병명을 찾아내어 치료하려고 애쓰고 있습니다. 그러나 저를 포함한 제 세대의 사람들이 동의하고 그에 대해 숙고해본 적이 있는 유럽의 질병이 적어도 한 가지 있습니다. 따라서 우리의 공통적 불안에 대답하기 위해 여기에 와서 제가 할 수 있는 최선은, 제가 알고 있는 이 질병을 가급적 간단하게 설명하고, 훗날의 치료보다 항상 선행해야만 하는 진단에 기여할 수 있는 방법을 말하는 것입니다.

그렇게 하면서 동시에 여러분이 유럽에 대해 생각을 보완할 수 있도록 도울 수 있으리라 생각합니다. 유럽은 인간주의의 본산으로 간주되며 그것은 어떤 의미에서 정당합니다. 그러나 몇 년 전부터 유럽은 다른 것이 되었습니다. 이제 유럽은 강제수용소와 냉혹한 과학적 파괴의 본산입니다. 어떻게 인간주의의 본산이 강제수용소를 탄생시켰고, 그 후 어떻게 인간주의자들이 강제수용소와 타협했던가, 이것이 제 세대가 답할 수 있는 질문이자 제가 다루고자 하는 것이며, 우애로 넘치는 유럽의 인간주의에 대한 이야기는 보다 자격 있는 다른 분들에게 넘기도록 하겠습니다.

## "공식적 역사는 항상
## 거대한 살인자들의 역사였습니다"

지금 유럽은 불행에 빠져 있습니다. 어떤 불행일까요? 이것은 대번에 단순하게 정의됩니다. 이곳에서 사람들은 최근 몇 해 동안 많은 사람을 죽였고, 몇몇 사람은 앞으로도 더 죽일 것이라고 예측합니다. 너무도 많은 죽음이 마침내 분위기를 무겁게 만들었습니다. 당연히 그것은 새롭지도 않습니다. 공식적 역사는 항상 거대한 살인자들의 역사였습니다. 그리고 카인이 아벨은 죽인 것은 오늘의 일이 아닙니다! 오늘날 벌어지고 있는 일은 논리의 미명하에 카인이 아벨을 죽이고 레지옹도뇌르훈장까지 요구하는 것입니다. 제 말의 이해를 돕기 위해 사례 하나를 들겠습니다.

1947년에 일어난 파업 도중, 파리의 사형집행관도 일을 멈출 것이란 기사가 신문에 났습니다. 제 생각에 우리 동포의 이런 결정은 그다지 주목받지 않았습니다. 그의 주장은 명료했습니다. 그는 모든 기업의 규칙에 따라 자신에게도 매번 사형을 집행할 때마다 추가 수당을 줄 것을 요구했습니다. 특히 그는 사형집행관의 공식적 지위를 줄 것을 강력하게 요구했습니다. 국가를 위해 복무하고 있다는 의식을 갖고 있던 그는 현대 국가가 선량한 공직자에게 제공할 수 있는 유일한 인정, 유일하고 손으로 만질 수 있는 명예, 다시 말해 행정적 지위를 획득하고 싶었던 것입니다. 이렇게 역사의 무게에 눌려 우리의 마지막 자유 직종이 사라져버렸습니다. 실로 그것은 역사의 무게에 의한 것이었습니다. 야만의 시대에는 공포의 후광으로 인해 사형집행관이 사람들로부터 격리되었습니다. 그는 직업상 생명과 육체의 신비를 해치는 사람이었습니다. 그는 공포의 대상이었고 그 스스로도 그런 사실을 알고 있었습니다. 그리고 이 공포는 동시에 인간 생명의 가치를 신성하게 만들었습니다. 오늘날 그는 단지 수치심의 대상입니다. 그리고 이런 조건이라면 손톱이 깨끗하지 않다는 이유로 부엌에 갇힌 가난한 부모가 되기를 원치 않는 그의 태도도 저는 일리가 있다고 생각합니다. 살인과 폭력이 이미 교조이며, 제도가 되는 중인 문화속에서 사형집행관들도 행정의 틀 안에 들어갈 권리가 충분히 있습니다. 사실을 말하자면, 파리의 사형집행관의 생각은 옳았고 우리 프랑스인들은 시대에 조금 뒤처졌습니다. 세계 곳곳에서 이미 사형집행관은 행정부 자리를 차지했습니다. 그들은 도끼를 결재 도장으로 바꾸었을 뿐입니다.

죽음이 통계와 행정 업무로 변하는 동안 사실은 무엇인가가 잘

못 돌아가고 있었습니다. 기차의 일화가 그것입니다.[*] 유럽은 병들었습니다. 왜냐하면 한 존재를 죽이는 행위가 그것이 유발해야만 하는 공포와 추문 없이 이루어질 수 있고, 인간에 대한 고문이 마치 약간의 버터를 배급받기 위해 줄을 서야 하는 것과 마찬가지로 조금 귀찮은 고역 정도로 용납되었기 때문입니다. 유럽은 이렇듯 살인과 추상화로 병들었습니다. 이 둘이 똑같은 질병이라는 것이 제 의견입니다. 어떻게 그 병의 상태에 진입했고 어떻게 하면 거기에서 빠져나올 수 있는지를 여러분에게 단순히 제안하며, 제 발표는 두 부분으로 나눠질 것입니다.

## I

첫 번째 질문에 대한 답은 간단합니다. 우리는 생각을 통해 질병 상태에 진입했습니다. 그것은 어떤 면에서는 우리가 원했던 질병입니다.

예외를 제외하면, 우리 중 누구도 실제로 사형집행관의 직종에 종사했던 사람은 없습니다. 그러나 우리는 대규모의 역사적 학살 시도를 목도했고, 지금도 그 사태 앞에 있습니다. 어쩌면 우리는 용기와 끈기를 갖고, 그것에 대항해 투쟁했을 수도 있습니다. 그러나 그들에 대한 우리의 심판을 무슨 논거로 뒷받침할 수 있겠습

---

[*] 앞선 강연인 〈인간의 위기〉에서 카뮈는 이렇게 말한 바 있다. "제가 알고 있는 프랑스인 중 레지스탕스에 가담한 사람들은 전단을 돌리기 위해 탄 기차 안에서 몽테뉴를 읽었고, 그들은 적어도 우리나라에서는 명예의 개념을 갖고 있으면서도 회의주의자들을 이해할 수 있다는 것을 증명했습니다."

니까? 시체 더미를 정당화하는 사상과 교조를 우리는 한 번도 주장한 적이 없었던가요? 제 세대의 사람들에 관해 알아보면, 불행히도 그런 적이 있습니다. 살인자라서 아무 생각이 없는 것이 아니라 잘못된 생각을 하기에 살인자가 됩니다. 이것이 여러분에게 전하고 싶은 첫 번째 생각입니다.

우리 중 많은 사람은 양차 대전 사이의 기간에 허무주의에 휩쓸린 적이 있습니다. 이들이 부정 속에 빠져 살아야만 할 평계가 있었는지 알아보는 것은 중요하지 않습니다. 그들에겐 그럴 만한 이유가 있었습니다. 중요한 것은, 그들이 그것을 실제로 겪었는지에 관한 문제입니다. 프랑스와 유럽에서 제 또래의 사람들은 제1차 세계대전 직전 혹은 전쟁 중에 태어났고, 세계 대공황의 시기에 청소년기를 보냈으며, 히틀러가 권력을 잡은 시기에 성년이 되었습니다. 이런 성장 과정에 더해서 그다음에 스페인내란, 뮌헨협정, 1939년 전쟁, 패배, 4년간의 점령과 지하투쟁이 있었습니다. 설상가상으로 그들에게는 원자폭탄의 불꽃놀이가 약속되었습니다. 그래서 저는 이 세대가 흥미로운 세대라고 생각합니다. 그러나 이보다 더 흥미로운 점은, 이 세대가 오로지 반항의 힘만으로 이 끝없는 체험 속에 빠져들어 갔다는 것입니다. 왜냐하면 이 세대는 아무것도 믿지 않았기 때문입니다. 그 시절의 문학은 명료함, 내러티브, 문장 자체에 대한 반항에 빠져 있었습니다. 회화는 주제, 현실, 그리고 단순한 조화에 대해 반항했습니다. 음악은 멜로디를 거부했습니다. 철학의 경우, 진리는 없고 단지 현상만 있을 따름이며, 스미스 씨, 뒤랑 씨, 포겔 씨가 있을 수 있지만 개별적인 이들 사이에는 공통점이 없다고 가르쳤습니다. 이 세대의 도덕적 태도는 더욱 단호했습니다. 민족주의는 철 지난 진리였고, 종교는 망명자였으며, 20년간의 국제정치는 모든 순수함을 의심하고, 모두가 옳으므로 누구도 틀리지 않다고 가르쳤습니다. 사회의 전통적 도덕은 늘 그래왔던 것처럼 회피, 혹은 괴기스러운 위선으로 보였습니다.

따라서 이 세대는 허무주의 속에서 살았습니다. 물론 이것이 새로운 것은 아니었습니다. 다른 나라의 다른 세대도 역사의 다른 시대에서 이를 체험했습니다. 그러나 새로운 것이 있다면, 모든 가치에서 벗어난 이 똑같은 사람들이 살인과 공포와 관련해 자신의 입장을 조정해야만 했다는 점입니다. 예컨대 지옥이 일종의 부정이라는 것이 사실이라면 그들은 지옥에 뛰어들 듯 전쟁 속에 들어갔습니다. 그들은 전쟁도 폭력도 사랑하지 않았습니다. 그들은 전쟁을 수락하고 폭력을 행사해야만 했습니다. 그런가 하면 그들은 이 난해한 술수를 배워야만 했습니다. 싸우려면 무엇인가를 믿어야만 합니다. 이 사람들은 겉보기에 아무것도 믿지 않았습니다. 그래서 싸우지 않을 수도 있었습니다. 그러나 싸우지 않는다면 그들은 적들의 승리를 받아들이게 되기에 경멸스러운 가치일지라도 적의 가치를 수용하는 꼴이 됩니다.

우리는 유럽 곳곳에서 일어나는 짐승들 앞에서 물러날 수 없다는 것을 본능적으로 알았습니다. 그러나 우리는 우리가 당면한 의무에 정당성을 부여할 수 없었습니다. 이것이 바로 다음과 같이 정의될 수 있는 유럽의 질병입니다. 얼마 전까지만 해도 정당화되어야 할 것은 나쁜 행동이었으나, 오늘날 그것은 좋은 행동입니다. 그러나 그 정당화는 쉬운 일이 아니었습니다. 왜냐하면 우리 중 가장 의식 있는 사람들조차, 그들 머릿속에 공포에 대항하고 살인을 부정할 수 있는 그 어떤 원칙도 없음을 깨달았기 때문입니다.

실로 아무것도 믿지 못하고 아무것도 의미가 없으며 우리가 그 어떤 가치도 긍정할 수 없다면, 모든 것이 허락되며 아무것도 중요치 않게 됩니다. 그렇다면 선도 악도 없으며 예컨대 히틀러는 틀리지도 옳지도 않게 됩니다. 악의와 선행은 우연, 혹은 변덕입니다. 나병환자를 치료하는 데에 헌신할 수 있는 것과 마찬가지로 수백만 명의 무고한 사람들을 화장터로 보낼 수 있습니다. 시신을 존중할 수도 있고 동시에 쓰레기통에 버릴 수도 있습니다. 모든 것이 등가입니다. (네 단어 해독 불가)⁰ 허무주의자 드미트리 피사레프Dmitri Pissarev는 "장화 두 짝이 셰익스피어보다 값지다"고 썼습니다.

아무것도 의미 없다고 생각할 때 우리는 성공하는 사람이 옳은 사람이라고 결론 내려야만 합니다. 유일한 규칙은 보다 효율적인 사람, 다시 말해 가장 강한 사람이 되는 것입니다. 세상은 정의로운 사람과 불의한 사람이 아니라 주인과 노예로 나뉩니다. 이것이 너무 진실인 나머지 오늘날까지도 지적이고 회의주의적인 수많은 사람은 히틀러가 이 전쟁에서 이겼더라면, 역사는 그에게 경의를 표하고 그가 우뚝 서 있는 끔찍한 동상을 축성했으리라 단언하곤 합니다. 이보다 놀라운 일도 없습니다! 시몬 베유Simone Weil

⁰    앞서 설명했듯 이 원고는 카뮈의 자료집에서 발견한 것으로, 몇몇 해독이 불가능한 단어들이 적혀 있었다. 이 책에는 원서의 표현을 그대로 옮겼다.

는 "공식적 역사의 핵심은 살인자의 말을 곧이곧대로 믿는 것이다"[■]라고 했습니다. 우리가 이해하는 역사가 히틀러를 축성하고 공포와 살인을 정당화하리라는 것은 사실상 의심할 나위가 없습니다. 아무것도 의미가 없다는 생각이 드는 순간 우리 모두가 그것을 축성하고 정당화할 것이기 때문입니다.

부정과 허무주의와 살인과 과학적 살인의 한복판에서 이리저리 고개를 돌려보면 '유익한' 살인이 특권적 자리를 차지하고 있음을 알 수 있습니다. 이런 사유의 결론에는 가장 자연스럽게 강제수용소가 놓여 있습니다. 총체적 부정 속에 자리 잡는 것이 정당하다고 판단한다면, 우리는 사람을 죽이고, 그것도 과학적으로 죽이는 각오를 해야만 합니다. 물론 거기에는 약간의 제도가 필요합니다. 그러나 경험을 통해 판단해보면, 우리가 사람들의 죽음을 일상적으로 목도하고 있는 것은 말할 것도 없이, 제도는 우리의 생각보다 덜 필요합니다. 어쨌든 다하우수용소의 경우일지라도 우리는 우리가 목도하고 있는 것 가운데 반박할 수 있는 것이 있다고 생각할 수 없었습니다. 바로 그런 이유 때문에 우리 세대의 수많은 사람이 살인을 막거나 정당화할 수 있는 것이 머릿속에 전혀 없는 상태에서 허무주의의 열에 들뜬 시대에 떠밀려, 고독에 빠져 손에 무기를 들고 가슴을 조이며 조금은 우연히 이 비참한 모험에 던져졌던 것입니다.

■  1949년 알베르 카뮈는 갈리마르 출판사의 '희망Espoir' 시리즈에서 시몬 베유의 유작 『뿌리 내리기L'Enracinement』를 발간했다. 그는 "역사적 정신의 핵심이 살인자들의 말을 곧이곧대로 믿는 데에 있기에, 이 (진보의) 교리는 사실에 너무도 잘 부합하는 것처럼 보인다"라는 그의 말을 자신의 방식대로 재구성했다.

*

　이들이 자신의 고독을 예리하게 인식한 반면, 일부 다른 사람들은 허무주의를 반박하고, 여전히 초월적 설명의 원리를 거부한 채 '역사의 가치'를 선택했습니다. 특히 그들은 반항을 한 치도 포기하지 않고 행동 준칙을 찾을 수 있다고 믿었고, 그들에게는 도피처처럼 보였던 역사적 유물론이 있었습니다. 역사의 방향 혹은 의미에 따라 행동하기만 하면 충분했던 것입니다. 그들은 예컨대 이 전쟁뿐 아니라 다른 많은 일들이 필요하다고 했는데, 전쟁은 민족주의 시대를 청산하고 제국주의 시대를 준비할 것이며 뒤이어 새로운 갈등이 있든 없든 간에 보편적 사회가 이뤄질 것이라고 했습니다.

　그러나 이런 생각을 하면서 그들은 아무것도 의미가 없다고 생각하는 것과 동일한 결과에 이르렀습니다. 역사에는 총체적 의미가 있거나 전혀 의미가 없거나 둘 중 하나이기 때문입니다. 이런 사람들은 마치 역사가 고귀한 변증법에 복종하며 우리 모두가 결정적 목표를 함께 지향한다는 듯이 생각하고 행동합니다. 이들은 "역사가 인간을 위해 만들어진 것이 아니라 인간이 역사를 위해 만들어진 것이다"라는 헤겔의 원리에 따라 생각하고 행동합니다. 사실상 세계의 운명을 인도했고 지금도 인도하는 정치적, 도덕적 철학은 부지불식간에 100년의 차이를 두고 독일에서 탄생한 역사철학을 따른 것이며, 그에 따르면 전 인류는 합리적 길을 따라 결정적 우주로 향합니다. 사람들은 허무주의를 가차 없는 합리주의로 대체했으며 두 경우 모두 그 결과는 동일합니다. 역사가 고귀한 논리에 복종하는 것이 사실이라면, 이 철학에 따라 무정부적 국가에 뒤이어 봉건제 국가, 봉건제 국가를 뒤이어 국가, 그리고 다시 제국이 이어지고 마침내 보편적 사회로 귀결된다면, 이 피할 수 없는 전진에 기여하는 모든 것은 좋고, 역사의 완결은 결정적 진실입니다.

그리고 이 완결이란 것이 오로지 전쟁, 음모, 살인과 같은 집단적이거나 개인적인 평범한 수단을 통해서만 수행될 수 있기 때문에, 어떤 행위가 옳고 그른지가 아니라 그것이 효율적인지 아닌지에 따라 행위가 정당화됩니다. 이 논리를 끝까지 따른다면, 자연스럽게 강제수용소와 과학적 살인에 도달하게 됩니다. 그 결과에서는 제가 말한 두 가지 태도 사이에 차이가 없습니다. 이 두 가지 태도는 니체가 신의 죽음이라 일컬었던 현대 정신이 역사의 피로 유럽 오만의 비극을 끊임없이 써 내려갔던 긴 모험의 끝에 이르게 된 것입니다. 모든 거짓된 생각은 피로 끝나고 그것이 이 땅의 정의입니다. 그러나 그 피는 항상 타인의 피이며 그것이 우리 존재 조건의 불의입니다.


Ⅱ


따라서 유럽을 병들게 한 것은 바로 이런 거짓된 사상입니다. 이 사상이 효율성의 병균을 유럽에 퍼뜨렸으며 살인을 필연적으로 만들었습니다. 효율적으로 되기, 이것이 오늘날의 슬로건이며 우리가 절망으로 인해, 혹은 논리의 귀결로 효율성을 원했기에, 우리 모두가 역사의 살인에 책임이 있습니다. 효율성의 의지는 지배의 의지이기 때문입니다. 누군가를, 무언가를 지배하고자 하는 것은 그 누군가의 단종, 침묵, 혹은 죽음을 원하는 것입니다. 자, 이런 연유로 우리는 비명을 외치다 보니 지치고, 폐허의 위협을 당하며 이제 추상적이고 침묵하는 세계에서 조금은 유령처럼 살고 있습니다. 왜냐하면 효율성을 모든 가치의 최상위로 올려놓은 철학들은 죽음의 철학이기 때문입니다. 생명의 힘이 유럽을 버리고 떠나갔고, 이 대륙의 문명이 오늘날 쇠퇴의 징후를 보이는 것은 바로 이런 영향 탓입니다. 문명은 괴혈병에 걸렸으며, 지금의 경우 그것은 추상화란 병입니다.

## "우리는 우리가 모욕하는 사람의 눈빛을 알 수 없습니다"

(해독 불가한 단어) 저는 몇몇 사례만 들고자 합니다. 우선 논쟁에 대해 이야기해봅시다. 대화가 없다면 생명도 없습니다. 오늘날 세계의 가장 큰 부분에서 대화가 효율성의 언어인 논쟁으로 대체되었습니다. 20세기는 논쟁과 모욕의 시대입니다. 전통적으로 깊이 생각한 대화가 차지하던 자리를 논쟁이 차지했고, 국가 간, 개인 간, 그리고 과거에는 이해관계와 무관했던 학문 분야에서도 논쟁이 벌어집니다. 제각기 요란한 독백을 지속하는 수천 개의 목소리가 사람들에게 현실을 왜곡하는 언어를 밤낮으로 폭우처럼 쏟아붓고 있습니다. 그런데 논쟁의 작동 원리는 무엇일까요? 논쟁의 핵심은 경쟁자를 적으로 만들고 단순화해 결국 상대방과의 대면을 포기하는 것입니다. 우리는 우리가 모욕하는 사람의 눈빛을

알 수 없습니다. 논쟁 탓에 우리는 더 이상 인간의 세계가 아니라 그림자의 세계 속에 살고 있습니다.

　설득이 없다면 생명도 없습니다. 오늘날의 역사에는 효율성의 정치인 협박만 있을 따름입니다. 인간은 결국 항상 합의할 수 있는 공통된 무엇인가가 있다는 생각에 살아가고 그것에 근거해서만 살 수 있습니다. 그러나 우리는 이런 것을 발견했습니다. 설득할 수 없는 사람들이 있다는 것입니다. 과거에도 그랬고 지금도 강제수용소의 희생자가 자신을 학대하는 사람들에게 그러면 안 된다고 설명하는 일은 불가능합니다. 왜냐하면 이런 사람들은 더 이상 인간이 아니라 가장 강한 불굴의 의지에 의해 뜨겁게 달아오른 이념을 대표하기 때문입니다. 지배하고자 하는 사람은 귀가 멀었습니다. 그를 마주하려면 싸우거나 죽어야만 합니다. 그렇기에 오늘날의 인간들은 공포 속에서 삽니다. 『사자의 서』에는, 정의로운 이집트 사람은 용서받기 위해 "나는 누구에게도 두려움을 주지 않았습니다"라고 말할 수 있어야 한다고 쓰여 있습니다. 그 밖의 조건에서라면 최후의 심판의 날에 우리의 위대한 동시대인들을 신의 축복을 받은 행복한 사람들이 서 있는 줄에서 찾아보아야 헛수고일 것입니다.

　귀와 눈이 멀어 겁에 질린 채 식량 배급으로 연명하다가 전 생애가 경찰서 서류 한 장에 요약되는 저 그림자들이 익명의 추상화로 취급될 수 있다는 것은 이제 그리 놀랍지 않습니다. 제가 언급한 이데올로기에서 탄생한 정치체제는 그 체계를 통해 국민의 이주를 자행해 그들이 통계 숫자로만 존재하는 미미한 삶을 사는 창백한 상징인 양 유럽의 여기저기로 끌고 다닙니다. 바로 그런 정치체제라는 것이 확인되니 흥미로운 일입니다. 이 멋진 철학들이 역사에 진입한 이래로, 서로 악수하는 방식을 알았던 사람들은 엄청난 숫자의 군중이 되어 매우 논리적인 세계가 그들을 위해 발명한 이주민의 이름인 두 개의 대문자 아래 파묻혔습니다.

왜냐하면 모든 것이 논리적이기 때문입니다. 전 세계를 하나의 이론 아래 효율성이란 수단으로 통일시키길 원할 때, 이론 자체만큼이나 뼈만 앙상하고, 눈이 멀고, 귀가 먹고, 이성만큼 냉혹하고, (한 단어 해독 불가) 잔인한 세계를 만드는 것 이외에는 다른 길이 없습니다. 인간을 땅과 자연에 연결하는 뿌리 자체를 잘라버리는 것 외에는 다른 길이 없습니다. 자연이란 역사와 이성에서 벗어나는 것입니다. 따라서 (한 단어 해독 불가) 필요한 것은 바로 자연입니다. 그리고 도스토옙스키 이래로 유럽의 위대한 문학에서 풍경이 사라진 것은 우연이 아닙니다. 오늘날 의미 있는 책들이 마음의 미세한 차이나 사랑의 진실에 관심을 기울이는 대신에 오로지 판사들, 재판, 단죄의 작동 원리에만 열을 올리고, 세상의 아름다움에 창문을 여는 대신에 고독한 사람의 고뇌에 자신을 꽁꽁 가두는 것도 우연이 아닙니다. (일곱 단어 해독 불가) 등장인물들은 풍경의 문학입니다. 오늘날 유럽 사상의 큰 부분에 영감을 준 철학자가 오로지 현대 도시만이 인간의 정신에게 자의식을 허락하며 심지어 자연은 추상적이며 이성만이 구체적이라고 쓴 것도 우연이 아닙니다. 이것은 헤겔의 관점이며, 결국 모든 것을 죽이고만 지성의 거대한 모험의 출발점입니다. 자연의 웅장한 광경에서 이도취한 정신은 자기 자신 외에는 더 이상 아무것도 보지 못합니다. 이것은 맹목의 극치입니다.

더 멀리 갈 이유가 있을까요? 유럽의 파괴된 도시들을 겪은 사람들은 제가 무슨 말을 하는지 알 것입니다. 이 도시들은 유령들이 단조로운 종말론적 풍경을 따라 잃어버린 자연과 존재와의 형제애를 찾아 배회하는 세계, 오만으로 말라비틀어져 뼈만 남은 세계의 이미지를 보여줍니다. 서구인의 거대한 드라마, 그것은 자신과 역사적 변천 사이에 더 이상 자연의 힘도, 우정의 힘도 끼어들지 않는다는 것입니다. 뿌리가 잘리고, 팔이 말라비틀어진 그는 이미 살인자들과 이데올로기가 그에게 약속한 사형대와 닮았습니다.

Ⅲ

비록 불충분하지만 여기에서 묘사를 멈추려 합니다. 유럽에서 자족하는 일이 가능하기에는 오늘날 너무도 많은 존재가 그 현실의 비참한 증인들입니다. 제가 관심을 갖는 것은 이런 사태에서 어떻게 벗어날 수 있는지, 우리에게 벗어날 능력이 있는지를 알아보는 것입니다. 신의 계명이 각자에게 그 규칙을 주었던 시절도 있었고, 그것이 하나의 해결책이었다는 것도 저는 인정합니다. 그러나 그런 시절은 더 이상 없고, 오늘날 유럽인의 80퍼센트 이상이 은총의 바깥에서 살고 있습니다.

유일한 실천적 결론은, 유럽이 그 재생의 힘을 찾을 수 있는 곳은 바로 유럽이 가지고 있는 자산, 다시 말해 그 부정의 힘과 반항의 힘이라는 것입니다. 그런데 여러분은 따지고 보면 유럽을 현재 상태로 이끌었던 것도 바로 그 반항의 철학들이라고 말할 수도 있을 것입니다. 철학은 우선 의미가 없는 세계에 반항했고 이런 세계는 힘을 통해서 지배해야만 한다는 생각이 도출되었습니다. 그 철학은 효율성을 선택했습니다. 철학은 원하는 것을 얻었습니다. 그리고 대부분의 유럽인은 부지불식간에 그럭저럭 사는 방식을 택했습니다. 이런 경우 폐쇄된 수도원과 사막 이외의 다른 출구는 없습니다. 세계의 미래는 체제 꼭대기에서 웃고 있는 어린아이 같은 사람들에게 넘어갈 수도 있을 것입니다.

하지만 제 답변은 다르고, 더도 덜도 아닌 있는 그대로 제시하겠습니다. 반항은 지배로 이어지지 않고, 반항에서 끔찍한 결과를 도출한 것은 바로 지적 오만의 타락적인 행위입니다. 그 이유조차 보지 못하게 된 맹목적 분노가 아니라면 이 파괴의 분노를 그 무엇으로도 정당화할 수 없습니다. 초월적 정당화를 제거하면서 허무주의는 모든 한계를 거부하고 마침내 이미 죽을 운명에 처한 것을 죽이는 것은 상관없다고 판단하는 지경에 이르렀습니다.

그러나 이것은 광기입니다. 그리고 반항은 자기 층위에 맞는 행동 준칙을 여전히 제공할 수 있으며 그 준칙의 목표는 인간의 고통을 늘리지 않고 줄이는 것입니다. 가치가 박탈된 이 세계, 우리가 겪은 이 감정의 사막에서 과연 반항은 무엇을 의미했습니까? 반항을 통해 우리는 '아니오'라고 말할 수 있었습니다. 그러나 동시에 우리는 '예'라고 말하기도 했습니다. 우리는 이 세계, 그 본질적 부조리, 우리를 위협하는 추상화, 그리고 우리에게 예고된 죽음의 문명에 대해 '아니오'라고 했습니다. '아니오'라고 말하며 우리는 이런 사태는 너무 오래 지속되었고 넘지 말아야 할 한계라는 것이 있다고 확언했습니다. 그러나 동시에 우리는 이 한계에 미치지 않는 것을 긍정하고, 우리 마음속에는 파렴치한 행위를 거부하는 무엇인가가 있으며, 너무 오랫동안 모욕하는 일은 불가능하다고 했습니다. 물론 그것은 모순이었고 그 때문에 우리는 깊게 생각해야만 했습니다. 우리는 이 세계가 아무런 현실적 가치 없이 살고 투쟁한다고 생각했습니다. 그럼에도 불구하고 우리는 독일에 대항해 싸웠습니다. 그리고 결국 그저 거부하고 투쟁한다는 사실만으로도 우리는 무엇인가를 긍정했습니다.

## 독일군의 일화 ▪

그런데 그 무엇이 일반적 가치를 지녔고, 한 개인의 의견을 능가하며, 그래서 그것을 행동 준칙으로 삼을 수 있을까요? 이에 대한 대답은 이미 주어졌습니다. 제가 언급했던 사람들은 반항의 운동을 위해 죽는 것을 수락했습니다. 이러한 죽음은 개인의 존재를 넘어서는 진리, 개인의 운명보다 더 오래 지속되는 진리를 위해 자신을 희생했음을 증명합니다. 적대적 운명에 대항해 우리의 반항이 옹호했던 것은 누구에게나 공통된 가치였습니다. 사람들이 집요하게 고문당할 때, 어머니들이 그들의 아기에게 사형을 언도하도

---

▪ 허버트 로트먼Herbert Lottman은 전기 『알베르 카뮈Albert Camus』 (1978)에 이 일화를 기록했다. "레스토랑에서 독일군 장교들은 젊은 프랑스인들이 철학에 대해 논쟁하는 것을 들었다. 이 젊은이들 중 하나는 어떤 이념도 그것을 위해 죽을 만큼 가치 있지는 않다고 선언했다. 독일인들은 그를 테이블로 불렀고 그들 중 하나가 그의 관자놀이에 권총을 대고 방금 했던 말을 되풀이하라고 요구했다. 프랑스 젊은이는 그의 말을 반복했고 독일군 장교를 그를 칭찬했다. '당신은 방금 당신의 오류를 입증했습니다. 당신은 어떤 이념은 그것을 위해 죽을 수도 있다는 것을 방금 증명했습니다'라고 했다."

록 강요될 때, 정의로운 사람들이 돼지들처럼 매장되었을 때 이 반항은, 단지 그들의 것만이 아니라 사람들이 연대할 준비가 되어 있는 공통의 지점이 부인되었다고 판단했습니다. 그러나 동시에 그것에 대해 자세히 알아보기 이전에, 이 부조리 속에서 공유된 존엄성, 인간들 사이의 공동체와 같이 집단적 비극에 빠져 있지만 옹호하고 유지해야만 하는 것이 핵심인 교훈이 있었습니다.

그렇습니다. 프라하에서 한 대학생이 당했던 모욕이 파리 변두리의 노동자에게 영향을 미쳤고, 유럽의 어느 강가에 뿌려진 피가 스코틀랜드 농부로 하여금 난생처음 본 아르덴 지역의 땅 위에 자신의 피를 흘리도록 했다는 것은 그 끔찍한 세월이 남긴 위대한 교훈입니다. 이것은 부조리하고, 미쳤고, 생각하기 거의 불가능한 일이었습니다.

그 이후로 우리는 어떻게 행동해야 하는지, 가장 절대적인 도덕적 파국에서 인간이 자신의 행동을 결정하기에 충분한 가치를 어떻게 되찾을 수 있는지를 배웠습니다. 육체와 품격의 상호 인정속에서 인간들이 공유하는 공동체 의식이 진리이며, 우리가 참여해야만 할 것이 바로 이 소통 자체, 이 대화입니다.

그리고 이러한 소통을 유지하려면 인간들이 자유로워야 했습니다. 왜냐하면 주인과 노예 사이에는 아무런 공통점도 없으며 노예화된 인간과는 말을 하거나 소통할 수 없기 때문입니다. 굴종은 침묵이며 이는 모든 것 중에서 가장 무서운 것입니다.

이러한 소통을 유지하려면, 억압받는 자와 착취자 사이에는 대화가 없기에, 우리는 불의가 사라지도록 해야만 합니다. 시기심도 역시 침묵의 영역에 속합니다.

이 소통을 유지하려면 우리는 거짓말과 폭력을 금지해야 합니다. 왜냐하면 거짓말하는 인간은 타인에게 마음의 문을 닫고, 고문하고 강요하는 자는 결정적 침묵을 부과합니다.

그렇게 해서, 부정을 바탕으로 둔 우리의 단순한 반항의 몸짓으로 자유와 진정성의 도덕, 대화의 도덕을 되찾는 일이 가능했습니다.

유럽을 치유하고 세계의 미래에 기여하기 위해 우리가 살인의 도덕에 잠정적으로 대립시켜야 하는 것이 바로 이 대화의 도덕입니다. 우리는 불의에 대항하고, 굴종과 공포에 대항해 투쟁해야만 합니다. 인간 사이에 침묵이 흐르게 만들고, 장벽을 세우며, 서로를 보지 못하게 하며, 이 절망적 세계로부터 그들을 구할 수 있는 유일한 가치, 즉 운명에 대항하는 투쟁에 필요한 인간들의 길고 긴 형제애를 가로막는 것이 바로 이 세 가지 재앙이기 때문입니다. 끝나지 않는 이 밤의 끝에서 이제, 그리고 마침내 우리는 우리가 해야만 하는 일이 무엇인지 압니다.

이것은 실천적 차원에서 무엇을 의미할까요? 우리가 사실을 있는 그대로 말하지 않고 매번 어떤 사상에 안주할 때마다 우리가 인간을 죽인다는 생각을 수락하지 않는다면 유럽은 치유되지 못할 것이란 점을 의미합니다. 첫 번째로 해야 할 일은 생각과 행동을 통해 모든 냉소적 철학을 간단명료하게 거부하는 것입니다. 우리가 모든 폭력을 거부한다고 말하는 것은 아닙니다. 그것은 이상향이며, 우리는 안락한 폭력, 즉 국가이성이나 철학에 의해 정당화된 폭력을 거부합니다. 어떤 폭력도 위임을 통해 행사될 수 없으며 보편적으로 정당화된 폭력도 행사되어선 안 됩니다. 폭력적 행동 하나하나를 그것을 저지른 인간을 위해 문제화해야만 합니다. 사형 제도의 폐지와 강제수용소 체제의 단죄는 우리 모두가 그 창설을 기대하는 국제조약의 첫 번째 조항이 되어야만 합니다. 사형은 절대적 진실을 소유했다고 믿는 사람과 관련되었을 경우에만 상상가능합니다. 그것은 우리의 경우에 해당되지 않습니다. 그래서 그누구도 절대적으로 유죄라고 말할 수 없다고 결론 내릴 수밖에 없습니다. 따라서 최종적 징벌을 언도하는 것은 불가능합니다.

"우리의 죽음만은 우리의 것이며
 그것이 자유에 대한 제 정의입니다"

우리가 정치철학에게 모든 것을 결정하는 권리를 주기를 거부하지 않는다면 유럽은 치유되지 않을 것입니다. 이 세계에 정치적, 도덕적 교리를 제공하는 문제가 아닙니다. 우리 시대의 가장큰 불행은 바로 정치가 우리에게 교리와 완벽한 철학, 가끔은 사랑의 기술까지 줄 수 있다고 주장하는 것입니다. 그런데 정치의 역할은 살림살이를 하는 것이지 우리의 내면적 문제를 해결하는 것이 아닙니다. 과연 절대적인 것이 존재하는지 저는 모릅니다. 그러나 그것이 정치적 차원의 문제가 아니란 것은 압니다. 절대적인 것은 모든 이들의 사안이 아닙니다. 그것은 개개인의 사안입니다. 그리고 각자가 절대적인 것에 대해 자문할 수 있는 내면적시간을 가질 수 있도록 모두가 그들 사이의 관계를 조정해야만 합니다. 우리의 삶은 어쩌면 다른 사람에게 달려 있을 수도 있고 필요할 경우 내주는 것이 옳을 수도 있습니다. 그러나 우리의 죽음만은 우리의 것이며 그것이 자유에 대한 제 정의입니다.

부정을 바탕으로 부정적 사유와 긍정적 행동의 가능성을 타협할 수 있도록 하는 잠정적 가치를 창안하지 않는다면 유럽은 치유될 수 없을 것입니다. 그것이 제가 초안만 제시한, 철학자들이 해야 할 작업입니다. 이는 적어도 우리 동시대인들이 살면서 토대로 삼은 몇몇 위조된 가치들을 문제화할 수 있도록 합니다. 그 위조된 가치 중 첫 번째가 영웅주의입니다. 담담하게 말해야만 하는데, 이 영웅주의를 심판대에 올려야 하며 이는 사칭詐稱에 관련된 심판이 될 것입니다. 왜냐하면 우리의 선동 철학들이 영웅주의에 그 비중이 맞지 않는 자리, 말하자면 첫 번째 자리를 부여한다는 의미에서 그 가치가 위조되었기 때문입니다. 쇼펜하우어는 "용기, 그것은 소위少尉의 단순한 덕목일 뿐!"이라고 했습니다. 그리 과장하지 말기로 합시다. 그러나 적어도 우리가 원하는 영웅은 아무나 될 수는 없다고 할 수 있습니다. 우리 중 많은 사람이 독일 나치 친위대원이 용감했다고 증언할 수 있습니다. 그렇다고 해서 그들이 강제수용소를 조직한 것이 옳았다는 것을 증명하지는 않습니다. 따라서 영웅주의는 그것이 의미를 유지하려면 다른 가치들에 의존해야 하는, 부차적인 미덕입니다. 불의를 위해 죽은 사람은 그렇다고 해서 정당화될 수 없습니다. 용기도 있을 수 있으나 다른 종류의 가치이며, 덕목 중 으뜸은 영웅주의가 아니라 명예이며, 명예 없이 용기는 그 의미를 상실하고 영웅주의는 비천해진다는 것을 인정할 줄 알아야 합니다.

마지막으로, 유럽은 선의의 모든 사람이 모일 수 있는 보편주의를 재발명하지 않고는 치유될 수 없을 것입니다. 고독과 추상화에서 벗어나려면 말을 해야 합니다. 하지만 솔직하게 말해야 하고, 모든 경우에 자신이 아는 진실을 말해야 합니다. 그러나 진실은 모든 사람에게 공통된 가치에 기반을 두고 정의된 세계 안에서만 이야기될 수 있습니다. 세상의 어떤 사람도 오늘이나 내일이나 자신의 진리가 다른 사람에게 강요할 수 있을 만큼 좋다고 결코 결정할 수 없습니다. 여러 사람의 공통된 의식만이 오로지 이런 야심을 감당할 수 있습니다. 오늘날 공포로 파괴된 공통의 의식이 살아날 수 있는 가치들을 되찾아야만 합니다. 이는 우리 모두가 당파를 뛰어넘는 사유의 공동체를 창조해야 한다는 것을 의미합니다. 이 공동체는 그들의 삶과 담론을 통해 이 세계가 경찰과 군인과 돈의 세계에서 벗어나 인간과 어자, 풍요로운 노동과 사려 깊은 여가 생활의 세계가 되어야 한다는 것을 확인할 것입니다. 결론적으로 우리가 쟁취해야 할 자유는 거짓말하지 않을 권리입니다. 오로지 이 조건에서만 우리는 삶과 죽음의 이유를 알 수 있을 것입니다. 이 조건에서만 우리가 살고 있는 전반적 공모의 분위기에서 적어도 무고한 살인자가 되도록 시도할 수 있을 것입니다.

### 결론

저는 여러분에게 제시하고 싶은 몇몇 생각과 함께 말을 마무리했습니다. 아마도 여러분은 제가 언급한 매우 제한된 태도가 살인자의 힘에 대항할 수 있는 것들 가운데 소박한 기회만 가지리라 생각할 것입니다. 그러나 이는 저만의 의견이 아니며, 저는 이것으로 결론을 짓고자 합니다. 왜냐하면 이것은 힘과 집요함을 요구하는, 잘 계산되었고 잠정적이며 조심스러운 태도이기 때문입니다. 보다 단순하게 사상보다 삶을 사랑하기를 요청하는 것입니다. 사랑하는 법을 배우지 못했고, 모든 것을 희생하려고 무엇보다도 미래를 사랑하는 척하는 유럽에서는 이런 입장이 어렵습니다. 그러나 삶에 대한 의욕을 되찾고 싶다면 유럽은 효율성의 가치를 실례實例의 가치로 대체해야만 할 것입니다.

유럽이 하지 않는다면 전 세계 누구도 그를 대신해서 하지 않을 것입니다. 유럽은 오늘날 세계를 이끄는 척하는 다른 강대 세력과 더불어 똑같은 살인적 기획에 발을 담근 적도 있습니다. 그러나 이 강대국도 유럽이 남긴 교훈을 답습했을 뿐입니다. 그리고 유럽은 (두 단어 해독 불가) 해결책을 만들 수 있으며, 이제 우리의 공통된 구원이 달려 있는 사상을 만들어낼 능력이 있습니다.

고대 시대에 누군가가 바로 이런 사례와 구원의 길을 우리에게 남겼습니다. 삶은 그늘과 양지를 포함하며, 인간은 모든 것을 좌우할 능력이 없으며, 인간에게 그 헛된 욕망을 증명해야만 한다는 것을 그는 알았습니다. 인간은 모르는 것이 있으며 모든 것을 안다고 주장하면 결국 모든 것을 죽이고 만다는 것을 그는 알고 있었습니다. 그는 몽테뉴가 해야 했던 말을 예감한 것입니다. "억측을 과대평가해 인간을 산 채로 태워 죽이고 말다니!"▪ 그는 한 인간이 다른 인간에게 참아줄 만한 존재가 될 수 있도록 아테네의 거리에서 무지의 가치(해독 불가한 단어들)에 대해 설교했습니다. 당연히 사람들은 그를 사형에 처했습니다. 소크라테스가 죽자 그

---

▪ 미셸 에켐 드 몽테뉴, 『수상록』 3권 11장 「절름발이에 대하여」 중에서.

때부터 그리스 세계의 퇴폐가 시작되었습니다. 그리고 몇 해 전부터 유럽은 수많은 소크라테스를 죽였습니다. 이것은 하나의 단서입니다. 타인에 대해 너그럽고 자신에게 엄격한 소크라테스의 정신이 그 시절 우리의 살인 문명에게는 위험하다는 것을 보여주는 단서입니다. 니체는 소크라테스를 통해 권력의 의지에 대한 최악의 적을 식별할 줄 알았습니다. 따라서 이러한 정신만이 세계를 이롭게 할 수 있는 단서이기도 합니다. 아무리 찬탄할 만해도 권력을 향한 모든 다른 노력은 인간을 한결 심하게 훼손할 따름입니다. 소크라테스가 옳았고, 대화 없는 인간은 없습니다. 그리고 유럽과 세계에서 대화의 힘을 모아 권력의 이데올로기에 대항할 순간이 도래한 것 같습니다.

또한 이 자리에서 저는 제가 작가임을 기억하겠습니다. 오늘뿐 아니라 내일이라면 더욱더 그럴 것인데, 역사의 의미 중 하나가 바로 예술가와 정복자 사이, 그리고 아무리 하찮아 보일지라도 단어와 총알 사이의 투쟁이기 때문입니다. 정복자와 예술가는 똑같은 것을 원하고 똑같은 반항으로 살아갑니다. 그러나 현대의 정복자는 세계의 통일을 원하고 그것은 오로지 전쟁과 폭력을 통해서만 얻을 수 있습니다. 그들에게는 하나의 경쟁자, 그리고 머지않아 하나의 적, 즉 예술만 있습니다. 왜냐하면 예술가도 통일성을 원하지만 그들은 그것을 추구하면서 오랜 내면적 금욕 끝에 가끔씩 아름다움 속에서 통일성을 찾습니다. 셸리는 "시인은 인정받지 못하는 세상의 입법자다"라고 말했습니다. 이 말을 통해 그는

■　　　퍼시 비시 셸리, 『시의 옹호 Défense de la Poésie』, 1821.

동시대 예술가가 자신이 누구인지를 인지하고, 예컨대 죽음의 편이 아니라 삶의 편이라는 것을 인정해야만 한다는 커다란 책임을 정의했습니다. 예술가는 법이 아니라 육체의 증인입니다. 소명 의식을 통해 그들은 그들의 적의 소명도 이해하도록 선고받았습니다. 그들이 선과 악을 판단할 수 없다는 것을 의미하는 것이 아닙니다. 그러나 최악의 적에게서도 타인의 삶을 살 줄 아는 그들의 태도는 인간의 항구적 정당화, 즉 고통을 인식하도록 해줄 것입니다. 이미 역사상 한때 그들을 (해독 불가한 단어들)으로 만들었던 것도 바로 가장 강력한 의미에서의 이 공감 능력입니다. 이 위험과 책임에서 도망치기보다 예술가는 (해독 불가한 단어들) 수락해야만 합니다. 그리고 (한 단어 해독 불가)일 수밖에 없는 그들의 방식대로 투쟁하는 것입니다.

사건, 사실, 부유함, 권력, 지금 돌아가고 있는 그대로의 역사, 그대로의 세계를 숭상하는 것을 거부하지 않는다면, 있는 그대로의 인간 조건을 보는 일에 동의하지 않는다면, 유럽은 치유되지 않을 것입니다. 우리는 그 인간 조건이 무엇인지 압니다. 인간의 운명에 미미한 변화를 주기 위해 피의 묘지, 역사의 세기를 요구했던 것이 바로 이 끔찍한 조건입니다. 법칙이 그러합니다. 18세기의 수년 동안 프랑스에서 사람의 목이 추풍낙엽처럼 떨어졌고, 프랑스혁명은 수많은 심장을 열정과 공포로 불태웠습니다. 그리고 마지막으로 그다음 세기에 합법적 군주제는 입헌군주제로 대체되었습니다. 우리 프랑스인은 이 끔찍한 법칙을 너무도 잘 압니다. 전쟁, 점령기, 대학살, 수천 개의 감옥의 담장 그리고 고통으로 산발이 된 유럽이 있었으며, 이 모든 것이 폐허가 된 세계에서 서너 가지 미세한 변화를 느끼게 해 우리를 덜 절망하도록 돕기 위한 것이었습니다. 이 대목에서 배부른 자들의 낙관주의가 있다면 그것이야말로 파렴치한 행위일 것입니다. 인간 조건에 희망을 걸었던 사람들은 아마도 미친 사람이기 때문입니다. 그러나 이런 사건에 절망하는 사람은 틀림없이 비겁한 사람들입니다.

이제 그들에게 남은 일이라고는 작품과 사례를 통해 공감 능력이 힘이며, 남이 말하도록 내버려둔 채 아무도 죽이지 않고 틀리는 것이 침묵과 시체 더미 속에서 옳은 것보다 낫다는 것을 증명하는 것뿐입니다. 혁명이 폭력을 통해 성공할 수 있다면 대화를 통해서만 혁명이 유지된다는 것을 선포하는 일이 남았습니다. 유럽 미래의 한 부분은 이렇듯 비참함과 위대함을 한꺼번에 겪었던 우리 사상가와 예술가의 손에 달려 있습니다. 그러나 이것은 항상 그래왔고, 그래서 흥미롭습니다. 의심스러운 전투와 위협받는 위대함을 겪은 수 세기에 걸쳐 역사의 추상화에 대항해 모든 역사를 넘어서는 것, 고통스럽든 행복하든 간에 그 육체적인 것을 확언하려고 투쟁을 결코 멈추지 않았던 지성의 영원한 소명 의식이 오늘날 역사에 의해 가장 높은 자리에 놓이게 되었습니다. 오늘날 전 유럽이 요란하게 일어나 우리에게 이런 시도는 가소롭고 허망하다고 외치고 있습니다. 그러나 우리 모두는 그것의 정반대를 증명하려고 이 세계에 있습니다.

1949

# 충실한 유럽

1951년 4월 12일 파리의 소니에 강당에서 '스페인 공화국의 친구들 협회'가 회의를 개최했다. 이 회의의 활동가로는 에두아르 에리오Édouard Herriot, 르네 카생René Cassin, 피에르 망데스 프랑스Pierre Mendès France가 있었다. 강연을 요청받은 알베르 카뮈는 미국, 영국, 프랑스가 프랑코와 외교관계를 재개하려는 바로 그 시점에, 유럽은 프랑코주의로부터 해방된 스페인과 함께했을 때만 구축될 수 있다는 점을 재확인했다. 카뮈의 연설문은 피에르 모나트Pierre Monatte의 혁명적 조합주의 잡지 〈라 레볼루시옹 프롤레타리엔La Révolution prolétarienne〉▪ 1951년 5월 호에 게재되었다.

서구의 민주주의는 그의 친구를 배신하는 전통을 지니고 있고, 동구의 정치체제는 친구를 삼켜야 할 의무를 지닙니다. 이 둘 사이에서 우리는 거짓말쟁이의 유럽이나 노예의 유럽이 아닌 유럽

▪ 전후 1947년부터 출간이 재개되자 카뮈는 이 잡지에 깊은 흥미를 보이며 열두 편의 원고를 기고했다.

을 만들어야 합니다. 아마도 하나의 유럽을 만들어야만 한다면 미국 상원이 우리에게 그런 말을 하는 것이 타당합니다. 단순하게 말해 우리는 아무렇게나 만들어진 유럽을 원하지 않습니다. 독일의 전범 장군들, 반란군 장군 프랑코와 함께 유럽을 세우는 것을 수락한다면 변절자들의 유럽을 수락하는 꼴이 될 것입니다. 따지고 보면 만약 서구의 민주주의가 원하는 것이 이런 유럽이었다면 쉽게 얻을 수도 있었을 것입니다. 히틀러가 그것을 세우고자 했고 거의 성공했었습니다. 무릎을 꿇는 것만으로 충분했고, 그러면 이상적 유럽은 살해당한 자유인의 뼈와 재 위에 세워졌을 것입니다. 서구의 사람들은 그것을 원치 않았습니다. 그들은 1936년부터 1945년까지 투쟁했고 유럽과 그의 문명이 희망으로 남아 그 의미를 간직하기 위해 수백만 명이 죽거나 어두운 감옥에서 신음했습니다. 오늘날 몇몇 사람이 이를 잊었다고 해도 우리는 그것을 잊지 않았습니다. 유럽은 무엇보다도 하나의 충실성입니다. 그것이 우리가 오늘 저녁 여기에 있는 이유입니다.

프랑코주의 추종자의 신문을 믿는다면, 페탱 장군은 프랑코를 유럽에서 가장 빛나는 칼이라 불렀다고 합니다. 그것은 어떠한 결과로도 이어지지 않는 군사적 예절입니다. 우리는 그런 종류의 칼로 지켜지는 유럽을 원치 않습니다. 위대한 나치의 충복 라몬 세라노 수녜르Ramón Serrano Suñer[■]가 귀족주의 유럽을 요청하는 기사를 얼마 전에 발표하기도 했습니다. 저는 귀족에 대해 아무런 반

---

[■] 1938년부터 1940년까지 프랑코 정권의 장관이었고, 1940년부터 1942년까지는 외무부 장관이었다. 프랑코 정권의 고위급 인사로, 그는 1940년 10월 23일 히틀러와 프랑코의 만남을 헨다예에서 주선했다.

대도 하지 않습니다. 오히려 저는 유럽 문명에 제기된 문제는 귀족들이 명예가 실추된 후 새로운 엘리트가 태어났다는 데에 있다고 믿습니다. 그러나 수네르의 귀족주의는 히틀러의 영주들과 너무도 닮았습니다. 그것은 갱단의 귀족주의, 범죄의 왕국, 옹졸하고 잔인한 영주권입니다. 저는 지성과 노동의 귀족주의라는 두 종류의 귀족주의만을 알고 있습니다. 이들은 오늘날의 세계에서 권력의 명령을 따르는 하인과 공무원이 냉소적으로 억압하고 모욕하고 악용하는 사람들입니다. 해방되고 화해한 그들, 특히 화해한 그들은 지속될 수 있는 유일한 유럽을 만들 것입니다. 강제 노동의 유럽이나 교조에 굴종한 유럽, 우리가 지금 살고 있는 위선과 상점 주인이 말하는 도덕의 유럽이 아니라, 우리가 기다리는 르네상스를 준비할 공동체와 조합으로 이뤄진 살아 있는 유럽입니다. 이 거대한 노력을 하면서 갖게 된 제 확신은 스페인 없이는 이런 유럽을 이룰 수 없다는 것입니다.

그 안의 모두가 인간주의를 말하던 유럽이 실제로는 강제수용소, 그림자와 폐허의 세계, 비인간적인 땅이 되었습니다. 오직 유럽이 부끄러움도 없이 가장 비대해진 교조에 빠져버리고, 신의 땅이기를 꿈꾸고, 인간을 신격화하려고 권력을 수단으로 모든 인간을 굴종시키는 것을 택했을 때 그런 일이 벌어집니다. 북쪽의 철학은 이런 번지르르한 기획을 위해 유럽을 돕고 조언했습니다. 그리고 오늘날 니체와 헤겔과 마르크스의 유럽에서 우리는 그 광기의 열매를 거두고 있습니다. 인간이 신이 되었다면 우리는 그가 아무것도 아닌 것이 되었다고 말할 수밖에 없습니다. 이 신은 노예 혹은 검찰관의 얼굴을 하고 있습니다. 이토록 편협한 신들이 세계를 지배한 적은 결코 없었습니다. 신문의 1면이나 극장의 스크린에서 그들의 교회가 경찰이란 것을 보고 누가 놀라지 않겠습니까?

유럽은 국민, 가치, 교리 사이의 긴장 속에서만 위대했습니다. 이 긴장이 이루는 균형이 없다면 유럽은 아무것도 아닙니다. 유럽이 이를 포기하고 폭력을 통해 한 교조의 추상적 통일성만이 군림하도록 만들자마자 유럽은 쇠락했고, 오로지 인색하고 증오심에 가득 찬 아기만 출산하는 탈진한 어머니가 되었습니다. 그 피조물들이 절망적인 죽음 속에서 불가능한 평화를 이제야 찾겠다고 서로 뒤엉켜 싸우는 것은 어쩌면 정의로울 수도 있습니다. 그러나 우리의 의무, 우리 모두의 역할은 이 끔찍한 정의에 기여하는 것이 아닙니다. 우리의 의무는 다시 태어난 유럽에서 보다 소박한 정의를 재창조하고, 따라서 역사와 이성과 권력에 모든 것을 희생하겠다고 주장하는 교조를 거부하는 것입니다. 그러려면 우리는 세계의 길을 찾고, 인간은 자연으로, 악은 아름다움으로, 정의는 공감으로 균형을 되찾아야만 합니다. 사회를 풍요롭게 만드는 사려 깊고 튼튼한 긴장 속에서 우리는 다시 태어나야만 합니다. 스페인이 우리를 도와야 하는 것은 바로 이 지점입니다.

역사의 세기 중 단 한 번도 인간의 육체와 비명이 순수한 이념을 위해 희생되지 않았으며, 관능성과 신비주의의 가장 고차원적 이미지인 돈 후안과 돈키호테를 동시에 이 세계에 안겨주었고, 가장 기상천외한 그 창조물에서조차 일상적 사실주의와 동떨어지지 않는 완전한 문화, 햇살 가득한 대낮에서 한밤중까지 우주 전체를 그 창조력으로 포용한 완벽한 문화인 스페인 문화를 어찌 빼놓고 살 수 있겠습니까. 이 세계에서 어느 것도 배제하지 않고, 인간의 털끝 하나 훼손하지 않을 유럽을 재건하도록 우리를 도울 수 있는 것이 바로 이 스페인 문화입니다. 오늘날까지 여전히 스페인은 부분적으로 우리의 희망에 자양분을 주고 있습니다. 그리고 이 문화의 입에 재갈이 채워진 바로 이 순간에도 스페인은 유럽과 그 희망을 위해 가장 고귀한 피를 내어주고 있습니다. 독일의 강제수용소에서, 글리에르*, 르클레르 부대, 그리고 리비아 사막에서 죽은 2만 5천 명의 스페인 사람들이, 이 문화이자 유럽 자체입니다. 바로 그들에게 우리는 충실합니다. 그들이 오늘 그들 나라 어느 곳에서 다시 살아난다면 그들은, 진정한 스페인이 죽지 않았으며 새로운 자리를 요구한다고 놀라 눈을 뜬 세계에 말하러 온 바르셀로나의 학생들과 노동자들 사이에 있을 것입니다.

그러나 내일의 유럽이 스페인이 없이 세워질 수 없다면, 똑같은 이유로 프랑코의 스페인 없이 존재할 수도 없습니다. 유럽은 대조적인 표정을 지녔고, 자기 표정 외에 다른 표정을 금지할 정도로 어리석고 잔인한 교조와는 타협할 수 없습니다. 다른 한편으로 몇 달 전 스페인 장관 하나가 프랑스와 스페인의 지식인이 더 교류하길 원한다고 했는데, 그의 검열 때문에 장 아누이Jean Anouilh와 마르셀 에메Marcel Ayme는 금지되었습니다. 이 작가들은 한 번도 불굴의 혁명가로 통한 적이 없었으니 사르트르, 말로, 혹은 지드의 작품들과 사상들 가운데 스페인에 스며들 수 있는 것이 무엇인지 짐

---

* 보른산맥의 글리에르 고원은 레지스탕스의 본거지였다. 1944년 3월 말, 나치군의 고원 공격으로 100명이 넘는 저항군이 죽었다.

작이 갑니다. 우리의 경우, 기꺼이 베나벤테[*] 씨를 읽는 일이 허용됩니다. 다만 쉽게 읽히지 않아 그런 의미에서 읽을 수 없을 뿐입니다. 최근 프랑코주의자들의 기사는 검열이 완화되었다고 주장합니다. 기사를 검토해보니 안심해도 되었습니다. 이 완화라는 것은 금지된 것만 제외하고 모든 것이 허용된다는 말로 요약됩니다. 우리의 위대한 작가 중 하나, 조제프 프뤼돔Joseph Prudhomme에게서 영감을 받은 프랑코는 "톨레도의 알카사르는 성 베드로의 교단에 소속되어 있었습니다"라고 선언했습니다. 하지만 그는 교황이 언론의 자유를 옹호하자 교황을 검열했습니다. 우리의 유럽에서는 교황이 말할 권리를 오용한다고 생각하는 사람들이 말할 권리를 누리는 것과 마찬가지로 교황에게도 말할 권리가 있습니다.

우리가 원하는 유럽은 하나의 질서이기도 합니다. 그리고 아무나 누구라도 체포할 수 있을 때, 고발이 권장될 때, 임신부가 감옥에서 오로지 임신 9개월 차에만 너그럽게도 강제 노역에서 면제될 때, 우리는 무질서 속에 있는 것이며 프랑코는 자신이 전국노동자연맹Confederación Nacional del Trabajo, CNT[**]보다도 더 위험한 무정부주의자라는 것을 전 세계에 입증하는 것입니다. 적어도 제게는 종교가 사형제도에 연루되고, 사제가 사형집행관 뒤에서 어른거리는 것이 가장 끔찍한 혼돈 속에 있는 무질서의 극치입니다. 프랑코 치하의 스페인에서 사형 집행 명령은 교도소장에게 보내

[*]    하신토 베나벤테 이 마르티네스Jacinto Benavente y Martínez는 스페인의 작가이자 극작가로, 150편이 넘는 희곡을 썼다. 1922년 노벨문학상을 수상했다.

[**]   1911년 창설된 자유주의, 무정부주의 성향의 이 단체는 20세기 초 스페인의 가장 중요한 노동자 조합이었다.

는 신성한 기원으로 끝납니다. "신이 당신에게 장수를 허락하시 길." 또한 교도소장은 수감자들에게 주간 〈속죄〉를 구독하게 합 니다. 신이 교도소장의 특별한 권한에 한정된 이 유럽이 과연 우 리가 이를 위해 투쟁하고 죽을 만한 문명입니까? 아닙니다! 다 행스럽게도 속죄는 우리가 정기 구독하는 데에 있지 않고 자유로 운 인간들의 심판 속에 있습니다. 스페인에 그리스도가 있다면 그 는 사실상 교도소, 그것도 감방의 침상에 있지만, 사형집행관과 한통속이던 사제들이 일부 감옥에서 강제로 시킨 성체배령을 거 부하는 가톨릭 신자들과 함께 있습니다. 이들이 우리의 형제이며 자유로운 유럽의 자식들입니다. 우리의 유럽은 또한 진정한 문화 의 유럽이기도 합니다. 이렇게 말하는 것이 유감스럽지만 저는 프 랑코 치하의 스페인에서는 어떤 문화의 징후도 보지 못했습니다. 저는 최근 총통의 철학이기도 한 역사철학을 읽었습니다. 그것은 이렇게 요약됩니다. "백과사전에 트로이의 목마처럼 숨겨진 프리 메이슨 사상은 부르봉가 사람들이 스페인에 들여온 것이다." 또 한 미국의 가톨릭 순례자가 프랑코를 만났을 때 그를 '비범한 지 성적' 인물이라고 생각했다는 것을 읽은 적도 있습니다. 순례자 는 언제나 열정적입니다. 그는 쓸데없이 헛걸음하길 원치 않습니 다. 그리고 오늘날 공식적 스페인과 그 문화는 굽실거리는 예의의 관계일 따름이라는 제 확신은 "프랑코는 그의 천재성에 해결책이 달려 있는 세속적 문제를 고르디아스의매듭처럼 칼로 잘라 해결 해야만 한다"라거나 "신께서 우리 세기의 지평선에, 후광에 둘러 싸인 프랑코의 머리를 부각시키는 눈부신 역사적 출현의 징후 아 래 그의 운명을 정해주셨다"라는 대목을 읽으며 굳어졌습니다.

아닙니다. 우상숭배는 문화가 아닙니다. 문화는 우스꽝스러운 짓 때문에 죽어갑니다. 프랑코는 마침내 국가들의 모임에서 자기 자리를 요구하고, 스페인이 자기가 원하는 국가를 가질 권리를 주장하며, 여러분도 이해하겠지만 제가 끊임없이 숙고했던 표현으로 자신의 교조를 요약했습니다. "우리는 다른 방향으로 전진했던 것이 아닙니다……. 다른 나라들은 아직도 목표를 향해 나아가는 반면 우리는 다른 나라보다 너무 빨리 전진한 나머지 이미 되돌아가는 도상에 있게 되었습니다." 이 무모한 은유는 사실상 모든 것을 설명하고, 우리의 문화에서 우리가 로카모라 씨[*]의 유럽보다는 미겔 데 우나무노Miguel de Unamuno[**]의 유럽을 더 좋아하는 것을 정당화하기에 충분합니다.

우리의 유럽은 평화 없이 지낼 수 없습니다. 이 말이 모든 것을 요약합니다. 프랑코의 스페인은 전쟁이 우리를 위협한다는 이유만으로 살아남아 생존할 수 있는 반면, 스페인 공화국은 평화의 기회가 커갈수록 강화됩니다. 유럽이 존재하기 위해 전쟁을 통해야만 한다면, 그것은 경찰과 폐허의 유럽이 될 것입니다. 그리고 공교롭게도 히틀러와 무솔리니가 없다는 점을 감안해 프랑코가 필요 불가결하다고 평가되는 것이 이해가 갑니다. 유럽에 대한 생각이 우리에게 혐오감을 불러일으키는 사람들은 그렇게 평가합니다. 프랑코가 30개 사단을 갖고 있다는 것이 알려지기 전까지

---

[*]     페드로 로카모라Pedro Rocamora는 프랑코 정부 교육부 산하 공민교육부 사무국의 선전부 총괄부장이었다.

[**]     뒤에 나오는 〈스페인과 돈키호테 정신〉 참고.

그는 가혹하게 평가되었습니다. 그 후부터 그는 진리의 세계로 들어갔습니다. 파스칼[*]의 말이 그의 경우에 맞게 수정되었던 셈입니다. "30개 사단 아래에서는 오류, 그 너머에서는 진리." 이런 조건이라면 러시아식의 전쟁을 하지 않을 이유가 있을까요? 러시아는 진리보다도 더욱 진리입니다. 왜냐하면 러시아에는 175개의 사단이 있기 때문입니다. 그러나 러시아는 적이니, 무찌를 수 있다면 모든 수단을 써도 좋습니다. 승리하기 위해서는 우선 이 진리를 배반해야만 합니다. 그렇다면 말입니다, 우리가 원하는 유럽은 한 명분의 정의가 대포의 수로 평가되는 그런 곳이 결코 될 수 없다는 것을 말해야 합니다. 장교의 수로 군대의 힘을 계산하는 것은 어리석은 짓이라고 말해야 합니다. 그런 뒤에 생각해본다면 스페인 군대는 실로 세계 최강입니다.

그러나 스페인 군대는 가장 약하기도 합니다. 자유가 없는 스페인 국민이 자유의 이름으로 싸우리라 상상하는 일은 미국 국무부의 사상가가 되어야만 가능합니다. 어리석음은 아무것도 아닙니다. 더욱 심각한 것은 우리가 원했던 유일한 유럽의 신성한 명분을 배반하는 일입니다. 공식적인 미국과 그 동맹국들은 프랑코와의 관계를 재개하면서 우리가 계속 함께 옹호하고 도울 유럽의 일부와 단절하는 일에 서명했습니다. 그리고 우리는, 더 이상 그들을 도울 어떤 도덕적 권리도 없는 모든 사람과 우리 자신을 구분해야만 그들을 잘 도울 수 있습니다. 나라 안에서 경찰의 비호 아

[*] "피레네산맥 아래에서는 진리, 그 너머에서는 오류"(블레즈 파스칼, 『팡세』).

래 호세 페이라트스 바스José Peirats Valls[1]처럼 흠잡을 것 없는 전국
노동자연맹의 활동가를 고문하고, 알제리 선거를 조작하고, 프라
하의 사형수의 피에 젖은 손을 씻고, 러시아 강제수용소의 수감자
를 욕하는 사람들과 우리를 구분하며 그 일부의 유럽 사람들을 도
와줄 것입니다. 그들은 유럽에 대해 발언하고 프랑코를 고발할 권
리를 박탈당했습니다. 그렇다면 누가 말할까요? 누가 그를 고발
할까요? 대답은 간단합니다. 스페인의 동지들입니다. 충실한 친
구들의 차분한 목소리입니다. 그런 충실한 사람들은 고독하다고
요? 아닙니다. 모임의 날을 준비할 충실한 사람들은 전 세계에
수백만 명이 있습니다. 30만 명의 바르셀로나 사람들이 방금 당
신들에게 그렇다고 외쳤습니다.[2] 이제 우리가 함께 모일 차례입
니다. 그렇습니다. 그저 하나로 뭉칩시다. 하나로 뭉치십시오. 간
곡히 부탁드립니다. 끈질긴 불굴의 투쟁에서, 마침내 실현된 이
모임에서 유배지의 스페인은 그 정당성을 가집니다. 유럽은 그 비
참함과 범죄를 딛고 일어나 마침내 재생할 것입니다.

　제가 말하고자 했던 것이 바로 이것입니다. 세계 곳곳에서 온
스페인의 충실한 사람들이 피레네 산정에 모여, 당신들을 그토록
오래 기다렸고 여러분 중 그토록 많은 사람이 헛되이 기다렸던 상
처투성이의 늙은 대지가 눈앞에 펼쳐지는 것을 볼 바로 그날이 올

---

■　　노동자이자 기자였던 그는 또한 전국노동자연맹의 서기장이자 무정부주의적 조합
　　주의 신문 〈솔리다리다드 오브레라Solidaridad Obrera〉의 편집장이었다. 프랑코의
　　승리의 여파로 망명을 떠나 스페인의 무정부주의적 조합주의에 관한 권위 있는 저
　　서 『스페인 혁명의 전국노동자연맹La CNT en la revolución Española』을 발표했다.

■■　1951년 3월, 바르셀로나 전차의 승차권값 인상에 대항해 이루어진 보이콧은 2주
　　동안 도시를 마비시킨 총파업 운동으로 변했다.

것입니다. 그날이 오면, 우리 유럽인들은 여러분과 더불어 또 하나의 조국을 되찾을 것입니다.

1951

## 카탈루냐의 집에서의 회담
### (자유의 달력: 1936년 7월 19일)

1951년 7월 19일, '카탈루냐의 집'은 파리의 레카미에 거리에 있는 교육연맹 본관에서 1936년 7월 19일 스페인에서 일어난 사회주의 및 자유주의 혁명 15주년을 기념했다. 옥타비오 파스Octavio Paz, 장-폴 사르트르, 장 카수Jean Cassou와 더불어 이 자리에 초대된 알베르 카뮈의 발언은 1951년 8월 4일 스페인 전국노동자연맹의 주간지 〈솔리다리다드 오브레라〉에 게재되었다. 이글은 3년 뒤 1954년 봄에 발간된 〈테무앵Témoins〉 5호에 동베를린 노동자 봉기 이후 1953년 6월 30일 파리의 뮈튀알리테에서 카뮈가 한 발언이 추가되어 다시 실렸다. 합쳐진 두 원고는 '자유의 달력Calendrier de la liberté'이라는 제목으로 발표되었다.

1936년 7월 19일 스페인에서 제2차 세계대전이 시작되었습니다. 우리는 오늘 이 사건을 기억하려고 합니다. 이 전쟁은 정확하게 스페인만을 빼놓고 오늘날 모든 곳에서 종료되었습니다. 제3차 세계대전을 준비해야 한다는 것이 전쟁이 끝나지 않을 구실이 되었습니다. 이것이 반군의 우두머리들이 강요한 내란과 외란, 그리고 오늘날에도 외란을 빌미로 똑같은 우두머리들이 부과하는 전쟁을 목도해야 하는 스페인의 비극을 요약하고 있습니다. 15년 동안 내내 인간 평생 만날 수 있는 가장 정의로운 명분 중 하나가 왜곡되었고 경우에 따라 권력투쟁에 몰두한 사람들의 보다 큰 이익에 의해 변절되었습니다. 공화국의 명분은 예전이나 지금이나 항상 평화의 명분과 동일시되었고 그것이 아마 그 정당화이기도 할 것입니다. 불행히도 세계는 1936년 7월 19일 이래로 끊임없이 전쟁했으며 따라서 스페인 공화국도 끊임없이 배신당하거나 냉소적으로 악용되었습니다. 우리가 그토록 빈번하게 정의와 자유의 정신, 정부의 양심에 호소한 것은 아마도 공허한 일이 되었을 것입니다. 정의하자면, 정부는 양심이 없습니다. 가끔 정책은 있을지 몰라도 그게 전부입니다. 아마도 스페인 공화국을 위해 변론하는 가장 확실한 방법은 더 이상 우리 모두의 자유를 위해 투쟁하고 죽은 사람들을 두 번씩이나 죽이는 일은 민주주의의 품격에 맞지 않는 것이라고 말하지 않는 일일 것입니다. 이런 언어는 진실의 언어이며 따라서 광야에서 울려 퍼질 것입니다. 프랑코 정권이 유지되는 일이 오로지 서구의 방위를 보장할 필요성에 의해서만 정당화된다면, 그 무엇으로도 정당화되지 않는다고 말하는 것이 차라리 좋은 방법일 수도 있습니다. 알아야만 할 것은, 찬탈과 독재의 정권을 계속 허용한다면 서구의 방위는 그 정당성과 가장 뛰어난 투쟁가들을 잃을 것입니다.

서구 정권들이 오로지 현실만을 고려하기로 결정했기 때문에, 우리는 유럽 전체의 신념 또한 현실의 일부이며 끝까지 부정할 수는 없을 것이라고 말하는 편이 좋습니다. 20세기의 정부들은 여론과 의식을 마치 물리적 세계의 힘처럼 좌우할 수 있다고 믿는 한심한 경향을 보이고 있습니다. 그리고 선동이나 공포의 기술을 통해 정부들은 여론과 의식에 기절초풍할 유연성을 제공하는 데에 성공했습니다. 그러나 모든 일에는 한계가 있는 법이고 특히 여론의 유연성도 마찬가지입니다. 정부는 혁명에 대한 의식을 조작해 독재의 한심한 업적까지 찬양하게 만드는 일도 할 수 있었습니다. 하지만 독재의 과잉 자체가 이런 조작의 정체를 드러나게 해서 세기 중반쯤에 혁명 의식은 다시 눈을 뜨고 자신의 뿌리를 되돌아보게 되었습니다. 다른 한편으로, 정부들은 포기했던 반면 자유와 이상을 위해 민중과 개인들은 투쟁할 줄 알았지만, 정부는 그 이상마저 왜곡할 수 있게 되었습니다. 정부는 이 민중을 기다리게 만들고 갈수록 심각한 타협까지 받아들이게 했습니다. 그러나 이제 그 한계를 넘어섰고, 우리는 분명하게 선을 넘었다고 말하며 더 이상 자유로운 의식을 남용할 수 없다고 선언해야만 합니다. 오히려 그 의식마저도 부수어버려야 할 것입니다. 우리의 운명과 1936년 7월 19일의 진실을 의식했던 우리 유럽인들에게 그 한계, 그것은 바로 스페인과 그 자유입니다.

서구의 정부들이 저지를 수 있는 최악의 잘못은 이 한계의 현실성을 외면하는 일일 것입니다. 우리가 할 수 있는 가장 나쁘고 비겁한 짓은 정부가 이를 외면하도록 방치하는 것입니다. 우리가 가장 중립적인 것이라고 익숙하게 간주한 신문에서 우리가 스페인 문제라고 부르는 것을 다루면서 스페인 공화주의 지도자들은 더 이상 공화주의를 믿지 않는다는 아주 묘한 기사를 읽었습니다. 이 것이 사실이라면, 이는 공화주의에 대항하는 최악의 시도를 정당화하는 일일 것입니다. 그러나 이 기사의 필자 크레아슈 씨[*]는 공화주의 지도자를 언급하며 "적어도 스페인에 살고 있는 사람들"이라고 덧붙였습니다. 크레아슈 씨에게는 불행이겠지만 유럽의 자유를 위해서는 다행스럽게도 공화주의 지도자들은 스페인에 살지 않고 있습니다. 설령 살더라도 크레아슈 씨는 장관실과 마드리드의 사교계에서 그들을 만날 수 없었습니다. 그가 알고 있고 공화주의자라고 불렀던 사람들은 실제로 공화주의를 믿지 않았습니다. 그들이 두 번째로 살인자들에게 공화주의가 희생되는 데에 동의한 순간부터 그 믿음은 사라졌습니다. 스페인에 사는 유일한 진짜 공화주의자들은 너무 단호한 의견을 갖고 있어 저로서는 크레아슈 씨의 마음에 들지 않을까 봐 걱정되는데, 그들은 끊임없이 전쟁의 위험과 서구 방위의 필요성을 주장합니다. 우리가 널리 알려야 하는 사람들이 바로 이런 지하투쟁가들입니다. 그들의 의견만이 우리가 지키고 있는 한계를 지적하고, 우리는 누구도 그것을 넘도록 내버려두지 않을 것입니다. 스페인의 강력한 지하운동의 책임자로 하여금 애매하지 않은 선언을 감당하도록, 현실에 입각한 서구 정치를 정의하려는 사람들의 귀에 곧장 가닿도록 제가 원래보다 목청을 높이는 이유가 여기에 있습니다. 제가 그 기원과 정당성을 보증하는 이 선언은 짧습니다. 그것은 다음과 같습니다. "관습과 문화와 문명을 통해 우리는 서구 세계에 속하며, 우리는 동구 세계에 반대한다. 그러나 프랑코가 권좌에 앉아 있으니, 우

■    1951년 7월, 〈르 몽드Le Monde〉에 장 크레아슈Jean Créach의 '스페인 문제의 요소들Éléments du problème espagnol'이라는 연재 기사가 실렸다.

카뮈와 〈콩바〉의 동료들, 1944. (© Creative Commons)

리는 누구도 이 나라에서 서구를 위해 무기를 들지 않도록, 해야만 하는 일을 할 것이다. 우리는 이를 위해 조직되었다."

이것이 서구의 현실주의자들이 고려해야만 할 현실입니다. 단지 스페인에 관련된 것만이 아닙니다. 여기에서 말하고 있으며 그 생명이 항구적 위험에 처해 있는 투쟁가는 그와 닮은 수십만 유럽인들의 형제입니다. 그들은 그들의 자유와 유럽의 어떤 가치를 위해 투쟁하기로 결심했고, 또한 이 투쟁이 최소한의 현실주의를 상정하고 있는 것을 알고 있지만 현실주의와 냉소주의를 결코 혼돈하지 않으며, 프랑코의 무어인들과 더불어 서구를 옹호하거나 자유를 위해 히틀러의 숭배자들과 더불어 무기를 들지는 않을 것입니다. 실제로 여기에는 넘어서지 말아야 할 한계가 있습니다. 거의 10년 동안, 우리는 수치와 패배의 빵을 먹었습니다. 해방의 날, 가장 위대한 희망의 정점에서 난데없이 승리 역시 배신당했고 우리는 환상의 일부를 포기해야만 한다는 것을 알게 되었습니다. 일부라고요? 그렇습니다! 요컨대 우리는 어린아이가 아닙니다. 가장 본질적인 충실성은 전혀 포기하지 않았습니다. 어쨌거나 분명하게 그어진 이 한계선에 스페인이 걸쳐 있고 그 덕에 다시 한번 사태를 명확하게 볼 수 있습니다. 스페인 민중에게 사실상 위배되는 전투는 정의롭지 않을 것입니다. 어떤 유럽, 어떤 문화도 스페인 민중의 굴종 위에 세워진다면 자유롭지 않을 것입니다. 그것이 굴종 위에 세워진다면, 우리의 뜻에 반하는 것일 것입니다. 서구 정치의 현명한 현실주의는 결국 그들의 명분대로 다섯 개의 공항과 3천 명의 스페인 장교를 얻겠지만 수십만의 유럽인들로부터 소외되기에 이를 것입니다. 그리고 이 정치의 귀재들은 폐허의 한

복판에서 서로 축하를 나눌 것입니다. 현실주의자들이 현실주의의 언어를 진정으로 듣고 오늘날 크렘린의 가장 훌륭한 동맹은 스페인 공산주의가 아니라 프랑코 장군과 그의 서구 지지자라는 것을 마침내 깨닫지 않는 한 말입니다.

이러한 경고는 아마 쓸모없을 것입니다. 그럼에도 불구하고 지금 한 줄기 희망의 빛이 남아 있습니다. 이러한 경고가 이뤄지고, 스페인 투쟁가 하나가 제가 말했던 언어를 감당할 수 있고, 얼마 전에 증명했듯 적어도 스페인 민중이 그 투쟁의 힘을 유지하는 한, 어떤 패배도 결정적이지 않을 것입니다. 굶주리고, 예속되고, 여러 국가 공동체에 유배된 이 민족은 역설적으로 오늘날 우리 희망의 수호자이자 증인입니다. 이 점에서 크레아슈 씨의 수괴들과는 아주 다른 이 민족은 살아 있고, 고통받으며, 투쟁합니다. 그래서 이 민족은 무엇보다 편한 것을 꿈꾼다고 단언했던 현실주의 이론가들을 난처하게 만들 것입니다. 그들은 너무 적게 생각했기에 조금 물러서야 했습니다. 또한 소위 유럽의 엘리트라고 불리는 신문들은 프랑코 정권의 실제 세력은 그대로 둔 채 스페인 파업 현상을 설명하려고 전력을 다했습니다. 그들이 최근 찾아낸 것은 이 파업이 부르주아와 군부에 의해 조장되었다는 것입니다. 그러나 이 파업은 노동하며 고통받았던 사람들에 의해 이뤄졌고, 그것이 진실입니다. 그리고 사업주와 스페인 주교들이 거기에서 아무런 희생 없이 발언할 기회를 얻었다면, 그들 자신이 스스로 소리칠 능력이 없고 스페인 민중의 고통과 피에 의지했다는 점에서 더욱 경멸할 수밖에 없습니다. 이 운동은 자발적이었으며, 이 도약은 우리 동지들의 선언이 현실이라는 점을 보장하며, 우리가 키울 수 있는 유일한 희망을 정초합니다.

공화주의 대의가 흔들린다고 믿는 것을 경계합시다! 유럽이 죽어가고 있다는 믿음을 경계합시다! 동쪽에서 서쪽까지 죽어가고 있는 것은 바로 그 이데올로기입니다. 그리고 스페인과 연대한 유럽은, 부르주아 철학과 독재적 사회주의에서 동시에 멀어져 있는 관대한 삶의 원천, 육체적 화합 속에서 정의와 자유가 만나는 그런 사유와 혁명 정신을 외면하지 않았기에 그렇게까지 비참하지 않습니다. 스페인, 이탈리아, 프랑스의 민중은 이 사유의 비밀을 간직하고 있으며 재생의 시기에 기여하기 위해 계속 간직할 것입니다. 그래서 1936년 7월 19일 역시 세기의 두 번째 혁명일이 될 것입니다. 파리 코뮌에 기원을 둔 그것은 겉모습은 패배로 보이지만 항상 제 길을 가고 있으며, 여전히 세계를 뒤흔들기를 멈추지 않고, 1917년의 혁명보다 더 멀리 인간을 이끌고 갈 것입니다. 스페인, 그리고 해방 정신으로 키워진 그 혁명은 어느 날 우리에게 스페인과 유럽을 돌려줄 것이며 그와 더불어 마침내 새로운 임무와 투쟁도 생길 것입니다. 이것이 적어도 우리의 희망이며 투쟁의 이유입니다.

스페인 동지들이여, 저는 역사의 관점에서 15년은 별것 아니지만 여러분이 막 벗어난 그 15년은 여러분 중 많은 사람을 침묵의 유배 속에서 끔찍한 무게로 짓눌렀다는 사실을 부인하지 않습니다. 제가 그 사실을 잊지 않는다는 것을 믿어주십시오. 너무 많은 말을 했기에 더 이상 무슨 말을 해야 할지 모르는 몇몇 사안이 있는데, 그것은 여러분에게 걸맞은 유일한 땅을 여러분이 되찾는 모습을 보고 싶은 열정적 욕망이 바로 제 욕망이란 것입니다. 오늘 저녁에도 여러분이 누려야 할 정당한 행복의 권리 대신에 새롭게 다잡아야 할 투쟁과 전투에 대해서만 말해야 한다는 점에 쓸쓸함을 느낍니다. 그러나 그토록 엄청난 고통과 죽음에 정당성을 부여하기 위해 우리가 할 수 있는 모든 일은 우리 마음속에 그들의 희망을 간직하고, 이 고통이 헛되지 않고 이 죽음이 외롭지 않도록 하는 것입니다. 의무감으로 인해 수많은 사람을 지치게 만들었던 이 가혹한 15년은 윗세대를 정당화하도록 다른 몇몇 사람들을 단련했습니다. 그 임무가 아무리 무거울지라도 이렇게 해서 민중과 문화가 고양됩니다. 우리 중 몇몇이 끝까지 버티고 굽히지 않은 채 자유의 가혹한 의무를 받아들인 것은 여러분, 그리고 일부 스페인에게서 배운 덕분입니다. 여러분은 유럽을 위해, 그리고 우리를 위해 부지불식간에 자유의 대가가 되었고, 지금도 여전히 그렇습니다. 도무지 끝날 줄 모르는 이 가혹한 의무를 이제 여러분과 함께 굽힘 없이, 타협 없이 우리가 나눠 짊어질 차례입니다. 이것이 여러분의 정당성입니다. 성년이 되어 철든 이래로 역사 속에서 수많은 승리자를 만났고 그들의 얼굴은 끔찍했습니다. 그들의 표정에서 증오와 고독을 읽었기 때문입니다. 승리하지 않았을 때 그들은 아무것도 아닌 사람들이었습니다. 그저 존재하기 위해 그들은 남을 죽이고 예속시켜야만 했습니다. 그러나 여기 다른 종류의 인간들이 있습니다. 그들은 우리가 숨을 쉬도록 돕고, 모든 사람의 자유와 행복 속에서만 존재와 자유를 찾으며, 따라서 패배 속에서도 살고 사랑하는 이유를 길어냈습니다. 이들은 패배해도 결코 고독하지 않을 것입니다.

1951

# 알베르 카뮈가 영국 총선에 대해
이야기하다

1947년 말부터 영국 방송국 BBC는 '파리에서 온 편지Letter from Paris'라는 월간 코너에 프랑스 지식인들을 초대했고, 이는 제3프로그램Third Programme에서 방송되었다. 알베르 카뮈는 1951년 10월에 실시된 영국의 조기총선에 대해 의견을 제시하기로 했다. 이 선거에서 득표수가 가장 많았던 클레멘트 애틀리Clement Attlee의 노동당은 의석수에서 보수당에게 패배했고, 6년 전 1945년의 선거에서 예상치 못하게 패배했던 윈스턴 처칠Winston Churchill이 다시 수상이 되었다. 1951년 11월 8일에 처음 방송된 카뮈의 발언은 런던이 아닌 파리에서 녹음되었을 것이라 추정된다. 그의 발언은 11월 10일 영어 번역본으로 재방송되었고, 같은 달 30일에는 레이몽 아롱Raymond Aron의 발언이 더해져 세 번째로 방송되었다.

저는 관례적으로 그러듯이 영국의 내정이 저와 관련 없다고 말하지 않겠습니다. 그와는 정반대로 영국의 내정은 수백만의 유럽인들에게 직간접적으로 연관되고, 제게도 관련된다는 인상을 받았습니다. 반면에 영국 청취자들이 정치적 책임이 없는 다른 프랑스인들의 의견처럼 제 의견이 그들에게 즉각적인 중요성이 없다고 생각하는 것도 아주 잘 인정할 수 있습니다. 그런 이유로 저는 여러분의 최근 선거에 대해 진지하고 자유롭게 이야기하려 합니다. 진지하게 말하는 것은, 그것의 심각성을 아주 잘 느끼기 때문입니다. 자유롭게 말하는 것은 오로지 저 자신에게만 그 책임이 한정되고 제 생각을 위장할 것이 없기 때문입니다. 그리고 저는 자유로운 여러분을 대상으로 말하려고 합니다.

무엇보다도 먼저, 제 개인적 성향을 감추는 것은 부정직하다고 생각합니다. 실제로 사회주의자는 아니지만 저는 조합주의의 해방적 형식 쪽에 공감하기에 노동당 후보가 이 선거에서 승리하기를 원했습니다. 제게 그 이유를 묻는다면, 저는 당연히 유비類比를 통해 생각한다고 고백할 것입니다. 저는 유럽 대륙에서 보수주의 각료보다 노동당 정부를 보길 원합니다. 그 이유는 단순합니다. 대륙의 도시에서 변두리의 빈곤과 소수의 압도적 사치 사이에 번지고 있는 역겨운 불균형을 아는 영국 청취자들은, 노동자들의 삶의 수준을 요란스러운 부자들의 비례적 감소를 통해 향상시킬 수 있는 대책을, 단순히 품위를 위해서라도, 우리가 원하고 있음을 이해할 것입니다. 그 부자들 몇몇은 부정한 방법으로 부를 이뤘다는 사실을 숨기지도 않습니다. 저는 영국인들이 대부분 검소하게 사는 상대적 사회정의를 감당한 것을 알고 있으며, 검소한 것을 옹호하는 일에 대해 개인적인 선입견은 없습니다. 그러나 모든 것을 고려하면, 우리 주변의 일상에서 검소한 것은 불의보다는 훨씬 덜 악하다는 것을 확인할 수 있습니다.

저는 철학이 없거나 거의 없는 것이나 마찬가지인 사회주의의 사례로서의 노동주의에도 관심이 있습니다. 한 세기 전부터 유럽의 사회주의는 노동자 군중의 구체적인 이익보다는 우두머리의 철학을 앞세우고 있습니다. 비판적 측면에서는 효율적인 이 철학은 실증적인 부분에서는 비현실적이라 항상 현실과 충돌했고, 대륙의 사회주의자들은 그들의 실패를 용인하는 기회주의 혹은 공포 외에 다른 선택권이 없습니다. 그 공포의 깊은 목표는 인간적, 경제적 현실을 현실에 맞지 않는 원칙에 억지로 맞추는 것입니다. 철학은 역사 속으로 들어가면 아주 멀리 나아갈 수도 있습니다. 유럽에서 사회주의는 자유롭고 너그러운 사람들의 도시를 건설하려 했던 반면 이는 어쨌든 거짓말쟁이와 사형집행관을 양산했습니다. 그러나 영국의 노동주의는 스칸디나비아의 사회주의처럼, 가끔 기회주의에 오염되었지만 대체로 그 기원에 충실했고, 시행착오를 겪으면서도 최대한의 정치적 자유 속에서 최소한의 정의를 실현하는 데 성공했습니다. 이 점에서 영국이 우리에게 보여준 사례는 유럽의 많은 정치인에게 양심의 가책을 불러일으켰습니다.

어쨌거나 이 사례는 대륙의 한 유럽인에게 교훈적입니다. 그래서 사회적 정의가 여러분과 대륙에 제기한 문제를 구체적으로 고려하지 않고는 영국 선거와 그 국제적 중요성을 판단하는 것이 불가능할 정도입니다. 말하자면 내부 문제일 수 있는 사회적 정의와 외부 문제로 남아 있는 평화는 별개의 두 문제가 아니란 것입니다. 내부의 정의가 평화와 전쟁과 연계되었기에, 평화가 내부 정의에 좌우되게 하는 한 개의 문제만 있을 따름입니다. 유럽은 사회적 정의 없이 평화를 얻을 수 없다는 점을 확신합시다. 예컨대 국방에 관련된 모든 부처를 강화한 처칠 수상은 다시 비극적으로 변한 상황에서 단호하게 지휘봉을 잡을 것입니다. 저는 아무 어려움 없이 그것을 믿습니다. 전쟁 내내 저는 처칠 수상의 언어를 존경했습니다. 그는 단지 여러분 나라의 희망과 자부심뿐만 아니라 재갈이 채워져 있던 우리의 희망과 자부심까지 지켜냈습니다. 그와 우리를 갈라놓는 모든 것에도 불구하고 적어도 저를 포함해서 몇몇 사람들은 결코 잊지 못할 것입니다. 또한 여러분의 수상은 그의 위대한 정치 인생을 평화를 공고히 하는 것으로 마무리하고자 했다고 합니다. 저는 기탄없이 그 점을 기쁘게 생각합니다. 처칠 수상이 스탈린을 만나는 것만으로 그치지 않을 것이라 확신하고, 게다가 제 기억이 맞다면 그는 이미 얄타에서 스탈린을 만난 적이 있습니다. 처칠 수상은 또한 여러 가지 점에서 애틀리 전前 수상과 동일한 내정을 펼칠 것입니다. 한마디로 말해 국제적 정황의 압력으로 노동주의는 마지막 선거에서 완패한 것이 아니며, 처칠 수상은 평화에 대한 자신의 욕망 자체로 인해 매우 넓은 분야에서 노동주의자가 될 것처럼 보입니다. 제가 설명해보겠습니다.

서구 민주주의가 다짜고짜 전쟁의 화염 속에 뛰어들지 않는 방식으로 냉전을 승리하는 데에 평화가 달려 있다는 점은 의심할 여지가 없습니다. 영국에는 실질적으로 공산주의가 사라졌기 때문에 유럽의 모든 민주주의에서 영국만이 유일하게 냉전에서 이미 승리한 국가입니다. 우리는 이만큼 잘했다고 말할 수 없습니다. 이탈리아와 프랑스의 경우 유권자 중 4분의 1이 찍으라고 정해주기만 하면 적에게도 표를 주었고 어떤 재무장을 해도 우리가 효과적으로 이러한 적에게 저항할 수준이 아니라는 것은 명백한 사실입니다. 그것이 아니라고 말하는 사람은 거짓말을 하는 것입니다.

유럽 대륙에서 공산당의 힘을 이루는 것은 이 정당의 부조리한 선동이 아니고, 물론 러시아의 강제수용소도 아니고, 사회적 정의 측면에서 우리가 겪고 있는 항구적 스캔들입니다. 공산주의 세력에 대항해 싸우는 나라에서 마치 습기가 풀들을 무성하게 자라게 하듯 공산주의자들이 번성하는 이런 무질서를 방치하는 것을 어떻게 생각해야 할까요? 하나밖에 생각할 수 없습니다. 이 나라가 모든 준동에 나라를 희생 제물로 내주고, 그래서 마지막 준동이 화약에 불을 지피도록 재촉하는 것이라고요.

우리 유럽의 민주주의들은 평화에 대한 진정한 욕망을 갖고 있습니다. 전쟁은 더 이상 좋은 사업이 아니고, 핵전쟁은 부조리이며 자살이 될 것이라는 점을 유럽의 민주주의도 알고 우리 프랑스인도 압니다. 그러나 우리가 의식하고 있다고 해도 모두가 똑같이 평화를 제공할 준비가 되어 있는 것은 아닙니다. 쓰러진 사람이 모든 무기로 그를 지배하는 자에게 평화를 제공한다면 무슨 소용이 있겠습니까? 똑같이 무기를 들고 두 사람이 대치한다고 치더라도 그 가족 중 하나가 등 뒤에서 그의 목을 조르려고 한다면 한 사람이 다른 사람에게 평화를 제공한들 무슨 소용이 있겠습니까? 단어의 경중을 가늠하며 말하건대 대륙의 민주주의는 현재 상태에서는 현실적으로 평화에 기여할 수 없습니다. 우리가 할 수 있는 것은 우선 우리를 갉아 먹고 있는 암을 치유하는 것이며, 혹은 같은 말이 되겠지만, 우리의 가족 안에서 의견의 일치를 이루는 것입니다. 그에 반해 영국은 최근 냉전 동안 협박의 정신에 굴복하지 않겠다고 명백히 말하면서 평화에 가장 큰 담보를 제공했습니다. 우리가 아직도 자유롭게 숨 쉬고 있는 것은 아마도 여러분의 정부가 누차 보여주었던 지혜 덕분일 것입니다. 그러나 여러분의 나라는 승리를 확보한 후에도 평화를 유지하는 사치를 누리지 못했습니다. 왜냐하면 영국은 어떤 국내적 사치를 의도적으로 포기했기 때문입니다. 사회적 불의는 사실상 저항을 잠재우기 위해 그 피해를 보상하기 위한 많은 돈이나 많은 경찰을 가질 수 있는 나라만이 누릴 수 있는 엄청난 사치입니다. 예산은 부족했지만 자유가 있었던 영국은 이런 사치를 포기할 줄 알았기에 냉전에서 이길 수 있었던 반면, 유럽 대륙은 엘리트 계층의 탐욕과 비양심 탓에 지금 전쟁에 지고 있습니다.

보수당 정권이 침략을 잠재우고 평화의 정치를 하고 싶다면 영국이 누리고 있는 사회적 개혁의 본질을 손대지 않고 내버려두어야 한다고 생각합니다. 영국을 설득해야 하는 것은 승리의 취약성이나 노동당 표의 증가뿐만 아니라 냉전 자체의 필연성입니다. 제가 불안하게 여기는 유일한 점은, 보수주의자들이 경쟁자들의 국내 정책을 뒤집으면서도 평화의 외교를 펼칠 수 있다고 상상하는 것입니다. 이런 불안감은 정치적 당파주의자의 생각이 아니라, 정당이나 공식적 정치 환경에 거리를 두고 살고 있는 한 인간, 현재 민주적 유럽이 고통받고 있는 취약성의 원인에 대해 독자적으로 생각하다가 국민소득의 분배에서 부당하게 피해를 입었다고 판단한 대중의 점증하는 무관심과 이탈 속에서 그 원인을 발견한 한 인간의 불안감입니다. 독재자들은 가난한 사람들과 전쟁을 자행할 수도 있습니다. 그들은 가난한 사람들을 설득할 수단을 갖고 있습니다. 반면에 민주주의는 무엇인가 옹호할 것이 있는 군인들이 필요합니다. 한 인간에게서 모든 것, 심지어 희망조차 빼앗는다면, 그는 더 이상 옹호할 것이 없습니다. 수백만 명의 유럽인들은 그들의 국가를 방어하면서도 아무것도 방어할 것이 없다고 판단하는 듯 보입니다. 이것이 우리 역사의 가장 중요한 사실, 우리의 강점이자 동시에 약점이 되는 비극적인 현실입니다. 이러한 약점을 극복하는 것은 우리의 몫입니다. 그러나 여러분의 경우, 무슨 희생을 치르더라도 정의를 유지하며 적어도 여러분의 가장 확실한 힘을 지키십시오. 끝으로 제가 진심으로 원하는 바는 처칠 수상이 평화를 얻는다면, 연립정부가 시작하고 애틀리 전 수상이 공고히 한 개혁에서도 성공을 이뤄야만 한다는 점이며, 이는 외관상의 대립 가운데에서도 국민들의 깊은 통합을 제대로 상징할 것입니다. 그리고 그 긴 역사 속에서 이것이 우리의 존경과 감사에 값하는 일일 것입니다.

허심탄회하게 말하자면, 여러분의 나라가 그 능력을 고립된 채로 행사하기를 멈추는 순간부터 자유인에게서 더욱 큰 감사를 받을 권리를 얻게 될 것이란 말을 덧붙이겠습니다. 유럽은 그 무질서 때문에 영국을 필요로 하며, 이 대륙이 아무리 한심해 보일지라도 영국은 대륙 없이 무사할 수 없을 것입니다. 여러분의 정치인들이 대륙에 대해 품고 있는 편견과 무관심은 종종 정당했으며, 그다지 후회할 만한 것도 없습니다. 불신도 좋은 방법일 수 있습니다. 그러나 원칙으로서는 혐오스럽습니다. 불신은 원리가 현실에 맞지 않는 순간에 발생합니다. 영국이 슬플 때나 기쁠 때나 항상 유럽과 연대했다는 것은 사실이 말하고 있습니다. 이 결혼이 어울리지 않아 보일 수도 있습니다. 그러나 우리의 도덕주의자 중 하나가 말했듯이 좋은 결혼이 있고, 조금도 달콤하지 않은 결혼도 있습니다.

우리의 결혼은 감미롭지 않지만 이혼이 불가능하다면 적어도 좋은 결혼이 되도록 합시다. 왜냐하면 이혼은 불가능하기 때문입니다. 유럽이 자체의 결속력을 찾지 못해 두 진영 각각에 제각기 빠져든다면 영국이 아무리 평화를 약속한대도 소용없을 테고 전쟁에 들어가게 될 것입니다. 우리 대륙이 정의의 길을 찾지 못한다면, 유럽의 통합도 없을 것입니다. 그리고 항상 평화와 정의를 위해 복무했던 힘들과 인간들이 하나가 되지 않고는 유럽은 그 길을 찾지 못할 것입니다. 유럽에서 이 힘을 지닌 인간은 대개 사회주의자들이었습니다. 그러나 광적인 교조와 과장된 기회주의로 타락한 유럽의 사회주의는 영국식 노동조합주의를 도외시하고는 존속할 수 없습니다. 노동당 정부의 가장 큰 잘못은 이 형제 유럽을 무시하거나 혐오감의 대상으로 만들어 우리 대륙이 누구도 원치 않는, 오늘은 냉전이지만 내일은 열전이 될 전쟁의 폐쇄된 장으로 변하도록 방치한 것입니다. 만약 노동당이 다가올 야당의 치유로 그들의 잘못을 더 잘 이해하게 된다면, 처칠 수상이 그의 현실주의를 통해, 혹은 때때로 그의 오랜 정치 이력의 정점을 이루는 위대한 개념들로부터 영감을 받아 노동당과 유럽 노동주의자들의 개혁에 연대감을 느낀다면, 정의와 평화의 장점을 동시에 끌고 나가는 최고의 역량을 보인다면, 유럽과 프랑스, 그리고 저와 같은 외톨이 프랑스인들은 그들의 성향에도 불구하고 인간들의 품위 혹은 행복이라 불리는 것, 정당과 국가를 초월하는 그 무언가의 이름으로 여러분의 최근 선거에 만족할 수 있을 것입니다.

1951

# 사형수를 위한 호소

"프랑코는 언제나 살인을 저지르고 있다!" 프랑코 정권이 전국 노동자연맹의 조합원 열한 명에게 사형선고를 내리자, 이에 반대하며 연맹은 파리의 바그람 강당에서 1952년 2월 22일 개최되는 대규모 모임을 알리는 포스터를 통해 위와 같이 주장하며 분개했다. 모임에는 수많은 지식인이 참석했으며 그중에는 조르주 알트망, 앙드레 브르통, 알베르 베갱, 알베르 카뮈, 루이 기유Louis Guilloux, 장-폴 사르트르, 르네 샤르 그리고 이그나치오 실로네Ignazio Silone가 있었다. 카뮈가 아래의 글에서 호소한 것도 이 모임에서 이뤄진 것으로, 이는 이후 잡지 〈에스프리Esprit〉 1952년 4월 호에 게재되었다. 이러한 중요한 인사들이 동원되었음에도 불구하고 연맹의 열한 명 중 다섯 명(산티아고 아미르 그루아냐스Santiago Amir Gruañas, 페드로 아드로베르 폰트Pedro Adrover Font, 호르헤 폰스 아르힐레스Jorge Pons Argilés, 호세 페레스 페드레로José Pérez Pedrero, 히네스 우레아 피냐Ginés Urrea Piña)이 1952년 3월 14일에 총살되었다.

파리 일간지 하나가 오늘 프랑코 정치의 커다란 정책 방향에 대한 연구 기사를 싣겠다고 독자를 유혹하는 예고를 했습니다. 그 날 저녁 불행히도 우리는 그 정치가 약속한 방향 중 오로지 하나를 따진 연구 기사만 읽을 수 있었을 따름이었고, 그 방향은 사형대 위에 총을 들고 선 자가 겨냥한 것이었습니다. 그 방향은 고집스럽고 변함없었습니다.

거의 15년 전부터 프랑코주의는 사실상 같은 목표만 겨냥했습니다. 자유 스페인 사람들의 얼굴과 가슴입니다.

그것은 대개 명중했고, 그러나 그토록 많은 총알에도 불구하고 끊임없이 다시 살아나는 이 얼굴을 변형시키지 못했지만, 이제는 자칭 자유롭다는 세계의 예상치 못한 공모 탓에 저들이 목적을 달성하기에 이르렀다는 것을 인정합시다.

그러나 우리는 그 공모가 우리의 것이 되는 일을 끝까지 거부할 것입니다! 다시 한번 우리는 유럽 양심의 용서할 수 없는 스캔들과 마주 서게 되었습니다. 다시 한번 우리는 지치지 않고 이를 고발할 것입니다. 이 새로운 희생자들은 감옥 깊은 곳에 갇혀 있는 수많은 다른 이들과 함께, 적어도 이 점에 대한 왜곡은 더 이상 지속될 수 없다고 우리에게 외치고 있습니다.

실로 프랑코주의와 민주주의 사이에서 선택해야만 합니다. 왜냐하면 두 개념 사이에 중간 개념은 없기 때문입니다. 중간 개념이란 바로 우리가 빠져 있는 야비한 혼돈, 프랑코주의가 예의상 법을 존중하려고 애쓰는 동안 민주주의들이 냉소적이고자 노력하는 그 혼돈입니다. 프랑코주의는 열한 명의 기소자들에게 네 명의 변호사를 배당했고, 변호사가 입을 열기도 전에 장교들이 앉은 판사석에서는 특별법에 의거해 순식간에 판결을 내렸습니다. 프랑코는 열여섯 살 아이에게는 사형을 선고하지 않았는데, 법령에 따라 그를 총살할 수 있도록 성년이 되기까지 감옥에 가둬두려고 한 것입니다. 이제는 민주주의의 대변인들이 이 풍자화를 거부하고, "우리는 독재자에게 무기를 줄 것이고, 그러면 그는 민주주의자가 될 것이다"라고 말하는 기묘한 이론을 공개적으로 또 결정적으로 부정할 때, 그 중대한 때가 되었습니다. 여러분이 그에게 무기를 주면 그는 아주 가까이에서, 그것이 그들의 직업이니까, 자유의 복부에 방아쇠를 당길 것입니다.

그리스도와 살인자 중에서 선택해야만 하며, 이제는 그때가, 그 중요한 때가 되었습니다. 가톨릭의 고위층이 공개적으로, 결정적으로 이 흉측한 한 쌍을 고발해야 합니다. 사람들은 신이 스페인 사람이라고 믿는 성향이 있던 펠리페 2세를 비난할 수 있습니다. 그러나 프랑코에 비하면, 쉴 새 없이 사형장의 북소리에 맞춰 신이 팔랑헤당* 당원이라고 외치게 했던 그에 비하면 펠리페 2세는 소박한 편입니다. 그렇습니다. 15년 전부터 연속사격으로 납덩어리 총알 세례를 열두 명에게 베풀어 정의로운 사람들의 피를 희생시킨 이 흉악한 공동체를 축성하는 데 몰두한 이 이상한 종교를 단죄하는 일 앞에 여러분은 무엇을 망설이고 있습니까?

"우리가 구할 것은 자유로운 인간의
연약하고 소중한 생명입니다"

━
　　　스페인의 프랑코 체제의 파시스트 정당.

이런 고발이 지체 없이 이뤄진다면 위선과 공포 중에서 선택해야 할 이유가 있다고 보지 않습니다. 위선은 영원히 공포의 하인으로 남을 것이기 때문입니다. 그러니 세상의 한 쌍이 맞춰졌어도 그것은 수치 속에서 이뤄진 것입니다. 적어도 우리는 격화하는 혐오 한가운데에서도 단호하게 남을 것이며, 오늘 저녁과 마찬가지로 내일도 구해야만 하는 것이 무엇인지 살펴볼 수 있을 것입니다. 우리가 구할 것은 자유로운 인간의 연약하고 소중한 생명입니다. 이들을 죽게 내버려둔다면, 우리는 그들을 잃게 되고, 의심할 나위 없이 우리는 그리 숫자가 많지 않습니다. 인간의 질이 날이 갈수록 빠르게 저하되는 유럽에서 우리는 질식하고 있습니다. 자유인이 한 명 죽을 때마다 열 명의 노예가 태어나고 미래는 조금 더 어두워집니다.

우리가 열어두어야 할 것은 바로 이 미래입니다. 우리가 보존해야만 할 것은 바로 이 생명의 기회, 그것과 더불어 위대함의 기회입니다. 이 무수한 살인 앞에서 우리가 외치는 고함은, 존재만으로도 이 세상을 불명예로부터 구하는 모든 사람을 조직적으로 파괴하는 일에 반항하는 항의입니다.

스페인 국민은 유럽의 귀족이었다고 말할 수도 있습니다. 지금 우리 주변에서 벌어지는 이런 일을 보게 될 것이라고는 누구도 의심 못 하지 않았을까요? 불행히도 오늘날 이 귀족은 희생의 귀족입니다. 저들은 그 엘리트를 죽이고 있으며 그 엘리트들은 우리가 살기 위해 필요하며 우리가 살아가도록 돕는 그런 사람들입니다. 그렇기에 지체 없이 행동해야 하며 이것은 촌각을 다투는 일입니다.

우리 각자는 할 수 있는 일, 그러나 할 수 있는 모든 것을 해야만 합니다. 너무 안이한 우울과 좌절에 빠질 수 없고 잠들지 말아야 합니다. 타인의 순교를 너무 쉽게 받아들이지 맙시다. 그 순교가 헛되지 않을 것이라고 말하고 싶은 유혹에 빠지지 맙시다. 만약 그 순교가 오로지 인간의 기억에 남을 경우에만 유익하다면 어느 날엔가 순교가 헛될 수도 있습니다. 오늘날 사방에 너무 많은 희생자가 있습니다. 기억만으로 충분하지 않습니다. 우리에겐 이 사람들의 죽음이 아니라 무엇보다 앞서 그들의 삶이 필요합니다.

안 됩니다. 우리는 그들을 죽게 내버려두지 맙시다. 인간의 마음은 그리 확실하지 않습니다. 그러나 적어도 그들의 생명, 피의 온기, 자유인의 자부심은 확실합니다. 아직도 우리 사이에 간직해야만 할 것은 바로 이런 것입니다. 그러기 위해서 살인자의 손아귀, 피의 미사, 게슈타포 수장들에게 훈장을 달아준 후 민주주의 대통령에게 인사를 하는 수상들과 국가 수반들의 가소로운 계산법에서 그들의 생명을 구해내야만 합니다. 특히 세상의 무관심으로부터 그들을 구해야 합니다. 우리가 자유인 한 명을 구할 때마다 미래의 노예 열 명이 죽고 미래는 다시 가능해집니다. 그것이 오늘 저녁 우리 행동의 의미입니다. 스페인의 사형집행관들에 맞서서, 모든 독재에 맞서서, 그것은 또한 우리 희망의 의미입니다.

1952

# 스페인과 문화

1952년 11월 30일, 파리 바그람 강당에서 프랑코 장군 치하의 스페인이 열흘 전 유네스코에 가입된 것에 반대하는 대규모 집회가 열렸다. 프랑코 정권이 유네스코에 가입하는 문제로 인해 6월부터 이 기구와 협력하기를 거절해왔던 알베르 카뮈는 장 카수, 루이 마르탱-쇼피에Louis Martin-Chauffier, 에밀 칸Émile Kahn, 샤를-앙드레 쥘리앵Charles-André Julien, 살바도르 데 마다리아가Salvador de Madariaga, 에두아르도 산토스Eduardo Santos와 함께이 회의에 참석했다. 그가 이곳에서 연설했던 원고는 12월 스페인 무정부주의 성향의 조합주의 신문 〈솔리다리다드 오브레라〉에 실렸고, 후에 〈프뢰브Preuves〉 22호에도 실렸다. 작가는 이 연설문을 1953년 10월에 출간한 『시론집』 2권의 「창작과 자유Création et Liberté」 장에 재수록했다.

오늘 우리는 새롭고 안락한 민주주의의 승리를 축하해야만 합니다. 그러나 이것은 민주주의가 자기 힘으로, 민주주의의 원칙으로 획득한 승리입니다. 프랑코 장군 치하의 스페인은 세르반테스와 우나무노의 스페인이 다시 한번 거리로 내몰린 틈을 타 문화와 교육으로 후끈 달아오른 전당에 슬그머니 들어섰습니다. 유네스코의 직속 수하인 현 마드리드 정보부 장관이 히틀러 치하에서 나치의 선동 활동을 했다는 것을 알게 된다면, 기독교 시인 폴 클로델Paul Claudel에게 훈장을 수여한 정부가 수용소 화장터를 주관한 하인리히 힘러Heinrich Himmler에게 붉은 화살 훈장을 수여한 정부와 같은 정부라는 것을 알게 된다면, 실은 민주주의가 교육자들의 사회에서 환영한 사람은 페드로 칼데론 데 라 바르카Pedro Calderón de la Barca나 로페 데 베가Lope de Vega▪가 아니라 요제프 괴벨스Joseph Goebbels라고 할 수 있겠습니다. 전쟁이 끝나고 7년이 지난 지금, 그 기막힌 변절에 대해 우리는 피네이A. Pinay▪▪ 정부에게 찬사를 보낼 만합니다. 사실 고위급 정치와 관련될 경우, 사소한 양심의 가책쯤 무시했다고 비난받을 사람은 그가 아닙니다. 지금까지 모든 사람이 역사의 운명은 교육자가 학살자에 대항하는 약간의 투쟁에 달려 있다고 믿었습니다. 그러나 학살자를 공식적으로 교육자로 임명하면 그만이라고는 미처 생각하지 못했습니다. 피네이 정부는 그것을 생각해냈습니다.

물론 이 생각을 실행에 옮기는 것은 불편한 일이었고 또한 재빨리 처리해야만 했습니다. 아니, 학교는 학교고 시장판은 학교와 다른 것이라고요? 사실 이 이야기 속에서 시장은 노예 시장과

▪ 알베르 카뮈는 앙제 영화제를 위해 1953년 칼데론의 〈십자가에 대한 헌신 La devoción de la Cruz〉을, 1957년 로페 데 베가의 〈올메도의 기사 El caballero de Olmedo〉를 각색한다.

▪▪ 1950년대 여러 내각을 거치는 동안, 중도 보수주의자였던 앙투안 피네이는 프랑스와 스페인 두 나라 사이의 협력을 독려하며 화해시키는 데 중요한 역할을 했다.

조금 비슷합니다. 식민 치하의 피지배자들을 팔랑헤당의 희생자와 맞바꾼 것입니다. 문화 분야는 나중에 손볼 것입니다. 하긴 문화는 정부의 소관도 아닙니다. 예술가들은 문화를 만들지만, 정부는 사후에 그것을 통제하고 경우에 따라 더 잘 통제하기 위해 예술가들을 제거하기도 합니다. 결국 한 줌의 군인과 기업가들만이 몰리에르와 볼테르에 대해 말할 때 '우리'라고 말할 수 있거나, 그들이 총살했던 시인의 작품들을 왜곡해 출간하는 날이 오게 될 것입니다.* 그날이 오면, 그리고 지금이 바로 그런 날인데, 우리는 적어도 저 한심한 히틀러에게 동정심을 느껴야만 할 것입니다. 낭만주의의 과잉으로 스스로 죽음을 택하는 대신, 히틀러는 그의 친구 프랑코를 흉내 내고 참을성 있게 기다려야만 했을 것입니다. 히틀러는 오늘날 오니제르 지방의 교육을 위한 유네스코 대표가 될 수도 있었고, 얼마 전 에티오피아 아버지들을 학살했던 무솔리니는 그들의 자식들의 문화 수준을 높이는 데 기여할 수도 있었을 것입니다.** 그랬다면 마침내 유럽은 화해하고, 민주적이지만 단호한 현실주의적 장관들의 떼거리가 시중을 드는 가운데 장군과 원수들이 누리는 거대한 연회를 계기로 결정적인 문화의 승리를 볼 수 있었을 것입니다.

여기서 혐오라는 단어는 한참 모자랄 것 같습니다. 이제부터는 우리의 분노라는 표현을 또다시 꺼내는 일도 불필요할 것입니다.

---

- ■ 스페인내란이 시작될 때 총살된 시인이자 극작가 페데리코 가르시아 로르카Federico García Lorca를 말한다.
- ■■ 이탈리아의 무솔리니 정권은 1935년 10월에 에티오피아를 침략하고 1941년까지 점령했다.

우리를 통치하는 자들은 명예와 문화가 없어도 잘 지낼 만큼 영리하고 현실적이기 때문에, 우리는 감정에 굴복하지 않고 오히려 현실주의자가 되려고 애써야 합니다. 베를린의 폐허에서 독재 권력이 무너진 후로 8년이 지나 프랑코가 유네스코에 가입하는 역사적인 상황을 고찰해야 하기에, 프랑코의 존속을 정당화하려 제시하는 논거를 객관적으로 바라보고 냉철하게 판단해야 합니다.

첫 번째 주장은 불간섭의 원칙에 관한 것입니다. 즉, 한 국가의 내정은 그 국가에만 관련된다고 요약해볼 수 있습니다. 달리 말해 그러한 국가에서 좋은 민주주의자는 항상 집에 머물러 있습니다. 이 원칙은 흠잡을 데가 없습니다. 그러나 이 원칙에는 단점이 존재합니다. 히틀러의 집권은 독일에만 국한되었고, 유대인이든 공산주의자든 최초의 강제수용소 수감자는 실제로 독일인이었습니다. 그러나 8년 후, 고통의 수도였던 부헨발트[□]는 유럽의 도시가 되었습니다. 그래도 원칙은 원칙이고, 내 이웃이 자신의 집에선 주인입니다. 그러므로 같은 층에 사는 이웃이 자신의 부인을 몹시 때릴 수도 있으며, 자식들에게 칼바도스[□□]를 마시게 할 수 있다는 것을 인정하고 받아들여야 합니다. 우리 사회에는 작은 징벌제가 존재합니다. 만약 그 이웃이 도를 넘어서면 자녀들을 빼앗길 것이고 빼앗긴 자녀들은 공적 기관이 맡게 될 것입니다. 프랑코, 그는 도를 넘어설 수 있는 사람입니다. 그러나 그 이웃이 집에

□　　　　1937년 나치는 독일 바이마르 인근 에테스베르크에 강제수용소를 세우고 매우
　　　　완곡한 이름을 붙인다. '부헨발트Buchenwald'는 독일어로 '너도밤나무숲'을 의미
　　　　한다.

□□　　　사과를 원료로 만든 발효주.

서 키우는 짐승에게 무한정으로 분풀이를 할 수 있다는 것을 생각해봅시다. 여러분은 속수무책입니다. 당연합니다. 징벌은 여러분의 손끝에 달려 있지만 그것은 여러분의 일이 아니기 때문에 손을 주머니 속에 넣고 말겠지요. 다만 이 이웃이 장사꾼이라면 그 무엇도 여러분이 억지로 그 가게를 이용하게 할 수 없습니다. 그 무엇도 그에게 식재료를 제공하거나 돈을 빌려주거나 저녁을 함께 먹도록 여러분에게 강요할 수 없습니다. 요약하자면, 여러분은 그의 일에 개입하지 않고도 그에게서 등을 돌릴 수 있습니다. 만약 동네에 있는 꽤 많은 사람이 그 이웃을 이런 식으로 취급하면, 그는 생각도 하고 무엇이 이득이 될지 돌아볼 기회를 가질 테고, 적어도 가족을 향한 사랑에 대한 개념을 바꿀 가능성이 생길 것입니다. 이런 따돌림이 그의 아내에게 하나의 반박거리를 제공할 수 있다는 점은 두말할 필요도 없습니다. 이것은 틀림없이 진정한 불간섭이 될 것입니다. 그러나 여러분이 그 이웃과 함께 저녁 식사를 하고 돈을 빌려주는 순간부터, 여러분은 그 이웃이 계속 그렇게 살 수 있도록 필요한 수단을 제공하고 양심의 가책을 없애주어 이번에는 희생자에게 피해를 주는 진정한 개입을 실행하게 되는 것입니다. 그 이웃이 자녀들을 잠재우는 칼바도스 병에 여러분이 '비타민' 라벨을 몰래 붙이고, 특히 세상이 보는 앞에서 이웃에게 여러분 자녀의 교육을 맡기기로 결정할 때, 여러분은 그 이웃보다 더 심한 죄인이며, 나아가 여러분이 범죄를 조장하고 그것을 미덕이라 일컫는다면 여러분은 두 배의 범죄를 저지른 것이나 마찬가지입니다.

그의 결점에도 불구하고 프랑코가 공산주의를 반대하기 때문에 유네스코가 프랑코를 돕는다는 두 번째 주장이 여기에 끼어듭니다. 우선 프랑코는 스페인에서 공산주의에 반대합니다. 그리고 다가올 전쟁 전략에 필요한 기지를 제공함으로써 공산주의에 반대합니다. 다시 한번 이 추론이 명예로운 것인지는 접어두고 현명한 것인지부터 자문해봅시다.

우선 이것이 앞선 추론과 절대적으로 모순된다는 점을 주목합시다. 내정간섭에 반대하면서 동시에 어떤 정당이든 간에 그 정당이 당신의 나라가 아닌 다른 나라에서 승리하는 것을 막으려고 할 수 없습니다. 그러나 아무도 이 모순을 두려워하지 않습니다. 아마 본디오 빌라도를 제외하고는 외교 정책에서 내정불간섭을 믿었던 사람은 실제로 아무도 없었습니다. 진지하게 생각해봅시다. 우리의 자유를 수호하기 위해 프랑코와 동맹관계를 맺는 상상을 할 수 있다고 잠시 가정해보고, 그가 동유럽 전략가와 싸우는 대서양 전략가를 어떻게 도와줄 수 있는지 자문해봅시다. 우선 전체주의 체제의 유지가 단기적으로 어느 정도 공산주의의 강화를 의미하는 것은 현대 유럽에서 지속적으로 경험하는 것입니다. 자유가 국가의 실천적 요건이자 교조인 나라에서는 공산주의가 번성하지 않습니다. 반면에 동유럽 국가의 예시가 이를 증명하듯이, 파시즘 국가에 공산주의가 발을 들여놓기만큼 더 쉬운 일은 없습니다. 공산주의의 가능성이 가장 희박한 곳이 스페인이라는 것은 틀림없습니다. 왜냐하면 공산주의에 앞서 인민 중심적이며 자유주의적인 진정한 좌파와 온전한 스페인적인 성격을 지녔기 때문입니다. 1936년 스페인의 마지막 자유 선거에서 공산주의자들은 의회에서 443석 중 15석밖에 얻지 못했습니다. 그리고 스페인 사람 하나를 일관된 마르크스주의자로 만드는 게 국제적으로 어리석은 음모에 불과하다는 게 명백한 사실입니다. 그러나 프랑코 체제가 공산주의에 대항하는 유일한 방패이며, 우리가 현실주의자라고 또다시 터무니없이 가정해본다면, 하나가 공산주의를 약화하지만 다른 열 가지가 이를 강화하는 정책이라면 어떻게 해야 할까요? 반유대주의, 강제수용소 또는 재판에서 자백을 받아내는 기법과 같은 스페인의 문제들이 수백만의 유럽 사람들에게 민주주의 정책의 진정성을 판단하는 기준이 된다는 사실을 막을 수는 없습니다. 자유와 정의를 대표한다고 주장하면서도 프랑코 체제가 체계적으로 유지된다면 민주주의 정부의 진정성을 믿지 못하게 될 것입니다. 모든 자유의 살인자를 곁에 둔 채 자유를 옹호할 수는 없을 것입니다. 수많은 자유로운 사람들을 논리적 궁지에 빠뜨리는 정책을 현실적 정책이라고 부를 수 있을까요? 이 정책은 오로지 범죄적 정책이므로, 죄를 더욱 강화합니다. 그런 정책은 범죄가 어디에서 왔는지에 상관없이 범죄를 거부하는 모든 사람, 스페인 사람들과 그 밖의 다른 사람들에게 절망만 안겨줄 뿐입니다.

순수하게 스페인의 전략적 가치에 관한 것이라면 저는 군사학 분야에서는 영원히 초보자이기에 언급할 자격이 없습니다. 그러나 프랑스와 이탈리아 의회에 수백 명의 새로운 공산주의자 의원이 들어오게 되는 날, 저는 스페인의 기지화 정책에 그리 많은 기회를 주지 않을 것입니다. 부당한 방법으로 스페인 공산주의를 막아 세우려 했기 때문에 유럽의 공산화에 확실한 기회가 주어질 것이며, 그것이 실현되면 스페인은 다른 모든 것 위에 공산화될 테고, 마침내 이 전략적 정책에서 워싱턴 사상가들을 설득할 수 있는 주장이 나올 것입니다. 이들은 '그러므로 우리는 전쟁할 것이다'라고 할 것입니다. 의심할 나위 없이, 아마도 그들은 승리할 것입니다. 그러나 저는 고야와 그의 작품에 등장하는 몸이 절단된 시체에 대해 생각합니다. 그가 했던 말을 아십니까. '위대한 업적! 죽은 자들과 함께! Grande hazaña! Con muertos!' ▪

그러나 이것들은 우리를 오늘 여기에 모이게 만든 스캔들을 정당화하는 하찮은 논거들입니다. 저는 사실 이런 것이 문화적 고찰과 관련될 수 있다는 것을 믿고 싶지 않았습니다. 이것은 문화의 방패 뒤에서 벌어지는 흥정에 불과하고 심지어 흥정 자체마저도 정당화될 수 없습니다. 흥정은 몇몇 과일 장수에게는 돈벌이가 될지 몰라도 어떤 나라, 어떤 명분에도 도움이 되지 않고 유럽 사람들이 여전히 투쟁할 수 있는 몇 가지 이유에 방해만 될 뿐입니다. 이게 바로 유네스코가 프랑코를 받아줄 때, 지식인들에게 두 가지 태도가 있을 수 없는 이유입니다. 이런 일을 하는 것을 감싸주는 조직과의 모든 협력을 거절한다고 말하는 것만으로는 충분하지 않습니다. 지금부터 우리는 각자의 자리에서 정면으로 단호히 맞서 싸워야 합니다. 유네스코는 스스로 자처하는 그 모습이 아니며, 문화에 헌신하는 지식인들의 모임도 아닌, 막무가내 정책을 펴는 정부들의 협회라는 사실을 가급적 빨리 폭로해야 합니다.

그렇습니다. 프랑코가 유네스코에 들어가는 순간, 유네스코는

---

▪ 프란시스코 데 고야의 '전쟁의 참화 Los Desastres de la Guerra' 연작 판화 82점 중 하나의 제목이다.

보편적인 문화에서 떨어져나갈 것이며, 이것이 바로 우리가 말해야만 하는 대목입니다. 사람들은 유네스코가 유익하다고 우리에게 반박할 수도 있습니다. 사무국들과 문화 간의 관계에 대해서도 할 말이 많지만 적어도 확실한 것은, 우리가 사는 이곳에서 거짓말이 지속되게 하는 일은 전혀 유익하지 않다는 것입니다. 만약 유네스코가 독립을 지킬 능력이 없었다면, 사라지는 편이 나았을 수도 있습니다. 결국 문화의 사업체는 지나가고 문화만이 남겠지요. 확실한 것은 고도의 정치 기구는 그 실체가 고발될 것이라는 점입니다. 진정한 문화는 진실에 살고 거짓에 죽는 법입니다. 게다가 진실한 문화는 항상 유네스코의 궁전과 엘리베이터, 그리고 마드리드 감옥에서 멀리 떨어진 망명길 위에 있습니다. 제가 인정하는 유일한 사회는 전체주의의 잔혹성과 부르주아적 민주주의의 비겁함에 맞서고, 프라하 재판과 바르셀로나 처형에 맞서며, 모든 정파를 인정하지만 오로지 자유의 정파에만 기여하는 창조자와 자유로운 인간들의 사회입니다. 우리가 자유의 스페인을 맞아들이는 것도 바로 이런 사회 속에서입니다. 논쟁을 슬쩍 감추며 스페인을 식당의 작은 문으로 들이지 않고, 공개적으로 그리고 엄숙하게, 우리가 스페인에게 빚지고 있는 존경심과 다정함으로, 그 업적과 영혼에 대한 찬양, 우리에게 가장 큰 교훈을 주었고 여전히 주고 있는 이 위대한 나라에 대해 우리가 품고 있는 감사의 뜻을 지닌 채 스페인을 맞아들여야 합니다.

1952

# 빵과 자유

1953년 5월 10일, 망명 중인 스페인 노동조합과 함께 여러 프랑스 노동조합의 지부들이 생테티엔의 노동조합 사무소에서 '모든 자유의 옹호'라는 주제로 대규모 회의를 개최했다. 노동자 파업, 정치로 부터의 조합의 독립, 식민지 탄압, 프랑코의 독재, 소련 체제 등에 관한 여러 연설이 진행된 후에, 알베르 카뮈가 마지막 연설가로 나섰다. 그의 발언이 실린 원고는 1953년 9월 잡지 〈라 레볼루시옹 프롤레타리엔〉 75호에 '자유의 가치를 되살리다Restaurer la valeur de liberté'라는 제목으로 처음 실렸고, 같은 해 10월에 출간된 『시론집』 2권의 「창작과 자유」 장에 재수록되었다.

조금 전 우리 앞에 고발된 위반과 여러 권력 남용을 전부 고려하면, 유럽이 그 자체로 강제수용소가 되어 계속 서로를 가둘 수 있는 자유로운 간수들만 남게 될 거라고 생각해볼 수 있습니다. 한 사람만 남게 된다면 그 사람은 간수들의 우두머리일 것이고, 이 사회는 20세기 정부의 악몽이었던 야당의 문제가 마침내, 완전히 해결되는 완벽한 사회가 될 것입니다.

물론, 이건 어디까지나 예언에 불과하며, 전 세계에서 정부들과 경찰들은 대단한 선의로 이 행복한 결론에 도달하려 애쓰지만, 우리는 아직 그런 처지에 이르지 않았습니다. 예를 들어 여기 서유럽에서, 자유는 공식적으로 좋은 인상을 주고 있습니다. 제게는 자유라고 하면 단순하게 어떤 부르주아 집안에서 볼 수 있는 가난한 사촌들이 떠오릅니다. 그들은 마땅한 보호자를 잃고 과부가 되었습니다. 부르주아 친척은 그를 데려가 5층에 침실을 주고 부엌일을 시킵니다. 그들은 자신들이 덕성을 지녔고 개가 아니란 것을 증명하려고 일요일마다 그를 마을에 데려갑니다. 그러나 나머지 시간, 특히 큰 사건이 발생하는 경우에는 그에게 입을 닫으라고 당부합니다. 그는 무심한 경찰이 한구석에서 그를 강간해도 소란을 피우지 않았는데 다른 일, 특히 집주인과도 여러 일이 있었기 때문에 여러 관청과 불편한 관계에 빠질 필요도 없는 노릇이었습니다. 동유럽에서는 사람들이 이보다 더 노골적이라고 말해야만 합니다. 그들은 사촌의 문제를 단번에 해결했는데, 벽장 속에 그를 가두고 튼튼한 자물쇠 두 개로 문을 잠갔던 것입니다. 그는 약 반세기가 지나 마침내 이상적 사회가 완전히 건립되면 풀려날 것입니다. 그리고 그때 그를 위해 잔치를 벌일 것입니다. 그러나 제 생각에 그는 벽장의 좀벌레에게 갉아 먹혀버릴 공산이 커서 더 이상 그를 이용해댈 수 없을 것이란 생각이 듭니다. 자유의 두 개념이 우열을 가리려고 서로 다투기로 결심하고, 온갖 소란 끝에 그의 행동반경을 더욱 축소할 수밖에 없는 지경에 이르렀으니, 우리의 역사는 자유의 역사라기보다 속박의 역사이며, 그들이 말한 세상, 즉 우리가 살아가는 세상은 매일 조간신문에서 눈길을 끄는 그런 세상이라서 우리의 나날, 몇 주간의 일상을 반항과 혐오의 단 하루로 만들어버릴 것입니다.

가장 간단하기에 가장 매력적인 방법은 정부나 몇몇 어두운 권력의 비열함을 고발하는 것입니다. 실제로 그들은 유죄이며, 게다가 그 죄질이 너무 무겁고 오래되어서 어디서부터 시작되었는지 더 이상 알 수 없습니다. 그러나 책임이 그들에게만 있는 것은 아닙니다. 따지고 보면 자유가 성장하도록 돌보는 것이 정부만의 일이었다면 자유는 여전히 유아기에 머물렀거나 '하늘의 천사'란 묘비명과 함께 완전히 땅에 묻혀버렸을 것입니다. 제가 아는 한, 돈과 착취의 사회는 자유와 정의로 통치하는 부담을 진 적이 없습니다. 경찰국가들이 죄수를 심문하는 지하실에 법 학교를 설립했다고 의심받은 적은 결코 없었습니다. 경찰국가가 억압하고 착취하는 것은 국가의 일을 한 것이고 의무를 다한 것이고, 이러한 국가에 통제되지 않는 수단을 넘겨준 사람이라면 그 누구라도 즉시 명예를 잃었다고 해서 의아해할 권리조차 없습니다. 만약 오늘날 자유가 모욕당하거나 속박되었다면, 그것은 적이 비열한 수단을 사용했기 때문이 아니라 자유가 마땅한 보호자를 잃었기 때문입니다. 그렇습니다. 자유는 과부가 된 것입니다. 이 점을 말해야만 합니다. 왜냐하면 실제로 자유는 우리 모두를 잃은 과부이기 때문입니다.

자유는 억압받는 자의 일이며 전통적 보호자는 항상 억압된 사람들 출신이었습니다. 봉건 유럽에서 자유의 씨앗을 유지한 것은 코뮌, 즉 도시의 자치단체였고, 그로 인해 1789년 성곽 마을과 도시의 주민들은 잠시나마 자유의 승리를 성취할 수 있었으며, 19세기부터 자유와 정의라는 이중의 책임을 떠안은 것은 노동운동이었고, 자유와 정의가 서로 타협할 수 없는 것이라고 말하는 일은 꿈에도 생각하지 못했습니다. 자유가 사유의 원리가 되도록, 없어서는 안 되도록, 의식하지 않고 숨 쉬는 순간까지 그것이 박탈되면 죽는 느낌이 들 정도로 이 세계에서 자유를 진전시켜 자유에 실체를 부여한 것은 바로 육체노동자들과 지식노동자들입니다. 그리고 오늘날 세계의 너무도 많은 지역에서 자유가 퇴보하고 있다면, 이전의 착취 기업들이 그 어느 때보다 냉소적이고 더 잘 무장했기 때문이기도 하지만, 자유의 진정한 옹호자들이 피로와 절망, 전략과 효율성에 대한 잘못된 판단으로 자유로부터 등을 돌렸기 때문입니다. 그렇습니다. 20세기의 큰 사건은 혁명운동이 자유의 가치를 방기한 것이며, 자유의 사회주의가 제왕적이자 전투적인 사회주의 앞에서 조금씩 뒷걸음질 친 것입니다. 그 순간부터, 이 세상에서 어떤 희망이 사라졌고, 자유로운 개인들에겐 고독이 시작되었습니다.

마르크스 이후, 자유가 부르주아의 헛소리였다는 소문이 퍼지고 굳어졌을 때, 이 간결한 표현 속 단어의 위치가 적절치 않았기 때문에 우리는 여전히 세기의 격동 가운데 그 오류의 대가를 치르고 있습니다. 우리는 오로지 부르주아의 자유가 헛소리였을 뿐 모든 자유가 그런 것은 아니라고 말해야 했습니다. 부르주아의 자유는 자유가 아니거나, 기껏해야 아직 자유가 아니라고 정확히 말해야 했습니다. 그럼에도 쟁취해야 할 자유들과 결코 포기하지 않을 자유들이 있었습니다. 하루 종일 공장 작업대에 묶여 일하다가 저녁이면 가족들과 방 한 칸에 끼어 살아야 하는 사람에게 자유란 있을 수 없다는 것이 엄연한 사실입니다. 그러나 이런 사실은 하나의 계급, 사회, 그리고 그것을 상정한 굴종을 고발하는 것이지 우리 중 가장 가난한 사람에게 없어서는 안 될 자유 그 자체를 말하는 것이 아닙니다. 사회가 갑자기 변했고 만인에게 품위 있고 안락하게 변했다 하더라도 그곳에 자유가 흘러넘치지 않는다면 그 사회는 여전히 야만일 것입니다. 부르주아 사회가 자유를 실천하지 않고 말만 한다고 해서, 노동계급 사회마저 말하지 않음을 자랑하며 자유의 실천을 포기해야 할까요? 용어의 혼란이 있었고, 부르주아 사회가 자유란 단어를 교묘히 사용했기 때문에 혁명 운동에서 자유는 점차 비난받게 되었습니다. 부르주아 사회가 자유에 가한 매춘에 대한 정당하고 건강한 불신은 자유 자체에 대한 불신으로 이어졌습니다. 기껏해야 우리로서는 다시 언급되지 않기를 바라며 자유를 나중으로 미룰 뿐이었습니다. 저들은 마치 노예가 자유를 얻기를 절대 희망할 수 없었던 것과 마찬가지로 우선 정의가 필요하고 자유는 나중에 살펴보자고 선언했습니다. 그리고 적극적인 지식인들도 노동자들이 빵의 문제가 자유에 좌우된다는 것을 모른다고 간주하고 노동자의 이해관계가 걸린 것은 자유가 아니라 오로지 빵이라고 선언했습니다. 물론, 부르주아 사회의 기나긴 불의 앞에서 이런 극단적 성향으로 가려는 유혹은 강렬했습니다. 하지만 아마도 여기 있는 우리 중 행동이나 생각에 있어서 그 유혹에 넘어간 사람은 단 한 명도 없을 것입니다. 그러나 역사는 흘러갔고 우리가 목도한 일들로 인해 우리는 돌이켜 생각해보게 되었습니다. 1917년 노동자들이 일으킨 혁명은 승리했고,

이것은 진정한 자유의 여명이며 세상이 겪은 가장 큰 희망이었습니다. 그러나 이 혁명은 안팎으로 포위되고 위협받은 탓에 스스로를 무장시키고 경찰력을 갖추게 되었습니다. 불행히도 자유를 수상하게 만들어버린 원리와 교조를 상속받은 혁명은 경찰력이 강화되는 동안 조금씩 숨이 가빠졌고 가장 큰 희망은 가장 효과적인 독재로 경직되었습니다. 부르주아 사회의 거짓된 자유도 더 나을 것이 없었습니다. 그러나 모스크바와 그 밖의 다른 곳의 재판에서 살해된 것, 헝가리에서 업무상의 과실로 총살당한 철도원처럼 혁명의 진지에서 총살당해 죽은 것, 그것은 부르주아의 자유가 아니라 1917년의 자유입니다.[•] 부르주아의 자유는 모든 속임수를 한꺼번에 저지를 수 있습니다. 혁명 사회의 재판과 타락은 부르주아의 자유에 양심의 거리낌 없는 상태와 변명거리를 제공했습니다.

결국 우리가 사는 세상을 특징짓는 것은 정확히 부정의와 노예 상태를 대립시켜, 서로를 강화하는 냉소적인 변증법입니다. 괴벨스와 힘러의 친구이자 제2차 세계대전의 진정한 승리자인 프랑코를 문화의 궁전으로 불러들일 때, 유네스코의 헌장에 새겨진 인권이 프랑코의 감옥에서 매일 조롱거리가 된다며 항의하는 사람들에게 저들은 웃음기도 없이 폴란드 또한 유네스코의 회원이고, 민중의 자유를 존중하는 측면에서 이쪽이나 저쪽이나 다를 것이 없다고 대답했습니다. 물론, 멍청한 주장입니다! 큰딸을 아프리카 전투부대 보좌관과 결혼시켜 불행을 겪었다고 해서 둘째 딸을 마약 수사반 수사관과 결혼시킬 이유가 없습니다. 가족 중

---

[•] 1917년 러시아혁명이 촉발한 페트로그라드 노동자 봉기를 가리킨다.

골칫거리는 하나로 충분합니다. 그럼에도 불구하고 이 어리석은 주장은 효과적이므로, 그들은 우리에게 매일 그것을 증명합니다. 정의를 부르짖으며 식민지의 노예를 제시하면 러시아 수용소를 보게 되고, 그 반대의 경우도 마찬가지입니다. 그리고 만약 여러분이 프라하에서 자비시 칼란드라<sup>Záviš Kalandra</sup>[■]와 같은 반체제 역사학자의 암살에 맞서 항의한다면, 우리의 면전에 미국 흑인 노예 두세 명이 던져질 것입니다. 이 혐오스러운 경쟁적 사례에서 단 한 가지 변하지 않는 것은 희생자는 늘 거기에 있고 자유라는 유일한 가치는 끊임없이 침해되거나 더럽혀진다는 사실이며, 우리는 곳곳에서 자유와 더불어 정의가 함께 전락하고 있음을 깨닫게 됩니다.

이 악순환의 고리를 어떻게 끊을 수 있을까요? 그러기 위해서는 당장이라도 우리 마음속과 우리 주변에서 자유의 가치를 회복하는 수밖에 없습니다. 그리고 자유가 잠정적일지라도 희생되거나 우리가 요구하는 정의와 분리되는 것에 결코 동의하지 말아야 합니다. 우리 모두에게 필요한 오늘의 행동 지침은 정의의 차원에서 추호도 굴복하지 않고, 자유의 차원에서 추호도 포기하지 않는 것, 이것뿐일 수밖에 없습니다. 특히 우리가 계속 누리고 있는 몇 안 되는 민주적 자유는 아무 저항도 못 하고 빼앗길 수 있는 허황된 환상이 아닙니다. 이 자유는 지난 두 세기 동안 위대한 혁명

---

[■] 체코의 역사학자, 기자, 수필가로, 1920년대에 체코 공산당에 가입했다가 1936년 트로츠키주의로 인해 퇴출되었다. 같은 이유로 그는 1949년 체포되어 사이비 재판 끝에 1950년 사형을 선고받았다. 전 세계에서 사면을 요청했음에도 그는 1953년 6월 27일 프라하에서 교수형을 당했다.

의 쟁취가 우리에게 남긴 것을 정확하게 보여주고 있습니다. 그러
므로 많은 영리한 선동가들의 말처럼, 민주적 자유는 진정한 자유
를 부정하는 것이 아닙니다. 인간이 삶의 마지막에 은퇴를 받아들
이듯 어느 날 단숨에 우리에게 주어질 이상적인 자유는 없습니다.
힘겹게 하나씩 정복해나갈 자유가 있을 뿐이며, 아직 부족한 여정
임이 틀림없지만 우리는 구체적인 해방길 위에 있습니다. 만약 이
여정들이 사라진다면 앞으로 나아가지 못할 것입니다. 반대로 우
리는 퇴보하고, 되돌아갈 테지만, 언젠가는 이 길을 다시 겪어야
할 것이며, 이 새로운 노력은 인간의 땀과 피로 다시 행해질 것입
니다.

"자유를 선택하는 것은
  정의를 희생해 선택하는 것이 아닙니다"

아닙니다. 오늘날 자유를 선택하는 것은 빅토르 크랍첸코Viktor
Kravchenko[*]처럼 소련 체제로 이득을 취하는 국가에서 부르주아 체
제로 이득을 취하는 국가로 바꾸자는 것이 아닙니다. 왜냐하면 이
것은 또 한 번 속박을 선택하는 것이고, 다른 사람들에게 지난번
내렸던 선고를 또 한 번 내리는 것이기 때문입니다. 자유를 선택
하는 것은 여러 사람이 말하듯이 정의를 희생해 선택하는 것이 아
닙니다. 오늘날 자유는 모든 곳에서 고통받고 투쟁하는 사람들이

---

[*] 붉은 군대의 대위였던 그는 제2차 세계대전 중 워싱턴 DC의 소련 상공회의소에 보
내졌다. 1944년 그는 미국에 정치적 망명을 요청했고, 1946년 출간한 그의 책 『나
는 자유를 선택했다I Chose Freedom』에서 스탈린 체제를 고발했다.

선택하는 것, 오직 이곳에서 선택하는 것입니다. 우리는 정의와 함께 자유를 선택하며 이제 진실로 하나가 없으면 다른 것도 선택할 수 없습니다. 만약 누군가 여러분의 빵을 앗아간다면, 여러분의 자유도 사라질 것입니다. 그러나 만약 누군가 당신에게서 자유를 빼앗는다면, 침착하십시오. 당신의 빵은 이제 더 이상 여러분과 여러분의 투쟁에 달려 있는 것이 아니라, 주인의 변덕에 달려 있기 때문입니다. 자유가 세상에서 뒷걸음질할수록 가난은 커지기 마련이고, 그 반대도 마찬가지입니다. 그리고 만약 무자비한 이 세기가 우리에게 가르쳐준 것이 있다면, 경제적 혁명은 자유로워야 하며 그렇지 않다면 혁명은 아예 없을 것이며, 억압받는 자들은 오로지 그들의 굶주림에서 벗어나길 바라는 것이 아니라 그들의 주인으로부터 벗어나기를 원한다는 것입니다. 억압받는 자는 모든 주인을 위협해 꼼짝 못 하게 해야만 굶주림에서 실질적으로 해방되리라는 것을 잘 알고 있습니다.

말을 마치기 전에 이렇게 덧붙이고 싶습니다. 정의에서 자유를 떼어내는 것은 문화와 노동을 분리하는 것이나 마찬가지이며, 그것은 사회적 죄악의 전형입니다. 유럽 노동운동의 혼란은 부분적으로는 모든 패배를 딛고 힘을 되찾은 진정한 조국, 즉 자유에 대한 믿음을 잃었기 때문이기도 합니다. 그러나 이와 마찬가지로 유럽 지식인들의 혼란은 부르주아와 사이비 혁명가라는 이중의 신비화가 그들을 그들의 유일한 진정성의 원천인 만인의 노동과 고통으로부터 분리시켰고, 그들의 유일한 자연적 동맹인 노동자들로부터 단절시켰다는 데에서 비롯됩니다. 저는 노동자와 지식인이라는 두 귀족만을 인정했고, 그 양측이 상대방을 굴복시키려 하는 것은 미친 짓이며 범죄라는 것을 이제는 압니다. 그들은 하나의 귀족일 뿐이며, 그들의 진리, 그리고 특히 그들의 효율성은 그 통합에 있으며, 그들이 분리되면 폭정과 야만의 세력으로 인해 하나하나 위축되고 반대로 결합된다면 그들은 세상의 법을 이룰 것이라는 것도 압니다. 그렇기에 두 집단을 분열시키고 분리시키는 것을 겨냥한 시도는 인간과 인간의 가장 높은 희망에 어긋나는 계획입니다. 모든 독재적인 계획이 기울이는 첫 번째 시도는 노동과 문화를 동시에 통제하는 것입니다. 실제로 양측의 입에 재갈을 채워야만 하며 그렇지 않으면 조만간 한쪽이 다른 쪽을 대변하게 될 것이란 점을 독재자들은 잘 알고 있습니다. 그리고 제 생각에 오늘날 지식인이 배신하는 방법에는 두 가지가 있으며, 두 경우 모두 '노동과 문화의 분리'라는 한 가지를 받아들입니다. 첫 번째 배신의 경우, 부르주아 지식인들이 그들의 특권이 노동자들의 굴종의 대가라는 것을 받아들인다는 특징이 있습니다. 이들은 종종 자유를 옹호한다고 말하지만, 그들은 먼저 그들에게 주어지는 특권을 옹호하고, 그들만의 자유를 옹호합니다.[•] 두 번째 경우, 자신을 좌파라 믿는 지식인들이 자유에 대한 불신으로, 문화와 그 문화가 내포하는 자유가 미래에 도래할 정의에 봉사한다는 허황된 미명 아래 운영되는 것을 수락한다는 특징이 있습니다. 두 가지 경우, 불의의 수혜자든 자유의 배신자든 간에, 지적 노동과 육체노동의 분리를 승인하는 일은 노동과 문화를 한꺼번에 무력화하는 동시

---

[•] 심지어 지식인들은 대부분의 경우 자유를 옹호할 기회가 있어도 행동에 옮기지 않습니다. (카뮈가 남긴 주석)

에 자유와 정의를 억압하는 것입니다!

자유가 특권으로 이루어질 때 자유는 노동을 모욕하고, 노동을 문화와 분리합니다. 그러나 자유는 특권으로 이루어진 게 아니라 의무로 이루어져 있습니다. 우리가 제각기 이 특권보다는 자유의 의무를 중시하려고 하는 순간, 바로 그 순간부터 자유는 노동과 문화를 통합시키고 효과적으로 정의에 봉사하도록 하는 유일한 힘을 작동시킵니다. 따라서 우리의 행동 지침과 저항의 비밀은 이렇게 간단하게 표현될 수 있습니다. 노동을 모욕하는 모든 것은 지식을 모욕하는 것이며, 그 반대도 마찬가지라는 것입니다. 그리고 혁명적인 투쟁, 해방을 위한 이 세기의 노력은 모욕에 대한 이중적이며 끊임없는 거부로 정의됩니다.

사실상 우리는 여전히 이 굴복에서 빠져나오지 못했습니다. 그러나 바퀴는 굴러가고, 역사는 변화하며, 우리가 더 이상 혼자가 아닐 때가 다가온다는 것을 저는 확신합니다. 제가 보기에 오늘 이 회의가 이미 하나의 징후입니다. 사방에서 자유를 옹호하기 위해 자유를 중심으로 조합원들이 앞다투어 모여드는 것, 그렇습니다, 그들의 일체감과 희망을 표출하기 위해 곳곳에서 달려온 것은 진정으로 가치 있는 일이었습니다. 갈 길은 멉니다. 그러나 전쟁이 끔찍한 혼란 속에서 모든 것을 뒤섞지 않는다면, 마침내 우리에게 필요한 정의와 자유의 틀이 갖춰질 시간이 생길 것입니다. 그러나 이를 위해 우리는 지금부터라도 명확히, 분노하지 않고 단호히 우리에게 주입된 거짓말을 거부해야 합니다. 그렇습니다. 우리는 강제수용소, 식민지의 노예, 비참한 노동자의 위에 자유를 세우지 않습니다! 평화의 비둘기는 교수대에 올라가지 않습니다.

그렇습니다. 자유의 힘은 희생자의 자식을 마드리드와 그 밖의 다른 곳에 있는 사형집행관과 함께 있도록 둘 수 없습니다! 이제는 확신해야 합니다. 자유가 한 국가나 어떤 우두머리에게서 받는 선물이 아니라, 개개인의 노력과 모두의 연합으로 매일 우리가 쟁취해야 하는 재화라는 것을 확신하게 될 것입니다.

1953

# 뮈튀알리테 회담
## (자유의 달력: 1953년 6월 17일)

1953년 6월 16일, 추가 수당 없이 노동 강도를 강화한 정부의 결정으로 인해 동베를린에서 노동자 봉기가 일어났다. 이 운동은 급속히 전국으로 확산되었다. 6월 17일, 수만 명이 파업에 동참하고, 동독의 주요 도시에서 집회가 열렸다. 사태를 감당하지 못한 독일 통일사회당Sozialistische Einheitspartei Deutschlands, SED 서기장 발터 울브리히트Walter Ulbricht는 소련군을 요청했고, 이들의 개입으로 집회자 가운데 50여 명의 사망자와 수많은 부상자가 발생했다. 그리고 1953년 6월 30일, 뮈튀알리테(파리)에서 이를 지지하는 모임이 열렸다. 알베르 카뮈는 여기에서 연설했으며 그 연설문은 1951년 7월 19일 카탈루냐의 집(파리)에서 열린 스페인 혁명 15주년을 기념하는 자리에서 연설한 원고와 함께 〈테무앵〉 1954년 봄 호에 '자유의 달력'이라는 이름으로 게재되었다.

어느 정당에도 소속되지 않았고 지금으로선 어느 정당에도 가입할 유혹을 거의 느끼지 않는 저를 이런 자리로 오게 만든 이유를 몇 문장으로 명료하게 밝힐 수 있다면 오늘 저녁 이 모임에 그

의미를 부여할 수 있을 것 같습니다. 이 이유의 맥락을 제대로 밝히려면 무엇보다도 먼저 베를린 사태가 일부 사람들에게 우리와는 달리 매우 경멸할 만한 희열을 불러일으킨 점을 말해야 합니다. 2년 동안의 고통 끝에 로젠버그 부부*가 죽음으로 인도된 순간 들려온, 동베를린 노동자에게 총질을 했다는 소식은 통상적으로 부르주아 신문이라 불리는 언론이 시도했듯 그들의 고통을 잊게 하기는커녕, 하나하나 체계적으로 모든 희망이 살해되는 이 세계의 집요한 불행에 또 다른 불행을 더한 꼴이었습니다. 〈르 피가로〉가 웅변적으로 베를린의 혁명적 민중에 대해 이야기할 때, 같은 날 〈뤼마니테L'Humanité〉가 지나간 시절에 그렇게 부르곤 했던 이른바 '선동가들'을 호되게 책망하며 우리가 겪고 있는 비극, 그리고 우리의 언어마저도 매춘화하는 이중의 왜곡을 우리 눈앞에 들이대자 우리는 웃지 않을 수 없었습니다.

그러나 저는 베를린의 봉기가 로젠버그 부부를 잊게 만드는 것이 불가능하다고 믿는데, 좌익이라 자처하는 사람들이 로젠버그 부부의 그늘 속에 총 맞아 죽은 독일인을 숨기려고 애쓰는 꼴이 제게는 더욱 흉측하게 보이기 때문입니다. 그러나 그것이 우리가 본 것이며, 우리가 매일 보는 것이며, 바로 그런 이유로 우리가 여기 있는 것입니다. 우리가 여기 있는 이유는 우리가 있지 않았다면 노동자를 옹호하는 것이 사명이라고 선언한 사람 중 아무도 여기에 없었을 것이기 때문입니다. 우리가 여기 있는 이유는 베를린

---

■　소련의 첩자 혐의로 1951년 사형선고를 받은 줄리어스 로젠버그Julius Rosenberg와 에설 로젠버그Ethel Rosenberg는 1953년 6월 19일 미국에서 처형되었다. 불공정하고 편파적이라 판단된 그들의 재판은 전 세계적으로 수많은 항의를 불러일으켰다.

의 노동자들이 그들이 연대감을 기대했던 바로 그런 사람들에 의해 살해당하고 배신당할 위험이 있기 때문입니다.

노동자 해방에 헌신한다고 주장하는 사람이라면, 그들 노동의 기준이 오르는 것을 거부하고 논리적으로 자유선거를 요구한 독일과 체코슬로바키아의 노동자 봉기*, 그 정반대의 의견을 그들에게 설교했던 역동적인 지식인들 모두에게 정의가 자유와 분리될 수 있음을 증명한 노동자들의 봉기, 이 봉기와 이것이 야기한 위대한 교훈, 뒤이어 일어난 탄압, 이런 것에 대해 생각해봐야 하지 않을까요? 실수로나 넌지시 하는 말로 자기 입장을 천명한 사람들일지라도 단호하고 분명한 연대감을 표명할 가치가 있는 것은 아닐까요? 세계 어느 구석에서 노동자 하나가 탱크 앞에서 맨주먹을 치켜들고 자기는 노예가 아니라고 외칠 때 거기에 무관심하다면, 그런 우리는 도대체 누구일까요? 로젠버그 부부를 위해 개입했는데 빌리 괴틀링Willi Göttling** 앞에서는 침묵하는 태도가 무엇을 의미할까요?

우리가 목도한 것은 책임의 회피이며 그런 까닭에 이토록 분노가 치밀었고, 이 혐오감이 오늘 저녁 우리의 입을 열게 만들었습니다. 어쨌든 저의 경우, 아무 일도 없었다는 듯 양심의 가책을 느끼지 않을 수는 없습니다. 일부 좌익 언론과 그 협력자들이 베를

■    1953년 6월 1일, 플젠의 느코다 공장의 파업은 체코슬로바키아의 여러 도시에서 저항운동을 불러일으켰다. 군경에 의한 시위 진압은 사상자를 낳지는 않았으나, 2천 명이 넘는 시위자가 구금되었다.
■■   1918년생 동베를린 노동자로, 봉기의 선동자 중 하나로 피소되어 군사재판에서 사형을 선고받고 1953년 6월 18일 처형되었다.

린 비극을 무력화하는, 이 단어가 정확합니다, 이런 태평스러운 안이함이 감탄스럽고 부럽기도 합니다. 바로 첫날부터 진보 언론이 즉각적으로 스탈린 거리*의 시위가 러시아 정부에게서 영감을 받았다는 점을 들춰냈다는 사실에 저는 감탄했습니다. 이 교묘한 설명은 크렘린의 시위자들이 총에 맞아 쓰러진 순간부터 조금 애매모호해졌습니다. 그런데 이런 설명은 이미 몇몇 개념들을 뒤죽박죽 섞기에 성공했습니다. 그다음에 수년 동안 우리가 들은 것 중 가장 중요한 뉴스를 신문의 3면으로 밀어버리는 데에는 약간의 조판 기술로 덧칠하는 것으로 충분했습니다. 저는 한 신문기자가, 그가 제3자의 눈을 통해서 본 베를린 사건에 대해, 러시아가 떠나고 독일인들이 스스로 알아서 할 수 있게 된다면 제2차 세계대전 직후에 일어난 것보다 훨씬 더 사악하고 잔혹한 행위가 벌어질 거라고 경고하면서 기사를 마무리할 수 있었다는 사실에 더욱 탄복하고 있습니다. 베를린 봉기에서 우리가 얻어야만 하는 유일한 교훈이 우리가 결국 히틀러의 죽음에 대해 눈물을 흘려야만 했다는 것이니 기막힐 노릇입니다. 좌익이라 추정되는 주간지의 기자 앞에서 제가 느끼는 것은 이제 감탄을 넘어선 정중한 경외감입니다. 그는 똑같은 사건들에 관련해서 얼굴 붉히지 않고 러시아 군대의 규율과 냉혈함을 찬양해야 한다고 쓸 수 있었습니다.

그러나 결국 이런 감탄에도 불구하고 우리가 만족할 수 없는 주장 하나가 있습니다. 그것은 우리에게 충분한 정보가 없다고 말하는 것입니다. 왜냐하면 어떤 전체주의 정치체제든 간에 그 체제

---

■     베를린의 스탈린 거리에서 벌어진 건설 노동자의 파업이 봉기의 시초였다.

안에서 벌어지는 일에 대해서는 결국 항상 반쯤만 알 수밖에 없기 때문입니다. 독재 정권이 여론에 정보를 제공하지 않는다는 이유만으로 여론의 심판에서 면제되어야 합니까? 그래서 바스티유의 수감자들이 우리 신문의 편집자들과 직접 연결되지 않았다는 구실로 모든 바스티유에 대해 침묵해야 합니까? 우리가 우려하는 사건들이 서구 지역과 가까운 곳에서 일어났다는 사실만으로 그 사건들은 완전히 감춰질 수 없게 되었습니다. 그렇지 않다면 우리는 이 봉기를 몰랐거나 혹은 체코의 봉기를 경찰서와 감옥의 두꺼운 벽을 통해 조금씩 알게 되었듯이 그런 식으로밖에 알 수 없었을 것입니다. 그러나 이 사건들은 베를린 시민의 눈앞에서, 네덜란드의 카메라 앞에서 벌어졌고, 양측이 이 사건을 어떻게 해석하든 간에 이것은 우선 노동자를 위해 봉사하고자 한 정부와 군대에 대항해 일어난 노동자의 반항이란 것을 우리는 더 이상 모를 수가 없습니다. 만약 우리가 충분히 공감하지 못했더라도 동베를린 정부의 담화가 확인시켜주었을 것입니다. 사후에 자신은 충분히 정보가 없었다고 공개적으로 말하는 사람에게 저는 진실의 시간에 홀로 자문해보라고 반박하겠습니다. 봉기의 일부를 덮고 있는 암흑, 수천 명의 운명에 대한 우리의 무지를 오로지 희생자에게만 써먹는 것은 비열한 짓입니다. 이 무지로 누군가를 비난한다면 그 대상은 탄압의 주역이지 봉기를 일으킨 사람들이 아닙니다. 오늘날에도 사람들이 노동자의 자유를 외쳤기 때문에 살해당하고, 우리는 결코 그들의 이름조차 모른다는 것을 말해야만 하고, 이것이 저의 최종적 고발입니다. 이 희생자들은 영원히 익명으로 남을 테니 그들을 다시 한번, 그리고 이번에는 우리 기억 속에서 청산해야만 할까요? 단지 그들이 노동조건을 옹호하기 위해 봉기했다고 말하며, 우리는 그들의 이름조차 모르니까, 그것을 구실 삼아 그들의 신분을 거부하고 노동자의 지위마저도 시비 걸고, 걸핏하면 그들을 불량배와 파시스트 취급을 하며 명예를 깎아내려 더욱 익명으로 만들어야만 하겠습니까?

아닙니다. 우리는 이런 고역에 기여하길 거부하며, 우리 모두가 여기 있는 것은 이 혐오스러운 수작을 조금은 완화하려는 것입니다. 그리고 우리가 여기에 있는 이유를 한 문장으로 밝히려면, 지금 침묵을 강요받는 독일과 체코의 노동자들 앞에서 그들이 어느 날 우리에게 "저들이 모두 살인을 했으며, 당신들은 수치스럽게도 그들을 땅에 묻어버렸지요"라고 외칠 수 있는 것을 거부한다고 말해야 합니다.

\*

"비참함의 목소리를 두고
 당신의 추론과 당신의 꿈을 앞세우지 마십시오"

저는 이 회합을 마무리하기 위해 덧붙일 말이 거의 없습니다. 해방 이후 우리는 제각기 수많은 결정적 선택을 했습니다. 오늘날 해방 이후 벌어진 가장 심각한 사건 앞에서 다시 결정적 선택의 시간이 왔습니다. 노동자의 존엄성과 해방에 매달렸다고 자처하는 사람들이, 견딜 수 없는 물질적 조건에 대항해 봉기했다는 유일한 범죄를 저지른 노동자들의 처형을 침묵으로 수락하는 일은 제게 불가능해 보입니다. 어느 누구도 이 비극을 막지 못한 게 사실입니다. 그런데 탄압은 멈추지 않고 있고 우리는 우리 의견의 표명을 통해 아무리 미미할지라도 후속 사태에 어떤 영향을 줄 수 있습니다. 동유럽에서 반유대주의의 첫 징후가 나타났을 때, 서유럽에서 딱히 당파적 성향도 없던 사람들이 즉각 분노하며 이런 타락이 자리 잡도록 방치할 수 없다고 인민의 정부에게 일정한 방식으로 의견을 표출했습니다. 이런 이유로 저는 여러분 모두와 우리가 한때 동지였다는 사실을, 그 점을 잊지 않은 사람들에게 이 말을 하려고 합니다. 다가오는 날에 독일 노동자 단 한 명의 목숨밖에 구할 수 없다는 사실을 안다고 하더라도, 이 생명은 우리가 여기 모일 만한 가치가 있으며, 침묵했던 사람도 이제 입을 열고 생명을 구하려는 우리를 돕는다면 그럴 만한 가치가 있습니다. 2주 전부터 우리 쪽을 향해 들려오고 있는 비참함의 목소리를 두고 당신의 추론과 당신의 꿈을 앞세우지 마십시오. 적어도 미래에는 살해되었을 사람들에게는 의미가 없는 역사의 미래를 위해 오늘의 피와 고통을 용서하지 마십시오. 마지막으로 인간의 그 어떤 꿈도 그것이 아무리 위대할지라도 가난하고 노동하는 사람을 죽이는 것을 정당화하지 못한다는 우리의 말을 부디 믿어주십시오. 그 누구도 당신이 믿거나 원하는 것을 부정하라고 요구하지 않습니다. 그러나 여러분이 기여한다고 주장하는 진실의 이름으로, 모든 노동조합이 구현되고 적어도 당신이 주장하고 있고 아직 보이지 않는 날을 꿈꾸는 이상적 사회가 아니라, 매일 입만 열면 소환되는 마르크스처럼 평등은 자유 없이는 이뤄질 수 없고 이뤄져서는 안 된다고 믿었다는 이유로 오늘날에도 모욕받

고 위협받는 저 끔찍한 죽음을 위해 중재자 역할을 할 조사위원
회를 요구하십시오.

1953

# 유럽 문명의 미래

1955년 4월, 알베르 카뮈는 그리스 소재 프랑스 대사관이 주최한 프랑스-그리스 교류 계획의 일환으로 그리스를 방문했다. 3주간 체류하던 중 그는 4월 28일 아테네의 그리스-프랑스 문화 연합에서 주최한, 유럽 문명의 미래에 대한 토론에 참여했다. 방문 전 논의 과정에서 카뮈는 직접 토론 주제를 선정했고, 형식적인 강연보다는 문답 형식으로 진행하자고 요청했다. 아래의 원고는 녹음된 내용을 적은 것이다. 원고는 1956년 아테네 소재 프랑스 연구소의 도서관에서 발행되었다. 카뮈의 발언은 전문 그대로 옮겼고, 다른 참여자의 발언은 요약해 적었다.

파파누초스 씨는 카뮈에게 유럽 문명의 특징을 정의하고(앞서 그는 특징을 두 가지로 구분했다. 하나는 비록 실망이 뒤따를 수도 있지만 과학과 기술에 의존해 자연을 인간의 욕망에 종속하려는 의지, 다른 하나는 인간 존재의 품격에 대한 배려라고 했다), 어떤 희생을 치르더라도 보존해야만 할 속성을 말한 뒤, 유럽의 문명이 어떤 의미에서 현재의 거대한 역사적 힘에 의해 위협받고 있는지 상술해달라고 요구했다.

아, 저는 질문의 범위 때문에 아주 위축되었다고 말해야만 하겠습니다. 사실상 이 문제가 오늘 저녁 우리 토론의 틀로 제시되었음에도 저는 그것이 어느 정도 야심적이라고 생각합니다. 특히 이 주제에 대해 단정적으로 말할 수 없다는 점부터 말하고자 합니다.

우선 저는 미래의 관점에 서는 일에 큰 어려움을 느낍니다. 저는 현재에 관련해 꽤 예민하고 강력한 감각을 지니고 있고 과거에 관해서도 어느 정도 그 감각이 있다고 믿습니다. 반면 미래에 대해서는 제게 비축된 상상이 불충분합니다. 어떤 사유나 입장에 대한 미래를 상상하는 데에는 항상 진정한 노력이 필요합니다.

두 번째 어려움은 그보다 훨씬 일반적인 차원의 어려움입니다. 유럽의 운명에 얽혀 있는 모든 차원에 걸친 지식의 총량을 고려하면, 이런 문제를 단칼에 해결하기 위해서는 제가 갖추지 못한 교양이 필요할 것입니다.

선생은 일반적인 문명 현상, 특히 우리 문명에 도입할 수 있는 구분법을 제시했습니다. 사실상 질문에 대한 대답은 우리가 어느 관점에서 보는가에 따라 다릅니다. 서구 문명을 자연의 인간화, 다시 말해 기술과 과학이라고 본다면 유럽은 승리했을 뿐만 아니라, 오늘날 유럽을 위협하는 힘은 바로 서구에서 그 기술 혹은 기술적 야심, 어쨌든 과학적 방법론 혹은 추론 방법을 빼앗아온 힘이기도 합니다. 이런 경우 사실상 광범위한 자살, 말하자면 자기 자신에 의해 위협받지 않는다면 유럽을 위협할 것은 없습니다.

이와는 달리 인간 개인의 관점을 둘러싼 개념에 초점을 맞추면, 옹호할 만한 이런 관점에서는, 선생도 강조한 바와 같이 절대적으로 다른 답변이 도출됩니다. 예컨대 아마도, 제가 아마도, 라고 했지만, 이토록 많은 사람이 모욕당한 시대는 찾아보기가 어렵습니다. 그러나 이 시대가 유난히 인간에 대해 경멸적이라고 말하진 않겠습니다. 단순화하기 위해 '악'이라고 부르는 그 힘과 동시에 그에 대항하는 집단적 양심, 특히 인권 의식에 대한 반응이 수세기 동안 성장해왔다는 것은 의심의 여지가 없습니다. 다만 양차대전이 그 인권을 조금 짓밟았고, 유럽 문명이 사유의 중심에 놓는 데에 성공한 이 개별적 인간이 곳곳에서 위협받는 것과 정확히 비례해 우리 문명이 위협받는다고 이성적으로 답변해야 한다고 믿습니다.

이러한 유용한 구분법에 제가 하나 덧붙일 수 있다면(저는 항상 조건부로 말하겠습니다), 과학적 측면에서 이룬 서구의 특이한 성공이 바로 이 문명의 특이한 도덕적 실패에 부분적으로 책임이 있지 않은지 자문해볼 수 있지 않을까, 하는 것입니다. 달리 말하면 이성의 힘(단순화하기 위해 데카르트 이성이라고 합시다. 현대 지식의 중심에 있는 것이 바로 그것이니까요)에 대한 절대적이며 맹목적인 믿음, 이 합리주의적 이성에 대한 절대적 믿음이, 개인적 우주의 쇠락으로 이어졌던 인간적 감수성(물론 감수성이 무엇인지 정의하자면 너무 긴 시간이 걸리겠지만)의 위축에 어느 정도 책임이 있지 않은지 자문해볼 수 있다는 것입니다. 기술적 우주는 그 자체로는 나쁜 것이 아니며, 저는 물레나 팔의 힘으로 끄는 쟁기로 돌아가고자 하는 모든 사상에 절대적으로 반대합니다. 그러나 문명의 가장 중요한 기계적 요인으로 간주되어 우주의 중심으로 자리 잡은 기술적 이성은 결국 지성과 풍습에 일종의 타락을 유발하고 말아서, 우리가 방금 언급한 그 실패로 이어질 수 있습니다. 어떻게 그렇게 되는지 알아보는 것도 흥미로울 것입니다.

이제 선생이 제게 던진 세 개의 구체적인 질문에 답해야겠습니다. 우선 유럽 문명을 구성하는 요소는 무엇일까요? 저는 모른다고 대답하겠습니다. 그러나 우리 개개인은 여러 요소 중 하나를 선택하게 만드는 특권적이며 감정적인 관점(그렇다고 해서 관찰에 입각한 합리적 관점을 배제하는 것은 아닙니다)을 갖고 있습니다. 제게 유럽 문명은(저는 딱 한 번 명료하게 대답할 수 있을 것입니다) 우선 다원주의 문화입니다. 유럽은 사상의 다양성, 대립, 대조적 가치, 그리고 끝나지 않는 변증법의 장입니다. 유럽의 살아 있는 변증법은, 전체주의적이며 정통적인 일종의 이데올로기로 귀결되지 않는 변증법입니다. 유럽식 자유의 개념에 항상 토대가 된 이 다원주의는 우리 문명의 가장 중요한 요소입니다. 오늘날 위험에 빠진 것이 바로 그 다원주의이며 우리가 보존하려고 노력해야 할 것도 바로 그것입니다.

제 생각에 볼테르가 했던 위대한 말인데, "나는 당신처럼 생각하지 않지만 당신에게 생각을 표현할 수 있는 권리를 주기 위해 목숨이라도 버릴 것입니다"■라는 이 말은 명백히 유럽 사상의 위대한 표현입니다. 지적 자유의 차원에서 오늘날 문제가 되는 이 원칙이 공격받았고, 제 생각에 이 원칙이 옹호되어야 한다는 것은 의심할 나위가 없습니다. 그 원칙을 살려낼 수 있을지, 흔히 말하듯 미래가 우리에게 있을지에 대한 질문에 대해, 저는 유사한 상황에서 스스로 다른 질문에 대답한 것과 같은 대답을 하겠습니다.

■　　카뮈가 인용한 이 문장은 실제로 볼테르가 한 말인지 그 진위 여부를 확인할 수 없다.

어떤 상황에서 한 사람은 이렇게 대답할 수 있습니다. "네, 맞습니다. 제가 보기에 아마도 그럴 것입니다. 그 원칙은 살아남아야 합니다. 제가 그것을 살려낼 수 있는지는 확실하지 않으며, 제가 보기에 본질적인 이런 것을 죽음이 기다리고 있다는 것도 확실하지 않습니다. 어쨌거나 제가 할 수 있는 유일한 일은 그것이 살아남을 수 있도록 투쟁하는 것입니다."

파파누초스 씨는 과학과 기술(인공두뇌학, 기계들)이 인권과 조화를 이룰 수 있는지에 대해 회의를 품었다.

이 점에 대해서만은 제가 비관주의자가 아니라고 말하겠습니다. 제 말은 인내심을 가져야 한다는 뜻입니다. 그런데 유럽 문명에는 두 개의 특징적 현상이 있습니다. 첫 번째 현상은 예컨대 중세의 공동체 시대에서 우리의 고전주의 시대까지의 긴 세기 동안보다, 1800년부터 1950년 사이에 세상이 훨씬 더 많이 변했다는 것입니다.

한 세기 동안, 일종의 눈부신 출발, 역사의 가속화가 있었습니다. 오로지 지성이란 유일한 수단으로는 불가능해 보입니다. 그러니까 명상과 사유의 수단이며 따라서 결과적으로 시간을 상정할 수 있는 것이 지성인데, 그것만으로 인간이 그가 세상에 풀어놓은 기계만큼이나 빨리 움직일 수 있는 것은 불가능해 보입니다. 호세 오르테가 이 가세트José Ortega y Gasset■가 그의 책『대중의 반

■    스페인의 철학자, 사회학자, 수필가.

란』에서 아주 잘 강조했던 두 번째 현상은 하나의 숫자로 표현됩니다. 6세기에서 18세기까지 유럽의 인구는 결코 1억 8천만 명을 넘지 않았습니다. 1800년부터 1914년까지, 그러니까 한 세기보다 조금 긴 기간 동안 인구는 1억 8천만 명에서 4억 6천만 명으로 늘었습니다. 이 숫자들에서 대중의 출현이 분명하게 드러납니다. 역사의 가속화를 동반한 이 대중의 출현은 우리를 지적, 이성적 틀을 훌쩍 뛰어넘는 상황으로 이끌었습니다. 오늘날 우리의 문제, 그것은 우선 세계가 우리에게 제공한 새로운 현실에 우리의 지성을 적응시키는 것입니다. 우리가 토대로 삼고 사는 이데올로기는 100년이나 뒤처진 것입니다. 그래서 혁신을 그토록 어렵게 수용하는 것입니다. 유효기간이 지난 이데올로기보다 오로지 진리가 더욱 확실합니다.

두 번째 질문자 차초스 씨는 유럽 문화에서는 고전주의와 낭만주의라는 두 가지 상반된 흐름이 교차하고 있다고 생각했다. 첫 번째는 합리적이며 무한대에 대립해 한계를 강조하고 역사적 세계에서 중용과 상대적인 것을 긍정하며 절대적인 것, 극단적인 것, 메시아주의를 거부한다. 이는 현재와 내재성, 그리고 뛰어난 가치를 부여했던 살아 있는 개인에 집착한다. 낭만주의적 흐름은 고전주의의 흐름이 거부한 비합리적인 것, 직관을 긍정한다. 얼핏 보기에 잘 조직된 것처럼 보이는 전체주의 이데올로기는 사실상 미래를 위해 현재를 희생하며, 내세의 메시아주의를 미래에 대한 숭배로 대체한다. 그렇다면 고전적 인본주의의 속성을 지닌 헬레니즘은 유럽의 사회적, 문화적 쇄신에 필수적인 기여를 하지 않는가?

자, 이번에도 저는 이런 질문 앞에서 매우 위축되었습니다. 선생이 제시한 낭만주의와 고전주의의 구분이 너무도 매력적이라 그것을 문명의 모든 역사로 확장시킬 수도 있을 것입니다. 이 경우, 희망을 갖는 일이 일리가 있을 것입니다. 모든 문명이 인간 천성의 이 두 가지 성향과 맞춰나갈 수밖에 없었기 때문에 그것이 육화된 역사가 현재까지 지속되었고, 그렇기에 우리도 앞으로 몇 걸음 나아갈 거라고 생각하는 것을 가로막을 것은 아무것도 없습니다. 그러나 제 생각을 정확히 밝히겠습니다. 이 세계가 부정적 태도들만 제공한다는 선생의 생각은 옳지만, 제가 믿기로는, 제가 숙고했던 드문 개념 중 하나인 중용을 부정적 개념으로 취급하는 것은 옳지 않을 것입니다. 선생도 그 점을 알기에 제가 가르쳐드릴 필요는 없습니다. 그러나 무슨 이유로 그것이 부정적이지 않을까요?

오늘날 파리의 학술 대회에서 중용이란 개념을 언급하면 수많은 낭만적인 사람들이 두 손을 위로 들 것입니다. 우리 지식인들에게 중용이란 개념은 부르주아의 악마적 절제에 불과한 것입니다. 그런데 전혀 그렇지 않습니다. 중용은 모순을 거부하는 것도, 모순의 해결도 아닙니다. 제 지식이 이 대목에서 충분하다면, 헬레니즘에서 중용은 항상 모순의 인정, 그리고 무슨 일이 벌어져도 그것을 유지하는 것입니다. 이런 종류의 공식은 합리적이거나 인본주의적이거나 착한 공식만이 아니었습니다. 그것은 현실적으로 영웅주의를 상정합니다. 적어도 그것은 해결책, 우리가 기대하는 해결책을 제공하는 것이 아니라, 우리에게 제기된 문제의 연구에 접근하고 견딜 만한 미래를 향해 전진하기 위한 하나의 방법을 제공할 가능성이 큽니다.

이 방법을 동시대 유럽에 적용해봅시다. 이는 부르주아적이며 개인주의적인 유럽, 자신의 냉장고와 식도락을 위한 레스토랑만을 생각하며 "나는 선거 같은 것은 안 해"라고 말하는 부르주아의 유럽입니다. 그런 유럽은 살기를 원치 않습니다. 살고 싶다고 말할지도 모르지만, 유럽은 생명을 너무 낮은 수준에 내려놓아 역사에서 계속될 가능성이 없고, 그저 식물화되어 연명할 따름이고, 어느 사회든 간에 오랫동안 연명만 할 수는 없습니다. 그런데 저는 그런 유럽에서 어떤 고전적 중용의 표현은 보지 못했습니다. 단지 "우리는 낭만주의나 과잉을 원치 않고, 경계에서 살거나 분열을 겪지 싶지 않다"고 말하는 개인주의적 허무주의만 보일 따름이었습니다. 경계에 사는 것도, 분열을 겪는 것도 원치 않는다면 여러분은 사는 게 아니고, 특히 여러분의 사회는 살지 못할 것입니다.

위대한 교훈, 이렇게 말하는 이유는 제가 단호하게 인민민주주의에 반대하기 때문인데, 동유럽에서 온 이 위대한 교훈은 바로 공동의 노력에 대한 참여의식이며 이 사례를 거부할 이유는 전혀 없습니다.

이런 관점에서 저는 부르주아 유럽에 대해 어떤 동의도 할 수 없습니다. 그와 반대로 "우리는 극단을 알고, 겪었고, 필요하다면 또한 겪을 것이다. 그리고 우리가 극단을 알 수 있게 해준 사건들을 거치며 지나왔기에 극단을 겪었다고 말할 수 있다"라고 말하는 입장을 취할 것입니다. 실로 프랑스의 민족적 연대가 있었고, 그리스의 민족적 연대, 즉 고통의 연대가 있었습니다. 이런 연대감은 언제라도, 고통의 외피 아래에서뿐 아니라 어디에서라도 되찾을 수 있습니다. 우리가 이런 경험을 충분히 숙고한다면, 특히 사회정치적 분야에서 개인의 권리와 의무의 타협으로써 고안된 중용의 개념을 더욱 잘 이해하리라 확신합니다. 유럽의 부르주아적 입장은 오로지 인권을 주장하는 것으로 사실상 귀결되었습니다. 인권은 우리가 옹호해야만 할 가치이지만 권리가 의무의 부정을 의미하지는 않습니다. 그 반대도 마찬가지입니다. 동유럽이 우리에게 자랑하는 인간의 의무가, 있는 그대로의 인권을 구성하는 모든 것을 부정하는 것을 의미한다면 그것은 우리가 수용할 수 있는 의무가 아닙니다.

물론 문제의 균형이 그 정의상 안락함이 될 수 없고 유지하기 어렵지만, 이런 종류의 균형이 실현될 사회적 공식을 우리는 정의할 수 있을 것 같습니다. 오늘날 한 사람에게 "균형이 잡혔다"고 말할 때 거기에는 경멸의 어조가 담겨 있습니다. 그러나 사실 균형은 매 순간 노력과 용기를 필요로 합니다. 이런 용기를 지닌 사회가 진정한 미래의 사회입니다. 게다가 제 생각에 그것은 지금 세계 곳곳에서 출현하고 있으며 제가 완전한 비관주의자가 아닌 것은 그 덕분입니다. 희망이 있습니다. 그 희망을 처음으로 정의하고 수 세기에 걸쳐 가장 감동적인 사례를 제시한 헬레니즘을 통해 희망이 우리에게 오고 있습니다. 오늘 우리는 그 씨앗이 다시 열매를 맺어 우리 문제의 해결을 찾는 데 도움이 되기를 기대합니다.

세 번째 질문자 테오토카스 씨는 과학과 기술의 사회에 대한 낭만주의적 대립은 극복되었으며 현재의 문제는 인간 천성과 이 새로운 힘들을 조화롭게 하는 데에 있다는 점을 밝혔다. 현재의 유럽은 그 구조 자체에 의해 궁지에 처했다. 유럽은 수많은 나라로 나뉘어 있고, 과학적, 정치적 역동성을 통제할 능력이 없다. 정치적 통합이 없다면 유럽은 이 조화를 확보할 수 없는 것인가?

우선 기본적인 부분에 완전히 동의한다고 말하겠습니다. 그다음에 저의 사소한 유보적인 태도 하나를 말하겠습니다. 저도 선생처럼 유럽이 이 순간 20여 개의 코르셋에 옥죄여 있고, 그래서 숨을 쉬지 못하고 있다고 생각합니다. 아테네에서 파리까지 가는 데 여섯 시간이 걸리고, 로마에서 파리까지 세 시간이면 가며, 국경은 세관원과 그 법령에 해당되는 통행자들에게만 존재하는 이때, 우리는 봉건국가에 살고 있습니다. 세계를 지배하는 이데올로기를 통째로 고안했던 유럽은 그것들이 유럽에 등을 돌리고 세계에서 가장 큰 산업 강대국에서 실현되는 것을 보고 있으며, 한편으로 이 이데올로기를 고안하는 권력과 힘을 지녔던 유럽은 이 이데올로기를 통제하고 균형을 잡아줄 개념을 만들어낼 힘도 갖고 있습니다. 유럽은 단지 숨을 돌린 채 편한 상태를 필요로 하며, 우리의 모든 사유가 현재에 그렇듯 그저 지역에만 머무르지 않기를 필요로 합니다. 파리의 생각들은 지역적인 생각들입니다. 우리가 제각기 자기 지역에 떨어져 있으며 방황하는 가치들에 짝을 지어주기 위해 충분한 접촉과 지식을 갖고 우리의 생각을 뒤섞기에 매우 큰 어려움이 있다는 의미에서 아테네의 생각도 지역적인 생각입니다. 자, 그래서 우리 모두가 지향하고, 할 수 있는 모든 것을 해야만 하는 그 이상에 당장은 도달할 수 없을 것입니다. 선생은 방금 운명적 단어를 발설했는데, 그것은 '주권'이란 단어입니다. 주권이란 단어는 오랫동안 국제 역사에서 걸림돌로 작용해왔습니다. 가까운 전쟁의 상처가 아직 너무 생생하고 고통스러운 나머지, 우월한 개인만이 할 수 있는, 자신의 회한을 다스리는 노력을 국가 공동체에 기대할 수 없었습니다. 따라서 우리 앞에는 심리적으로 그 실현을 어렵게 만드는 장애물이 놓여 있습니다. 자, 그래서 저는 선생과 같은 의견이며, 우리는 이 장애를 극복하고 파리, 아테네, 로마, 베를린이 중용의 제국의 예민한 중심이 되는 유럽을 이루기 위해 투쟁해야만 합니다. 감히 말하자면, 그 중심은 어떤 면에서 내일의 역사에 제 역할을 해낼 수 있을 것입니다.

여기에 제가 제시하는 유보적 태도는 다음과 같습니다. 선생은 지적으로 유럽 미래의 문제에 접근할 수 없으며 우리가 기댈 수 있는 구조를 갖지 못하는 한 그것에 대해 생각할 수도 없을 것이라고 했습니다. 그럼에도 불구하고 우리는 그 문제를 다뤄야만 하고, 미래에 실현되지 못하더라도 유럽이 유럽적 가치에 그 내용물을 부여해야만 한다는 것이 저의 유보적 태도입니다.

선생은 방금 놀라운 사례를 제시했습니다. 선생은 "결국 독일은 통일되기 전에는 강대국이 아니었다"고 했습니다. 그렇지만 현대 이데올로기의 큰 부분은 19세기 독일의 이데올로기 속에서 형성되었으며 특히 그중에서 새로운 사유의 형식을 탄생시킨 가장 중요한 것은 독일의 통일보다 앞섰습니다(물론 독일의 통일이 1871년에 이뤄졌다고 간주한다면 그렇습니다). 따라서 우리가 처한 고독과 가난에서조차도 한 문명에 영향을 끼칠 가능성이 있습니다. 어쨌거나 지식인과 작가의 역할은, 원하는 순간에 필요한 가치가 준비되었다고 할 수 없을지라도 이미 발효의 역할을 할 수 있도록 자신의 분야에서 역사의 수레바퀴를 돌리며 노력을 계속하는 것입니다.

베글레리스 씨는 유럽 문화에 두 개의 요소가 본질적이라는 점을 환기했다. 자유의 원칙과 사회적 정의의 원칙이 그것이며, 후자는 전자가 지닐 법한 파괴적인 부분을 수정해야만 한다. 그는 유럽이 과연 이 두 원칙을 더욱 잘 운용할 수 있는지 물었다.

사태를 거칠게 도식화하면, 서구는 정의보다 자유를 앞세우며 동구는 자유보다 정의를 앞세운다고 말할 수 있을 것입니다. 자유가 서구를 주도하고, 정의가 동구를 주도하는지를 알아보는 문제는 검토하지 않고, 우리는 두 사회가 주장하는 바를 확인하는 일에 한정할 것입니다. 원자탄을 휘두르는 자유와 또 다른 원자탄을 휘두르는 정의가, 예측하기 쉬운 경계선에서 서로를 파괴할 수도 있습니다. 이 경우, 저는 원자탄의 형식으로 이뤄지는 제3차 세계대전 이후에 무엇이 이어질지 상상할 수도 없습니다. 그리고 저는 국민에게 이런 전쟁 이후에도 미래가 있으리라 상상하는 일이 가능하다고 믿게 하는 국가의 수장들의 죄가 매우 크다고 생각합니다. 하지만 이런 원자전쟁, 이런 자살이 일어나지 않는다 하더라도 우리는 인상을 찡그리며 마주 보는 자유의 여신상과 정의의 여신상 앞에 항상 있게 될 것입니다. 동구 진영의 풍부한 인구가 서구 진영의 더욱 앞선 기술적 완결성에 의해 상쇄되기에 저는 힘의 관계는 어느 정도 균형을 이뤘다고 믿습니다. 따라서 그토록 많은 사람이 그토록 신뢰하는 역사 자체가 필연적으로 이 신뢰에 정당성을 부여할 것이며, 중용과 모순의 개념이 이 지점에서 작용할 것이라 믿습니다. 왜냐하면 이 개념은 인간 천성과 역사의 속성에 각인되었기 때문입니다. 예컨대 유럽의 지성은 일정한 숫자의 개념에 도달하게 될 것입니다. 자유는 한계가 있으며 정의도 그 한계가 있고, 자유의 한계는 정의 속에 있으며 타인의 존재와 타인의 인정 속에 있다는 것, 정의의 한계는 자유 속에 있으며 존재의 권리는 공동체의 품 안에 있다는 것과 같은 개념에 도달하게 될 것입니다.

다음부터는 다양한 질문자들의 질문이 이어진다.
: 유럽 문명은 하나가 아니라 복수이며, 그렇기에 통일성 속에서의 융합보다는 조화로운 협력을 이야기해야 하지 않겠습니까?

짧게 답할 수 있을 것 같습니다. 조화란 훌륭한 것입니다. 불행히도 항상 가능하지는 않습니다. 예컨대 결혼은 두 사람이 합의한다는 조건에서 훌륭한 제도입니다. 그러나 그렇지 않은 경우도 있습니다. 드물다는 것은 인정하지만, 결혼이 재앙일 수도 있습니다. 유럽 국민의 선의에만 의지할 수도 없고, 하긴 이마저도 없으면 전진할 수 없지만, 이것만으로는 우리를 앞으로 나아가게 하는 데에 충분하지 않습니다. 그래서 제도가 필요합니다. 당연히 공통된 제도가 될 이런 제도에 대한 선생의 반박은 유럽 사람들 사이 풍습과 삶의 방식이 다르기 때문에 공통된 제도에 대립한다는 데에 있습니다. 저는 프랑스의 사례를 들어 그것에 반박하겠습니다. 마르세유 사람은 분명히 브레스트 사람보다는 나폴리 사람과 더욱 가깝습니다. 그리고 페르피냥 사람과 루베 사람 사이에는 엄청난 차이가 있습니다. 그럼에도 불구하고 프랑스의 통합은 이뤄졌고, 페르피냥 사람과 루베 사람은 좋든 나쁘든 간에 같은 정부를 투표로 선출합니다.

장 주네의 작품, 『레 망다랭』, 그리고 『O 이야기』는 유럽 문화에 어떻게 기여합니까?

유럽의 미래에 대한 기여인가요, 아니면 프랑스 문학에 대한 기여인가요?

유럽 문명입니다.

솔직히 말해서 전혀 없다고 하겠습니다.

유럽의 다양성은 불리한 조건인가요, 아니면 구원의 희망인가요?

구원의 희망입니다. 역사상 거대한 제국이 일정한 한계를 넘어

---

■ 　1954년에 출간된 시몬 드 보부아르Simone de Beauvoir의 작품으로, 그해에 공쿠르상을 받았다.

■■ 　1954년에 폴린 레아주Pauline Réage란 이름으로 발표한 도미니크 오리Dominique Aury의 소설. 20세기 에로틱 문학의 고전 중 하나다.

커지면 항상 붕괴했다는 훌륭한 이유만으로도 그렇습니다. 알렉산드로스대왕이 마케도니아의 한계 안에 머물렀다면, 분명 오늘날까지도 그리스는 알렉산드로스대왕의 직계 후손의 그리스였을 것입니다. 분명히 다양성에는 불편한 점도 있습니다. 정확히 말해 그것은 자유의 불편함입니다. 또한 공정성과 객관성의 불편함이기도 합니다. 그러나 솔직히 말해서 제국과 커다란 대륙들의 불편함은, 적어도 미래의 도약에 관련된 측면에서, 유럽의 다양성에서 오는 불편함만큼이나 크다고 믿습니다. 예컨대 오늘날 과학 연구가 물질적 힘의 토대가 된다면, 과학 연구는 장기적으로 자유의 분위기 속에서만 가능하고, 효과적이며, 풍요로운 결과를 낳을 것입니다.

유럽 문명은 동구와 서구에서 오는 공격을 동시에 조심해야만 하지 않습니까?

그것이야말로 함정 질문이라 부르는 것입니다. 저는 우선 노르망디 지방처럼 모호한 방식으로 대답할 테고 그다음에는 완전히 직설적으로 대답하려고 합니다. 노르망디 방식으로 말하자면, 한 문명의 주적은 일반적으로 그 자신입니다. 유럽 문명이 위험에 처했다면, 그것은 아마도 외부의 제국이나 문명이 유럽에 압력을 가할 때 유럽이 그 역사의 도전에 응할 만큼 충분한 건강과 힘을 지니지 못한 탓일 것입니다. 곰곰이 생각해보니 제 대답이 그리 노르망디 방식은 아닙니다.

그러나 그보다 직설적으로 대답하자면, 제 생각은 동구 진영과 서구 진영의 위협이 그 힘에 있어서 동일하다고 생각하는 사람들과 같이하지 않습니다. 동구의 위협은 군사적 위협이며, 그 뒤로 전체주의의 위험이 동반되기 때문에, 우리로서는 동화하기 어려운 미국 문화의 형식이 우리 문명에 유발할 수 있는 위협보다 훨씬 크다고 생각합니다. 적어도 이것이 제가 생각하는 바입니다. 그런데 따지고 보면 선생이, 방금 제가 제시한 저의 관점을 알아보기 위한 것보다는 미국 문화가 우리에게 줄 수 있는 위험에 대한 제 생각을 알기 위해 이런 질문을 했다는 생각이 듭니다. 그래서 저는 제 생각을 말해보도록 하겠습니다.

저는 미국을 잘 모릅니다. 겨우 석 달 동안 그곳에서 지냈을 뿐입니다. 반면에 저는 그 문학과 역사를 충분히 압니다. 제가 보기에 미국은 18세기 프랑스의 희망을 실현한 것을 표상합니다. 자세히 설명하겠습니다. 유럽에서 최초로 행복의 철학이라 불리는 것을 정의한 사람들인 백과전서파에 대해 말하고자 합니다. 세계의 조화로운 조직화에 기반을 둔 이성적 행복을 꿈꾸었고, 자연과 세계가 인간에게 행복을 줄 수 있다는 점을 강조했던 사람들이 바로 그들입니다. 그들은 일반적으로 행복의 철학자들입니다. 그것은 의심할 나위가 없으며 제가 미국에 내리자마자 발견한, 매우 호감이 갔던 점은, 미국에는 행복의 의지가 있다는 것이었습니다. 이런 의지는 비관적 철학들만이 실로 진지한 철학이라 간주하기를 거부하고, 불행을 강조하고 생각하는 것을 거부하는 부정의 징후로 드러나며, 다른 경우에 긍정의 징후로 드러나기도 합니다. 예를 들면 미국에서는 매장을 신속하게 합니다. 저들이 빨리 매장하는 것과는 정반대로 여러분도 아시다시피 지중해 문화에서는 죽음과의 접촉, 방금 상실한 사랑하는 존재와의 접촉을 연장하는 것이 관습입니다. 절대적으로 확대해석하진 말아야 할 이 작은 사례는 불행에 대한 어떤 거부, 그리고 긍정적으로는 삶이 더욱 편하고 더욱 찬란하도록 모든 것을 조직하려는 욕망을 잘 보여주는 것 같습니다. 이런 의미에서 18세기의 철학은 쉽게 파악할 수 있을 법한 경로를 통해 꽤 놀랄 만한 실현을 되찾았다는 점을 분명히 말해야만 합니다.

그렇다면, 정의할 수는 있겠지만 실제로 파악하기에는 너무 시간이 걸릴 이유들로 인해, 미국의 성향에는 우리 백과전서파의 행복의 철학에서 제동기와 조절기 역할을 했던 어떤 것이 결여되었습니다. 그것은 한 단어로 정의하기에 어려운, 취향이라 부르는 것입니다. 그것은 어떤 것을 너무 멀리 밀고 나가는 것에 대한 거부감을 의미합니다(예를 들어 뱅자맹 콩스탕Benjamin Constant 같은 무신론자였던 사람은 나중에 "비종교에는 무엇인가 천박하고 낡은 것이 있다"라고 했습니다. 왜냐하면 그에 따르면 투쟁적 무신론은 너무 멀리 밀고 나가버린 것이며, 그다지 섬세하지 못했기 때문입니다). 미국의 문화에 대해서는 특히 유럽에서 너무도 많은 어리석은 말로 부당한 평가를 내렸습니다. 이 문화는 우리에게 문학과 과학에서 최상급의 지식인들을 제공했습니다. 오늘날 유럽에서 폐결핵 환자가 점차 줄어든다면, 그것은 누구 덕분일까요? 자, 이쯤에서 넘어가기로 합시다. 하지만 그리스에는 이 행복의 철학을 실천하는 데 있어서 미국 성향에 있는 일종의 과잉, 일종의 완전한 정복이 있습니다. 그것은 결국 형태를 갖추고 당연히 한계를 넘어서고 섬세한 것을 산산조각 부수고 맙니다. 여러분의 일상적 삶을 평균적인 유럽인이 받아들이기 어렵게 만드는 것이 바로 그런 것이며, 유럽인이 아니라 북아프리카 사람인 제게는 미국식 생활의 리듬이 편안했기에 저는 객관적으로 말합니다. 그럼에도 불구하고 이 리듬은 유럽인을 당황하게 합니다. 마찬가지로 보편적 개념에 대한 체계적인 거부, 구체적인 것과 경험주의, 사실에 대한 취향, 다시 말해 즉각적으로 인지되고 이해되고 파악된 것에 대한 취향 탓에 미국적 사유는 보편적 개념을 외면하게 되었습니다. 이런 생각은 18세기의 프랑스와 영국의 경험주의자들에 의해 영향받은 것입니다. 방금 전의 말투보다는 훨씬 단호하게 말하건대, 보편적 개념에 대한 불신 탓에 미국은 거의 회복이 불가능할 정도로 유럽의 비극을 전혀 이해하지 못하도록 처단되었습니다. 어처구니없는 실수라는 말 외에는 달리 표현할 길이 없기에 이렇게 말하는 것인데, 유럽 문제와 관련해 미국이 저지른 실수는 유럽 비극의 어떤 바탕, 이념적이자 형이상학적인 바탕을 고려하기를 거부한 것에서 비롯되었습니다. 여기에 제가 덧붙이고자 하는 점은, 미국은 또한 젊은 나라이며, 대략 1945년부터 미국이 행사하고 있는 지도력은 아주 참신합니다. 미국은 오랫동안 그 지도력을 행사할 것입니다. 그런데 미국에서 우리에게 다가올 일종의 위험은 바로 삶을 부딪치는 그대로, 사실의 직접적 수준까지 우리를 밀어붙이는 경향이란 것입니다. 그러면 준비되지 않은 사람들의 감수성을 바람직하지 않은 수준까지 이끌고 갈 위험이 있습니다(영화의 영향력은 특히 놀랄 만합니다). 이것이 바로 제 생각입니다.

프랑스 철학이 이 정도로 독일 철학에 의존하는 것을 어떻게 설명할 수 있습니까?

　선생은 직업상 사상사에서 영향의 문제가 어려운 문제라는 것을 알고 있습니다. 그래서 단순히 이 점만 말하겠습니다. 선생의 질문은 저 역시 그 전염병에서 벗어난 이후 스스로에게 던진 질문이며, 저는 제가 살고 있는 지식인 사회와 제가 깊은 불화에 빠진 수많은 이유를 발견하고 놀랐습니다. 그에 대한 제 대답은 이렇습니다. 저는 단순히 독일이 프랑스보다 먼저 존재의 불행을 발견했다고 믿습니다. 독일이 더 고통스러운 역사를 겪었기 때문이 아니라 국가로서 늦게, 그리고 어렵게 태어났기 때문입니다. 더불어 아마도 스탕달이 언급한 독일적 성격 때문이기도 할 것입니다. 실로 그는 모든 것을 어렵게 만드는 독일의 운명을 이야기했습니다. 어쨌든 독일 철학자들은 19세기부터 존재의 불행에 대해 생각했습니다. 이 시대의 프랑스 철학은 선생도 알고 있습니다. 그것은 우리 문명의 진정한 문제로부터 실제로 동떨어져 있었습니다. 이런 문제는 다른 형식으로 독일, 러시아에서 제기되었습니다. 19세기의 우리 철학은 만족한 계급의 이데올로기였고 따라서 그 만족에 닻을 내린 채 역사에서 이탈해, 역사 안으로 들어갈 마음이 전혀 없었습니다. 여기에 두 차례의 전쟁이 있었고 첫 번째 전쟁은 불행하게도 끔찍한 희생을 치르고 이겼지만 다른 전쟁에서는 모든 것이 상실되고 목숨을 건졌습니다. 프랑스인들은 그제야 역사적 불행을 마주했습니다. 만약 그 순간 프랑스인들이 그들의 프랑스 철학자들 쪽으로 고개를 돌려 바라보았다면, 무엇을 발견했겠습니까? 그들은 프랑스인들이 빠져 있는 불행에 대해 할 수 있는 말이 아무것도 없었습니다. 그래서 프랑스인들은 역사의 불행과 불행한 의식, 삶의 난관, 죽음을 위한 존재, 그리고 선생도 알고 있는 그런 것을 이야기했던 철학자들 쪽을 돌아보게 되었습니다. 그리고 제 생각에는 이런 흐름이 너무 열에 들떠 있었고, 너무 배타적이었으나 어쨌듯 설명될 수 있습니다. 즉, 오늘날 프랑스 사상가의 대부분이 좌익이며 일부는 마르크스 성향이란 사실에서도 선생이 관심을 보인 문제에 대한 보충 설명을 찾을 수 있습니다. 그런데 마르크스는 독일 이데올로기에서 곧장 솟아난 사람입니다. 프랑스 사상가들은 그들의 신념에 입각해 그 기원으로 돌아갔습니다. 그로부터 헤겔과 마르크스주의에 대한 연구 및 일반적인 독일 실존주의 철학이 다시 시작되었습니다. 그러나 어떤 진화의 징후들이 나타났습니다. 흔히 말하는 요란스러운 전향이 준비되고 있었습니다. 우리를 불안하게 하는 경향의 대표주자 중 하나였던 메를로-퐁티가 최근 『변증법의 모험들Les Aventures de la dialectique』을 출간했고, 이는 그 경향과 단절을 이루어 따라서 이 못생긴 단어를 사용하자면 프랑스 이데올로기의 전환을 개시할 것으로 보입니다.

유럽의 취약성과 그 허무주의는 동유럽 국가들에게는 믿음이 있는 반면, 우리에게는 더 이상 없기 때문은 아닌가요?

아, 그런데 아시다시피, 저는 작가이기도 합니다. 제 역량을 넘어서는 질문들에 쉴 새 없이 맞부딪히는 것이 조금 아쉽습니다. 문학 안에서 저는 작은 기량이 있기에 말할 수 있을 테고 심지어 활기도 보일 수 있겠지만 이 부분에서는 조금 손발이 묶인 셈입니다. 그렇습니다, 동구는 믿음이 있습니다. 그런가요? 알고 계십니까? 우리에겐 믿음이 없다고요? 누가 그렇다고 하던가요? 저는 믿음을 갖고 있는 수많은 사람을 압니다. 그런 이야기는 글 속에도 없고, 우리의 헌법에도 믿음에 관련되는 것이 드러나 있지 않습니다. 그러나 1945년, 유럽의 모든 나라는 독일 점령기 시절에 믿음이 있음을 증명했습니다. 그리 오래된 이야기가 아닙니다. 저는 항상 이 문제 앞에서, 뭐라고 할지…… 진지하게 말하자면, 저는 그것이 진실이라고 믿지 않습니다. 당연히 토론하고 따져볼 수 있고 그래야만 할 테지만 저는 허무주의는 한쪽 측면에 불과하다고 믿습니다. 저는 이 세계에 하나의 자본주의만 있는 것이 아니라 다른 형태도 있을 수 있다고 생각합니다. 사적 자본주의 혹은 국가 자본주의 같은 형태로 말입니다. 믿음의 결핍은 한쪽에만 발생한 것이 아니고, 믿음이 홀로 다른 쪽에서만 자라는 것도 아닙니다. 또한 따지고 보면 기독교적 믿음도 있고, 서구에는 기독교의 흐름도 있습니다. 왜 기독교적 믿음이 오늘날 그의 열매와 제도적 형태를 낳지 못했을까요? 시도했고, 지금도 시도하고 있고, 그렇다면 훗날 성공할까요? 우리가 어찌 알 수 있겠습니까?

저는 진정한 문제가 거기에 있다고 믿지 않습니다. 우리가 문명으로서 살아남을 수 있는지 알아보는 것이 진정한 문제입니다. 그리고 의지가 딱히 이성적인 것은 아닙니다. 제가 계속 살기를 원한다고 말한다면, 그것은 제가 누구인지 완전히 알기 때문이 아니라, 존재로서의 제가 누구인지에 대한 극도로 생생하고 극도로 예민한 감정이 있고 이를 제 존재 내에서 지속하고자 하는 욕구가 있기 때문입니다. 그러므로 앞서는 것은 이성이 아니라 살고자 하는 본능입니다. 오늘날 서구의 젊은이들에게 이 살고자 하는 본능이 없다면, 그것을 되찾아야만 합니다. 왜냐하면 문제가 바로 거기에 있기 때문입니다. 그들은 명령조로 그들이 믿어야만 할 것, 해야만 할 것을 이야기하는 사람들에게 속내를 털어놓아서는 그것을 찾을 수 없습니다. 저는 그들이 자기 자신과 대화하며 그것을 찾으리라 믿습니다. 다시 말해 그들의 삶의 체험과 그들 자신의 사유를 믿어야만 합니다.

과학의 이성주의와 데카르트의 이성주의가 모두 과학 그 자체에 의해 산산조각 나버렸고(물리학, 화학에서 가장 초보적인 기능까지 이성적 방식으로 그것을 생각할 수 있는 가능성에서 모두 벗어났다), 그렇다면 이런 변화가 유럽 문명을 위협하지 않습니까?

저는 현대 과학이 비이성적인 것을 발견하는 일이 진보라고 믿습니다. 현대 과학이 문명의 형태 속에서 그것에 호응할 법한 총체적 결정론을 증명하는 데에 도달한다면, 그것은 직접적 경로에 의한 전체주의이고, 우리에게 진정으로 그토록 시간적 여유가 없는지 밝혀내기도 쉬울 테니까 그것이 진보라는 것입니다. 데카르트식 이성주의에 관해서는 앞서 암시하기 위해 언급했습니다. 그것은 우리 문명의 일부를 이룹니다. 그러나 그것에 대한 해석과 그에 기반한 개인의 개념의 해석 때문에 데카르트의 이성주의는 서구 사회의 일부 타락의 토대에 있게 되었습니다. 다시 밝히건대 이것은 데카르트 그 자신의 문제가 아닙니다. 철학자들은 여전히 위대한 정신이며 위대한 사람입니다. 그러나 우리가 그들에게서 추출한 것은 최선의 것이 아니라 언제나 찌꺼기입니다. 서구 문명의 취약성 중 하나는 공동체에서 분리된 이 개인을 마치 전체인 양 간주하는 그 구축 방식에 있습니다. 방금 제가 엉성하게 표현한 모든 것을 조금 요약하자면, 오늘날 서구 사회가 개인주의의 과잉으로 죽어간다면 동구 사회는 집단주의의 과잉으로 아직 태어나지조차 못했습니다. 우리의 개인주의가 공동체의 의무를 보다 확실한 개념으로 되찾고, 이와 병행해 동구의 집단주의에서 개인적 자유의 씨앗이 솟아나는 것을 보게 된다면, 우리는 진보할 것입니다. 이런 의미에서 하이젠베르크[W. K. Heisenberg][1]와 같은 사람의 작업이 서구 사회에 정착된 인간에 대한 정태적이며 순수하게 이성주의적인 개념을 위협하더라도 저는 전혀 불안감을 느끼지 않습니다.

예술가가 발언할 수 없는 사람들을 대신해 말할 수 있는 자유를 요구해야 한다면, 그가 발언할 대상을 고르고 나머지는 배제한다는 점에서 이 자유를 사실상 제한하는 것은 아닌가요?

"무제한의 자유는 자유의 반대말입니다"

숙녀분, 맞습니다. 그것은 제한된 자유입니다. 무제한의 자유

---

[1]　독일의 물리학자로, 양자역학의 시초가 되는 연구를 했으며, 불확정성원리 및 원자핵 등에 대한 연구로도 잘 알려져 있다. 1932년 노벨물리학상을 수상했다.

는 자유의 반대말입니다. 무제한의 자유는 오로지 독재자만 행사할 수 있습니다. 예컨대 히틀러는 그의 제국에서 유일하게 비교적 자유로운 인간이었습니다. 하지만 진정한 자유를 행사하고 싶다면 개인의 이익만을 위해 행사해서는 안 됩니다. 오래된 이야기지만 자유는 항상 한계가 있으며 그 한계란 타인의 자유입니다. 이 평범한 상식에 제가 한마디 덧붙이자면 자유는 타인의 자유에 의해 제한되는 한에서만 존재하고, 그 자유에는 의미와 내용이 있습니다. 오로지 권리만 포함하는 자유는 자유가 아니라 전지전능이며 바로 하나의 독재입니다. 권리와 함께 의무도 포함하는 자유는 내용을 갖고 있으며 살아남을 수 있는 자유입니다. 나머지 자유, 그러니까 제한 없는 자유는 살아남지 못하거나 기껏해야 타인의 죽음을 대가로 살아남습니다. 제한된 자유만이 남뿐만 아니라 그것을 행사하는 사람까지 살게 만들며 그 자유가 행사되어 도움을 받는 사람을 살게 만드는 유일한 것입니다.

고통받는 민중의 대변인으로서의 예술가라는 개념은 성당 혹은 신화의 시대로 돌아가는 것인가요? 그것이 부르주아와 개인주의 문학에 대한 유일한 치유책인가요?

저는 질문을 이해하며 그것이 진리의 방향에 있다고 생각하는데, 그렇지 않은가요? 단지 우리는 성당으로 돌아가는 것이 아니며, 사태는 이미 해결되었고, 그리스 신전으로 돌아가는 것도 아닙니다. 헬레니즘을 이야기할 때, 우리 중 누구도 짧은 치마를 입고 어슬렁거리는 아고라를 다시 만들기를 원하지 않지 않습니까?

신화로 돌아가는 것, 그것은 완전히 다른 문제이며, 사실상 멜빌의 『모비딕』[*] 같은 당대의 위대한 작품 중 하나는 누구나 이해할 수 있는 심오하고 섬세한 진리를 신화에 불어넣었기에 이미 훨씬 많은 의미를 지닙니다. 『모비딕』은 미국 학교에서 어린이들이 상품으로 받는 책이지만, 예술가가 악의 문제에 대해 할 수 있는 가장 심오하고 격정적인 사유 중 하나를 대표합니다. 따라서 신화는 여전히 우리 사이에서 문학적이자 예술적 부활의 가능한 형식 중 하나로 남아 있습니다. 그러나 이러한 예술적 부활, 모든 이들에게 감동을 줄 수 있는 이 예술로 가기 위한 길은 특정 장르에 의해 가능한 것이 아닙니다. 아마도 비극의 부활이나 소설의 괄목할 만한 개화, 혹은 정반대로 서사시의 부활이 있을 수 있습니다. 저도 모르는 일입니다. 그러나 이 부활에서 가장 중요한 것은 예술가의 내면적 태도입니다. 이 내면적 태도는 진지함일 수밖에 없습니다. 제가 말하는 진지함이 고독 속에서 이뤄질 수 없다는 점을 고려하면 더 잘 이해할 수 있을 것입니다. 세계와 의도적으로 결별한 예술가들에게 진지함은 순수한 상태, 빨갛게 달궈진 쇠의 상태가 아니라 타인, 즉 독자, 그림이나 연극일 경우 관객 앞에 나서는 방식이며, 그들은 가장 단순하고 가장 진정한 방식으로 타인 앞에 자신을 드러내는 것이라는 훌륭한 이유를 위해 진지함의 일정 부분을 희생해야만 합니다. 결국 가장 쉬운 것처럼 보이지만 그것이 예술의 극치이며 우리 중 누구도 거기에 도달할 수 없습니다. 현

[*] 알베르 카뮈는 이 미국 작가를 '서구의 가장 위대한 천재'라고 부르며 매우 존경했다(1952년에 출간된 카뮈의 책 『유명 작가들 Les Ecrivains célèbres』에 실린 글 「허먼 멜빌 Herman Melville」 중에서).

재 유럽에서 우리 모두는 예술가로서 너무도 많은 장애물, 고려 사항, 역사의 무게, 사태의 가속화, 정보의 다양성에 얽혀 있어서 예컨대 호메로스의 단순하고 자연스러운 진지함이 우리에겐 불가능합니다. 우리는 이런 진지함, 이런 단순함을 지향해야만 하는데, 예술가와 대중이 서로 만나는 곳이 바로 이 지점이라는 훌륭한 이유 때문입니다. 나머지에 대해서는 저는 예언가가 아니니 이 부활이 어떤 형식을 취할지 말할 수 없습니다.

무엇보다도 현재에 관심이 있다면 어째서 유럽 문명의 미래에 대해 이야기하는 겁니까?

자, 우선 제가 발언하게 된 상황을 말하는 것이 그 답변이 되겠습니다. 저는 제안한 주제를 받아들였습니다.

두 번째로 이 주제는 제게도 흥미로웠습니다. 오로지 현재만이 제 관심을 끈다고 말한 것도 사실이지만 현재란 하루하루, 혹은 앞으로 다가올 몇 년을 넘어서는 무언가라고 생각합니다. 넓게 말해 역사적 현재, 그것은 살아 있는 세대입니다. 그것은 어쨌거나 유럽의 미래를 내포합니다. 제 세대가 마침내 휴가를 얻어 무대를 떠나면 그것은 어떤 면에서는 저의 현재가 끝나는 것입니다. 저는 2000년을 생각하기에는 상상력이 부족하지만 앞으로 곧 다가올 몇 해를 생각하기에는 꽤 상상력이 있다고 생각합니다. 그 몇 해는 제 것입니다. 이런 의미에서 그 시간은 제게 주어진 현재입니다. 감각적으로 앞에 있는 모든 것, 저를 고통스럽게 하거나 제게 희열을 안겨주는 모든 것이 바로 저의 현재입니다.

그러니 실수를 한 쪽은 저입니다. 현재에 대한 정의를 내리면서 저는 옳지 않은 정의를 너무 거칠게 내렸습니다. 제 표현이 정당하지 못했기에 선생의 질문은 정당했습니다.

'예술가와 그의 시대'라는 주제의 강연에서 당신은 예술을 위한 예술과 사실주의 예술을 비판했습니다. 그러나 주체와 객체 사이 대립의 틀 안에서 창조의 과정을 생각하기보다는 예술가와 그 대상 사이에 일어나는 점진적 동화 과정을 이해해야만 하지 않았을까요? 예컨대 브라크와 같은 화가의 경우, 그가 그리는 대상과 화가가 동일화하는 모든 정신적 작업이 있습니다. 문학에서도 이러한 동화 과정이 가능한가요?

적어도 시에서는 가능하다고 믿습니다. 저는 시인이 아니니 추정할 따름입니다. 그러나 산문에서는 이성적 매개를 완전히 제거할 수 없다는 훌륭한 이유로 인해, 문학에서 그런 동일화가 불가능하다고 믿습니다. 문학은 언어를 통해 전달되고, 언어는 이성적 매개 없이 존재할 수 없습니다. 아시다시피 그런 시도도 있었습니다. 흔히 말하듯 자동기술법의 실험은 실험 자체로 흥미로웠습니다. 심지어 일정한 부분에서 자동기술에 모든 것을 맡기는 일도 가능합니다(심지어 완전히 자기를 통제하는 것처럼 보이는 작가들도 모두 그렇게 합니다). 그러나 제가 알고 있는 텍스트에서 자동기술법을 브라크처럼 텍스트의 구성 체계로 삼고 거의 신비로운 동일화를 구성 원리로 만드는 일은 가능하지 않습니다. 그렇지 않겠습니까? 브라크가 이미 실현한 사실이 존재하니 미술에서는 가능할 테지만 문학에서는 불가능합니다. 저는 그 어떤 사례도 보지 못했습니다.

작가는 그의 인물과 동화하지 않습니까?

일정 부분에서 그렇습니다. 그러나 그것은 부분적입니다. 하나의 책, 특히 소설의 구성은 이성적인 구성입니다. 거기에는 그 자체로 지성의 활동인 미학이 개입하게 됩니다. 그렇기 때문에 저는 작가라면 자동기술법 같은 방법에 참여할 수 있지만, 거기에 완전히 매몰될 수는 없다고 말한 것입니다.

우리는 습관적으로 유럽 문화를 지리적 영역으로 제한하고 그 문화를 정의했습니다. 하지만, "우리는 우리 문화의 속성을 지닌 사람을 그리스인이라고 간주한다"라며 헬레니즘 문화를 정의했던 이소크라테스처럼, 우리 역시 유럽 문화를 지리적으로 분리하지 말아야 하지 않겠습니까? 유럽 문화의 보편적 성격과 그 지리적 영역 밖으로까지 빛을 비추는 힘을 포기하면 그 문명의 죽음을 재촉하는 것으로 귀결되지 않겠습니까?

저는 선생이 말한 것에 대해 감정적으로 매우 호감이 갑니다. 어떤 정신적 현상도 이성적으로 정의된 영토적 텃밭을 가질 수 없습니다. 지리적 한계는 한 번도 정신의 한계였던 적이 없습니다. 유럽 문명의 영향이 그것이 탄생한 곳의 한계 밖으로 넘쳐흘렀다는 점은 의심할 나위가 없습니다. 게다가 너무 넘쳐흘러서, 딱히 유럽이 아닌 영토나 국가에서도 그 흔적을 찾을 수 있습니다. 영국이 지리적, 문화적으로 반쪽에 불과한 유럽이란 점도 의심할 나위가 없습니다.

이 다양성, 미묘한 색조, 불일치가 있지만, 그럼에도 불구하고 토론의 편의상 유럽 문명의 공간을 대충 한정 지을 법한 지리적 한계선을 그을 수도 있습니다.

그다음에 이 문명이 자신이 망할 것을 무릅쓰고라도 다른 민족에게 영향을 끼쳐야만 하는지를 살펴본다면, 저는 선생의 의견 쪽에 가까운데, 그것은 제 희망 섞인 이유 중 하나 때문입니다. 이 순간 유럽은 우선 유럽의 사상 자체에 의해, 그리고 특히 유럽 학교에서 자유의 개념을 배운 식민지의 반란으로 위협받고 있습니다. 이것이 제게는 신뢰의 한 요소(물론 동시에 미래에 대한 불안의 요소이기도 합니다)를 상징하는 것처럼 보입니다.


니코스 카잔차키스Nikos Kazantzakis▪의 작품이 프랑스에서 높이 평가되는지요?


이미 말했던 것 같은데, 그의 작품은 아주 높게 평가됩니다. 그의 소설 중 두 편이 번역되었습니다. 그의 시집, 혹은 차라리 저라면 시적 산문집이라 할 『고행』도 번역된 적 있습니다. 그의 희곡 두 편이 번역되고 출간되기도 했습니다. 그것이 공연되어 보게 될 날이 있으리란 희망도 있습니다.

현재 우리나라에서 이런 문학적 상황을 누리는 외국 작가는 거

---

▪ 그리스의 작가, 철학자, 극작가이자 시인. 소설 『그리스인 조르바』(1946), 『최후의 유혹』(1954)을 통해 알려졌다.

의 없습니다. 프랑스에서 그보다 더 큰 명성을 누리는 작가, 윌리엄 포크너William Faulkner나 토마스 만Thomas Mann처럼 보편적으로 알려졌고, 더욱 많이 읽히고 더 많은 번역본이 나온 외국 작가들도 있긴 합니다. 그러나 이제 알려지기 시작했고, 저로서는 갈수록 더 알려지길 희망하는 작가들 가운데 카잔차키스는 가장 위대한 작가 중 하나입니다. 그 외에 여러분의 젊은 문학도 번역되었습니다. 마르가리타 리베라키Margarita Liberaki▪도 번역되어 그의 소설 중 두 작품이 갈리마르 출판사에서 출간되었습니다.

프랑스 소설이 발자크와 스탕달 이후에도 발전되었습니까?

오늘날 살아 있는 그 어떤 작가도 이 위대한 그림자와 견주려고 나설 수 없을 것입니다.

1955

---

▪ 그리스의 작가이자 극작가. 프랑스어로 번역된 『다른 알렉산드로스L'Autre Alexandre』 『세 여름Trois étés』이 각각 1950년과 1953년에 갈리마르 출판사에서 출간되었다.

# 비극의 미래에 대해서

그리스-프랑스 문화 연합에서 주최한 '유럽 문명의 미래'라는 주제의 토론에 참여한 다음 날인 1955년 4월 29일, 알베르 카뮈는 아테네의 프랑스 협회에서 '동시대 연극'이란 주제로 강연을 이어갔다. 이 강연의 원고는 1965년 로제 키요Roger Quilliot가 편집한 카뮈의 플레이아드판 전집 2권 『수필Essais』에 실리기 전까지 미발표 원고로 남아 있었다. 카뮈가 강연에서 낭독한 희곡 작품은 여기에 수록되지 않았다.

동방의 현자는 기도하면서, 흥미로운 시대에 살지 않게 해달라고 항상 신에게 빌었습니다. 이런 행운이 우리에게는 주어지지 않았습니다. 우리 시대는 완전히 흥미롭습니다. 다시 말해 우리 시대는 비극적입니다. 우리는 적어도 우리 시대의 불행을 해소할 수 있는 연극을 가지고 있거나 혹은 가질 수 있을까요? 다른 말로 하자면 이렇습니다. 현대의 비극은 가능한가? 이것이 오늘 제가 제기하고 싶은 질문입니다. 그런데 이 질문은 합당할까요? "우리는 좋은 정부를 갖게 될까?" 혹은 "우리의 작가들은 겸손해질까?" 혹은 "부자들이 마침내 그 재산을 가난한 사람들과 나눠 가질까?"와 같은 질문처럼 흥미로울진 몰라도, 이런 질문은 생각할 거리보다는 몽상할 거리만 제공할 것입니다.

저는 이 질문이 합당하다고 믿지 않습니다. 오히려 저는 두 가지 이유로 현대 비극에 대해 정당하게 질문할 수 있다고 믿습니다. 첫 번째 이유는 역사상 비극 예술의 전성기가 전환기의 세기, 민중의 삶이 영광과 동시에 위협으로 묵직해졌던 순간, 미래가 불확실하고 현재가 극적인 순간에 자리했다는 것입니다. 따지고 보면 아이스킬로스는 두 전쟁의 전사였고 셰익스피어는 끔찍한 사건들이 있던 시대에 살았습니다. 게다가 그 두 사람은 문명의 역사에서 일종의 위험한 전환기에 버티고 살았습니다.

도리아 시대부터 원자폭탄의 시대까지 서른 세기의 역사에서 비극 예술의 시대는 두 번뿐이었고, 두 번 모두 짧은 시간, 좁은 공간에 한정되었습니다. 첫 번째 시기는 그리스 시대였고, 그 시대는 뛰어난 통일성으로 아이스킬로스에서 에우리피데스까지 한 세기 동안 지속되었습니다. 두 번째 시기는 이보다 조금 더 길게, 서유럽의 끝자락에 있는 작은 나라들에서 서로 다른 윤리와 더불어 오랫동안 만개했습니다. 실로 엘리자베스 시대 연극의 장엄한 폭발, 황금시대 스페인의 연극, 17세기 프랑스 비극이 거의 동시대에 일어났다는 사실은 충분히 주목되지 않았습니다. 셰익스피어가 죽었을 때, 로페 데 베가는 쉰네 살이었고 그의 작품 중 가장 중요한 작품이 공연되었습니다. 칼데론과 코르네유는 살아 있었습니다. 셰익스피어와 라신 사이에는, 아이스킬로스와 에우리피데스 사이보다 더 큰 시간적 차이가 존재하지 않습니다. 적어도 역사적 관점에서 르네상스는 엘리자베스 시대 연극에서 영감을 받아 무질서 속에서 탄생한 유일하고 장엄한 만개였고, 한 세기 후에 프랑스 비극에서 완벽한 형식을 갖춰 마무리된 것이라고 생각할 수 있습니다.

비극의 두 시기 사이로 거의 스무 세기가 흘렀습니다. 이 스무 세기 동안 아무것도 없었습니다. 겨우 기독교 성극이 있었다지만, 그것은 극적일 수는 있지만 비극적이지 않고 그 이유는 나중에 이야기하겠습니다. 두 시기는 아주 특별한 시대였으며, 그 개별성 자체만으로도 우리에게 비극적 표현의 조건에 대해 정보를 줄 수 있습니다. 제 생각에 이는 매우 흥미로운 연구 주제이며 진정한 역사가들은 이를 엄격하고 끈기 있게 추구해야만 할 것입니다. 그러나 그 연구는 제 역량을 넘어서는 것이며 저는 다만 한 명의 연극인으로서 그것에 대한 생각을 떠올려보고자 합니다.

이 두 시기의 사상의 흐름과 더불어 그 시대의 비극 작품을 검토해보면 하나의 상수를 만나게 됩니다. 두 시기는 한편으로는 신성과 성스러움의 개념으로 흠뻑 젖은 우주적 사유의 형식과, 그와는 반대로 개인주의적이며 이성 중심적인 사유로 활달해진 형식 간의 전환기에 위치합니다. 아이스킬로스와 에우리피데스로 이어지는 흐름은 크게 보면 전前 소크라테스 시기의 위대한 사상가들에서 소크라테스 자신으로 이어지는 흐름이었습니다(소크라테스는 에우리피데스만을 제외하고 비극을 얕잡아 보았습니다). 마찬가지로, 셰익스피어에서 코르네유까지는 어둡고 신비로운 힘의 세계, 그러니까 중세의 세계에서부터 인간의 의지와 이성으로 확립되고 유지된 개인적 가치관의 우주로 이어집니다(라신 작품의 거의 모든 희생은 이성의 희생입니다). 요컨대 중세의 열정적 신학에서 데카르트로 이어지는 것과 결국 같은 흐름입니다. 그리스비극에서 이 진행은 하나의 장소에서 일어나 단순하고, 압축적었으나 두 경우 모두 동일합니다. 사상의 역사에서 매번 개인은 성스러운 집단에서 조금씩 벗어나 공포와 헌신의 옛 세계와 대치해 일어서게 됩니다. 작품에서 우리는 매번 의례적이며 거의 종교적인 찬양의 비극에서 심리적 비극으로 이행합니다. 그리고 개인적 이성의 결정적 승리는 4세기 그리스나 18세기 유럽에서 그 긴 세기 동안의 비극 작품의 생산을 고갈시킵니다.

우리는 이런 관찰에서 무엇을 도출할 수 있을까요? 비극의 시대는 매번 부지불식간에 문명의 과거 형식에서 벗어나지만, 그 시대를 만족시킬 만한 새로운 형식을 발견하지 못한 채 과거와 단절한 상태에 서게 됩니다. 1955년의 우리가 바로 그런 처지에 있으며, 이런 내면적 분멸이 과연 우리 사이에서 비극적 표현을 찾을 것인가를 알아보는 문제가 제기될 수 있습니다. 단순하게 말해 에우리피데스와 셰익스피어로 이어지는 침묵의 스무 세기는 우리에게 신중한 판단을 요청합니다. 결국 비극이란 희귀한 꽃이며 우리 시대에 그것의 만개를 볼 기회는 희박합니다.

그러나 두 번째 이유가 여전히 이 가능성에 대해 생각해보도록 우리를 부추깁니다. 그것은 30여 년 전부터 프랑스에서 우리가 관찰할 수 있는 아주 특별한 현상, 정확하게 말해서 자크 코포

Jacques Copeau[*]의 개혁에 관련된 것입니다. 이 현상은 무대 제작자와 무대 장사꾼에 의해 식민지가 된 연극계의 작가들에게서 비롯되었습니다. 작가들의 개입은 극예술을 진정한 제자리, 문학적 예술의 정점에 되돌려놓기를 지향하는 비극 형식의 부활을 일으켰습니다. 코포 이전에 (아무도 공연하지 않은 클로델을 제외하고) 우리에게 연극적 희생의 특권적 자리는 2인용 침대였습니다. 작품이 성공하면 희생은 늘어나고 침대의 수도 늘었습니다. 한마디로 말해 짐승의 머릿수로 값을 따지는 수많은 다른 것들처럼 하나의 거래였습니다. 코포는 이에 대해 이렇게 말했습니다.

"(…) 우리를 움직이게 만드는 감정, 우리 등을 떠밀고 조이고 억지로 강요하고 결국 우리가 굴복해야만 하는 열정을 보다 명확히 명명하길 원한다면, 그것은 '분노'다.

날이 갈수록 냉소적으로 우리의 프랑스 무대를 격하하고, 교양 있는 관객으로 하여금 무대를 외면하게 만드는 고삐 풀린 산업화, 파렴치한 장사꾼에게 매수된 한 줌의 광대들이 대부분의 극장을 독점한 것, 어디에서나, 위대한 전통이 간직해야만 하는 약간의 겸손이 남아 있어야 할 곳에서도 벌어지는 똑같은 싸구려 연기와 투기의 정신, 똑같은 저질스러움, 곳곳의 허풍, 죽어가는 예술은 더 이상 안중에도 없고 거기에 기생하는 모든 종류의 노출증,

---

[*] 알베르 카뮈는 비외-콜롱비에 극단의 창립자인 자크 코포를 자신의 연극 스승 중 하나로 꼽는다. 1937년 알제에서 그는 코포가 각색한 〈카라마조프가의 형제들〉을 무대에 올렸다. 1959년 그의 사망 10주기를 계기로 카뮈는 '코포, 유일한 스승 Copeau, seul maître'이란 제목으로 헌사를 썼고, 이 헌사는 '자크 코포 노트 Cahier Jacques Copeau'라는 제목이 붙은 소책자(1959년 10월~11월)로 출간되었다.

곳곳의 비굴함, 무질서, 규율의 위반, 무지와 어리석음, 예술가에 대한 경멸, 아름다움에 대한 증오, 갈수록 광적으로 변하는 제작 상황, 갈수록 너그러운 비평, 갈수록 길을 잃은 대중의 취향. 이런 것들이 우리를 분노하게 하며, 우리를 봉기하게 만든다."■

이 아름다운 절규 이후 비외-콜롱비에의 창단이 이어졌고 이것이 우리 연극이 코포에게 진 끝없는 빚이며, 우리는 조금씩 그 품위, 다시 말해 스타일을 되찾게 되었습니다. 지드, 로제 마르탱 뒤 가르Roger Martin du Gard, 장 지로두Jean Giraudoux, 앙리 드 몽테를 랑Henry de Montherlant, 클로델, 그 외 수많은 작가가 한 세기 전에 사라진 화려함과 야심을 연극에 부여했습니다. 그와 동시에 연극에 대한 사상과 숙고의 흐름이 산출한 가장 의미 있는 것, 앙토냉 아르토Antonin Artaud의 아름다운 책 『연극과 그 이중』과, 고든 크레이그Gordon Craig■■와 아돌프 아피아Adolphe Appia■■■ 같은 외국 이론가의 영향이 우리 관심사의 한가운데에 비극적 차원을 다시 정착시켰습니다.

이런 모든 고찰을 모아서 저는 여러분 앞에서 이야기하고 싶은 문제에 명료한 한계를 제시할 수 있을 것입니다. 우리 시대는 예나 지금이나 비극적 표현에 유리한 문명의 드라마와 일치합니다. 동시에 프랑스나 다른 곳에서 수많은 작가가 이 시대에 비극을 부여하려고 고심하고 있습니다. 이 꿈은 일리가 있는지, 이 기획은

■     자크 코포, 「극예술 개혁을 위한 시론 Un essai de rénovation dramatique」, 〈라 누벨 레
      뷰 프랑세즈 La Nouvelle Revue française〉, 1913년 9월 1일.
■■    영국의 배우, 연출가, 무대 디자이너. 극예술의 위대한 이론가 중 하나로 꼽힌다.
■■■   스위스의 무대 디자이너, 연출가. 현대연극의 선구자 중 하나로 꼽힌다.

가능한지, 그렇다면 어떤 조건에서 그러한지와 같은 것은 연극이 제2의 삶인 것처럼 열광하는 모든 이들에게는 긴박한 문제입니다. 물론 오늘날 그 누구도 이런 질문에 "조건이 유리하면, 비극이 그 뒤를 잇는다"라는 종류의 결정적 답변을 할 수 있는 처지에 있지 않습니다. 따라서 저는 서구 문명의 사람들이 품는 이 거대한 희망에 관련된 몇몇 충고를 제시하는 것에 한정하겠습니다.

우선 비극이란 무엇입니까? 비극적인 것에 대한 정의는 문학사가와 작가 들을 사로잡았던 문제이지만 어떤 정의도 모든 사람의 합의를 얻지 못했습니다. 그토록 많은 지식인이 망설였던 문제를 단칼에 해결한다고 주장하지 않고, 적어도 비교를 통해 예컨대 비극이 드라마 혹은 멜로드라마와는 어떤 점에서 다른지를 보려고 할 수는 있을 것입니다. 자, 이것이 제가 생각하는 차이점입니다. 비극에서 맞부딪치는 힘들은 모두 정당하며 나름대로의 합리성으로 무장했습니다. 반면에 멜로드라마나 드라마는 그 힘들 중 하나만 정당합니다. 달리 말해 비극은 모호하고 드라마는 단순합니다. 비극에서 각각의 힘은 동시에 좋으며 나쁩니다. 드라마에서는 하나의 힘이 좋으면 다른 힘은 나쁩니다(그래서 오늘날 선동극은 다름 아닌 멜로드라마의 부활에 불과합니다). 안티고네는 옳지만 크레온도 틀린 것이 아닙니다. 마찬가지로 프로메테우스는 정의롭기도 하고 불의하기도 하며 그를 무자비하게 탄압하는 제우스 역시 그의 권한을 행사하는 것입니다. 멜로드라마의 정의는 결국 "오로지 하나만 정의롭고 정당화된다"이며 비극의 정의는 "모두가 정당화되며 그 누구도 정의롭지 않다"입니다. 이런 이유로 고대 비극의 코러스는 주로 조심하라는 충고를 했던 것입니다. 왜냐하면 코러스는 어느 한계까지는 모든 사람이 옳지만, 맹목이나 열정으로 이 한계를 무시하는 사람은 오로지 자신만이 갖고 있다고 믿는 권리를 행사하려 파국을 행해 달려간다는 점을 알고 있기 때문입니다.

고대 비극의 항구적 주제는 이렇듯 넘어서는 안 될 한계입니다. 이 선의 양쪽에서 유동적이며 간단없는 대결을 통해 똑같이 정당한 힘들이 만나게 됩니다. 이 선을 착각하고 그 균형을 깨뜨리는 것은 곧 쇠락을 의미합니다. (비록 그리스비극보다는 덜 순수한 방식이지만) 〈맥베스〉나 〈페드르〉에서도 넘지 말아야 할 경계선의 개념을 찾을 수 있을 것이며 그것을 넘어서면 죽음이나 재앙입니다. 낭만주의 드라마처럼 이상적인 드라마는 무엇보다 우선 움직임과 행동입니다. 왜냐하면 그것은 선악의 투쟁과 그 투쟁의 우여곡절을 형상화하기 때문이고, 반면 이상적 비극, 특히 그리스비극은 제각기 선악의 이중적인 가면을 쓴 두 힘이 강요하는 부동성 안에서 대립하는 것이기 때문에 그 비극의 요체는 긴장입니다. 물론 드라마와 비극이라는 두 가지 극단적인 유형 사이에서 극문학이 모든 매개체를 제공한다는 것은 말할 필요도 없습니다.

"반항이 정당하고 그 질서가 필연적일수록
 비극은 위대해질 것입니다"

그러나 순수한 형식에 한정한다면, 예컨대 고대 비극에서 마주치는 두 힘은 무엇일까요? 이런 비극의 유형으로서 〈사슬에 묶인

무대 위의 알베르 카뮈, 1957. (ⓒ Loomis Dean / Shutterstock)

프로메테우스〉*을 예로 든다면, 한쪽은 인간과 그 권력욕이고 다른 쪽은 이 세계에 반영되는 신성한 원리라고 말할 수 있을 것입니다. 인간이 오만으로 인해(혹은 아이아스^Ajax처럼 어리석음으로 인해) 신으로 인격화되거나 사회 속에 체현된 신성한 질서와 갈등 관계에 들어갈 때 비극이 생깁니다. 그리고 이 반항이 정당하고 그 질서가 필연적일수록 비극은 위대해질 것입니다.

결국 비극 내에서 이 균형을 깨고자 하는 모든 성향은 비극 자체를 파괴합니다. 신성한 질서에 이의를 제기하지 않고 잘못을 인정하고 회개만 한다면, 비극은 없습니다. 오로지 신비 혹은 우화, 혹은 스페인 사람들이 믿음의 실천이나 성사聖事 행위라 부르는 것, 다시 말해 단일한 진리가 엄숙하게 선포되는 볼거리만 있을 것입니다. 따라서 종교적 드라마는 가능할 테지만, 종교적 비극은 없습니다. 그래서 르네상스까지의 비극의 침묵이 설명됩니다. 기독교주의는 모든 우주, 인간과 세계를 신의 질서 속에 침잠시킵니다. 따라서 인간과 신의 원리 사이에 긴장은 없으며, 고작해야 무지, 그리고 육체에서 벗어나 영혼의 진리를 품기 위해 열정을 포기하는 것에 따른 어려움만 있을 따름입니다. 아마도 결국 역사상 단 하나의 기독교 비극만 있었을 것입니다. 그것은 "주여, 왜 나를 버리시나이까?"라고 했던, 거의 감지되기 어려운 짧은 순간에 골고다 언덕에서 공연되었습니다. 이 짧은 의심, 이 유일한 의심만이 비극적 상황의 모호성을 기렸습니다. 그런 다음 그리스도의

---

■ 1937년 3월 알제에서 알베르 카뮈는 아이스킬로스의 〈사슬에 묶인 프로메테우스〉를 각색해 노동 극단과 함께 무대에 올렸다.

신성은 더 이상 의심을 일으키지 않았습니다. 매일 이 신성을 기리는 미사는 서구 종교극의 진정한 형식입니다. 그러나 그것은 발명이나 창작이 아니라 반복입니다.

반대로 개인을 해방하고 특히 존재의 신비를 부정함으로써 우주를 온통 인간의 법칙에 종속시킨 모든 것 또한 비극을 파괴했습니다. 그래서 무신론적이며 이성 중심적인 비극 역시 불가능합니다. 모든 것이 신비라면 비극은 없습니다. 모든 것이 이성이라도 마찬가지입니다. 비극은 어둠과 빛 사이에서 그 대립을 통해 탄생합니다. 그리고 이것은 이해할 수 있습니다. 종교 드라마, 혹은 무신론적 드라마에서 사실상 문제는 미리 해결된 상태입니다. 반면에 이상적인 비극에서는 해결되어 있지 않습니다. 영웅은 반항하며 그를 억압하는 질서를 부정합니다. 억압을 통해 신성한 권력은 그를 부인하는 사람들이 있다는 이유 자체로 자신의 존재를 공고히 합니다. 달리 말하면, 반항은 홀로 비극을 만들지 않습니다. 신성한 질서의 확립도 마찬가지입니다. 반항과 질서가 필요하고, 하나가 다른 것을 지탱하며 자신의 힘으로 다른 쪽을 강화해줍니다. 신탁으로 요약된 운명이 없다면 오이디푸스도 없습니다. 그러나 운명은 오이디푸스가 그를 거부하지 않았다면 그 숙명성을 갖지 못했을 것입니다.

비극이 죽음이나 징벌로 완성된다면, 징벌의 대상은 죄 그 자체가 아니라 균형과 긴장을 부인했던 주인공의 맹목성입니다. 물론 이것은 이상적인 비극의 경우입니다. 예컨대 비극의 종교적이자 디오니소스적인 기원에 매우 가까이 있었던 아이스킬로스는 그의 3부작 중 마지막 부분에서 프로메테우스에게 사면을 내렸습니다. 그의 '에우메니데스(자비의 여신들)'는 '에리니에스(복수의 여신들)'의 뒤를 이었습니다. 그러나 소포클레스에서는 대부분의 경우 균형이 절대적이며, 바로 이런 점에서 그는 모든 시대를 넘어 가장 위대한 비극 작가입니다. 에우리피데스는 그와는 반대로 비극의 저울추를 개인과 심리학의 방향으로 기울였습니다. 그래서 그는 개인주의적 드라마, 다시 말해 비극의 퇴폐를 예고했습니다. 마찬가지로 셰익스피어의 위대한 비극들도 여전히 열정에 빠진 개인의 시도와 어두운 저항을 대립시키는 광대한 우주적 신비 속에 뿌리를 박고 있었던 반면, 코르네유에서는 개인의 윤리가 승리하며 그 완벽성 자체를 통해 장르의 종말을 예고했습니다.

이렇듯 비극은 극단적 허무주의와 무한대의 희망이란 양극단 사이에서 흔들거렸다고 쓸 수 있습니다. 제가 보기에 이보다 진실인 것은 없습니다. 영웅은 자신을 강타하는 질서를 부인하고, 신성한 질서는 자신이 부인당했기에 인간을 내리쳤습니다. 이렇듯 양측은 서로 그 존재에 이의가 제기되는 바로 그 순간 서로의 존재를 공고히 했습니다. 그래서 모든 것이 정당화될 수 있으며 아무것도 그렇게 될 수 없습니다. 코러스는 질서라는 것이 있으며, 그 질서는 고통스러울 수 있지만, 그것이 존재한다는 점을 인정하지 않으면 더욱 그 고통이 심해지리라는 교훈을 줍니다. 유일한 정화는 아무것도 부정하거나 배제하지 않고, 존재의 신비, 인간의 한계, 그리고 모르는 사이에 알게 된 이 질서를 마침내 수락하는 일로 귀결됩니다. 그때 오이디푸스는 "모든 것이 좋다"고 말했고 그의 눈은 뽑혔습니다. 그는 이제 더 이상 보지 못한 채 그의 밤이 하나의 빛이며, 죽은 눈의 얼굴 위로 비극적 우주의 가장 고귀한 교훈이 빛나는 것을 알게 됩니다.

\*

　이런 검토에서 무엇이 도출될까요? 하나의 제안, 하나의 가설, 그 이상은 없습니다. 사실 서구에서 문명의 무게 추가 신성한 사회, 그리고 인간을 둘러싸고 구축된 사회 사이에서 동등한 거리에 위치할 때마다 매번 비극이 탄생한 것처럼 보입니다. 두 번에 걸쳐, 스무 세기의 간격을 두고, 여전히 성스러움의 관점에서 해석되는 세계와 개별성에 이미 한 발을 담근 인간, 그러니까 반박의 힘으로 무장한 인간이 대치하는 모습을 보았습니다. 두 경우 모두 개인은 점점 공고해졌고 균형은 점점 파괴되어 마침내 비극 정신은 침묵했습니다. 니체가 소크라테스를 고대 비극을 파묻은 장의사라고 비난했을 때[•], 그의 말은 어느 정도 맞았습니다. 데카르트가 르네상스 비극의 흐름의 종말을 찍었다는 것과 같은 의미에서 그렇습니다. 르네상스 시대에 종교개혁, 세계의 발견, 과학 정신의 만개가 문제 삼은 것은 바로 전통적인 기독교적 우주입니다. 개인은 조금씩 신성한 것과 운명에 대항해 일어섰습니다. 그때 셰익스피어는 나쁘면서도 동시에 정의로운 세계의 질서에 대해 반항하는 열정적인 개인을 등장시켰습니다. 죽음과 연민이 무대를 점령했고 다시 비극의 결정적 대사가 울려 퍼졌습니다. "나의 절망이 가장 높은 생명 하나를 잉태했다." 그리고 무게 추는 다른

- 　　　니체가 『비극의 탄생』(1872)에서 드러낸 의견이다.

방향으로 다시 점점 더 기울어졌습니다. 라신과 프랑스 비극은 실내악의 완성 속에서 그 비극적 흐름을 완성했습니다. 데카르트와 과학 정신으로 무장한 이성은 의기양양하게 개인의 권리를 외쳤고, 무대에 공백을 남겼습니다. 비극은 거리로 내려와 혁명의 유혈이 낭자한 사형대 위로 올라갔습니다. 낭만주의는 어떤 비극도 쓰지 않았고, 단지 드라마만 남겼으며, 그중에서 클라이스트H. von Kleist와 실러F. Schiller만이 진정한 위대함에 도달했습니다. 인간은 홀로 남았고, 자기 자신 외에는 그 어느 것과도 부딪치지 않습니다. 인간은 더 이상 비극적이지 않고, 모험가가 되었습니다. 드라마와 소설이 다른 어떤 예술보다 인간을 잘 그려낼 것입니다. 오늘에 이르기까지 역사상 가장 괴기스러운 전쟁이 어떤 비극 시인에게도 영감을 주지 못한 채 비극 정신은 사라졌습니다.

그렇다면 우리에게 비극의 부활을 기대하게 할 만한 것은 무엇일까요? 우리의 가설이 유효하다면, 개인주의가 확연하게 변모하고 역사의 무게로 인해 개인이 점차 자신의 한계를 인식하는 것이 우리가 희망할 수 있는 유일한 근거입니다. 18세기의 개인이 이성과 과학을 통해 굴복시키고 변형시킬 수 있다고 믿은 세계가 실로 그 모습을 갖추었지만 그 모습은 끔찍했습니다. 이성적이며 동시에 과장된 그것은 바로 역사의 세계입니다. 이 정도로 과장된 역사는 운명의 표정을 갖게 되었습니다. 인간은 과연 그것을 통제할 수 있을지 의심이 들었고 단지 역사와 투쟁할 따름이었습니다. 묘한 역설입니다. 숙명을 버리려고 들었던 똑같은 무기로 적대적 운명을 만든 셈입니다. 인간적인 왕국으로 하나의 신을 만든 후, 인간은 다시 이 신과 대적하게 되었습니다. 반항하는 인간은 절대적 희망과 결정적 회의 사이에서 투쟁하면서 동시에 길을 잃었습니다. 따라서 그는 비극적인 분위기 속에서 살아갑니다. 이런 사정이 아마도 비극이 다시 태어나기를 원하는 이유를 설명할지도 모릅니다. 반항을 부르짖으면서도 이 반항에 한계가 있음을 아는 인간, 자유를 요구하면서도 필연성을 수긍하는 오늘날의 인간, 모순적이며 분열되었지만 인간과 역사의 모호성을 의식하는 인간, 이 인간이야말로 바로 비극적 인간입니다. 그는 아마도 "모든 것이 좋다"고 말하는 그날에야 얻게 될 자신의 비극에 대한 정의를 향해 걷고 있을 것입니다.

*

그리고 예컨대 우리가 프랑스 드라마의 부활에서 확인할 수 있는 것은 바로 이 방향 안에서의 모색들입니다. 우리의 드라마 작가들은 비극적 언어를 찾아 나선 것이며 언어 없는 비극은 없고 이 언어는 비극적 상황의 모순들을 반영해야만 하기에 그만큼 구성하기 어렵습니다. 이 언어는 엄숙하면서도 동시에 친근하고, 야만적이며 현학적이고, 신비스러우면서도 명료하고, 거만하면서도 자애로워야만 합니다. 이런 언어를 추구하는 우리 작가들은 본능적으로 그 기원, 다시 말해 제가 언급했던 비극의 시대로 돌아갔습니다. 그래서 그리스비극이 다시 태어나는 모습을 보았지만, 이는 매우 개인주의적인 정신에서 가능한, 유일한 형식으로 태어났습니다. 개인의 왕국에는 우스운 것만 있기에 이 형식은 조롱 혹은 장식적이며 문학적인 변형, 다시 말해 결국 유머와 환상입니다. 이런 태도의 두 가지 좋은 사례가 지드의 〈오이디푸스Œdipe〉, 혹은 지로두의 〈트로이 전쟁La guerre de Troie〉■으로 우리에게 제공되었습니다. (작품 낭독)

또한 프랑스에서는 무대에 신성함을 재도입하려는 노력도 있었습니다. 이것은 논리적이었습니다. 하지만 그러기 위해서는 고대의 성스러운 이미지를 불러와야 했고, 현대 비극의 문제는 새로운 신성함을 재창조하는 데 있었습니다. 그래서 우리는 지금 파리에서 성공을 거둔 앙리 드 몽테를랑의 〈포르-루아얄Port-Royal〉■■에서 문체와 감정의 패스티시를, 클로델의 〈정오의 분할Partage de midi〉■■■에서 진정한 기독교적 감정의 부활을 목격하게 되었습니다. (작품 낭독) 그런데 우리는 어떻게 종교극이 비극이 아닌지를 보았습니다. 종교극은 피조물과 창조 사이에서 벌어지는 논쟁이 아니라 피조물에 대한 단념의 연극입니다. 따라서 클로델의 작품 중 그가 개종하기 이전의 작품 〈황금의 머리Tête d'or〉나 〈도시La Ville〉가 우리 관점에서는 더욱 의미 있습니다.

그러나 어쨌거나 종교극은 항상 비극 이전에 존재합니다. 어떤 의미에서 비극을 예고한다고 볼 수 있습니다. 따라서 몽테를랑의 〈산티아고의 대가Le Maître de Santiago〉■■■■처럼 문체에서 비극적 상

■　　　1935년 11월 21일 파리에서 초연되었다.

■■　　1954년 12월 8일 파리에서 초연되었다.

■■■　1948년 12월 16일 마리니 극장에서 장-루이 바로Jean-Louis Barrault의 연출로 초연되었다.

■■■■ 1948년 1월 26일 파리의 에베르토 극장에서 폴 외틀리Paul Œttly의 연출로 초연되었다.

황이 이미 감지되는 것이 드라마 작품으로 남아 있는 것도 놀라운 일은 아닙니다. 그 작품에서 가장 중요한 두 장면을 여러분에게 읽어드리겠습니다. (작품 낭독)

결론적으로, 제가 생각하기에 이 작품에서는 비록 조금 수사학적이고 유난히 개인주의적이긴 해도 진정한 긴장이 보입니다. 비극적 언어가 그곳에서 형성되고 있고 드라마 자체보다 더 많은 것을 우리에게 전달하는 것 같습니다. 아무튼 명망 높은 몇몇 사례를 통해 여러분에게 보여주려고 했던 시도와 연구는, 비극의 부활이 가능하다는 확신을 주지 않더라도 적어도 희망은 남겼습니다. 그것이 자유와 필연성의 통합을 추구하며 우리 각자가 부정의 힘에 굴복하지 않고 마음속에 저항의 힘을 간직한 채 앞으로 가야 할 길입니다. 그 대가로 우리 시대에 형식을 갖춘 비극적 감수성이 그 만개와 표현을 찾을 것입니다. 흔한 말로 하자면 진정한 현대 비극은 여러분에게 읽어드리지 못하는 작품인데, 왜냐하면 그것은 아직 존재하지 않기 때문입니다. 현대 비극이 탄생하려면 우리의 인내심과 재능이 필요합니다,

다만 오늘날 프랑스 극예술에는 일종의 비극의 성운이 존재하며 그 내부에서 단단하게 응고된 씨앗이 준비되고 있다는 것을 여러분이 느끼게 하고 싶었을 따름입니다. 우주의 태풍이 자연스럽게 그 성운을 쓸어버리면 그와 더불어 미래의 행성이 나타날 것입니다. 시간의 폭우에도 불구하고 이 운동이 지속된다면, 이 약속은 열매를 맺을 것이고, 서구는 아마 극예술의 르네상스를 맞이할 것입니다. 르네상스는 확실히 모든 나라에서 준비되고 있습니다. 그러나 국수주의의 정신을 빼고 말하건대(국수주의자가 되기에 저

는 제 나라를 너무 사랑합니다), 이 르네상스의 초기 징후를 감지할 수 있는 곳은 프랑스입니다.

그렇습니다. 지겹도록 자주 말했듯 우리에게 원형이자 고갈되지 않는 원천은 그리스 정신이라는 점에 대해서 여러분은 이미 저와 더불어 확신할 수 있습니다. 이런 희망과 동시에 이중의 감사, 우선 프랑스 작가로서 공통의 조국인 그리스에 대한 감사, 그리고 여러분의 환영에 대한 감사를 표하기 위해, 폴 클로델이 아름답고 영리하게 야만적으로 각색한 아이스킬로스의 〈에우메니데스〉[*], 우리의 두 언어가 과감하고 화려한 하나의 언어로 서로 변형되었던 한 구절을 여러분에게 낭독하며 이 마지막 강연을 마무리하는 것이 제가 할 수 있는 최선입니다. (작품 낭독)

1955

---

[*] 클로델이 각색한 아이스킬로스의 〈에우메니데스〉는 1920년 〈N.R.F.〉에 발표되었다.

# 스페인과 돈키호테 정신

1955년 10월 23일, 소르본대학교 리슐리외 원형 강의실에서『돈키호테』[*] 출간 350주년을 기념하기 위한 행사가 열렸다. 알베르카뮈는 주어진 발언 기회를 활용해 그가 '정신적 창작물의 거대한 축적을 마무리하는 (…) 서너 개의 작품들' 중 하나로 꼽은 세르반테스의 고전과 더불어 미겔 데 우나무노를 기리며 경의를 표했다. 스페인 지식인 우나무노는 1936년 10월 12일 그가 총장으로 재직했던 살라망카대학교에서 했던 연설이 유명해진 후, 반프랑코주의의 중요한 인물로 여겨져왔다. 그날 우나무노는 팔랑헤 당원들과 프랑코주의 대표자들의 집회 앞에서 프랑코 군대의 잔인한 힘을 규탄하며 이성과 법에 호소했다. 우나무노는 직위가 박탈되고 가택연금을 당했으며, 몇 달 후 슬픔으로 생을 마감했다. 카뮈의 연설은 1955년 11월 12일 〈르 몽드 리베르테르Le Monde libertaire〉에 실렸다.

**레콩키스타**(국토회복운동)**가 한창이던 1085년, 다섯 아내 중 셋**

[*] 세르반테스의 소설로, 1권은 1605년에, 2권은 1615년에 마드리드에서 출간되었다.

이 프랑스인이었던 알폰소 6세는 톨레도 이슬람 사원을 점령했습니다. 이 승리가 반역으로 인해 가능했다는 것을 안 그는 아랍인들에게 이슬람 사원을 돌려준 후, 무력으로 톨레도와 그 사원을 탈환했습니다. 스페인 전통은 명예로운 행동뿐만 아니라 명예에 대한 의미심장한 광기를 증언하는 행동으로 가득 차 있습니다.

스페인 역사의 다른 극단에서 우나무노는 스페인이 과학적 발견에 관한 기여도가 적은 것에 개탄하는 사람들 앞에서 경멸과 겸손이라는, 믿기 어려운 반응을 보였습니다. "발명은 저들에게나 맡겨야 합니다." 저들이란 다른 나라들이었습니다. 스페인은 우나무노를 배신하지 않고도 불멸의 광기라고 부를 수 있는 고유한 발견을 해냈습니다.

전쟁의 왕과 비극적인 철학자, 이 두 사례에서 우리는 순수한 형태의 스페인의 역설적인 천재성을 만날 수 있을 것입니다. 그리고 역사의 절정에서, 이 역설적인 천재성은 자체로 아이러니하고 범주적으로 모호성을 지닌 작품으로 구현되었는데, 이것은 스페인의 복음이 되어야 했고, 추가적 역설로, 이것이 합리주의에 중독된 유럽의 가장 위대한 책이 되었다는 것은 놀라운 일이 아닙니다. 훔친 승리에 대한 거만하고 품위 있는 포기, 시대의 현실에 대한 고집스러운 거부, 철학으로 세워진 반시대성은 돈키호테에게서 우스꽝스럽고 충실한 왕실 대변인을 발견했습니다.

그러나 유의해야 할 점은, 이 거부가 수동적이지 않다는 것입니다. 돈키호테는 투쟁하며, 절대로 포기하지 않습니다. '영리하고 무시무시한 사람'이라는 옛 프랑스어 번역본의 제목처럼, 그는 끊임없는 전투 그 자체입니다. 따라서 이 반시대성은 능동적이며, 자신을 거부하는 세기를 계속 끌어안고 거기에 자신의 흔적을 남깁니다. 포기와는 반대의 개념인 거부, 굴욕 앞에 무릎을 꿇는 명예, 무기를 손에 드는 자비심, 이것이 바로 알세스트[口]에 대한 몰리에르의 모호한 조롱을 다시 조롱하며 세르반테스가 그의 인물 속에서 구현했던 것입니다. 그리고 세르반테스의 조롱은 몰리에르의 조롱에 담긴 열정적 설교보다 훨씬 더 설득력이 있습니다. 왜냐하면 돈키호테는 그 시대에 실패했고, 하인들이 그를 속여 먹은 것도 사실이기 때문입니다. 그러나 잘 알려진 것처럼 산초가 성공적으로 그의 섬을 통치할 때, 그는 주인의 가르침을 기억했으며 그중 가장 위대한 두 개의 가르침은 명예와 자비였습니다. 명예의 경우 "산초, 비천한 너의 혈통을 명예롭게 하라. 네가 혈통을 부끄러워하지 않는다면, 아무도 너에게 그것으로 얼굴을 붉히게 하려 들지 않을 것이다"라고 했으며, 자비에 대해서는 "(…) 의견들 간의 차이가 좁혀지지 않을 때, 자비 쪽을 택하라"라고 했습니다.

오늘날 명예와 자비란 단어가 좋은 인상을 주지 않는다는 것을 부인할 수 없습니다. 사람들은 어제의 상점에서 두 단어를 경계했습니다. 그리고 내일의 사형집행관은 현장에서 근무 중인 시인의 글에서 반동적 이상주의의 입문서라고 여겨지는 『돈키호테』에 대한 비판을 읽을 수 있었습니다. 실제로 반시대성은 성장을 멈추지 않았고, 돈키호테가 감옥에 갇히고 그의 스페인이 스페인 바깥으로 내몰린 이 순간 스페인 역설은 정점에 달했습니다.

口    몰리에르의 희곡 「인간 혐오자」의 주인공을 가리킨다.

물론, 모든 스페인 사람은 세르반테스를 표방할 수 있습니다. 그러나 어느 독재도 결코 천재성을 지녔다고 주장할 수 없습니다. 독재는 천재가 복잡하게 결합한 것을 훼손하고 단순화합니다. 역설에 관해서는, 세 세기 전부터 우리 가운데 끊임없이 유배되었던 돈키호테보다 '부바르와 페퀴셰'[口]를 선호합니다. 그러나 이 유배자는 그 자신 하나만으로도 우리가 조국이라고 주장하는 조국 그 자체입니다.

그래서 우리는 오늘 아침, 반시대성의 350주년을 기념합니다. 그리고 권력자와 전술가의 눈에는 반시대적으로 보이는 이 일부 스페인 사람들과 더불어 이날을 기념합니다. 삶의 아이러니와 인간들의 변치 않는 마음 덕분에 이 기념일은 돈키호테 정신을 간직하고 있습니다. 이 기념식은 돈키호테의 종교를 따르는 진정한 신도들을 망명의 지하 공동묘지에 모은 것입니다. 이는 박해받고 모욕당하는 자들의 수호자이자 자신조차도 장사꾼과 경찰의 왕국에서 박해받았던 돈키호테, 우나무노가 이미 우리 주 돈키호테라고 불렀던 그를 믿는 신앙의 행위입니다. 저처럼 오래전부터 이 믿음을 가졌던 사람들과, 다른 종교라곤 없는 사람들은 그것이 희망이자 동시에 확실한 진실이라는 것을 압니다. 그 확실한 진실이란, 어느 정도의 끈기를 갖는다면 패배는 승리로 승화되며, 불행마저도 즐겁게 불꽃이 되고, 반시대성마저도 유지하고 밀어붙여서 그 끝에 이르면 마침내 현실이 된다는 것을 뜻합니다.

하지만 그러기 위해서는 끝까지 가야 합니다. 스페인 철학자의

---

口    히스타브 플로베르의 책 『부바르와 페퀴셰』의 두 주인공을 가리킨다.

꿈처럼, 돈키호테는 마지막 불행한 자에게 문을 열어주기 위해 지옥까지 내려가야 합니다. 그러면 아마도 돈키호테의 감동적인 말처럼 "삽과 괭이가 방황하는 기사와 조화를 이루게 될" 그날, 박해받는 자들과 망명자들이 마침내 함께 모일 것입니다. 삶에 대한 격렬하고 뜨거운 꿈은 세르반테스와 그의 추종자들이 창안했고 우리에게 남겨주었던 마지막 현실로 변모해, 역사와 인간이 그것을 인정하고 경의를 표할 때까지 우리는 지칠 줄 모르고 그것을 옹호할 것입니다.

1955

# 망명 기자에 대한 경의

1955년 12월 7일, 알베르 카뮈는 에두아르도 산토스에게 경의를 표하기 위해 파리에서 열린 연회에서 발언하게 되었다. 에두아르도 산토스는 1938년부터 1942년까지 콜롬비아공화국의 대통령이었으며, 이후 자유주의 계열의 보고타 지역 일간지 〈엘 티엠포El Tiempo〉의 편집장이었다. 1948년에 시작된, 진보와 보수가 대립한 콜롬비아내란 동안 일간지 건물은 수많은 테러의 표적이 되었고, 심지어 1952년에는 화재가 발생하기도 했다. 1953년 구스타보 로하스 피니야Gustavo Rojas Pinilla 장군이 이끈 군사 쿠데타 이후, 정부가 요구한 담화 발표를 에두아르도 산토스가 거부하자 〈엘 티엠포〉는 결국 발행이 금지되었다. 연회에서 카뮈가 발표한 연설은 인권에 대해 쓴 『노트Cahiers』 6권(1956년 1~2월)에 수록되었고 1957년 11월 추가 원고가 덧붙여진 형태로 〈라 레볼루시옹 프롤레타리엔〉에 재수록되었다. 여기 수록된 것은 그 마지막 판본이다.

오늘 저녁, 우리가 여느 대사와도 닮지 않은 대사를 맞이하게 된 것을 자랑스럽게 생각합니다. 저는 남아메리카의 가장 큰 신문을 폐간시킬 수 있는 서글픈 특권을 가진 정부가, 에두아르도 산토스 대통령에게 파리 대사직을 제안했다는 것을 읽게 되었습니다. 우리는 대통령께서 파리에 대한 무관심 때문이 아니라 콜롬비아에 대한 사랑 때문에 이 명예직을 거부했다는 것을 알고 있습니다. 또한 때때로 정권이 외국 대사직을 성가신 시민을 위한 겉만 번지르르한 유배지로 여긴다는 점을 알았기 때문이기도 했을 것입니다. 당신은 보고타에 남아 당신의 사명에 따라 성가시게 행동했고 이번에는 외교적 배려 없이 가장 완벽한 냉소와 함께 검열받게 되었습니다. 그러나 그 바람에 당신은 파리에서뿐만 아니라 자유라는 단어 하나만으로도 심장을 뛰게 하는 모든 수도에서, 우리 모두가 콜롬비아의 진정한 대사로 여길 만한 가치가 있는 유일한 지위를 얻었습니다.

자유로운 인간이 되는 것은 생각만큼 그리 쉬운 일이 아닙니다. 사실 이것이 쉽다고 단언하는 이들은 자유를 포기하기로 결심한 사람들입니다. 자유는, 우리가 믿게 되는 것처럼, 특권이 아니라 피곤한 임무 때문에 거부됩니다. 자유에 권리와 의무라는 내용을 부여하는 직분과 열정을 지닌 사람들은 그것이 일상적 노력과 빈틈없는 성실함, 자부심 그리고 겸양이 기울어짐 없이 똑같이 요구되는 일상의 증언과 관련되는 일이란 것을 알고 있습니다. 우리가 오늘 당신에게 우리의 경애심을 표하고 싶다면, 그것은 당신 자신이 이 증언을 총체적으로 발설했기 때문입니다. 정부가 당신에게 철회 기사와 반성 기사를 그대로 받아쓰는 책임을 지도록 한 것을 수락하는 불명예를 거부한 것, 거짓과 독재에 복무하기보다는 당신의 아름다운 신문을 파괴하도록 내버려두었다는 것으로 당신은 분명히 그 모든 경우에 존경받아 마땅한 불굴의 증인이었습니다. 이것만으로는 아직 당신이 자유의 증인이 되기에 충분하지 않을 것입니다. 수많은 사람이 오류를 저지르기 위해 모든 것을 희생했으며, 저는 항상 영웅주의와 희생이 대의에 정당성을 부여하기에 충분하지 않다고 생각했습니다. 고집 그 하나만은 미덕이 아닙니다. 반대로 당신의 저항에 진정한 의미를 부여하고 당신이 우리가 경의를 표하고 싶은 모범적인 동료가 되는 것은, 당신이 콜롬비아의 존경받는 대통령이었을 때 같은 상황에서 적대자를 검열하는 데 권력을 사용하지 않았고 적의 신문이 정간되는 것도 막았기 때문입니다.

이 행동으로 인해 당신에게 내재한 진정한 자유로운 인간은 존경을 받기에 충분합니다. 자유는 적법하고 존경받을 만한 자식만 두고 있지는 않습니다. 자유가 그들의 특권을 보장할 때만 환호하고 그들을 위협할 때 자유의 입에 재갈을 물리는 사람은 우리 중에 없을 것입니다. 뱅자맹 콩스탕[■]에 따르면, 억압의 수단을 소유하거나 고통받기를 원하지 않는 사람들, 자신뿐 아니라 타인의 자유를 원하는 이 사람들은, 불행과 공포가 억압의 광기를 제물로 바친 세기 속에서, 우리 중 가장 위대한 사람이 말한 눈 밑의 곡식들이라고 할 수 있습니다.[■■] 폭풍이 지나가면, 세상은 그것을 양식

---

[■]    콩스탕은 그의 책 『유럽 문명 속 정복과 침략의 정신에 대해De l'esprit de conquête et de l'usurpation, dans leurs rapports avec la civilisation européenne』(1814)의 2장에서 이 생각을 개진한다.

[■■]    카뮈는 여기에서 이탈리아 작가 이그나치오 실로네의 소설 『눈 밑의 곡식들Il seme sotto la neve』(1940)에 빗대어 이야기하고 있다.

삼을 것입니다.

알다시피 그런 사람은 드뭅니다. 오늘날 자유에게는 동맹자가 많지 않습니다. 저는 20세기의 진정한 열정이 속박이었다는 말을 한 적이 있습니다. 이것은 당신을 포함해 그들의 희생과 모범이 우리 삶에 항상 도움이 되었던 모든 사람을 부당하게 평가했던 신랄한 말이었습니다. 그러나 저는 자유주의적 에너지의 저하, 말의 타락, 모함받는 희생자, 관대하게 정당화되는 억압, 광적으로 찬미받는 힘 앞에서 단지 제가 매일 느끼는 불안감을 표현하고자 했던 것입니다. 속박의 취향을 미덕의 양념으로 삼는, 이러한 정신이 만연한 것을 볼 수 있습니다. 지성이 두려움에서 정당성을 찾고, 그것도 쉽게 찾아내는 것을 보았습니다. 왜냐하면 비겁한 행동에는 나름의 철학이 있기 때문입니다. 분노가 계산되고, 침묵이 공모하고, 역사는 외설적 희생자 위에 펼쳐진 노아의 망토에 지나지 않습니다. 결국 모든 사람은 진정한 책임에서 벗어나고, 변치 않는 마음을 지키거나 자기 나름의 의견을 갖는 일의 피로에서 벗어나, 자신을 대신해 생각하고 분노하며 계산해줄 정당이나 팔랑헤당으로 몰려갑니다. 현대 지성은 앞에 내세울 수 있는 기갑부대의 숫자로만 교조와 명분의 진실성을 측정합니다. 그때부터 국민, 민족, 혹은 위대한 국가이든 간에 무엇이든 자유의 살해를 정당화합니다. 특히 국민의 안녕은 항상 독재자의 구실이 되었으며, 이는 독재자의 하수인들에게 양심의 가책을 덜어주는 이점도 가지고 있습니다. 그러나 이렇게 그들에게 외친다면 그 홀가분한 양심도 쉽게 파괴할 수 있을 것입니다. "만약 여러분이 국민의 행복을 원한다면, 국민이 원하는 행복이 무엇이고, 원치 않는 행복이 무엇인지 말하도록 국민에게 발언권을 주시오!" 그러나 사실상 그 구실을 이용하는 사람들도 그것이 거짓말이라는 것을 압니다. 그들은 국가가 생존하려면 종교, 애국심, 정의가 자유의 희생을 요구한다는 것을 믿도록 만들고 증명하는 일을 어용 지식인들에게 맡깁니다. 마치 자유가 어딘가로 사라진다고 해서 우리 삶의 이유가 되는 모든 것이 사라지는 것은 아니라는 듯 말합니다. 아닙니다, 자유는 혼자 죽지 않습니다. 자유가 사라지면 정의는 영원히 추방되고, 조국은 숨을 거두고, 결백한 사람들은 매일 십자가형에 처합니다.

"자유는 더 나아질 수 있는 기회인 반면
굴종은 단연코 최악입니다"

물론 자유는 모든 것에 대한 만병통치제가 아니며 한계도 있습니다. 각자의 자유는 타인의 자유 속에 그 한계가 있으며, 누구도 절대적 자유를 누릴 권리는 없습니다. 자유의 시작과 끝, 그 권리와 의무를 조정하는 한계를 법이라 부르며, 국가 자체도 법에 구속됩니다. 만약 국가가 법을 따르지 않고, 시민들에게서 이 법의 혜택을 박탈한다면, 그것은 독직瀆職 행위입니다. 스페인에서 지난 20년 동안 독직 사건이 있었던 것처럼, 지난 8월 콜롬비아에서도 같은 일이 일어났습니다. 그리고 어디에서나 독직과 타협하지 말아야 한다는 것을 기억하도록 당신의 사례가 우리를 도와주었습니다. 사람들은 독직을 거부하고, 그에 맞서 싸우고 있습니다.

당신의 싸움터는 언론이었습니다. 언론의 자유는 아마 자유의 개념이 서서히 악화되는 과정에서 가장 큰 고통을 받은 자유일 것입니다. 언론에는 경찰과 포주가 함께 있습니다. 포주는 언론을 더럽히고 경찰은 언론을 굴복시키며, 서로를 핑계 삼아 언론에 대한 침해를 정당화합니다. 이런 어르신들은 저마다 고아를 보호한다고 감옥이든 유곽이든 간에 안식처를 제공하려 듭니다. 그러나 사실 고아는 이런 성급한 수많은 손길을 사양하고, 홀로 싸우고 홀로 자신의 운명을 결정할 근거가 있습니다.

언론은 그 자체로 절대 선이 아닙니다. 빅토르 위고Victor Hugo는 한 연설에서 언론은 지성, 또는 진보라며 이런저런 말을 했습니다.[*] 저는 오랫동안 기자로 일했는데, 언론이 그런 적은 없었고 현실은 그보다 덜 좋았습니다. 그러나 다른 의미에서 언론은 지성이나 진보보다 더 나은 무언가입니다. 언론에는 이 모든 것의 가능성, 그리고 다른 것의 가능성도 있기 때문입니다. 아마도 자유로운 언론은 좋을 수도 있고 나쁠 수도 있지만 확실한 것은, 자유가 없다면 결코 다른 길은 없고 오로지 나쁘기만 할 것입니다. 최악과 최선의 상황에서 인간이 무엇을 할 수 있는지 알 때, 보호해야 할 것은 인간 그 자체가 아니라 인간이 품고 있는 가능성, 즉 결국 인간의 자유라는 것을 우리는 잘 압니다. 고백하건대 저는 광대하고 약간은 추상적인 사랑의 형태가 아니라면 인류 전체를 사랑할 수 없습니다. 그러나 매번 저는 제가 그토록 다른 사람에게서 보존하고 싶어 애태우는 힘과 존경심을 갖고, 살아 있는 사

[*] 1848년 10월 11일 빅토르 위고가 제헌의회 앞에서 했던 연설을 인용한 것으로 보인다.

람과 죽은 사람을 사랑합니다. 그러면 아마도 그들이 제가 사랑하는 사람과 비슷해지도록 그들로 하여금 변하게 할 수 있을 것입니다. 자유는 더 나아질 수 있는 기회인 반면 굴종은 단연코 최악입니다.

따라서 수많은 타협과 굴종에도 불구하고 우리 시대의 가장 위대한 직업 중 하나인 언론이 자유로울 수 있다면, 그것은 오로지 언론이 당신과 당신의 동료들이 그렇게 했듯이 이 나라와 시대를 위해 가장 높은 차원에서 기여할 수 있는 유일한 직종이기 때문입니다. 언론의 자유가 있다고 해도 국민은 정의와 평화를 향해 가고 있는지 확신할 수 없습니다. 그러나 언론이 아예 없다면 그쪽으로 한 발자국도 가지 못할 것이 분명합니다. 국민의 권리를 인정할 때만 정의가 이뤄지며 권리의 표현이 없다면 어떤 권리도 존재하지 않습니다. 이 점에서 로사 룩셈부르크Rosa Luxemburg가 한 말을 신뢰할 수 있습니다. "무제한의 언론의 자유가 없고 집회와 결사의 절대적 자유가 없다면, 대규모의 민중을 지배하는 일은 꿈도 꿀 수 없습니다."■

따라서 이 자유의 원칙에 대해서는 완강해야만 합니다. 사람들이 위선적으로 우리를 설득하려고 애쓰듯이 자유는 단지 문화의 특권에 토대를 제공하는 것만이 아닙니다. 자유는 노동의 권리에도 그 토대를 제공합니다. 독재를 정당화하기 위해 노동과 문화를 대립시키는 사람들은 우리에게 한 가지 사실을 잊지 못하게 만들

■    룩셈부르크의 사후에 출간된 그의 『러시아 혁명Die Russische Revolution』(1918)에서 발췌한 이 인용문은 알베르 카뮈의 『작가수첩』 2권(1935~1948)에도 등장한다.

것입니다. 즉, 지성을 박해하는 모든 것은 노동을 속박하고 그 반대도 마찬가지라는 사실입니다. 지성의 입을 막으면 노동자는 지체 없이 예속되며 마찬가지로 프롤레타리아가 사슬에 묶이면 지식인들은 금세 위축되어 침묵하거나 거짓말하게 됩니다. 요컨대, 진실 또는 그 표현을 침해하는 자는 자신이 정의를 섬긴다고 믿더라도 결국 정의를 훼손하게 됩니다. 이러한 관점에서, 우리는 언론이 혁명적이기에 진실하다는 것을 끝까지 부정할 것입니다. 그러니까 언론은 진실할 때만 혁명적일 것이고 반대의 경우는 그렇지 않다는 것입니다. 우리가 이 명백한 사실을 염두에 두는 한, 대통령님, 당신의 저항은 진정한 의미를 지닐 것이며, 그 저항 정신은 고독하기는커녕 투쟁에서 도망치지 않도록 우리를 돕고 그 길고 긴 투쟁을 밝혀줄 것입니다.

콜롬비아 정부는 〈엘 티엠포〉가 국가 속의 초국가라고 비난했고 이 주장에 대한 당신의 반박은 옳았습니다. 그러나 그 의미를 수긍하진 않겠지만, 어떤 의미에서는 당신의 정부 또한 틀린 것은 아니었습니다. 왜냐하면 정부는 이런 말을 하면서 말의 힘에 경의를 표한 것이기 때문입니다. 검열과 억압이 오직 희생이 뒷받침된다는 유일한 조건에서 이루어진다면 그것은 말이 독재자를 벌벌 떨게 하기에 충분하다는 증거를 제공한 셈입니다. 마음과 피를 먹고 자라난 말은 사람들을 하나로 모을 수 있는 반면 폭정의 침묵은 사람들을 갈라놓기 때문입니다. 독재자는 수백만의 고독을 등지고 홀로 대화합니다. 그와는 반대로 우리가 억압과 거짓을 거부하는 것은 고독을 거부하는 것이라고도 할 수 있습니다. 굴복하지 않는 자들은 억압에 맞서는 동시에 모든 사람과의 연대를 다짐

합니다. 그렇습니다. 당신이 억압에 저항하며 보호했던 것은 당신 자신이나 일간지 정도가 아니라, 국경을 넘어 우리를 하나로 묶은 공동체 전체였습니다.

게다가 전 세계에서 당신의 이름이 항상 자유의 대의와 연결되어 있는 것이 사실이지 않습니까? 또한 당신이 오늘날 세상에 흩어져 있는 스페인 공화국, 동맹자와 친구에게 배신당하고 모든 이의 기억에서 사라져서 오로지 함성의 힘으로만 견디고 있는 모욕받은 스페인, 이 스페인 공화국의 믿음직한 친구 중 한 명이었고 지금도 그러한 것을 이 자리에서 어떻게 기억하지 않을 수 있겠습니까? 기독교적이고 참회하는 또 다른 스페인이 그 감옥의 옥지기와 검열관을 거쳐 소위 자유롭다는 국가들의 조직으로 돌아오는 날, 당신이 자유롭고 불행한 스페인 곁에 조용히, 되돌아간다는 생각을 품지 않고, 우리 모두와 함께 서 있을 것임을 알고 있습니다.

이러한 충심에 대해 저의 제2의 조국의 이름으로, 여기 당신에게 감사와 우정을 표하기 위해 모인 사람들의 이름으로, 당신에게 감사의 말을 전하도록 허락해주십시오. 속박과 고통의 시간 속에서도 권리를 굳건히 지킨 몇몇 사람들 사이에 동석해주셔서 감사합니다. 의무의 의미가 사라져가고 있다는 것에 대해 여기저기에서 불만이 터져 나옵니다. 더 이상 자신의 권리에 관심을 갖지 않는데 달리 어쩔 수 있겠습니까? 자신의 권리를 타협하지 않는 자들만이 강력한 의무감을 지닐 수 있습니다. 한 국가의 위대한 시민은 권력 앞에 무릎을 꿇지 않으며, 필요하다면 권력에 대항해 국가의 명예와 자유에 대해 단호한 태도를 지킵니다. 그리고 당신의 나라는 당신이 모든 기회주의에도 개의치 않고 당신에게 가해진 총체적 불의에 대항한 것을 알고 있기에, 여기에 모인 우리처럼 당신에게 경의를 표할 것입니다. 가장 소략한 현실주의, 권력에 대한 타락한 개념, 불명예에 대한 집착, 공포의 참상이 세상을 왜곡하고 있는 순간, 모든 것을 잃었다고 생각하는 순간, 더 이상 잃을 것이 없기에 오히려 무엇인가가 시작되었습니다. 시작된 것은, 이제부터 아무 조건 없이 자유의 옹호에 전념하는, 돌이킬 수 없는 것들의 시간입니다. 오늘날 좌파든 우파든 상관없이 정권이나 정당과 잠정적으로, 특히 전술적으로 공모하기를 거부하는 당신의 태도가 수많은 전통적 친구들과 결별하는 모든 사람에게 모범과 위로가 되는 까닭입니다!

말을 마치기 전에, 어느 날엔가 당신이 국민에게 전한 놀라운 메시지를 읽고 당신의 확고함, 충성심과 동시에 당신이 겪었던 기나긴 고통을 헤아려보았던 일을 이야기하고 싶습니다. 아시다시피, 억압이 승리할 때, 자신의 대의명분이 정의롭다고 믿는 사람들은 정의가 겉으로 보기에 무능하다는 것을 발견하고 일종의 경악스러운 불행으로 고통을 겪습니다. 그것은 우리가 모두 겪었던 추방과 고독의 시간입니다. 그렇지만 우리가 사는 세상에 일어날 수 있는 최악의 일은 제가 말했던 자유와 용기를 지닌 사람이 고독과 역경의 무게로 흔들리고, 자기 자신을 의심하고, 자신이 표방했던 것 또한 의심하는 것이라고 생각합니다. 그리고 그 순간, 그와 비슷한 사람들이 각자의 지위와 각자의 스타일을 접어두고 그에게 다가와 오직 마음에서 우러난 말로 그는 혼자가 아니고, 그의 행동은 헛되지 않았으며, 언젠가 억압의 궁전이 무너지고 추방은 끝나고 자유가 타오르는 날이 올 것이라고 이야기해야만 합니다. 이 고요한 희망은 당신의 행동에 정당성을 부여합니다. 결국 사람들이 매번 어떤 의미 있는 역사를 만들 수 없다면, 자신의 삶을 의미 있게 만들 수 있도록 행동해야 합니다. 제 말을 믿어주시기 바랍니다. 수천 킬로미터 떨어진 머나먼 콜롬비아에서 당신과 당신의 협력자들은 자유를 향해 함께 돌파해야 하는 고된 길을 우리에게 보여주었습니다. 그리고 여기에서 당신을 환영하는 충직하고 감사의 마음을 담은 친구들의 이름으로, 제가 당신과 당신의 협력자들에게 우리 공동의 해방을 위한 위대한 동료로서 우애 깊은 경의를 표하고 있다는 것을 받아들여주시길 바랍니다.

1955

# 도스토옙스키를 위하여

1958년의 인터뷰에서 알베르 카뮈는 도스토옙스키를 20세기의 '진정한 예언가'라고 평가했다. 그는 알제에서 대학을 다니던 스무 살에 이 예언가의 작품을 발견했다. 1938년 그가 이끌던 극단에서 『카라마조프가의 형제들』을 각색해 무대에 올릴 때 카뮈는 이반 역을 연기했다. 카뮈는 그 후 자신의 책 『시지프 신화』 『반항하는 인간』 『작가수첩』에서 도스토옙스키의 작품에 대한 수많은 견해를 전개했다. 결국 '수년간의 노력과 집착' 끝에, 카뮈는 1959년 가장 오래되고 소중한 기획 중 하나를 실현했다. 『악령』을 연극으로 각색한 것이다. 몇 년 전인 1955년, 그는 '라디오 유럽'의 제안으로 개최된 도스토옙스키에 대한 공동 헌정 행사에 참여했다. 아래 수록된 글은 그가 이 행사를 위해 작성한 원고이며, 1957년 〈테무앵〉에도 실렸다.

몇 달 전 만난 상냥한 소련 청년이 위대한 러시아 작가들의 작품이 프랑스어로 충분히 번역되지 않았다고 불평하는 것에 매우 놀란 적이 있었습니다. 저는 그에게 19세기의 위대한 러시아 문학이 이 세기의 모든 문학 중에 가장 많이, 가장 잘 번역되어 있다고 알려주었습니다. 그리고 도스토옙스키 없이 20세기 프랑스 문학은 지금 같은 모습이 아니었을 것이라고 확언해 그의 놀라움에 정점을 찍어주었습니다. 그리고 설득을 마무리하고자 "당신은 그 시대의 사상운동에 깊이 관여한 프랑스 작가의 사무실에 있습니다. 이 사무실에 있는 단 두 개의 초상화는 누구의 초상화일까요?"라고 했습니다. 그는 제가 가리킨 방향으로 고개를 돌렸고 톨스토이와 도스토옙스키의 초상화를 본 그의 얼굴은 환해졌습니다.

젊은 친구의 얼굴에서 제가 보았던 그 빛은, 그것 하나만으로도 오늘날 사람들을 분열시키기 위해 누적된 모든 어리석음과 잔혹함을 잊게 만드는 빛이었습니다. 그 빛은 도스토옙스키의 모든 작품 속에서 끊임없이 작동하며 러시아나 프랑스뿐만 아니라 국경을 넘어 찬란하게 반짝거립니다.

저는 스무 살에 그의 작품을 접했고, 그때 받았던 충격은 20년이 지난 지금도 여전합니다. 저는 정신의 피조물이 쌓인 거대한 산더미 꼭대기에 있는 『오디세이』『전쟁과 평화』『돈키호테』, 셰익스피어의 희곡과 같은 서너 개의 위대한 작품 반열에 『악령』을 올려놓았습니다. 저는 우선 인간의 본성을 현시했다는 점에서 그를 존경했습니다. 현시란 단어가 적절합니다. 그는 우리가 알고는 있지만 인정하기를 거부하는 것을 가르쳐주기 때문입니다. 더구나 그는 명증함 그 자체에 대한, 꽤 호의적인 저의 취향을 만족시켜주었습니다. 그리고 시대의 비극을 더욱 잔혹하게 겪다 보니, 우리의 역사적인 운명을 가장 깊이 겪고 표현했던 도스토옙스키의 인물을 금세 좋아하게 되었습니다. 진즉에 니체가 있었지만,

저에게 도스토옙스키는 우선 현대 허무주의를 파악하고 정의했으며, 이후의 끔찍한 여파를 예측할 줄 알았고, 구원의 길을 보여주려 했던 작가입니다. 그의 주된 주제는 그가 '심오한 정신, 부정과 죽음의 정신'[*]이라 일컬었던 것이며, 이 영혼은 '모든 것이 허용되는' 무한한 자유를 요구하다가 모든 것의 파괴와 모든 이의 속박에 귀결됩니다. 그의 개인적인 고통은 여기에 참여하는 동시에 이를 거부한 것이고, 그의 비극적인 희망은 겸손으로 굴욕을, 포기로 허무주의를 치유하는 것입니다.

"신과 불멸성의 문제는 다른 관점에서 보면 사회주의의 문제와 똑같은 문제입니다"[**]라고 쓴 이 사람은 이제 우리의 문명은 모두를 위한, 혹은 그 누구에게도 소용없는 구원의 길을 주장하리라는 것을 알고 있었습니다. 그러나 그는 단 한 사람의 고통을 잊는다면 구원은 모든 사람에게 확장될 수 없음을 알았습니다. 달리 말해, 비록 오늘날의 세계는 두 측면에서 그가 틀렸다고 생각하지만, 그는 가장 넓은 의미로 사회주의적이지 않은 종교를 원하지 않았으나, 종교적이지 않은 사회주의도 거부했습니다. 그는 이 방식으로 진정한 종교와 사회주의의 미래를 구원했습니다. 도스토옙스키의 위대함은(다른 방식이지만 그와 다름없는 것을 말했던 톨스토이의 위대함처럼) 끊임없이 커질 것입니다. 왜냐하면 우리의 세상이 죽거나 되살아나든 간에 두 경우 모두 도스토옙스키는 그 정당성을 부여받을 것이기 때문입니다. 그렇기에 그 불완전성에도

---

[*] 표도르 도스토옙스키의 『카라마조프가의 형제들』 중에서.
[**] 위의 책.

불구하고, 혹은 그것 때문에, 그는 우리 문학과 역사를 높은 곳에
서 굽어봅니다. 오늘까지도 여전히 그는 우리가 살고, 희망하도록
도와줍니다.

1955

# 알제리의 민간인 휴전을 위한 호소

1955년 가을 〈렉스프레스L'Express〉에 실린 기사에서 알베르 카 뮈는 민간인의 생명을 우선적으로 보호해달라고 요구하며, 알제 리전쟁에 개입된 서로 다른 세력들에게 대화에 나서라고 호소했 다. 글을 행동으로 옮긴 그는 1956년 1월 22일 '알제의 진보 모 임'에서 「민간인 휴전을 위한 호소Appel pour une trêve civile」를 발표했다. 건물 안에서는 아랍과 프랑스 사이에 우호적인 분위 기가 조성되었던 반면 그 순간 바깥에서는 격렬한 시위가 벌어졌 고, 그중 프랑스의 알제리를 지지하는 과격분자들은 "카뮈에게 죽음을!"이라고 외쳤다. 모임은 긴장 속에서 마무리되었고 가까 스로 충돌을 피했다. 자신의 시도가 실패했음을 안 카뮈는 〈렉스 프레스〉를 떠났고, 더 이상 알제리를 주제로 공개적인 발언은 하 지 않기로 결심했다. 하지만 그는 여전히 암암리에 수많은 사형 수의 사면을 요청하며 활동했다. 그의 호소는 1956년 1월 26일 주간지 〈드맹Demain〉에 발표되었고, 이후 『시론집』 3권(알제리 연대기, 1939~1958)에 요약되어 수록되었다.

신사, 숙녀 여러분,

이 모임에서 취해야 할 신중함에도 불구하고, 우리가 직면한 어려움에도 불구하고, 오늘 저녁 저는 분리가 아니라 통합을 위해 말하고자 합니다. 그것이 저의 가장 열렬한 소망이기 때문입니다. 모두가 뭉쳐 이 소망에 저항하는 사태, 예컨대 알제리를 위해 삶의 일부분을 바친 한 인간이자 작가인 그가 무엇을 말하고자 하는지 알리지도 못한 채 발언권을 거부당하는 사태에 직면했음을 인정해야 하는 것에 대한 저의 실망—실망이란 단어가 약합니다만—은 결코 작지 않습니다. 동시에 이것은 우리가 시도해야 할 평정에 대한 노력이 시급하다는 점을 확인해주었습니다. 이 모임은 적어도, 대화의 모든 기회가 없어지지 않았음을, 전반적인 낙담으로 인해 최악을 수긍하는 일이 일어나지 않도록 해야 한다는 것을 보여주기 위한 것이어야 합니다.

저는 분명히 '대화'를 언급했으며, 따라서 제가 여기에 와서 발언하고자 하는 것은 강연의 형식을 띠지 않습니다. 사실을 말하자면, 현 상황에서는 강연하고 싶은 마음이 들지 않습니다. 그러나 여러분 앞에서 단순한 인간애의 호소, 적어도 한 가지 점에서 분노한 사람들을 침묵하게 하고 각자의 신념을 전혀 포기할 필요 없이 프랑스인이건 아랍인이건 대부분의 알제리인을 뭉치게 할 법한 호소를 하는 일이 가능하며 심지어 제 의무라고 생각했습니다. 이 모임을 주관한 위원회가 수락한 이 호소는 오로지 무고한 민간인과 관련되는 휴전을 수락하라고 양 진영에 요구하는 것입니다.

따라서 저는 여러분 앞에서 오늘 이런 시도에 정당성을 부여하기만 하면 됩니다. 간단히 설명하겠습니다.

우선 어쩔 수 없이 우리의 호소는 모든 정치의 바깥에 위치한다는 점을 강조해 말합시다. 그렇지 않다면 저는 발언할 자격이 없었을 것입니다. 저는 정치인이 아니며, 제 열정과 취향은 공적 연설과는 다른 데에 가 있습니다. 저는 상황의 압력, 그리고 가끔 작가인 저의 직분에 대해 생각했던 것에 떠밀려서 이런 자리에 온 것입니다. 사태가 긴박하게 돌아가고 양측의 불신이 커지고 있는 터라 제가 알제리 문제의 바탕에 대해 할 수 있는 말은 아마 확신보다는 의혹이 더 많을 것입니다. 이런 사태에 대해 발언하기 위한 저의 유일한 자격은 알제리의 불행을 개인적 비극처럼 겪었고, 특히 어떤 진영이든 간에 한 사람의 죽음에 기뻐할 수 없다는 점입니다. 20년간 미미한 방법으로나마 저는 두 민족의 화합을 돕기 위해 최선을 다했습니다. 그가 사랑하는 두 민족이 오로지 똑같은 살인의 흥분으로 하나가 된 모습을 역사가 그에게 지적할 때 화해의 전도사가 어떤 표정을 지을지 생각하고 아마 사람들은 웃어넘길지도 모르겠습니다. 하지만 그 자신은 어떤 경우에도 웃어넘길 수 없었습니다. 이런 실패 앞에서 그의 유일한 관심사는 그저 조국이 과다한 고통을 겪지 않도록 하는 일뿐입니다.

이런 호소를 주도적으로 지지했던 사람들 역시 정치인의 자격으로 행동하지 않는다는 말도 덧붙여야만 하겠습니다. 그들 중에는 고귀한 소명 의식에 따라 인류애의 의무를 기꺼이 지지했던 위대한 종교 집단의 일원도 있었습니다. 또한 직업이나 감수성이나 그 어느 것도 이쪽에 관련되지 않는 사람들도 공적 사안에 연루되었습니다. 그들 대부분이 직업 하나만으로도 공동체에 유익한 터라, 삶을 영위하는 데에 충분했습니다. 그들도 다른 많은 사람처럼 한 발자국 떨어져서 가끔 쓸쓸하고 아름다운 어투로 한숨 섞인

몇 마디만 내쉬며 총성의 숫자만 세고 살 수도 있었습니다. 그러나 건설하고, 가르치고, 창조하는 것은 삶과 관용의 산물이며 증오와 피의 왕국에서 그런 일을 지속할 수 없다고 그들은 생각했습니다. 결과와 약속으로 가득 찬 그토록 무거운 결심은 그들이 제안하는 것을 깊이 숙고하길 요구하는 권리 하나를 빼고는 아무런 권리도 생기지 않는 결심이었습니다.

마지막으로 우리는 당신들에게 정치적 호응을 얻기를 원치 않는다는 점을 말해야만 하겠습니다. 문제의 뿌리에 대한 질문을 제기하면서 우리는 우리에게 필요한 동의를 얻지 못할 수도 있을 것입니다. 우리는 필요한 해결책, 심지어 그것을 실현할 수단에 관련된 것을 뒤로 미룰 수도 있습니다. 수백 번 결정되고 변형되었던 입장들을 다시 직면하는 일은 지금으로서는 단지 모욕과 증오의 무게만 더할 따름입니다. 우리나라는 그 무게에 눌려 버둥거리며 질식하고 있습니다.

그러나 적어도 모든 사람을 뭉쳐주는 것이 하나 있는데, 그것은 바로 우리 공통의 땅에 대한 사랑과 불안입니다. 하루하루 조금씩 좁아지는 미래의 문, 부패하는 중인 투쟁과, 하루같이 악화되어 어떤 권력도 가까운 미래에 알제리를 더 이상 일으켜 세울 수 없을 정도로 이미 심각해진 경제적 불균형의 위협을 목전에 둔 불안입니다.

우리가 해결하고자 하는 것이 바로 이 불안이며, 이는 이미 자기 진영을 선택한 사람들 사이에서도 마찬가지입니다. 왜냐하면 이 난장판의 한복판에서 가장 단호한 결심을 한 사람들 사이에도 살인과 증오에 투항하지 않고 행복한 알제리를 꿈꾸는 한 줌의 사람들이 있기 때문입니다.

프랑스인이건 아랍인이건 간에 여러분 개개인 중 이 한 줌의 사람들에게 우리는 호소합니다. 이 위대한 나라가 두 동강 나 표류하는 것을 손 놓고 볼 수 없고, 과거의 잘못을 다시 되새기기보다는 오직 미래를 걱정하는 사람들에게 호소합니다. 우리는 구체적인 한 부분에 대해 우선 한자리에 모여, 그다음 인간의 생명을 구하고, 마침내 이성적 토론에 적합한 분위기를 준비하는 일이 가능하다고 말하고자 합니다. 이 목표를 위해 의도적으로 소박한 태도를 취했지만 그 목표의 중요성은 여러분의 가장 폭넓은 동의를 얻을 만큼 가치 있다고 생각합니다.

무엇이 중요할까요? 아랍의 행동 단체와 프랑스의 당국자들이 굳이 접촉할 필요도 없고, 다른 어떤 것을 약속하지 않은 채 이 혼란한 시기 내내 민간인들은 어떤 경우든 존중되고 보호될 것이라고 동시에 선언하는 것입니다. 왜 이런 조치가 필요할까요? 이미 말한 바 있고 더 이상 강조하지 않겠지만 그 첫 번째 이유는 단순히 인간애 때문입니다. 알제리 비극의 오래되고 깊은 연원이 무엇이었든 간에 하나의 사실은 그대로 남아 있습니다. 무고한 사람의 죽음 앞에 어떤 명분도 정당화되지 못한다는 것입니다. 역사상 전쟁 자체를 제거할 수 없었던 인간들은 그 효과를 제한하려는 데에 힘을 모았고, 끔찍하고 혐오스러웠던 지난 세계대전 속에서 구조와 연대를 위한 조직은 그 어둠 속에 희미한 연민의 불빛을 파고들게 해 인간에 대해 완전히 절망하는 일을 막는 데에 이르렀습니다. 이런 필요성은, 모든 면에서 형제 간의 투쟁의 양상을 띠고 오리무중의 투쟁에서 여자와 남자, 노동자와 군인을 구별할 수 없는 싸움일 경우에 한결 긴박합니다. 이런 관점에서 볼 때, 우리의 시도가 비록 단 한 사람의 무고한 생명을 구할지라도 그것은 정당할 것입니다.

그러나 이것은 다른 이유 때문에도 정당합니다. 알제리의 미래가 아무리 캄캄할지라도 아직 완전히 훼손된 것은 아닙니다. 아랍인이건 프랑스인이건 저마다 적의 사정을 숙고하는 노력을 기울인다면 적어도 풍요로운 토론의 요소가 도출될 수 있을 것입니다. 하지만 알제리의 두 민족이 제각기 상대방이 먼저 시작했다고 비난하고, 일종의 인종 혐오의 광기 속에서 서로 뒤엉켜 싸운다면 화해의 모든 가능성은 결정적으로 핏속에 빠져버릴 것입니다. 우리는 이 끔찍한 사태로 걸어 들어갈 수도 있으며, 이것이 우리의 가장 큰 고뇌입니다. 그러나 그래서는 안 되고 그럴 수는 없으며, 우리 아랍인, 프랑스인이 광기와 허무주의적 파괴를 거부하고 이성을 향해 마지막 호소를 해야만 합니다.

적어도 이 점에 관련해 이성적으로 생각하면, 살거나 죽거나, 파괴하든 희망을 품든 간에 프랑스인과 아랍인의 연대가 불가피하다는 것이 명확히 드러납니다. 이 연대의 흉측한 측면은, 한쪽을 죽이면 다른 한쪽도 죽고, 제각기 다른 쪽에 잘못을 떠넘기며 자신의 폭력을 적의 폭력으로 정당화하기를 원하는 지옥의 변증법에서 드러납니다. 그 과정에서 첫 번째 책임자에 관련한 영원한 논쟁은 의미를 잃었습니다. 비슷하면서도 다르지만 똑같이 품위 있는 두 민족은 함께 살 줄 몰랐던 터라, 울분을 가슴에 품고 함께 죽기로 했습니다.

## "저는 획일성이 아니라 차이를 신뢰합니다"

그러나 우리의 호소에 정당성을 부여하는 희망의 공동체도 있습니다. 이 공동체는 우리가 아무것도 할 수 없는 현실 위에 뿌리를 내리고 있습니다. 이 땅 위에 수백만 명의 이슬람교도, 아랍인, 베르베르인, 프랑스인이 수 세기 전 정착했으며, 그중 강력하고 활동적인 종교 공동체도 몇몇 있습니다. 이들은 역사에 밀려 자리 잡았던 이 길과 인종의 교차로에서 함께 어울려 살아야만 합니다. 그들은 자유로운 만남 속에서 남보다 한발 앞서 솔선수범한다는 단 하나의 조건에서만 그렇게 살 수 있습니다. 우리의 다른 점은 서로를 대립시키기보다는 서로 돕는 이유가 되어야만 합니다. 제 경우나 다른 어느 곳에서나 마찬가지로 저는 획일성이 아니라 차이를 신뢰합니다. 차이가 없다면 창조와 문화의 수액이 말라 자유의 나무는 죽게 됩니다. 하지만 우리는 오로지 폭력의 거칠고 짧은 위기 속에서만 해소되는 마비증에 걸린 듯 상대방 앞에서 얼어붙은 채 살아가고 있습니다. 투쟁은 속죄되지 못하는 성격을 띤 채 각자에게 억누를 수 없는 분노와 오로지 격화될 여지밖에 남기지 않는 열정들을 야기합니다.

"이제 더 이상 대화의 가능성은 남아 있지 않다." 바로 이런 말이 모든 미래와 모든 삶의 가능성을 말려버리는 비명입니다. 그 순간부터 마음 한구석에서 아랍인들의 존엄성에 대한 요구가 정당하다는 것을 알면서도 프랑스인은 아랍인을 무시하기로 결심하는가 하면, 프랑스인들도 이 공동의 땅에서 안전과 존엄에 대한 권리를 갖고 있다는 것을 마음 한구석에서는 알고 있음에도 불구하고 아랍인은 프랑스인을 외면하기로 결심합니다. 원한과 미움에 사로잡혀 누구도 다른 이의 말에 귀를 기울이지 않습니다. 어떤 의미에서 했던 제안이든 간에 모든 제안은 의혹의 눈초리 속에서 금세 왜곡되어 쓸모없는 것이 되었습니다. 오래되거나 새로운 비난, 단단해진 복수심, 지칠 줄 모르는 원한이 꼬리에 꼬리를 물어, 마치 원한과 그 원인이 몇 세대에 걸쳐 쌓인 가족들의 재판정에서처럼, 아무리 정직하고 인간적인 재판관일지라도 갈피를 잡지 못하고 풀지 못할 실타래 속으로 우리는 점차 빠져들어 갑니다. 그래서 이런 상황의 끝은 상상하기 어렵고, 프랑스와 아랍의 협력 그리고 평화롭고 창의적인 알제리에 대한 희망은 매일 조금씩 더 흐려집니다.

우리가 적어도 깊이 있는 대화가 시작되는 그날까지라도 그 희망을 조금이나마 유지하고 싶다면, 그리고 상호 이해의 노력을 통해 그 대화가 어떤 결말에 도달하게끔 하고 싶다면, 우리는 이 투쟁의 성격을 파고들어 행동해야 합니다. 당장 적대적 태도의 중단을 바라기에는, 이 거대한 비극과 거기에서 고삐 풀린 복잡한 열정으로 인해 우리는 손발이 꽁꽁 묶여 있습니다. 우리의 행동은 사실상 순수하게 정치적 입장을 취하는 것을 상정할 텐데, 지금으로서는 그것이 아마도 우리를 더욱 분열시킬 것입니다.

그러나 우리는 적어도 이 투쟁이 지닌 끔찍한 측면에 집중해서, 현 상황을 조금도 바꾸지 않고도, 돌이킬 수 없는 것, 다시 말해 무고한 사람의 살해만이라도 포기하라고 제안할 수 있습니다. 이런 모임이 프랑스인과 아랍인을 두루 섞을 테고, 우리가 회복할 수 없는, 돌이킬 수 없는 비참한 사태로 가지 않으려고 애쓴다는 사실은 양 진영에 개입할 수 있는 진지한 기회를 제공할 것입니다.

우리의 제안이 수용될 기회가 있었다면, 우리는 귀중한 생명을 구할 수 있었을 뿐만 아니라 건전한 대화에 유리한 분위기도 부조리한 고집으로 망치지 않고 복원했을 테고, 알제리 문제에 대한 보다 정당하고 보다 섬세한 이해의 토양을 준비할 수 있었을 것입니다. 주어진 사안에 대해 이 미약한 해동을 유발하면서 우리는 어느 날, 우리 모두가 그 안에서 꼼짝 못 하고 있는, 증오와 광기의 고집으로 얼어붙은 덩어리를 통째로 녹여버리기를 기대할 수도 있었을 것입니다. 그러면 정치인들에게 발언권이 주어지고, 제각기 다시금 자신의 신념을 옹호하고 그 차이를 설명할 권리를 가졌을 것입니다.

아무튼 우선 시작이라도 하기 위해 우리가 한데 뭉칠 희망을 걸 수 있는 부분은 바로 이 협소한 지점입니다. 이보다 넓은 논의의 장소였다면 지금으로선 불화의 공간만 덤으로 생겼을 것입니다. 우리는 스스로 인내력을 지녀야만 했습니다.

그러나 제한되고 동시에 핵심적인 이런 행동에 대해, 숙고 끝에 저는 어떤 프랑스인이나 아랍인도 동의를 거부할 수 있으리라 믿지 않았습니다. 그것을 확신하려면 이런 시도가 우리의 조심성과 우리가 스스로 부과한 좁은 한계에도 불구하고 실패할 경우에 벌어질 수 있는 일을 상상해보면 충분합니다. 벌어질 수 있는 일이란, 바로 결정적 결별, 모든 희망의 파괴, 여전히 기대하지 않는 불행일 것입니다. 오늘날 양쪽 진영에서 위협받는 무인 지대에서 우리 곁을 지키며 버티는 아랍인들은 그들 자체도 분열되어 점차 커지고 있는 위험에 저항하기에 이미 수많은 어려움을 겪고 있어서, 자칫 대화의 모든 가능성을 말살할 숙명에 굴복하고 투항할 수도 있을 것입니다. 직간접적으로 그들은 투쟁에 돌입하겠지만 그들 자신이 평화의 장인이 될 수도 있었을 것입니다. 그들을 도와 이 숙명에서 벗어나게 하는 것이 모든 프랑스인에게 득이 될 것입니다.

그러나 마찬가지로 아랍의 온건파에게도 그들이 우리가 또 다른 숙명에서 벗어날 수 있도록 돕는 것이 직접적으로 득이 됩니다. 왜냐하면 우리가 시도하는 일에 실패하고 우리의 무능력을 드러낸다면 프랑스의 존재와 아랍의 존재가 공존할 수 있다고 생각하는 프랑스의 자유주의자들, 이 공존이 양쪽의 권리를 정의롭게 하리라 믿는 사람들, 어떤 경우에도 그것만이 이 나라의 민중을 불행에서 구할 수 있다고 확신하는 프랑스인들은 이후에 입을 다물게 될 것이기 때문입니다.

그들이 꿈꾸는 광대한 공동체 대신에 그들은 그들을 정당화하는 하나뿐인 살아 있는 공동체로 송환될 것입니다. 그것은 바로 프랑스입니다. 이는 우리가 우리의 침묵, 혹은 의도적 언행으로 투쟁에 돌입할 것이란 뜻입니다. 두려워해야만 하고 우리의 행동을 긴박하게 요청하는 이런 이중의 진화를 예시하기 위해 저는 저의 아랍 친구들의 이름으로 말할 수 없습니다. 그러나 저는 프랑스에서 그것이 가능하다는 것을 보았던 증인입니다. 제가 여기에서 저들이 제안하는 모든 것에 대한 아랍인의 불신을 느끼는 것과 마찬가지로 프랑스에서도 아시다시피, 술탄이 귀환한 후에

도 리프의 전쟁이 지속되고[■] 튀니지에서 펠라가들의 활동이 재개
되는 것[■■]을 보고 큰 충격을 받았던 프랑스인들의 의심과 불신이
고조되는 것을 느끼고 있다는 점을 여러분은 아셔야만 합니다.
속죄받을 수 없는 전투의 전개로 인해 이 전투들의 목표가 단지
민족을 위한 정의가 아니라, 프랑스의 희생을 무릅쓰고, 최종적
파괴를 위해 외국의 야심을 실현하는 데에 있다고 생각할 수밖에
없게 되었습니다. 많은 프랑스인이 모든 희망을 잃은 채 피할 수
없는 현실을 받아들인다면, 대다수의 아랍인의 추론과 대칭되는
추론을 품을 것입니다. 그 추론이란 다음과 같습니다. "우리는 프
랑스인이다. 우리의 적의 명분상 정당한 것을 고려하는 일이 프
랑스와 그 국민에게 있어서 생존하고 성장할 가치가 있는 것을
부당하게 평가하도록 이끌지 않을 것이다. 우리에게 프랑스인을
제외한 모든 민족주의에 환호하라고도, 프랑스를 제외하고 모든
죄악을 용서하라고도 요구할 수 없다. 극단에 몰린 우리 처지에
서 반드시 선택해야 하기에 우리는 우리 조국 외의 다른 것을 선
택할 수 없다."

똑같은 추론이지만 뒤집어 생각하면 우리 두 민족은 결정적으
로 결별할 것이며 알제리는 오랫동안 폐허로 변할 텐데, 오늘날
간단히 사유의 노력을 기울인다면 사태를 바꿀 수 있고 최악을 피

[■] 모로코의 모하메드 5세가 유배에서 귀환하고, 프랑스 보호령의 종말을 예고한
1955년 11월 라셀생클루의 협약에도 불구하고 리프에서 반란은 지속되었다.

[■■] 1955년 6월 3일 협약에 서명함으로써 자치권을 획득한 후 튀니지는 독립을 요구했
다. 하비브 부르기바Habib Bourguiba 지지자들과 살라 벤 유세프Salah Ben Youssef
지지자들의 대립이 있었던 이 기간에 펠라가(Fellagha, 프랑스령 북아프리카의 반식민지
운동에 소속된 무장단체)들의 활동이 재개되었다.

할 수도 있을 것입니다.

이것이 우리를 위협하는 이중의 위험이고, 우리가 당면한 생사의 문제입니다. 우리는 적어도 하나의 사안에서 힘을 합쳐 피해를 줄이고 만족스러운 발전을 촉진하는 데 성공하거나, 반대로 단결하고 설득하는 데 실패할 것입니다. 그리고 그 실패는 미래에도 영향을 미칠 것입니다. 자, 이것이 우리의 시도에 정당성을 부여하며 그 긴급성을 좌우합니다. 우리 각자의 고독과 고뇌에 목소리를 낼 수 있는 힘이 있다면, 바로 그 목소리로 여러분에게 말할 것입니다. 저는 제가 태어난 이 땅을 열정적으로 사랑하고, 제 모든 것을 이곳에서 얻었으며, 어떤 종족이건 간에 여기에 사는 사람들 누구와도 그 우정을 결코 단절하지 않았습니다. 이 땅에 없지 않은 가난을 겪었고 공유했지만 이곳은 제게 행복과 에너지와 창조의 땅입니다. 그래서 저는 이곳이 불행과 증오의 땅으로 오랫동안 변하는 것을 결코 자포자기한 채 보고만 있을 수 없습니다.

역사의 커다란 비극이 종종 그 흉측한 얼굴로 많은 사람을 매혹한다는 사실을 저는 압니다. 그래서 사람들은 그 얼굴 앞에서 아무것도 결정하지 않고 그저 기다릴 뿐, 꼼짝도 하지 않습니다. 그들은 그렇게 기다리다가 어느 날 고르곤에게 삼켜져버립니다. 반면에 저는 이 매혹이 끊어질 수 있으며, 이 무기력은 환상이고, 마음의 힘, 지성, 용기가 이 운명을 좌절시키고 가끔 전복하기에 충분하다는 제 신념을 여러분에게 나눠드리고 싶습니다. 맹목적인 의지가 아니라 사유를 곁들인 굳은 의지로 단지 원해야만 합니다.

우리는 너무 쉽게 숙명에 굴복하고 맙니다. 결국 오로지 피만이 역사를 전진시키며 가장 강한 자가 다른 약한 자를 밟고 전진한다는 믿음을 너무 쉽게 받아들입니다. 이런 숙명도 아마 존재할 것입니다. 그러나 인간의 의무는 그것을 받아들이거나 그 원칙에 굴복하는 것이 아닙니다. 인간이 일찌감치 그것을 수락했다면 우리는 여전히 선사시대에 살았을 것입니다. 문명과 믿음의 인간이 감당하는 의무는 모든 경우 역사적 투쟁에서 도망치거나, 잔인하고 비인간적인 투쟁에 기여하는 것이 아닙니다. 우리의 의무는 거기에서 버티고 인간을 억압하는 것에 대항해 인간을 돕고, 인간을 둘러싼 숙명에 대항해 자유를 주장하는 것입니다.

진정으로 역사가 진보하고, 개혁하며, 한마디로 말해 창조할 때는 바로 이런 조건에서입니다. 그 나머지의 역사는 분노에 차서 말을 더듬는 피투성이 입처럼 같은 말을 반복합니다. 지금 우리는 말을 더듬고 있지만, 우리 세기에 보다 넓은 전망이 열리고 있습니다. 우리는 단도를 들고 결투하는 모양새이지만 세계는 초음속 비행기처럼 나아가고 있습니다. 신문은 우리처럼 변방 한구석에서 벌어지는 말다툼에 대한 끔찍한 기사를 인쇄하는 날에 동시에 유럽의 원자력 연합을 보도하기도 합니다. 내일 유럽이 합의만 한다면 돈의 물결이 대륙을 뒤덮고 여기까지 흘러넘치면서 우리의 문제를 철 지난 것으로 만들고 우리의 증오를 낡은 것으로 만들 것입니다.

우리가 서로 뭉치고 손을 맞잡아야 하는 것은 바로 아직은 상상할 수 없지만 가까운 이런 미래를 위해서입니다. 나중에 세계적 규모를 지닌 이런 전망을 다루기 위해서 지금 빈약하게나마 몇몇 사람들끼리 모여야만 합니다. 아직 더 큰 무엇인가를 요구하지 않은 채 단지 이 지구상의 외로운 한 부분 위에서 한 줌의 무고한 희생자를 살려달라고 요청하는 이런 사실 가운데 우리가 겪는 부조리하고 슬픈 비극이 뚜렷이 드러납니다. 그러나 아무리 암담하고 소용없는 것일지라도 그것이 우리의 의무이며 훗날 자유로운 인간, 다시 말해 공포를 행사하는 것도 공포를 당하는 것도 동시에 거부하는 인간으로서 살아갈 자격을 위해 우리는 단호하게 이 문제에 다가가야만 합니다.

1956

# 포즈난

1956년 초 폴란드는 불안정한 정치적, 사회적 분위기를 경험하고 있었다. 포즈난에서 철강 노동자의 생활수준은 퇴보했으나 노동의 강도는 극도로 높아지고 있었다. 협상 시도가 무산된 후, 6월 28일 파업이 벌어졌다. 10만 명 이상의 사람들이 거리로 나와 관청 건물들을 습격했다. 국방부 장관 콘스탄틴 로코솝스키 Konstantin Rokossovsky는 신속히 군대를 개입시켜 유혈이 낭자한 가운데 시위를 진압했다. 시위에 참여했던 이들 중 50여 명이 사망했고, 수백 명이 부상을 입었다. 알베르 카뮈가 공개적으로 이 연설을 했다는 것은 확실하지 않다. 이 원고는 저자 생전에 출간된 적이 없었으나 이 책에 포함시키기로 했다.

기회가 있을 때마다 조합주의자를 자처하던 국제 공산당의 한 우두머리는 포즈난 봉기가 국외에서 물든 선동자들의 행위였다고 선언했습니다. 결국 이 정치의 천재는 행복에 관한 자신의 생각을 불편하게 하는 노동자 시위나 식민지 봉기 앞에서 여느 부르주아 언론인이 했을 법한 말과 다름없는 말만 했습니다. 그러나 그가 내세운 논거는 오히려 우리의 전폭적인 지지를 받을 만하니다. 그는 정상적 국가에서 노동자들은 자신의 요구를 충족시키려고 경찰서를 공격하지는 않는다고 말했습니다. 이 타당한 지적에 우리는 갈채를 보내야만 합니다. 왜냐하면 실제로 정상적 국가라면 노동조합의 자유에 입각해 노동자의 요구를 위한 평화로운 투쟁을 허용하기 때문입니다. 그러나 파업할 권리가 더 이상 존재하지 않는 곳에서, 노동조합원들이 100년에 걸쳐 쟁취한 것이 노동 관련 입법을 통해 단번에 펜촉으로 죽 그어져 삭제되는 곳에서, 최저 생계비를 받는 노동자들이 정부의 결정으로 살기조차 벅찬 임금마저 삭감된 것을 보고 울고 분노하지 않는다면 그들에게 무엇이 남아 있겠습니까?

그렇습니다. 노동자가 불행과 죽음 사이에서 선택을 강요받는다면 그것은 정상적 체제가 아닙니다. 그리고 직간접적으로, 혹은 부주의였건 고의였건 간에 포즈난의 순교자들을 헐뜯거나 비난하는 사람들은 자유로운 인간의 공동체에 완전히 등을 돌리고 그들이 옹호한다고 주장하는 혁명의 명예에 먹칠을 하는 것입니다. 몇몇 언론이 온건한 자유주의자라고 소개했고 그의 기관이 노동자들을 처형하는 동안에도 좋은 말만 퍼뜨렸던 유제프 치란키에비치Józef Cyrankiewicz *는 진압 방침을 선언하다가 그만 실언하고 말았습니다. 그는 누구든지 민중에 대항해 손을 올리는 자는 그 손이 잘릴 것을 장담할 수 있다고 말했습니다. 만약 이러한 처벌이 폴란드의 내각 수장이 말한 것처럼 확실하다면, 그 나라와 다른 몇몇 나라들은 머지않아 한쪽 팔을 잃은 수뇌부가 통치하게 될

---

■　　　　1947년부터 1952년, 1954년부터 1970년까지 폴란드 정부의 수상이었다.

306

것이 틀림없습니다. 왜냐하면 이 통치자들과 관료들은 민중에 대항해 손을 들어 올리는 것보다 한술 더 뜬 짓을 저질렀기 때문입니다. 그 행동은 바로 민중을 때리고, 피투성이가 되도록 쓰러뜨리는 것이었습니다. 그러나 노동자의 피는 행운을 부르지 않습니다! 총을 난사하고 횡설수설하며 당황한 폭군들은 오늘날 똑같은 고의적인 공범 의식으로 뭉쳤습니다. 의심할 바 없이 그들은 자신이 유죄임을 알고 있습니다!

그렇기에 우리는 이 사안에 대한 유고슬라비아 정부와 공식 언론사의 태도를 보고 분개할 수밖에 없습니다. 유고슬라비아 정부는 포즈난의 희생자들을 모욕하고 비난함으로써 스탈린에게 꽤 훌륭한 경의를 표했습니다. 그러나 스탈린은 어쨌거나 그를 신뢰하는 모든 사람의 기대를 저버렸고, 자유 좌파의 눈에서 오래도록 비난받았습니다. 하지만 결국 이러한 비난은, 우리가 목도하고 있는 진보적 인사들의 조심스러운 언사는, 우리가 이미 알고 있는 것을 재확인할 따름입니다. 이를 통해 우리는 좌파에도 반동주의가 있음을 배웠습니다. 만약 폴란드 노동자들의 희생과 그들이 세상에 일깨운 연대가 여기 있는 여러분과 같은 수많은 사람에게 여전히 노동운동의 명예와 지칠 줄 모르는 용기를 증언하지 못했다면, 적어도 반동주의가 좌익에도 있다는 것입니다. 그러나 노동자들이 빵과 자유를 얻기 위해 탱크 앞으로 나란히 전진하는 광경을 보며 이 순교자들을 파시스트 취급하거나, 흔히 말하듯 정치체제가 자유화되길 원하는 때를 기다리며 묵묵히 굶어 죽을 인내심이 없었던 것을 점잖게 아쉬워하는 것 외에 다른 반응을 보이지 않는 이들은 노동운동과 그 명예에서 이탈한 것입니다.

그 전투에 동참할 수 없는 저로서는 저항과 투쟁을 조금이라도 부추기는 것을 경계하겠습니다. 굴욕 끝에 일어섰다가 살해당한 사람들, 그들의 희생 앞에서 존중과 절대적 연대가 아닌 다른 이야기를 꺼내거나, 감히 사소한 유보의 태도를 내보였다면 스스로를 경멸했을 것입니다. 그들은 우리의 축하를 필요로 하지 않습니다. 그것만은 확실합니다. 그들에게 오로지 필요한 것은, 천 개의 목소리로 이루어진 자유가 지배하는 곳이면 어디든지 그들의 외침이 메아리치고 그들의 고통이 전달되어 세상의 눈에 드러나며, 우리 모두의 빵을 얻기 위해 자유롭게 자신의 자유를 희생했다고 주장하는 이 기만을 끝장내고자 하는 그들의 의지가 알려지고 존중받는 것입니다. 그들이 우리에게 외쳤던 진실은 그들에게는 빵도 자유도 없었다는 것이며, 이 둘 중 하나라도 없이 사는 것을 원치 않으며, 그렇게 살 수도 없으며, 우리 모두가 알고 있듯 이 둘은 분가분의 관계이며, 자유를 박탈당한 노예는 오로지 주인의 기분에 따라 빵을 받을 수 있다는 것입니다.

최근 몇 달 동안 우리 눈앞에서 신화 하나가 무력하게 허물어지고 있습니다. 현재 우리는 동구의 정권을 혁명적인 정권, 프롤레타리아의 정권으로 간주하기를 거부하며 우리의 생각이 옳았다는 것을 깨닫는 슬픔을 겪고 있습니다. 실로 슬픈 일입니다. 수백만의 사람들이 실제로 불행과 억압으로 고통받고 있다는 사실을 알리는 일이 옳았다는 것에 누가 기뻐하겠습니까? 오늘날 진실이, 이 끔찍한 진실이 드러나고 신화는 산산조각 났습니다. 그러나 우리는 이 신화가 몇 년 동안 유럽인들의 의식과 지성을 왜곡했다는 것을 알고 있습니다. 눈먼 자들은 찬란한 태양 앞에서도 여전히 캄캄하다고 말할 것입니다. 그리고 오늘은 더욱 불편한 심정으로 말할 것입니다. 포즈난의 노동자들은 오랫동안 승승장구하고 오랫동안 냉소적이던 기만술에 마지막 일격을 가했습니다. 지금 폴란드 봉기의 불길은 왜곡된 혁명의 몰락과 불행을 모든 사람의 눈에 밝게 비추고 있습니다. 오늘날 이 몰락과 더불어 더 이상 눈먼 자들이나 순진한 사람은 없을 것입니다. 다만 공범자들이 있을 뿐입니다.

우리는 결코 이 공범자들이 되어서는 안 됩니다! 거만한 바리새인이 되어서도 안 됩니다. 우리는 너무 많은 죽음과 피의 대가를 치렀기에 진실의 승리를 그 무엇도 아닌 고통스러운 각오로 맞아들여야 합니다. 죽어가는 체제의 남은 흔적이나마 건지려고 지금도 저들이 어둠 속에서 총살하는 속수무책의 노동자들을 보며, 우리는 오랜 거짓이 수반했던 공포와 고통을 느낄 수 있습니다. 그러나 이 절망적인 죽음은 우리에게 거듭 충성을 맹세하도록 합니다. 억압 앞에서 그들이 외쳤던 말에 대한 충성, 군대의 사열대에 있었던 군인마저도 회심하게 만든 그 말에 대한 충성, 짓밟히고 억압되었던 모든 상황과 그것을 왜곡으로 감싼 가운데에서도 살아남은 말에 대한 충성, 지칠 줄 모르는 자유에 대한 충성, 신성한 불굴의 자유에 대한 충성입니다. 그렇습니다. 우리는 멀리서나마 포즈난 노동자들의 비통한 외침에 호응하고 세상에 그 메아리를 다시 전달할 수밖에 없습니다. 그리고 이 외침이 결코 잦아들지 않도록 쉴 새 없이 그렇게 해야만 합니다. 자유냐 야만이냐, 이 선택의 문제는 이제 막 지나간 역사의 긴 나날들 속에서 우리가 배웠던 것이며 또한 새로운 비극에서 배우는 것입니다. 그렇기에 선택은 어렵지 않을 것입니다. 우리는 오래되거나 새롭게 생긴 야만에 대항해 자유를 선택할 것입니다. 우리는 억압받는 폴란드 노동운동가들의 희생을 단 하루라도 더럽히지 않기 위해 처음이자 마지막으로 선택할 것입니다.

1956

# 자유의 정당.
## 살바도르 데 마다리아가에게 바치는 헌사

1956년 10월 30일 파리에서 스페인 지식인 살바도르 데 마다리아가의 탄생 70주년을 기념하는 행사가 개최되었다. 에두아르 에리오, 에두아르도 산토스, 로베르 쉬망Robert Schuman, 폴-앙리 스파크Paul-Henri Spaak, 빅토리아 오캄포Victoria Ocampo, 파블로 카살스Pablo Casals, 카를 야스퍼스Karl Jaspers, 앙드레 말로André Malraux와 같은 수많은 프랑스 및 외국의 지식인이 모인 위원회가 이 행사를 후원했다. 스페인 제2공화국1931~1939에서 짧게나마 교육부 장관, 법무부 장관을 지낸 살바도르 데 마다리아가는 내란 초기에 국제연맹에서 스페인을 대표했다가, 프랑코가 승리하자 해외(영국, 멕시코, 미국)로 망명을 떠났다. 그의 기념일에 알베르 카뮈가 발표했던 연설문은 1957년 4월 '자유의 결심Le parti de la liberté'이라는 제목으로 〈몽드 누보Monde nouveau〉에 게재되었다.

우리가 함께 존경하고 사랑하는 한 남자를 기념하는 오늘, 저는 여기 모인 사람들에게 공명을 불러일으킬 것이라 생각하며, 우리의 친구 살바도르 데 마드리아가의 운명과 사명을 아주 자랑스럽게 요약하는 한 문장을 공개하고자 합니다. 이 표현은 80년 전, 이미 니체가 자유로운 정신을 지닌 사람에게 제안했던 것입니다. "진실을 말하기 위해 그대는 망명을 선택할 것이다."[■] 언제나 망명길로 들어서는 것을 선택할지는 확실치 않을 수도 있습니다. 그러나 그는 그곳에 머무르며 살기를 선택했고, 이러한 단호한 결심을 취하려면 진실과 자유에 대한 사랑도 이에 못지않아야 합니다.

　이 두 가지 열정만큼이나 살바도르 데 마드리아가를 제대로 정의할 수 있는 것은 없을 테지만, 여기에는 곧바로 하나의 사실을 덧붙여야 한다는 조건이 따라붙습니다. 그는 이 열정을 과시적으로 왜곡하지 않고, 우리가 그에게서 사랑하는 그 섬세함과 유머를 곁들여 살아내고 보여줄 줄 알았다는 점입니다. 이는 일부 수준 높은 사람들에게서 볼 수 있는 품격의 발현입니다. 그러나 아무리 품격이 있을지라도 진실에 대한 그의 열정은 불굴의 힘을 지녔습니다. 이 정중한 싸움꾼은 우리가 알다시피 단호한 투쟁가이기도 합니다. 살바도르 데 마드리아가의 작품에서 기성품처럼 잘 만들어진 진실이 우리를 기다리고 있다고 말하는 것이 아닙니다. 그보다는 진리를 향한 지칠 줄 모르는 노력, 공허한 말을 거부하고 모든 지적 안이함을 고발하며 오로지 명백한 사실만을 수긍하는 조심스럽고도 과감한 그의 접근 방식을 발견하게 됩니다. 정곡을 찌르는 명민한 책을 그토록 많이 발표한 그가 우리에게 어떤 생각이나 해결책을 제안할 경우, 그에 앞서 어떤 정당이나 교회에도 그 처방전을 묻지 않았다는 점을 우리는 확신할 수 있습니다.

■　프리드리히 니체, 『자유로운 정신의 십계명 Der Dekalog des Freigeistes』, 1876.

수많은 위대한 스페인의 현자들처럼, 그리고 널리 퍼진 의견과는 정반대로(어떤 멍청한 사람이 어느 날 스페인에 철학이 없다는 선언을 했는데, 말을 하자마자 그는 똑같은 말을 반복하며 100여 명의 지식인들과 대면하게 되었습니다), 그는 철학자라는 자격을 정당하게 가질 수 있는 드문 동시대인 중 하나입니다. 백과사전과 같은 그의 교양에도 불구하고, 우리의 공식적 사상가들과는 정반대로 그는 철학이란 철학의 역사를 가르치는 일이라고 믿지 않고, 세계의 비밀과 동시에 행동의 준칙을 추구하고 생각하는 바대로 살도록 애써야 하며, 그의 삶과 시대를 올바르게 생각하려고 노력하기 위해 사유를 행사해야 함을 아는 것처럼 보입니다. 따라서 이 진리의 추구자는 우리에게는 드문 진리의 증언자이기도 합니다. 그는 믿는 것을 언제라도 옹호할 준비가 되어 있으며, 근면한 칩거 속에서 삶의 절반을 동시대의 인간에 대해 생각하는 데 보냈다면 나머지 절반은 인간을 위해 복무하는 데에 할애했습니다. 오늘 우리가 기리는 사람은 문인이 아니라 글을 쓰는 신사라는 말로 제 생각을 요약할 수도 있을 것입니다.

하지만 틀에 박힌 학술적 찬사로 그를 짓누르는 것이 제 의도가 아님을 말함으로써 저의 친구를 안심시키고 싶습니다. 제 요점은 덜 엄숙하며 더욱 진지합니다. 이 점을 믿어주십시오. 사람들은, 심지어 음악으로도 당신의 70주년을 축하했으며 당신의 작품에 대해 그에 걸맞은 경의를 표했습니다. 다만 당신에게 존경과 경의를 품은 이 사십대의 남자가 당신을 자신의 투쟁 동지로 생각하는 이유를 설명하는 것을 허락해주시기 바랍니다.

이러한 단언에 당신이 놀라지 않으리라 확신합니다. 그래도 당신이 의아해한다면 우리 지식인 사회의 현 상황, 여기저기 거들먹거리며 돌아다니는 사상의 지도자들, 진실과 권위에 대한 우리의 갈증을 위해 그들이 제공하는 인색한 양식을 고려해보길 간청하는 바입니다. 당신을 비롯한 소수의 사람이 국경을 넘어 정신의 권리와 의무와 명예를 완강하게 견지하지 않는다면, 위대한 가르침을 갈구하는 우리 같은 사람들이 겪고 있는 일종의 고독을 잘 가늠해볼 수 있을 것입니다.

분명히 말하건대 우리에겐 위대한 본보기가 없었기 때문입니다. 우리를 지배하거나 우리를 대표할 만한 성격과 지성이 전반적으로 취약해졌다는 점을 말하고자 하는 것이 아닙니다. 그러나 오직 사상의 영역만으로 한정하더라도, 히틀러가 권력을 잡고 모스크바 재판이 있었던 역사적 시대에 태어난 우리 세대의 사람들은, 나라의 한 부분에 대한 증오심으로 외국 군대와 경찰에게서 모든 국가의 수모를 정당화하는 우익 철학자들을 목격했습니다. 그래서 지성인들도 이 한심한 사고방식을 수정하기 위해 무기를 들어야만 했습니다.

우리가 평화와 명예를 되찾자마자 곧바로 우리에겐 한결 더 고통스러운 새로운 음모, 지성과 자유에 역행하는 새로운 음모가 자리 잡았습니다. 우리는 나라의 또 다른 일부에 대한 증오심으로 좌익 사상가들이 그럴듯한 추론을 통해 오로지 인본주의라는 기치 아래 발언하고 행사한다는 유일한 조건에서 파업권과 노동자의 승리를 억압하고 중앙집권적 체제, 사상과 표현의 자유의 폐지, 심지어 반유대주의를 정당화하는 모습을 보았고 지금도 보고 있습니다. 자기 징벌의 차가운 광기는 이렇듯 10년 사이에 나라,

혹은 자유의 이론가들을 이 세상에 만연한 최악의 독재를 찬양하는 열광적 노예들, 한마디로 말해 기정사실의 예찬가들로 만들어버렸습니다. 이런 광기에 사로잡힌 우리의 지식인과 예술가 들은 너무도 많아졌고, 그들은 결국 페르베유 여인숙[*] 앞에서 그 고결한 부모에게 목이 베인 여행자들의 비명을 감추려고 목청이 터져라 노래를 불렀던 딸들과 비슷해져버리고 말았습니다. 역사, 그리고 아무튼 현실주의라는 미명 아래 사상과 자유에 대한 가공할 만한 음모가 수년간 진전되었고, 그동안 우리는 결사적으로 싸워야만 했습니다.

이 끝나지 않는 투쟁, 아직도 끝나지 않은 이 투쟁 속에서 우리가 당신과 같은 인간이 아니라면 그 누구에게 사상과 행동을 의지할 수 있겠습니까? 냉소적이며 현실주의적인 입장들이 결정적 특권을 지닌 이유를 이해할 수 있도록 당신은 글을 통해 모범적으로 우리를 도와주었습니다. 그런 입장들은 결정을 쉽게 내리고 경멸하게 해주는 반면, 당신과 같은 또 다른 태도들은 포용을 요구하고 자신에 대한 끊임없는 노력을 상정합니다. 그렇기에 첫 번째 입장을 지닌 사람, 아무런 노력도 하지 않는 사람들이 일부 지성인에 관해 특권적 지위를 누립니다. 결국 지조 없는 지성은 매우 자족적인 행복한 바보들보다 한결 나쁩니다. 그들은 굳은 의지가 없기에 의도적으로 자신들에게 무자비한 교조를 부과하며, 그 결과로 우리는 우리 시대에 매우 특이한 종류의 지성, 오로지 현

[*] 아르데슈에 위치한 여인숙으로, 1805년부터 1830년까지 이곳에서 자행된 것으로 알려진 살인사건과 관련해 '붉은 여인숙' 또는 '유혈의 여인숙'이라고 불린다.

실주의라는 미명하에 모든 공포를 정당화하려는 가혹한 지성이 탄생하는 것을 보게 되었습니다.

이런 태도, 이런 번지르르한 언사를 앞에 두고 우리는 당신에게서 인내심과 단호함을 배울 수 있었습니다. 유리는 단단하고 오로지 다이아몬드만이 흠집을 낼 수 있지만 한번 충격을 받으면 산산조각이 납니다. 우리는 당신의 가르침에 충실히 따르기 위해 할 수만 있다면 미소를 지으며 기다리면서 버텨야 합니다. 당신은 가혹한 지성에 대항하는 것은 단호한 지성이란 것을 몸소 그 사례가 되어 우리에게 보여주며 이 시대의 지성이 절망에 빠지지 않도록 해주었습니다.

우리는 전문잡지에 실린, 증오를 찬양하는 미문을 읽게 됩니다. 그런 글은 증오의 반대일 수도 있는 푸념 조의 부드러운 글을 고발하는 데에 기대고 있습니다. 우리는 당신 덕분에 우리가 부드럽다거나 푸념하고 있다는 느낌에 빠지지 않고, 증오의 반대말은 미적지근한 이상주의가 아니라 관대한 정의라고 대답할 수 있습니다. 이제 우리의 적들은 약간의 증오가 빠진다면 그것은 효과적인 정의가 아니라고 아우성치도록 내버려두고, 우리는 기다리기만 하면 됩니다. 그들은 어느 순간엔가 강물이 대양 속에 사라지듯 정의가 증오 속에서 사라지는 것을 배우게 될 것입니다. 역사, 저들의 그 유명한 역사는 그래서 있는 것입니다. 왜냐하면 오늘날 역사의 강 위에서 우글거리는 파리 떼는 역사의 흐름을 바꾸지 못하기 때문입니다. 파리들은 붕붕거리고 거짓말하고 인민들은 대접을 잘 받아 행복하다고 외치지만 어느 날, 진정으로 역사적인 어느 날, 봉기한 사람들이 수도를 뒤덮을 것이며 그들은 죽더라도 오로지 자유의 깃발 아래에서 승리를 거둘 것입니다.

그렇습니다. 친애하는 살바도르 선생님. 우리가 절망하기를 가로막은 것은 당신과 같은 분들이었으며, 오늘 당신에 대한 연설을 해달라고 부탁받았을 때 저는 당신에게 해야 할 첫 번째 말을 생각했습니다. 인간이란 존경하고 사랑하도록 태어났다고 느끼는 사람들, 오늘날의 사막에서 굶주림과 목마름으로 생명의 위협을 받는 사람들은 불명예의 시대에 인간과 지성인의 당당하고 자부심에 찬 이미지를 제공한 모든 분에게 무한한 빛을 지고 있습니다. 저의 모든 사랑을 담아 당신에게 표현하고 싶은 것은 바로 이점에 대한 감사의 뜻입니다. 당신 덕분에, 그리고 몇몇 소수의 사람들 덕분에 우리처럼 영구히 자유분방한 사람들은 하나의 정당을 갖게 되었습니다. 어떤 정당이냐고요? 가혹한 자들과 전체주의자들에게 모욕받는 동시에 그들이 자신들의 행동가들의 생명을 구해달라고 서명을 요청하는 사람들의 정당입니다! 이런 정의를 듣고서 당신은 제가 자유주의자를 염두에 두고 있다는 점을 알아차릴 것입니다!

당신의 독창성은 자유주의자들의 적들의 악담과 그 추종자들의 비열함으로 고통받고 있는 자유주의의 정의에 그 내용을 부여했다는 데 있습니다. 당신은 자유란 번창하거나 굶주릴 자유가 아니라 시민적 의무를 수용하는 것이라고 말할 줄 알았습니다. 당신은 상황에 따른 그 어떤 순응주의도 선택하길 거부했으며 우리가 겪고 있는 개념이 그 선을 넘으면 의미를 상실하는 한계를 개념 위에 그을 줄 알았습니다. 권위 없는 자유는 아무것도 아니지만 자유 없는 권위는 독재자의 꿈에 불과하며, 돈의 특권은 용납

할 수 없지만 서열 없는 사회는 없고, 평준화는 진정한 정의의 반대말이며, 권력은 민중의 동의에 의해서만 정당하지만 민중의 직접 참정권은 무정부주의나 독재의 씨앗에 불과하며, 민족주의들은 시대의 상처이지만 국제사회는 민족국가 없이는 성립될 수 없고, 민족국가가 우선 존재하려면 민족을 극복해야 한다고, 당신이 지칠 줄 모르고 했던 말을 우리는 들었습니다.

진실에 대한 그토록 주의 깊고, 그토록 성실하고, 그토록 조심스러웠던 사상, 당신의 삶을 통한 그 진실의 예시는 당신을 피레네산맥 저편에서 아직까지 유일하게 살아 있는 스페인의 위대한 전통에 걸맞은 계승자로 만들었습니다. 당신은 역사에도 관심을 기울였는데, 오르테가의 저 멋진 표현에 따르면 "죽음에 대항하는 찬란한 전쟁"을, 따라서 생명과 자유를 위해 어둠의 세력에 대항해 인간이 휴전 없는 투쟁을 진행하는 특권적 자리를 역사에서 보았습니다.

이것이 그 어떤 편견 속에도 잠들어 있지 않은 당신의 고유한 힘, 젊음의 비결입니다. 하나의 사례만 말하자면, 당신에게 말하진 않았지만, 헝가리의 학생과 노동자의 영웅적이며 전복적인 봉기에 대해 당신이 어떤 감동을 느끼는지 저는 알 수 있습니다. 그러나 또한 저는 알고 있습니다. 게르니카에 대한 기억 탓인지 무장한 인민을 압살하기 위해 외국 군대의 도움에 호소하는 것에 프랑코 장군이 반대한다는 소식을 듣고 당신은 아마 미소를 지었을 것입니다. 저와 마찬가지로 당신은 점잖은 경멸을 곁들인 미소를 지었던 것입니다. 주인 행세하는 외국에 반대해 들고일어난 헝가리 국민에게 우리는 사실상 완전히 동조하기 때문입니다. 분열된 국제사회가 훔쳐간 자유를 기다리며 억압받고 있는 스페인 국민에게도 마찬가지이기 때문입니다.

최근 당신은 조금 쓸쓸하게 분노의 쇠락에 대해 글을 썼습니다. 분노가 누그러지고 있음은 사실입니다. 더욱 최악인 것은, 그 쇠락이 조직화되고 정해진 시각에 일방적으로 행사된다는 점입니다. 우리처럼 저항하는 사람들은 반신불수가 되었습니다. 저들은 희생자들을 멋대로 골라서 한쪽은 불쌍하고 다른 쪽은 혐오스럽다고 낙인을 찍습니다. 그래서 당신은 평소 당신다운 그 혜안으로 우리가 고통받고 있는 질병 중 하나를 고발했습니다. 그리고 거기에 이렇게 덧붙였지요. "우리는 우리의 절망 속에서조차 희망을 찾을 정도로 내몰렸다. 인류는 너무도 낮게 추락해서 다시 올라가는 길밖에 남지 않았다." 그러나 좌절의 순간에 이 글을 쓰면서 당신은 우리 모두가 당신의 가르침을 알고 있다는 사실을 잊고 있었습니다. 당신과 당신의 동료가 이끌었던 긴 투쟁이 이제 그 열매를 맺기 시작했음을 잊었던 것입니다. 마지막으로 당신의 독자중 하나가 당신에게 이 말을 환기하는 것을 허락해주십시오. 당신의 말에 따르면 광명과 자유를 위한 인간의 투쟁에 휴전이란 없습니다. 역사는 인민의 불행 혹은 행복에 머물러 있지 않습니다. 불행의 극단에 도달했다고 생각하는 오늘날, 희망이 깨어나고 인류가 다시 부상하고 여태껏 감옥 같았던 도시를 다시 자유의 불빛이 비추고 있습니다!

무고한 핏속에서 이뤄진 오늘날의 유럽은 나중에 엄청난 대가를 치를 것이며 개개인의 생명은 무엇으로도 대체될 수 없다고 믿는 우리는 그 부활을 환호로 맞이할 수 없습니다. 그러나 유럽은 다시 태어날 것이며, 그 부활을 우리는 신중하게 맞이할 것이며, 유럽은 동쪽뿐만 아니라 서쪽에서도, 마드리드뿐만 아니라 부다페스트에서도 부활하고, 이미 거짓된 예언자를 부정하고 있으니 진정한 주인을 알아볼 것입니다. 유럽은 우리가 꿈꾸던 자유와 질서의 위대한 스승이 될 것입니다.

러시아 군대의 야만적 개입을 확인했던 외무부 장관 드미트리 셰필로프Dmitri Shepilov는 "지구는 여전히 돈다"라고 말했습니다. 실로 지구는 돌고 있으며 그와 더불어 오랫동안 승승장구했던 거짓이 쇠락하고, 오랫동안 어둠에 묻혔던 진실이 우리를 밝혀주기 시작합니다. 피와 공포로만 지탱되던 인위적 세계들이 그것의 덕목을 찬양했던 이들의 곤혹과 침묵 속에서 허물어지고 있습니다. 저들이 필연적으로 사라져야 하는 신기루라고 예언하고 증명했던 자유가, 수천 권의 두툼한 교리와 군대가 파묻어두었던 자유가 그들을 하루아침에 날려버렸습니다. 자유가 다시 행진하고, 수백만의 사람들은 자유만이 역사의 효소이자 그들의 유일한 존재 이유이며 그들을 배불리 먹일 유일한 빵임을 알게 되었습니다.

오늘날 이런 희망이 되살아난다면, 살아가는 명예가 우리에게 되돌아온다면, 그것은 두려움과 증오 없이 그저 버티고 있었던 당신 같은 사람들 덕분임을 모두가 알기를 바랍니다. 그렇기에 저는 마지막으로 다른 사람들이 마땅히 받아야 할 휴식을 당신에게 바라지 않을 것입니다. 왜냐하면 우리에게는 아직도 당신이 필요하기 때문입니다. 우리가 시작한 것을 지속하기 위해서 당신이 필요합니다. 당신의 젊은 심장의 소원에 답하면서 우리가 그 무엇보다도 우위에 올려놓는 진리와 자유를 위해, 당신이 자랑스럽고 영원한 투쟁을 하기를 기원한다는 것을 알아주시기 바랍니다.

　다만 이러한 불편한 소원에 개인적인 감사와 우정의 표현을 덧붙이고자 합니다. 당신은 이런 표현이 꾸밈없다는 것을 알 것입니다. 그토록 많은 배신 속에서 당신이 우리의 공통된 삶의 이유에 충실했다는 것을 어찌 잊을 수 있겠습니까? 이런 상황에서 어찌 이 저녁에, 죽어가는 투르게네프가 톨스토이에게 보내는 편지에 썼던 "당신과 동시대인이었기에 행복했습니다"▪라는 말을 당신에게 하고 싶은 마음이 들지 않을 수 있겠습니까? 그러나 우리는 당신의 동시대인이기에 앞서(우리에겐 자랑스럽지 못한 동시대인들도 있지요!) 당신의 고뇌, 당신의 희망에 동참했으며, 우리의 패배는 해방과 마찬가지로 당신의 패배이기도 했습니다. 모두가 기다리는 해방은 우리의 공통된 영광을 위해 지속되는 당신의 모범과 당신의 행동에 빚지고 있습니다.

1956

---

▪　투르게네프가 톨스토이에게 보낸 1883년 7월 11일 자 편지.

# 헝가리를 위해 젊은 프랑스인에게 보내는 메시지

1956년 10월 헝가리에서는 지식인, 학생, 노동자가 합세한 중대한 저항운동이 일어났고 이는 10월 23일, 민중 봉기로 발전했다. 28일 개혁주의자 너지 임레Nagy Imre가 총리로 되돌아와 나라는 민주화와 모스크바에 대한 해방의 길을 여는 과정에 진입했다. 처음에는 너지의 정책을 지지했던 헝가리 공산당 서기 카다르 야노시Kádár János는 비밀리에 붉은 군대의 개입을 협상하는 반정부 세력을 규합했다. 11월 4일, 러시아 탱크가 부다페스트에 진입했다. 탄압으로 2500명 이상의 사상자가 발생하고 20만 명이 넘는 헝가리인을 해외로 내몰았다. 임레 너지는 1958년 6월 16일 처형되었다. 1956년 11월 23일 파리에서 '자유 프랑스인 모임'이 헝가리인을 지지했다. 여기에 초대된 알베르 카뮈는 참석할 수 없었지만, 이 모임의 일원인 미셸 달브레Michelle Dalbret를 통해 메시지의 대독을 부탁했다.

숙녀분,

저는 당신의 초대에 응하지 못하게 된 것을 진심으로 아쉬워합니다. 하지만 당신의 주장과 당신이 제게 보여준 친절한 마음에 감동했습니다. 그러나 공개적 연설에 대한 개인적인 거부감이 있었을 뿐만 아니라 한꺼번에 곳곳에서 자유로운 한 작가에게 보내오는 호소에 일일이 응답할 수 없었습니다. 게다가 다른 부탁을 거절했던 탓에 당신의 부탁에 응하기가 더욱 어려워졌습니다. 결국 가급적 제가 주도했던, 유럽 작가가 유엔에 보내는 호소[*]가 실현되는 일에 집중하고자 합니다.

그렇지만 화요일 저녁 행사에 제가 불참하는 것을 원하는 것은 아닙니다. 당신은 젊은 청중을 마주하기에 아마 제가 지금 그들에게 하고 싶은 말을 전해줄 수 있을 것입니다.

지난 20년간 우리의 유혈이 낭자한 역사에 직간접적으로 참여한 후 제가 오늘 공개적으로 확언할 수 있는 유일한 것은 최상의 가치, 체험하고 싸울 만한 마지막 선善은 여전히 자유라는 것입니다.

히틀러가 집권하고 모스크바에서 첫 번째 재판이 열리던 시절에 제 세대의 사람들은 스무 살이었습니다. 처음 10년 동안 우리는 히틀러의 독재와 그것을 지탱했던 우익 인간들에 대항해 투쟁해야만 했습니다. 그리고 나머지 10년 동안은 스탈린주의와 좌익의 궤변을 무찔러야 했습니다. 연이은 배신, 그리고 모든 진영의 지식인들을 뒤덮은 오명에도 불구하고 자유, 무엇보다도 그 자유가 우리 삶의 이유로 남아 있습니다. 고백하건대 저는 최근 몇 해

[*] 1956년 11월 초, 헝가리 작가동맹은 라디오를 통해 전 세계 지식인에게 구조를 호소했다. 여기에서 직접 호명된 알베르 카뮈는 1956년 11월 10일 '유엔에서 프랑스 지식인들이 취하는 공동 행동을 위해Pour une démarche commune à l'ONU des intellectuels français'라는 제목의 글을 〈프랑-티뢰르〉에 게재했다.

동안 자유의 운명에 대해 절망에 빠질 뻔했습니다. 자유를 옹호하는 사명을 지닌 자들에게 배신당하고 침묵하는 인민들 앞에서, 우리의 지식인들에 의해 짓밟힌 자유를 보면서, 저는 자유의 완전한 죽음을 두려워했고 그런 탓에 가끔 우리 시대의 불명예가 모든 것을 뒤덮은 것처럼 보이기도 했습니다. 그러나 오늘 헝가리, 스페인 혹은 프랑스, 모든 나라의 젊음은 사태가 전혀 그렇지 않으며, 인간과 인민이 두 발로 우뚝 선 채 살아가는 명예를 요구하도록 촉구하는 저 강렬하고 순수한 힘은 그 무엇도 결코 누를 수 없고, 앞으로도 그럴 것이란 점을 우리에게 증명해 보입니다. 우리의 역사 속으로 이제 발을 들여놓는 여러분 모두는 이 점을 결코 잊지 마십시오. 언제, 어디에서라도 결코 잊지 마십시오! 모든 것을 터놓고 토론하기를 담대하게 수락할 수 있다면 결코 정신의 자유, 인간의 자유, 국가의 자유를 잠정적일지라도, 단 1초 동안이라도, 문제로 삼는 것을 결코 수락하지 마십시오.

정신이 쇠사슬에 묶일 때 노동이 예속되고, 노동자가 억압될 때 작가의 입에 재갈이 채워지며, 국가가 자유롭지 못할 때 사회주의는 누구도 해방하지 못하고 만인을 노예로 만든다는 것을 이제 여러분은 알아야만 합니다.

우리는 헝가리의 희생 앞에서 수치심과 무기력을 되씹었지만 그것은 적어도 우리에게 바로 위의 사실을 상기시켜주었습니다. 우리는 자신의 나라, 그 유일한 나라를 이런 역사적 죄악으로 짓누르고 싶은 유혹을 덜 가질 것입니다. 우리는 국가가 할 수 있는 모든 정의, 그 생존, 그 자유를 국가에게 끊임없이 요구하며 더 많은 관심을 기울일 것입니다. 그렇게 하면, 끝나지 않는 불모의 시민 투쟁 속에서 단어들을 수정하고 그 신비화를 고발하려고 싸우며 그 긴 투쟁에서 마모된 우리를 본받지 않아도 될 것입니다. 여러분을 분열시키는 것보다는 하나가 되게 하는 것을 추구하게 될 것입니다. 겪기 힘든 어떤 고독도 여러분은 겪지 않을 수 있을 것입니다. 제가 오늘날 자유 그 자체인 양 사랑하는 이 나라를, 그 불행과 약점과 단점에도 불구하고 이 세계 속에서 우리의 변치 않는 신뢰에 걸맞게 지속되는 이 나라를 다시 만들 수 있을 것입니다. 그러나 어쨌거나 언제, 어디에서라도 자유와 그 의무와 마찬가지로 그 권리에 충실하기 위해, 그리고 아무리 위대한 어떤 인간, 아무리 강한 정당일지라도 당신을 대신해 생각하고, 당신의 행동을 명령하는 것을 결코 수락하지 않기 위해서는 우리가 방금 겪은 것을 기억 속에 간직하십시오. 여러분의 지배자들, 이제 알겠지만 여러분에게 그토록 거짓말을 일삼았던 그들과 그 일당들을 잊으십시오. 그들은 여러분을 설득하지 못했습니다. 모든 지배자, 낡은 이데올로기, 죽어가는 개념들, 그리고 아직도 여러분에게 주입시키려는 고리타분한 구호들을 잊으십시오. 좌익이건 우익이건 간에 그들의 협박에 위축되지 마십시오. 마지막으로, 자유를 위해 죽어가는 헝가리의 젊은 투쟁가들이 남긴 교훈 외에는 더 이상 어떤 교훈도 수락하지 마십시오. 자유로운 유럽의 품 안에서, 자유로운 국가에서, 자유로운 정신과 자유로운 노동이 이 세계와 역사에서 우리가 싸우고 죽을 만한 가치가 있는 유일한 재산이라고 외치는 그들은 여러분에게 거짓말하지 않았습니다.

자, 이것이 화요일에 당신의 청중에게 제가 하고 싶었을 이야기

입니다. 그리고 저를 대신해 당신이 이야기할 것입니다. 당신에게
경의를 표하는 제 진심을 믿어주시길 바랍니다.

1956

# 카다르는 그날을 두려워했다

부다페스트에서 일어난 헝가리 봉기를 1956년 11월 4일 러시아 군이 진압하는 것을 지지한 후 야노시 카다르는 헝가리 정부의 수반이 되어 크렘린이 승인한 프롤레타리아 공산주의를 수립했 다. 1957년 3월 15일, 오스트리아 제국에 대항해 일으킨 헝가리 혁명(1848~1849)을 위한 기념일에 자유주의 단체 '국제 반파시 스트 연대Solidaridad Internacional Antifascista, SIA'는 파리 바그람 강당에서 헝가리 봉기와 수만 명의 망명객을 위한 지지자 모임 을 개최했다. 봉기에 참여한 서보 죄르지Szabó György, 너지 벌 러주Nagy Balazs와 더불어 알베르 카뮈도 발언했으며, 그 내용 은 1957년 3월 18일 자 〈프랑-티뢰르〉에 게재되었고, 파리에 망 명 온 헝가리 지식인 메러이 티보르Méray Tibor의 책『부다페스트 Budapest』(1956년 10월 23일)의 서문으로 재수록되었다.

며칠 전, 이름부터 마치 정책 계획안처럼 들리는 헝가리 국무장관 머로산<sup>■</sup>은 헝가리에서 더 이상 반혁명은 없을 것이라고 선언했습니다. 한번은 카다르 장관이 진실을 말했습니다. 혁명 정부가 이미 권력을 잡았는데 반혁명이 어떻게 있을 수 있을까요? 헝가리에서는 한 번의 혁명만이 있을 뿐입니다.

저는 진압될 것이 뻔한 봉기를 위해 헝가리가 다시 무기를 들기를 원하는 사람 축에 끼지 않습니다. 그것을 바라보는 국제적 시선은 갈채와 눈물을 아끼지 않을 테지만, 그다음에는 일요일 저녁 경기장의 선수들처럼 경기를 마친 후 집에 돌아와 편한 신발로 갈아 신는 안락한 삶으로 돌아갈 것입니다. 그러나 운동장에는 이미 너무도 많은 시체가 있고 우리는 우리가 흘린 피에 대해서만 관대할 수 있습니다. 헝가리의 피는 유럽과 그 자유에 너무 소중해서 우리는 한 방울도 아까워하지 않을 수 없습니다.

그러나 저는 종교재판소의 도살자가 기독교인이라고 자처했던 것처럼 스스로 사회주의라고 자처하는 공포 정권과는, 비록 잠정적이고 체념적인 태도라 할지라도 타협이 가능하리라 생각하지 않습니다. 자유를 기념하는 이날, 저는 헝가리 국민의 묵묵한 저항이 지속되고 강화되어, 우리에게 반향을 일으켜 만장일치의 국제적 합의를 통해 억압자들에 대한 보이콧을 이루기를 진심으로 기원합니다. 그리고 이런 의견이 수난을 겪고 있는 민족에게 정의를 가져다주기에는 너무 무르고 이기적이라면, 우리의 목소리가 너무 낮다면, 혁명 정권이 동구의 곳곳에서 자신의 거짓말과 모순

---

의 무게에 못 이겨 허물어질 때까지 헝가리 국민의 저항이 지탱되기를 기원합니다.

## 유혈 낭자한 단조로운 의식들

왜냐하면 문제는 바로 반혁명 국가이기 때문입니다. 아버지가 아들을 고발하고, 아들이 아버지에게 최고형을 내려달라고 주장하며, 부인이 남편을 고발하는 증언대에 서도록 강요해 밀고를 덕목으로 추켜세우는 이런 체제를 반혁명 국가라는 표현 외에 달리 뭐라고 부를 수 있겠습니까? 외국 탱크들, 경찰, 교수형을 당한 스무 살 여자들, 목이 잘리고 입에 재갈이 채워진 노조 위원들, 또다시 교수대, 추방되고 감옥에 갇힌 작가들, 거짓말투성이 신문, 강제수용소, 검열, 체포된 판사들, 법을 만들어내는 범죄자, 그리고 또 사형대, 사형대, 이것이 사회주의 그리고 자유와 정의의 위대한 축제입니까?

아닙니다. 우리는 겪었고 우리는 그것을 알고 있습니다. 그것은 전체주의 종교의 유혈이 낭자하고 단조로운 피의 축제였습니다! 헝가리 사회주의는 오늘날 감옥에 갇혔거나 망명 중입니다. 철통같이 무장한 국가의 궁전 안에서 자유라는 단어 자체에 겁을 먹고, 진리라는 단어 자체에 이성을 잃은 절대주의의 지진아들이 배회하고 있습니다! 그 증거가 바로 오늘입니다. 모든 헝가리인에게 불굴의 진리와 자유의 날인 3월 15일이 카다르에게는 길고 긴 공포의 날에 불과합니다.

하지만 오랜 세월 동안, 그 누구도 열정을 강요하지 않은 서구의 공범자들의 도움을 받아 이 폭군들은 그들의 진정한 행동 위에 자욱한 연기를 퍼뜨렸습니다. 무엇인가가 투명하게 드러날 때면, 서구의 해석가들은 모든 일이 대략 열 세대가 지나면 해결될 것이라고, 그때를 기다리며 모든 세계는 미래를 향해 유쾌하게 행진하자고, 유배자들은 진보를 위한 최고의 길목에 약간의 교통체증을 불러일으키는 잘못을 저질렀다고, 처형된 자들은 그들 자신의 처형에 완전히 동의했으며, 지식인들은 그들의 입에 채워진 예쁜 재갈이 변증법적이기에 만족한다고 선언했으며, 인민은 처참한 월급을 위해 추가 노동을 한다 해도 그것은 역사의 좋은 방향이기에 노동을 환영한다고, 우리에게 설명했습니다.

아! 사람들이 스스로 발언권을 가졌습니다. 그들은 베를린, 체코슬로바키아, 포즈난 그리고 부다페스트에서 발언하기 시작했습니다. 그들과 동시에 지식인은 재갈을 벗어던졌습니다. 그 양측은 한 목소리로 전진을 멈추고 뒤로 물러나겠다고 했고, 사람들을 아무 의미 없이 죽이고, 아무 의미 없이 유배시켰으며, 아무 의미 없이 굴종시켰으니 이제부터 옳은 길에 대한 확신을 갖기 위해 만인에게 진리와 자유를 부여해야 한다고 말했습니다.

자유로운 부다페스트에서 봉기의 첫 번째 함성이 울리자 현학적이고 소략한 철학들, 수 킬로미터에 이르는 가짜 추론과 눈속임에 불과한 번지르르한 교조들은 먼지가 되어 흩어져버렸습니다. 그리고 오랫동안 모욕당했던 진리, 그 맨살의 진리가 세계의 눈앞에서 폭발하듯 드러났습니다.

오만할 뿐만 아니라 자신이 노동자계급을 모욕한다는 것조차 모르는 대가들은 인민에게 빵만 준다면 그들은 자유 없이도 편하게 지낼 것이라고 장담했습니다. 그러자 인민은 스스로 대답하길, 그들에겐 빵조차 없으며 설령 있을지라도 여전히 다른 것을 원한다고 했습니다. 이런 글을 쓴 사람은 현학적인 교수가 아니라 부다페스트의 대장장이입니다. "나는 원하고 생각할 줄 아는 어른처럼 대접받고 싶다. 나는 아무런 두려움 없이 나의 생각을 말할 수 있고, 나의 말을 들어주길 원한다."

대의의 목표에 기여하는 진리 외의 다른 진리는 없다는 말을 훈계와 함성으로 들었던 지식인들은, 대의에 의해 살해된 동료의 무덤 앞에서 이렇게 맹세했습니다. "협박과 고문, 또한 오해에서 비롯된 대의에 대한 사랑에 의해서라도, 더 이상은 우리의 입에서 진실 이외의 그 어떤 것도 나오지 않을 것이다."(러이크 라슬로Rajk László■의 무덤 앞에서, 메러이 티보르)


### 단두대는 자유화되지 않는다

그 이후, 대의명분이 널리 퍼졌습니다. 학살당한 이 인민은 바로 우리입니다. 20년 전 우리에게 스페인이 있었듯 헝가리가 오늘 그러할 것입니다. 섬세한 차이, 아직도 진실에 분칠을 하려고 하는 가공된 언어, 현학적인 고려는 우리의 관심사가 아닙니다.

■ 제2차 세계대전 동안의 헝가리 공산주의 지도자. 라코시 마차시Rákosi Mátyás 의 주도로 이뤄진 숙청 재판에서 티토주의의 간첩이라고 기소되어 사형을 선고받았다. 1949년 10월 15일 교수형에 처해졌으며, 1956년에 복권되었다.

라코시 마차시[■]와 카다르가 경쟁 관계에 있다는 말도 전혀 중요하지 않습니다. 이 두 사람은 같은 부류입니다. 그들의 사냥 목표만 다를 뿐이며 라코시의 목록이 더욱 피를 많이 흘린다면 그것은 그리 오래가지 않을 것입니다.

지도자가 대머리 살인자든, 박해받는 박해자든 간에 나라의 자유에 관한 사안에서 헝가리는 그 둘을 구별하지 않습니다. 이 점에 대해 저는 아직도 예언자 카산드라의 역할을 해야만 하고 일부 지칠 줄 모르는 동료들의 새로운 희망을 좌절시킨다는 점이 아쉽긴 하지만, 전체주의 사회는 진화할 수 없습니다. 공포는 최악을 향해서만 진화할 뿐 앞으로 진화하지 않으며, 단두대는 자유화되지 않고 교수대는 너그럽지 않습니다. 절대적 권력을 지녔음에도 그것을 절대적으로 사용하지 않는 사람이나 정당은 이 세상 그 어디에서도 볼 수 없습니다.

좌익이건 우익이건 전체주의 사회를 정의하는 기준은 우선 단일정당의 존재이며, 그 단일정당은 스스로 해체할 이유가 전혀 없습니다. 진화와 자유화가 가능한 유일한 사회, 우리의 공감을 비판적이고 적극적으로 유지해야 하는 유일한 사회는 복수정당이 제도화된 사회입니다. 그런 사회만이 불의와 범죄의 고발을 허용하며, 따라서 그것을 교정할 수 있습니다. 그런 사회만이 오늘날 알제리와 마찬가지로 부다페스트에서 자행되는 고문, 그 혐오스러운 고문의 고발을 허용합니다.

[■]  국제공산당Communist International, CI의 일원으로, 제2차 세계대전 당시 러시아에 체류했다. 1945년에 헝가리로 돌아와 1956년까지 헝가리 공산당의 서기장을 맡았다.

## 부다페스트가 옹호했던 것

자칭 프롤레타리아라는 정당은 역사에 대해 각별한 특권을 가질 수 있다는 생각, 우리나라에서 여전히 지지받는 이런 생각은 그들의 이권과 자유를 지칠 정도로 만끽한 지식인들의 생각이기도 합니다. 역사는 우리에게 특권을 부여하지 않으며 그것을 박탈하도록 합니다.

아무리 보잘것없을지라도 강자의 권력과 기득권을 고양하는 것은 지식인이나 노동자가 할 일은 아닙니다. 그 스스로도 변화하고 있는 역사 속에서 인간, 정당, 그 누구라도 절대적 권력이나 결정적 특권을 갖지 않는다는 것이 진리입니다. 그리고 어떤 특권이나 어떤 최상의 이유도 고문이나 공포를 정당화할 수 없습니다.

이 점에 대해 부다페스트는 다시 한번 우리에게 길을 보여주었습니다. 우리의 가짜 현실주의자들이 동정심을 갖고, 헝가리를 아직 균형화 단계에 머물고 있는 폴란드와 비교하기도 합니다. 그러나 패배해 사슬에 묶인 헝가리는 지난 20년간 어느 민족보다도 자유와 정의를 위해 큰일을 해냈습니다. 하지만 눈과 귀를 막고 있는 서구의 사람들에게 이런 교훈이 가닿고 설득력을 발휘하려면, 우리는 슬픔을 가눌 수 없지만, 헝가리 인민이 이미 기억 속에서 말라버린 피를 홍수처럼 흥건히 흘려야만 했습니다.

스페인에게 충실했듯이 헝가리에게도 그러하도록 노력합시다. 오늘날 유럽에 깃든 고독 가운데 그렇게 할 수 있는 유일한 길은 나라 안팎에서 헝가리의 투쟁가들이 목숨을 바친 것을 결코 배신하지 않고, 간접적으로라도 그들을 죽게 만든 것을 결코 정당화하지 않는 것입니다.

자유와 진리에 대한 지칠 줄 모르는 요구, 노동자와 지식인의 공동체(어리석게도 우리 사이에서 여전히 독재의 커다란 이점과 계속해서 대비시키는 그 공동체), 경제적 민주주의에 충분하지는 않지만 필수 불가결의 조건인 정치적 민주화, 이들이 바로 부다페스트가 옹호했던 것입니다. 그렇게 함으로써 이 위대한 반란의 도시는 서구 유럽이 잊은 그 진실, 그 위대함을 상기시켜주었습니다. 부다페스트는 저로 하여금 느끼기를 거부하지만, 대부분의 지식인을 위축시키는 이상한 열등감을 반박했습니다.


## 셰필로프[■]에 대한 반박

서구의 결함은 무수하고, 그 죄악과 잘못은 사실입니다. 그러나 결국 자유의 정신에 내재한 완벽과 해방의 힘을 우리만이 지니고 있다는 것도 잊지 말도록 합시다. 전체주의 사회가 그 원리에 따라 친구가 친구를 고발하도록 할 때, 서구 사회는 그 방황에도 불구하고 삶의 명예를 유지하는 부류의 인간, 다시 말해 적을 불행과 죽음에서 구하기 위해 적에게 손을 내미는 인간을 항상 산출해냈습니다.

파리에서 돌아온 셰필로프 장관이 감히 "서구 예술은 인간 영혼을 찢어놓고, 온갖 종류의 학살자들을 양성하는 목적을 지녔

---

[■]  1956년 6월부터 1957년 2월까지 소련의 외무부 장관이었던 드미트리 셰필로프를 가리킨다.

다"라고 썼을 때, 적어도 우리 작가와 예술가 들은 결코 누구도 학살하지 않았고, 셰필로프와 그를 닮은 사람들이 감추거나 혹은 명령했던 대학살에 대한 사회주의리얼리즘의 이론을 비난하지 않을 정도로 넓은 아량을 지니고 있었습니다.

우리 모두에게 각자의 자리가 있으며, 명예, 욕망의 자유로운 삶, 지성의 모험, 심지어 악이나 셰필로프의 작가들을 위한 나름의 자리가 있습니다. 반면에 스탈린의 문화에는 아무 자리도 없고 오로지 후원의 맹세, 잿빛 삶과 선동의 주입식 훈화만 있을 따름입니다. 이것이 진실입니다. 여전히 의구심을 가진 사람들에게 헝가리 작가들은 명령에 따라 거짓말을 하느니 차라리 침묵하는 것을 택했기에 마지막 선택을 표명하기 전에 진실을 외칩니다.

우리가 이토록 큰 희생을 치러야 하는지 생각하며 고민에 빠질 수도 있을 것입니다. 그러나 우리의 언쟁을 잊고 우리의 잘못을 평가하고, 창조와 연대를 배가하면서 마침내 하나가 된 유럽에서 노력해야 합니다. 우리 자신을 비하하고 역사가 폭력을 정당화하리라고 믿고 싶은 사람들에게 우리는 진실한 믿음, 우리가 공유하는 그 믿음을 갖고 대답할 것입니다. 헝가리 작가, 폴란드 작가, 심지어, 그렇습니다. 재갈이 채워진 러시아의 작가도 공유하는 믿음을 갖고 대답할 것입니다.

우리의 믿음은 억압의 힘, 역사를 암울하게 하는 죽음의 힘과 병행해 설득과 삶의 힘, 문화라 불리고 동시에 자유로운 창조와 자유로운 노동에 의해 이뤄지는 거대한 해방의 운동이 이 세계에서 전진하고 있다는 것입니다.

우리의 일상적 임무, 우리의 긴 사명은 우리의 작업을 통해 이 문화에 기여하고, 잠정적으로라도 이 문화에 피해를 주지 않는 것입니다. 그러나 우리의 가장 자랑스러운 책무는 그 힘이 어디에서 비롯되었든 간에 억압과 죽음의 힘에 대항해 끝까지 우리 문화의 자유, 다시 말해 노동과 창조의 자유를 한 개인으로서 옹호하는 것입니다.

오늘날 우리가 무력한 슬픔을 안고 연대하는 헝가리의 노동자와 지식인은 이를 이해했고 우리가 이를 더 잘 이해하도록 해주었습니다. 그런 이유로 그들의 불행이 우리 것이라면 그들의 희망 역시 우리의 것입니다. 가난과 유배와 굴레에도 불구하고 그들은 우리에게 화려한 유산을 남겼으며, 우리는 그것에 대해 생각해야만 합니다. 그들이 선택하진 않았지만 하루아침에 우리에게 돌려주었던 그 유산, 그것은 자유입니다!

1957

# 망명 중인 헝가리 작가들에게
# 전하는 메시지

1956년 11월 초 러시아 군대가 헝가리 봉기를 유혈 진압함에 따라 수많은 지식인이 투옥되었고, 20만 명 이상의 헝가리인이 강제로 헝가리를 떠났다. 알베르 카뮈는 헝가리에 수감된 지식인들을 위해 헝가리 정부와 교섭하며 그들을 지지하는 입장을 공개적으로 표명했다. 부다페스트 폭력 사태 후 1년이 지난 1957년 11월 4일, '헝가리 망명 작가 협회'는 런던에서 회의를 개최했다. 카뮈는 그곳에 참석할 수 없었으나, 그와 『너지 사건의 진실 La Vérité sur l'affaire Nagy』(1958)을 공저한 역사가 페이퇴 페렌츠 Fejtő Ferenc에게 아래의 메시지를 읽어주기를 부탁했다. 이 원고는 1957년 11월 6일 〈르 몽드〉에 실렸다.

저는 1년 전부터 서구의 모든 자유로운 지식인과 헝가리가 운명을 같이하고 있는 연대에 관해 이야기하려 합니다.

헝가리 병사들은 죽고 생존자들은 살아야 하는 외로움을 생각하기 힘들지만, 이로 인해 유럽이 통합되고 있다는 것은 이 절망적인 싸움에 일종의 의미를 부여합니다.

전체주의 체제에 무기력과 망각보다 더 나은 친구는 없습니다.

그러므로 우리의 표어는 명백합니다. 기억과 고집입니다. 오로지 고집만이 헝가리에 보상의 날을 가져올 수 있습니다.

헝가리 사람들은 우리의 눈물이나 한탄을 바라는 것이 아닙니다. 단지 그들의 외침이 곳곳에 울려 퍼지길, 자신들을 억압하는 거짓과 이 체제를 끝내려는 의지를 알고 존중해주길 바라는 것입니다.

헝가리와 헝가리 사람들에게 자유가 반환되지 않는다면, 우리도 10월의 반란자들과 함께 결코 물러서지 않을 것입니다.

이것이 오늘 밤 우리를 하나로 연결하는 신종臣從 서약입니다.

1957

# 스톡홀름 연설

1957년 10월 16일, 스웨덴 아카데미는 알베르 카뮈에게 노벨 문학상을 수여한다고 발표했다. 이 소식으로 카뮈는 혼란에 빠졌지만 영예를 받아들이기로 하고, 수상자는 스톡홀름에서 수상 후 연설해야 한다는 규칙을 따랐다. 1957년 12월 10일, 카뮈는 스톡홀름 시청에서 열린 거창한 노벨상 시상식에서 연설했다. 더불어 카뮈는 1958년 1월에 갈리마르 출판사에서 발간된 그의 연설문에 1957년 11월 19일에 쓴 편지를 수록하는데, 그 편지를 통해 알제의 벨쿠르공립학교에서 만난 스승 루이 제르맹Louis Germain에게 상을 헌정했다. "선생님이 안 계셨다면, 가난한 어린아이였던 저에게 내밀었던 다정한 손길이 없었다면, 선생님의 모범이 없었다면, 이 모든 일은 일어나지 않았을 것입니다."

여러분의 자유 아카데미가 저에게 베풀고자 하는 영예가 얼마나 저 스스로의 공로를 넘어서는 보상인지 헤아리니, 저의 감사는 더욱 깊어집니다. 모든 사람은, 특히 모든 예술가는 인정받길 원합니다. 저도 그러기를 원합니다. 그러나 있는 그대로의 제 모습과 수상이 일으킬 반향을 비교하지 않고는 여러분의 결정을 받아들이는 일이 가능하지 않았습니다. 고독한 의심들과 여전히 작업 중인 작품들만 넉넉하고, 작업의 고독과 우정의 은신처 속에서 살아가는 데에 익숙하고, 거의 젊다고 할 만한 어느 한 사람이, 강렬한 조명 한가운데에서 혼자 움츠러들게 만드는 명령을 받고 어찌 당황하지 않을 수 있겠습니까? 유럽에서 가장 위대한 작가 중 몇몇이 침묵에 내몰리고 그의 조국이 끊임없는 불행을 겪는 이런 시대에 그가 어떤 심정으로 이 명예를 받아들일 수 있을까요?

저는 이 동요와 내면적 혼란을 겪었습니다. 결국 내면의 평화를 되찾기 위해 지나치게 후한 운명과 저를 가지런히 맞춰야만 했습니다. 오직 저의 업적에만 근거해 이 결과를 받아들일 수는 없었기에, 저를 거들어주리라 찾아낸 것은 다름 아닌 살아가는 동안 내내 가장 어려운 상황에서 저를 지탱해주었던 것입니다. 바로 예술과 작가로서의 역할에 대해 제가 품었던 생각입니다. 감사와 우정을 느끼며 가급적 간단하게 이 생각이 무엇인지 말씀드리겠습니다.

## "예술은 고독한 즐거움이 아닙니다"

저는 개인적으로는 저의 예술 없이 살 수 없습니다. 그러나 저는 결코 이 예술을 모든 것 위에 둔 적이 없습니다. 오히려 예술이 저에게 필요한 것이라면, 그것은 예술이 누구와도 분리되지 않고 모든 사람의 눈높이에서 제 모습 그대로 살도록 해주었기 때문입니다. 제가 보기에 예술은 고독한 즐거움이 아닙니다. 공통된 고통과 기쁨의 특권적인 이미지를 제공하면서 가장 많은 사람을 감동시키는 수단입니다. 따라서 예술은 예술가를 고립되지 않도록 합니다. 예술은 예술가를 가장 겸손하고 보편적인 진리에 따르도록 만듭니다. 흔히 자신이 남들과 다르다고 느끼기에 예술가의 운명을 선택했던 사람은, 자신이 만인과 비슷하다고 고백함으로써 자신의 예술과 다른 사람들과의 차이를 더 풍부하게 만든다는 것을 금세 깨닫습니다. 예술가는 자신에게 필요 불가결한 아름다움과 벗어날 수 없는 공동체의 중간에서 자신과 타인 사이를 끝없이 오가며 형성됩니다. 그렇기에 진정한 예술가는 어떤 것도 경멸하지 않습니다. 그들은 판단하는 대신 이해하려고 할 수밖에 없습니다. 또한 그들이 이 세계에서 어느 쪽의 편을 들어야 한다면 그것은, 니체의 거창한 말을 따른다면, 재판관이 아니라 노동자건 지식인이건 간에 창조자가 지배할 사회일 것입니다.

그렇게 되면 작가의 역할은 어려운 의무에서 분리되지 않습니다. 정의상 작가는 오늘날 역사를 만드는 사람들을 따를 수 없습니다. 그들은 역사를 수용하는 사람들을 위해 일합니다. 그렇지 않다면 그는 예술을 박탈당한 채 홀로 남게 됩니다. 수백만 명의 병사를 거느린 폭정의 군대는, 작가가 그들의 행보를 따르기로 유난스레 동의한다고 할지라도, 그를 고독에서 빼낼 수 없을 것입니다. 그러나 세상 저편에서 모욕당하고 버림받은 이름 없는 수감자의 침묵은, 적어도 작가가 자유의 특권 속에서 이 침묵을 잊지 않고 예술이란 수단을 통해 침묵을 울려 퍼지게 한다면, 그를 그 유배지에서 꺼내주기에 충분합니다.

우리 중 그 누구도 이 같은 사명에 걸맞을 정도로 위대하지 않습니다. 그러나 무명이거나 잠깐 유명해지거나 혹은 폭정의 사슬에 갇히거나 잠깐 표현의 자유를 가지는 삶의 모든 상황 속에서 작가는, 그의 역량이 허락하는 만큼, 이 직업을 위대하게 만드는 두 개의 임무를 수락한다는 유일한 조건을 갖춘다면, 그에게 정당성을 부여하는 살아 있는 공동체의 감정을 되찾을 수 있습니다. 그 두 가지 임무는 진리와 자유에 대한 복무입니다. 작가의 사명은 최대한 많은 사람을 하나로 모으는 것이므로, 폭정이 지배하는 곳에서 고독을 번창시키는 거짓 그리고 속박과 타협할 수 없습니다. 개개인의 결함이야 어떻든 간에, 이 직업의 고귀함은 우리가 알고 있는 거짓을 거부하고 억압에 저항하는 것이라는, 지키기 어려운 두 가지 약속에 항상 뿌리를 내릴 것입니다.

지난 20년의 미친 역사 동안, 제 나이의 모든 사람과 마찬가지로 경련의 시기에 아무런 구원도 없이 길을 잃었던 저를 지탱해준 것은 지금 글을 쓴다는 것이 명예로운 일이라는 막연한 감정이었습니다. 왜냐하면 글 쓰는 행위는 오로지 글만 쓰도록 두지 않기 때문입니다. 이 행위는 특히 같은 역사를 살았던 모든 사람과 함께, 우리가 공유했던 불행과 희망을 힘이 닿는 한 있는 그대로 짊어지도록 했습니다. 제1차 세계대전 초기에 태어나서 히틀러 정권과 동시에 최초의 혁명 재판들이 자리 잡던 시기에 스무 살이 된 이 사람들은 세상 공부를 마무리하려는 듯, 이후 스페인내란, 제2차 세계대전, 강제수용소의 세계, 고문과 감옥의 유럽에 부딪쳤고, 오늘날에는 핵의 파괴로 위협받는 세상에서 자식들과 일을 키워나가야 했습니다. 저는 아무도 그들에게 낙관주의자가 되라고 요구할 수 없다고 생각합니다. 투쟁하기를 멈추지 않으면서도 거듭되는 절망으로 인해 불명예스러운 짓을 할 권리를 요구하고 시대의 허무주의 속으로 몰려갔던 사람들의 오류를 이해해야 한다는 생각마저 듭니다. 우리나라와 유럽에서 대다수는 이런 허무주의를 거부했고, 정당성을 추구하기 시작했습니다. 이들은 재앙의 시대에서 다시 태어나기 위해, 우리 역사에서 생성되는 죽음의 본능에 얼굴을 치켜들고 당당히 맞서 싸우기 위해, 삶의 예술을 만들어야만 했습니다.

아마도 모든 세대는 제각기 세상을 다시 만들어야 할 운명에 처했다고 믿습니다. 하지만 제 세대는 세상을 다시 만들지 못하리란 것을 압니다. 보다 더 큰 과제가 있습니다. 세상이 무너지는 것을 막는 것입니다. 쇠퇴한 혁명, 비정상적인 기술, 죽은 신들과 기진한 이데올로기가 뒤섞이고, 오늘날 초라한 권력으로도 모든 것을 파괴해버릴 수 있으나 더 이상 설득시킬 수는 없으며, 지성이 증오와 억압의 하인이 될 정도로 비굴해진 부패한 역사의 상속자인 이 세대는 자신의 안팎에서, 오직 부정을 통해 삶과 죽음의 존엄성을 세울 수 있는 것을 조금이라도 복원해야만 했습니다. 우리의 위대한 종교재판관들이 영원한 죽음의 왕국을 건설하는 해체로 위협받는 세상에서, 역사의 계승자는 이 세계에 맞서 촌음을 다투는 시간과의 싸움을 무릅쓰며 국가들 사이에서 속박의 평화가 아닌 진정한 평화를 복원하고 노동과 문화를 다시 화해시키며, 모든 사람과 함께 언약의 궤를 다시 만들어야 한다는 것을 알고 있습니다. 역사의 계승자인 이 세대가 이토록 거대한 임무를 실행할 수 있을지는 확실하지 않지만, 세계 곳곳에서 이 세대는 진리와 자유라는 이중의 내기를 이미 받아들이고 있으며, 필요할 경우 이를 위해 증오 없이 죽을 수도 있다는 점은 확실합니다. 그들이 있는 모든 곳에서, 특히 자신을 희생하는 곳에서 이 세대는 경의와 격려를 받을 자격이 있습니다. 어쨌든 저는 여러분이 진심으로 동의할 것을 믿고 저에게 베풀어주신 영광을 이 세대에 돌리고자 합니다.

저는 또한 글을 쓰는 일의 고귀함에 대해 말하며 비로소 작가의 진정한 위치가 어디인지 제시해볼 수 있을 것 같습니다. 작가는 달리 말하면 함께 투쟁하는 동료들과 역할을 분담하는 것 외에는 다른 직분이 없는 사람이라고도 할 수 있습니다. 그들은 취약하지만 완강하고, 불의하기도 하지만 정의에 열성적이며, 모든 사람의 시선 앞에 부끄러움이나 거만함 없이 자신의 작품을 구축하면서, 항상 고통과 아름다움 사이를 오가며, 결국 역사의 파멸적인 움직임 속에서 이 이중적인 존재로부터 이끌어낸 창조물을 끈질기게 구축하고자 합니다. 그렇지만 누가 작가에게서 완전히 만들어진 해결책과 번지르르한 도덕을 기대할 수 있겠습니까? 진실은 언제나 쟁취하기에는 신비롭고, 금방 사라지기 쉽습니다. 자유는 흥분되는 만큼 위험하며, 감당하기 힘들 때도 있습니다. 우리는 갈 길이 먼 것이 확실해서 기운이 빠지지만, 이 두 가지 목표를 향해 고통스럽지만 단호하게 걸어가야 합니다. 그러니 어떤 작가가 감히 양심에 가책 없이 미덕을 설교하는 사람이 되겠습니까? 저는 이 모든 것과 아무런 연관이 없음을 한 번 더 말해야만 하겠습니다. 저는 빛, 존재의 행복, 그리고 제가 그 안에서 성장했던 자유로운 삶을 절대 포기할 수 없었습니다. 이러한 향수는 저의 많은 실수와 잘못을 설명하지만, 그것 덕분에 저는 저의 직업을 더 잘 이해했으며, 이 세상 속에서 그저 짧고 자유롭고 행복했던 시절에 대한 추억과 그 시절의 회귀만으로 점철된 삶을 말없이 참아내는 사람들 곁을 지키며 맹목적으로 버틸 수 있었습니다.

끝으로 저의 실제 모습, 한계, 제가 빚지고 있는 것들, 어렵게 가진 믿음으로 되돌아와, 여러분이 저에게 주신 이 영예가 얼마나 크고 관대한 것인지를 한결 자유로이 보여드릴 수 있을 것 같습니다. 또한 같은 투쟁을 경험하고서도 그 어떤 특권도 얻지 못하고 불행과 박해를 겪었던 모든 사람에게 경의를 표하고 싶습니다. 여러분에게 마음속 깊이 감사를 드리며 이제 제가 할 일은, 공식 석상에서 개인적인 감사의 표시로, 매일 진정한 예술가들이 제각기 묵묵히 자신에게 다짐했던 그 변함없고 오래된 충성의 약속을 여러분에게 드리는 것입니다.

1957. 12. 10.

1957년 12월 10일,
스웨덴 스톡홀름에서 열린
노벨문학상 수상식에서의
알베르 카뮈. (© Alamy)

# 웁살라대학교 강연

스톡홀름에서 공식적인 노벨상 시상식이 열리고 나흘 뒤,
1957년 12월 14일 알베르 카뮈는 스웨덴에서 가장 오래된 대
학인 웁살라대학교의 대강당에서 강연하게 되었다. 이 원고는
1957년 12월 10일 스톡홀름 시청에서 발표한 공식 연설과 함께
갈리마르 출판사에서 1958년 1월에 출간된 『스웨덴 연설Discours
de Suède』에 수록되었다.


　동방의 어느 현자는 신에게 흥미로운 시대를 사는 것을 부디 면
하게 해달라고 언제나 기도했다고 합니다. 우리는 현자가 아니고,
신은 이를 면해주지 않았으며, 우리는 흥미로운 시대를 살게 되
었습니다. 어쨌거나 우리의 시대는 우리가 이 시대에 관심을 두지
않는 것을 용인하지 않습니다. 오늘날의 작가들은 이 점에 대해
알고 있습니다. 그리고 그들이 말을 꺼내면 비난받고 공격당할 것
입니다. 얌전히 침묵한다면 사람들은 왜 침묵하고 있는지에 대해
서 이야기하며 큰 소리로 책망할 것입니다.
　이 같은 소란 가운데 작가는 그에게 소중한 성찰과 이미지를 추
구하려고 멀찌감치 떨어져 사는 것을 더 이상 기대할 수 없습니

다. 지금까지는 그럭저럭 역사 속에서 기권하는 일이 가능했습니다. 동조하고 싶지 않은 사람은 종종 침묵하거나 다른 이야기를 할 수 있었던 것입니다. 그러나 오늘날엔 모든 것이 달라졌습니다. 침묵조차도 가공할 만한 의미를 지닙니다. 기권 자체가 하나의 선택으로 간주되어 처벌을 받거나 칭찬받게 되는 순간부터, 예술가는 자신이 바라건 바라지 않건 간에 배에 몸을 싣게 되는 것입니다. 제게는 배를 탄다는 표현이 참여한다는 말보다 정확해 보입니다. 실제로 예술가에게 이것은 자발적 참여라기보다 병역 의무와 같은 것이기 때문입니다. 오늘날 모든 예술가는 자기 시대의 노예선에 타고 있습니다. 설령 이 배가 청어 냄새를 풍기고, 감시관이 정말로 너무 많으며, 게다가 뱃머리가 틀어졌다고 판단되어도 예술가는 이를 감수할 수밖에 없습니다. 우리는 바다 한가운데에 떠 있습니다. 예술가는 가급적 죽지 말고, 다시 말해 목숨을 부지하며 창조하려면 다른 사람들과 마찬가지로 차례대로 노를 저어야 합니다.

사실을 말하자면, 이것은 쉬운 일이 아니고, 저는 예술가들이 지난날의 안락을 아쉬워하는 것도 이해할 수 있습니다. 변화는 조금 갑작스러웠습니다. 물론 역사의 원형 경기장에는 언제나 순교자와 사자가 있었습니다. 순교자는 영원한 위안으로, 사자는 피가 뚝뚝 떨어지는 역사의 양식으로 지탱해왔습니다. 그러나 예술가는 지금까지 관중석에 있었습니다. 그들은 아무 쓸모가 없거나 자기만을 위한 노래를 불렀고, 고작해야 순교자를 격려하고 사자의 식욕을 다른 데로 돌리기 위한 노래를 불렀습니다. 지금은 이와는 반대로 예술가가 원형 경기장 안에 있습니다. 당연히 그의 목소리는 더 이상 예전 같지 않습니다. 훨씬 자신감이 떨어졌습니다.

이 끊임없는 의무로 인해 예술이 무엇을 잃어버리게 되는지 우린 잘 알고 있습니다. 우선 편안함을 잃었으며, 모차르트의 작품에서 숨 쉬는 신성한 자유를 잃었습니다. 사람들은 우리의 예술 작품에서 격렬하고 고집이 센 모습, 근심 가득한 표정, 갑작스러운 파멸을 더 잘 이해합니다. 따라서 우리 곁에는 작가보다 기자들이, 세잔보다는 그림 그리는 보이스카우트가 더 많고 결국 순정 소설 총서나 범죄소설이 『전쟁과 평화』나 『파르마의 수도원』의 자리를 차지한 것을 이해하게 되었습니다. 물론, 언제나 이 상황을 인본주의적인 비탄으로 반대할 수 있고, 『악령』의 스테판 트로피모비치가 무슨 수를 써서라도 되고자 했던 비난의 화신이 될 수도 있습니다. 또한 이 인물처럼 시민의 슬픔에 발작적으로 빠질 수도 있습니다. 그러나 이 슬픔은 현실의 아무것도 바꿔놓지 못합니다. 제 생각으로는 시대가 그토록 강력히 요구하기에 시대에 맞추는 편이 나을 것이며, 존경받는 대가, 통속작가, 안락의자에 올라앉은 천재들의 시대는 끝났다는 것을 담담하게 인정하는 편이 낫습니다. 오늘날 창조는 위험을 동반합니다. 모든 작품의 출간은 하나의 행위이며, 이 행위는 아무것도 용서하지 않는 시대가 가하는 박해에 노출됩니다. 따라서 문제는 이러한 상황이 예술에 손해를 끼치는지 아닌지를 따지는 것이 아닙니다. 예술과 예술이 의미하는 것 없이는 살 수 없는 모든 사람에게 문제는, 오직 그렇게 많은 이데올로기의 경찰관들 사이에서(수많은 교회 가운데 우리는 얼마나 고독한가요!) 창작이라는 기묘한 자유가 여전히 가능한지를 아는 것뿐입니다.

그러한 관점에서 예술이 국가 권력으로부터 위협받고 있다고 말하는 것으로는 충분하지 않습니다. 이 경우 문제는 사실상 간단할 것입니다. 예술가들이 투쟁하거나 타협하는 것입니다. 그러나 예술가 자신의 마음속에서 투쟁이 벌어지고 있다는 것이 드러난 이상, 문제는 더욱 복잡하고 치명적일 수 있습니다. 오늘날 우리 사회가 훌륭한 예시를 보여주고 있는 예술에 대한 증오는, 예술가들 스스로에 의해 지탱되기에 그토록 효과적일 수 있습니다. 우리보다 앞선 예술가들이 느꼈던 회의감은 자신의 재능에 관한 것이었습니다. 그러나 오늘날 예술가들의 회의는 자신의 예술의 필요성과 자신의 존재와 관련됩니다. 1957년의 라신이라면, 낭트칙령을 옹호하며 싸우는 대신 〈베레니스〉를 집필한 것에 대해 사죄했을 것입니다.

예술가가 예술을 문제시한 데에는 많은 이유가 있지만 가장 중대한 원인들만 짚어보아야 합니다. 가장 나은 경우, 현대의 예술가는 역사의 참상을 고려하지 않는다면 자신이 거짓을 말하거나, 의미 없는 말을 늘어놓는 느낌을 받을 수 있다는 것을 잘 알 것입니다. 실제로 우리 시대의 특징은, 대중과 그들의 비참한 상황이 동시대적인 감수성 앞에 갑작스레 등장했다는 것입니다. 이전에도 대중과 그들의 비참한 상황이 존재했지만, 우리는 이를 잊어버리는 경향이 있었습니다. 그리고 이제 우리가 그것을 안다면, 예술 분야이건 아니건 간에 엘리트들이 더 나아졌기 때문이 아니며 그 점에 대해서는 안심해도 될 것입니다. 그것은 대중의 힘이 더 강력해져서 그들을 잊을 수 없도록 만들었기 때문입니다.

예술가가 사임한 데에는 다른 이유도 있고 그중 일부는 덜 고상

한 이유이기도 합니다. 그러나 어떤 이유이든 간에 그것은 하나의 동일한 목표로 귀결됩니다. 자기 가슴속에 있는 창조자의 자신감, 그 본질적 원칙을 공격하며 자유로운 창조 의욕을 좌절시키는 것이 바로 그 목표입니다. 랠프 월도 에머슨Ralph Waldo Emerson은 "한 인간이 자신의 재능에 복종하는 것이야말로 가장 훌륭한 믿음"■ 이라는 탁월한 지적을 했습니다. 그리고 19세기의 또 다른 미국 작가는 "인간이 자기 자신에게 충실하다면, 정부, 사회, 심지어 태양과 달, 별까지도 모든 것이 그 의미가 풍성히 흘러넘친다"■■ 라고 했습니다. 이 놀라운 낙관론은 오늘날 모두 죽은 것 같습니다. 예술가는 대부분의 경우 자기 자신을, 그리고 특권을 누린다면 그 특권까지 부끄러워합니다. 예술가는 무엇보다도 먼저 스스로에게 던지는 질문에 대답해야 합니다. "예술은 거짓된 사치인가?"

I

먼저 우리가 할 수 있는 정직한 대답은 실제로 예술이 거짓된 사치일 수 있다는 것입니다. 갤리선의 도형수들이 선창에서 노를 저으며 탈진하는 동안, 어떤 사람들은 언제든 배의 갑판에서 별을 노래할 수 있다는 것을 우리는 알고 있습니다. 순교자가 사자

---

■　　　랠프 월도 에머슨의 『자기신뢰』(1841) 중에서.

■■　　헨리 데이비드 소로Henry David Thoreau의 이 문장은 에머슨이 그의 일기에서 인용한 것으로, 다음의 책에 수록되었다. 랠프 월도 에머슨, 『에머슨 일기의 핵심The Heart of Emerson's Journals』, 블리스 페리, 1926.

의 이빨에 짓이겨지는 동안 어떤 사람들은 원형 경기장의 관중석에서 오가는 사교계의 대화를 매번 기록할 수 있다는 것 또한 우리는 알고 있습니다. 그리고 이 같은 예술은 과거에 큰 성공을 거두었기에 반대하기란 그리 쉽지 않습니다. 오늘날 조금 달라진 것이 있는데, 특히 도형수와 순교자의 수가 이 지구상에서 놀랄 만큼 증가했다는 것입니다. 이처럼 엄청난 비참함 앞에서 이 예술이 계속해서 사치가 되고자 한다면, 오늘날 이 예술이 거짓이 된다는 것도 받아들여야 할 것입니다.

실제로 예술은 무엇을 이야기해야 할까요? 만약 예술이 우리 사회가 요구하는 바에 대부분 순응한다면 그것은 무의미한 오락일 것입니다. 그렇다고 사회를 맹목적으로 거부하고 예술가가 자신의 꿈속에서 세상과 단절하기로 결심한다면, 그는 거부 외에는 어떠한 다른 것도 표현하지 못할 것입니다. 그렇다면 우리는 재미를 주는 이야기꾼이나 형식만 중시하는 문법학자의 산물만 갖게 될 것이며, 이 두 가지 경우 모두 살아 있는 현실과는 단절된 예술로 이어질 것입니다. 대략 한 세기 전부터 우리는 돈의 사회조차도 아닌(그나마 돈이나 금은 육체적 열정이라도 일으킬 수 있습니다), 돈의 추상적 상징이 지배하는 사회에서 살고 있습니다. 장사꾼의 사회는 사물을 기호로 대신한 사회로 정의될 수 있습니다. 지배계급이 자신의 재산을 토지의 면적이나 금괴가 아니라 일정한 교환거래에 해당되는 추상적 숫자로 측정할 때, 그런 사회는 단번에 그의 체험과 우주의 중심에 일종의 왜곡을 두는 데에 열중하게 됩니다. 기호에 기반을 둔 사회는 그 본질에 있어서 인간의 육체적 진실이 왜곡되는 인위적인 사회입니다. 이런 사회가 형식적인 원칙의 윤리를 선택해 그것을 자신의 종교로 삼아 감옥이나 금융의 사원의 벽에 자유와 평등이라는 단어를 써 붙이는 것은 그리 놀라운 일이 아닙니다. 그러나 이런 단어들을 팔아먹으면 벌을 받지 않을 리는 없습니다. 오늘날 가장 모욕받은 가치는 분명 자유의 가치일 것입니다. 머리가 좋다는 사람들은(저는 언제나 똑똑한 지성과 어리석은 지성, 이렇게 두 종류의 지성이 있다고 생각해왔습니다) 자유란 진정한 진보의 길 위에 놓인 장애물에 불과하다는 것을 신조로 삼았습니다. 그러나 이토록 근엄한 헛소리가 떠돌았던 것은 지난 100년간 장사꾼의 사회가 자유를 독점적이고 일방적으로 남용했고, 자유를 의무라기보다 권리로 여겼으며, 기회가 닿을 적마다 번번이 원리적 자유를 사실상의 억압을 위해 사용하는 데에 거침이 없었기 때문입니다. 그러니 이 사회가 예술에게 해방의 도구가 아니라 큰 뒤탈이 없는 행위, 그리고 단순한 오락을 요구했다는 것은 그리 놀라운 일이 아닙니다. 따라서 무엇보다도 돈에 대한 걱정과 단지 연애의 권태만을 겪어왔던 모든 사교계는 수십 년 동안 세속적인 소설가들과 가장 경박한 예술에 만족해하고 있습니다. 이 예술에 관해 오스카 와일드 Oscar Wilde[■]는, 감옥 생활을 경험하기 전에, 자기 자신을 되돌아보며 최고의 악덕은 가벼움이라고 말한 바 있습니다.

그러므로 부르주아 유럽에서 예술 제조업자들은(저는 아직 예술가라고 하지 않았습니다), 1900년 전후로 무책임이라는 것을 받아

[■]　알베르 카뮈는 오스카 와일드의 책 『레딩 감옥의 노래』의 프랑스어판(팔레즈, 1952) 서문을 썼다.

들였습니다. 왜냐하면 책임은 그들의 사회와의 힘겨운 단절을 전제로 했기 때문입니다(정말로 단절한 사람들은 랭보<sup>A. Rimbaud</sup>, 니체, 스트린드베리<sup>A. Strindberg</sup>였으며, 우리는 그들이 치렀던 대가를 알고 있습니다). 이러한 무책임에 관한 요구뿐인 '예술을 위한 예술' 이론이 시작되는 시기가 바로 이때입니다. 고독한 예술가의 오락거리 같은 이 '예술을 위한 예술'은 단지 추상적인 가짜 사회의 인위적 예술입니다. 이는 살롱 예술이거나, 말재주와 추상적 관념을 자양분 삼았다가 마침내 모든 현실을 파괴해버리는 순수한 형식적 예술로 귀결됩니다. 이렇게 해서 어떤 작품은 소수의 사람을 매혹하는 반면, 수많은 조잡한 발명품은 다른 많은 사람을 타락시킵니다. 결국 예술은 사회 밖에서 구성되고 자신의 살아 있는 뿌리와 단절되었습니다. 그렇게 된다면 환대받는 예술가라도 점차 고독해질 것이며, 적어도 쉽고 단순한 개념을 제공하는 유력 일간지나 라디오를 통하지 않고는 국민에게 더 이상 알려지지 않을 것입니다. 실로 예술이 전문화될수록 그것의 대중화는 더욱 필요해집니다. 수백만의 사람들은 신문에서 우리 시대의 이런저런 위대한 예술가가 카나리아를 키우거나 고작 6개월만 결혼 생활을 한다는 것을 읽고는 그를 이해한다고 느낄 것입니다. 오늘날 가장 커다란 유명세는 그 작품이 읽히지도 않은 채 존경받거나 미움을 받는 데에 그 핵심이 있습니다. 우리 사회에서 유명해지고자 몰려드는 모든 예술가는, 그렇게 될 사람이 자신이 아니라 자신의 이름을 가진 다른 사람이라는 것을 알아야 하며, 결국 그 다른 사람마저도 놓치고 아마도 어느 날 자기 안에 있는 진정한 예술가를 죽인다는 것을 알아야 합니다.

19세기와 20세기 상인들의 유럽에서 창조되었던 유효한 작품 중 거의 대부분이, 예를 들어 문학의 경우, 그 시대의 사회에 대립해 이루어졌다는 것에 대해 어찌 놀랄 수 있겠습니까! 프랑스 혁명이 도래하기 전까지 당대에 활동하던 문학은 대체로 동의同意의 문학이라고 말할 수 있습니다. 그러나 혁명에서 비롯된 부르주아 사회가 안정화되는 순간부터 이와는 정반대로 저항문학이 전개되었습니다. 프랑스를 예로 들자면 낭만주의부터 랭보에 이르기까지 혁명적 가치의 보유자들이나, 비니와 발자크가 그 전형인 귀족적 가치의 보존자들에 의해 공식적인 가치는 부정되었습니다. 모든 문명의 원천인 민중과 귀족, 두 가지 경우는 모두 당대의 인위적인 사회에 반대하는 입장을 취합니다.

그러나 매우 오랫동안 유지되어 경직된 이 거부는 그 자체도 가짜로 변했고, 이는 일종의 또 다른 고갈로 이어지게 됩니다. 장사꾼 사회에서 탄생한 저주받은 시인(토머스 채터턴Thomas Chatterton▪이 가장 좋은 예시입니다)이라는 주제는 어떤 사회든 상관없이 그 시대의 사회에 대항하는 것만이 위대한 예술가가 될 수 있는 길이라는 편견 속에서 경직됩니다. 진정한 예술가는 돈의 사회와 타협할 수 없다는 원칙을 주장할 때 본래는 정당했지만, 그 원칙에서 예술가는 일반적으로 모든 것에 대항해야만 존재할 수 있다는 주장이 도출된다면 이 원칙은 틀리게 됩니다. 우리의 수많은 예술가는 저주받기를 열망하고, 그렇지 못하면 자격지심을 느끼고, 갈채와

▪  영국의 시인으로, 예술로 생계를 이어가지 못하고 며칠 동안 배고픔과 싸우다 열일곱 살의 나이에 스스로 생을 마감했다. 비니의 『채터턴Chatterton』(1835)은 그의 삶에서 영감을 받아 집필한 것이다.

동시에 야유를 원합니다. 오늘날의 사회는 지치고 무관심해지면서 그저 이유 없이 갈채와 비난을 보낼 따름입니다. 따라서 우리 시대의 지성인은 위대해지기 위해 끊임없이 경직되길 멈추지 않습니다. 그러나 모든 것을 거부하고 자신의 예술적 전통마저 거부한 나머지, 현대의 예술가는 자신만의 규칙을 창조하는 환상을 품기에 이르렀고, 마침내 자신이 신이라고 믿게 되었습니다. 그러는 바람에 스스로 자신의 현실을 창조할 수 있다고 믿게 되었습니다. 그렇기에 그는 사회와 동떨어져 형식적이거나 추상적인 작품만을 창조하게 되는데, 이 실험적 태도는 감동적일 수 있겠지만 결속을 사명으로 하는 진정한 예술에 적합한 풍요로움을 잃게 되었습니다. 결국 싹도 보이지 않는 이삭에 대한 입도선매와 이랑으로 두툼해진 밀밭 사이의 차이와 마찬가지로, 미묘하고 추상적인 현대의 작품들과 톨스토이나 몰리에르 작품 사이에 차이가 생겨났습니다.

## II

이렇듯 예술은 거짓된 사치가 될 수 있습니다. 따라서 많은 사람과 예술가 들이 발길을 돌려 진실로 돌아가려 하는 것은 놀라운 일이 아닐 것입니다. 그 순간부터 그들은 예술가에게 고독할 권리가 있다는 것을 부정했으며, 그들의 꿈이 아니라 모든 사람이 겪고 고통받는 현실을 예술의 주제로 삼았습니다. 예술을 위한 예술은 주제나 스타일이 그들의 이해를 벗어나거나 진실을 도무지 표현하지 못한다고 확신한 대중은 예술가가 대다수의 사람에 대해서, 그리고 대다수의 사람을 위해서 이야기하기를 원했습니다. 모든 사람의 언어로 모든 사람의 고통과 행복을 표현한다면 그 예술가는 보편적으로 이해될 것입니다. 현실에 절대적으로 충실한 것에 대한 보상으로 예술가는 사람들 간의 총체적인 의사소통을 획득할 것입니다.

이 보편적 의사소통에 대한 이상은 실제로 모든 위대한 예술가의 이상입니다. 일반적인 편견과는 달리, 예술가는 고독할 권리가 없는 사람입니다. 예술은 독백이 될 수 없습니다. 고독한 무명의 예술가가 후세 사람들에게 호소할 때 그는 다름 아니라 자신의 깊은 사명을 재확인하는 것일 뿐입니다. 귀가 들리지 않거나 정신이 산만한 동시대인들과는 대화가 불가능하다고 판단한 예술가는 다음 세대와의 더 많은 대화를 호소합니다.

그러나 모두에 대해, 모두에게 말하기 위해서는 모두가 알고 있는 것과 우리에게 공통된 현실을 이야기해야 합니다. 바다, 비, 욕구, 욕망, 죽음에 맞선 투쟁, 이런 것들이 우리 모두를 하나로 만듭니다. 우리는 함께 보고, 함께 고통받는 데에서 서로 닮았습니다. 꿈은 저마다 다르지만 세상의 현실은 우리의 공통된 조국이라고 할 수 있습니다. 그러므로 사실주의의 열망은 정당합니다. 그것은 예술적인 모험과 깊게 연결되어 있습니다.

그러니 우리 사실주의자가 됩시다. 가능하기만 하다면 그렇게 되도록 노력합시다. 사실주의자라는 단어가 어떤 의미를 갖는지 확실하지 않고, 또한 사실주의가 바람직하더라도 실현 가능하다는 것은 확실하지 않습니다. 우선 순수한 사실주의가 예술에서 가능한지 자문해봅시다. 지난 세기의 자연주의자들의 선언에 따르면 사실주의는 현실의 정확한 복제입니다. 따라서 사진이 그림에 미치는 영향이 곧 예술 전반에 대한 영향일 것입니다. 전자가 복제한다면 후자는 선택합니다. 그러나 사진은 무엇을 복제하는 것이며, 사실이란 과연 무엇입니까? 결국 가장 최고의 사진이라도 사실의 충실한 복제가 될 수 없으며 충분히 사실주의적이지도 않습니다. 예를 들어 우리 우주에서 인간의 삶보다 더 사실적인 것은 무엇이 있으며, 사실주의 영화에서보다 그것을 어떻게 더 잘 재현해내길 바라겠습니까? 이러한 영화는 어떤 조건에서 가능해질 수 있습니까? 순전히 상상의 조건에서뿐입니다. 실제로 밤이나 낮이나 한 사람에게 고정되어 끊임없이 사소한 움직임을 기록하는 이상적인 카메라가 있다고 가정해야만 할 것입니다. 그 결과로 이 영화는 한 사람의 삶이 지속되는 동안 계속 상영될 것이며, 오로지 타인의 삶에 대해 세세한 것까지 관심을 갖고자 자신의 삶을 허비하는 일을 체념한 채 받아들이는 관객들만이 이런 영화를 볼 수 있을 것입니다. 이러한 조건에도 이 상상 불가능한 영화는 사실적이지 않을 것입니다. 이유는 간단합니다. 인간 삶의 현실은 그 사람 자신에게만 있지 않기 때문입니다. 한 사람의 삶의 현실은 그의 삶에 형태를 부여하는 다른 사람들의 삶 속에 있기도 합니다. 무엇보다 그가 사랑하는 사람들의 삶을 촬영해야 할 것이며, 뿐만 아니라 정체불명의 사람, 권력자, 비참한 삶을 사는 사람, 함께 살아가는 시민, 경찰관, 교수, 광산과 작업장의 보이지 않는 동료들, 외교관, 독재자, 종교 개혁자, 우리의 행동으로 결정적인 신화를 창조해내는 예술가들, 끝으로 가장 정돈된 존재를 관장하는, 막강한 우연의 힘을 대변하는 사소한 것들마저 촬영해야 할 것입니다. 따라서 가능한 사실주의적 영화는 단 하나, 우리 앞에 놓인 세계의 스크린 위에 보이지 않는 기계로 끊임없이 투사하는 영화입니다. 신이 존재한다면 그만이 유일한 사실주의 예술가일 것입니다. 나머지 다른 예술가들은 어쩔 수 없이 현실에 불충실합니다.

그때부터, 부르주아 사회와 그 사회의 형식적 예술을 거부하고 현실에 대해, 오로지 현실만을 말하고자 하는 예술가들은 고통스러운 난관에 봉착하게 됩니다. 예술가들은 사실주의자가 되어야 하지만 그렇게 될 수 없습니다. 그들은 자신의 예술을 사실에 종속시키고자 하지만, 예술의 독창성에 사실을 종속시키는 선택의 작업을 하지 않고는 사실을 묘사할 수 없기 때문입니다. 러시아혁명 초기의 아름답지만 비극적인 작품들은 이 같은 고통을 잘 보여줍니다. 알렉산드르 블로크Alexander Blok[■], 위대한 보리스 파스테르나크Boris Pasternak[■■], 블라디미르 마야콥스키Vladimir Mayakovsky[■■■], 세르게이 예세닌Sergei Yesenin[■■■■], 세르게이 예이젠시테인Sergei Eisenstein[■■■■■], 그리고 시멘트와 강철의 소설을 쓴 최초의

---

[■] 러시아혁명 시인.

[■■] 러시아의 시인이자 소설가. 이탈리아에서 그의 소설 『닥터 지바고』(1957)가 출간되고 1958년 노벨문학상을 수상한 후, 러시아 정권은 이에 맞서 폭력적인 캠페인을 전개했다. 알베르 카뮈는 1958년 11월 1일 〈르 피가로 리테레르Le Figaro Littéraire〉에 실린 '파스테르나크, 그는 배척될 것인가?Pasternak sera-t-il un paria?'라는 제목의 기사에서 그를 공개적으로 지지했다.

[■■■] 러시아의 시인이자 극작가로, 미래주의 운동의 선구자 중 한 명이다.

[■■■■] 러시아의 농민계 시인이자 사회혁명당의 좌파 지지자. 1922년부터 1924년까지 미국의 무용수 이사도라 덩컨Isadora Duncan의 배우자이기도 했다.

[■■■■■] 러시아의 영화감독. 〈전함 포템킨〉(1925)으로 잘 알려져 있다.

소설가들을 통해 러시아가 우리에게 제시했던 것, 그것은 형식과 주제의 찬란한 실험실, 풍요로운 불안, 탐구에 대한 광기입니다. 그러나 우리는 사실주의가 불가능한 가운데 어떻게 사실주의자가 될 수 있는지 결론을 내리고 말해야 했습니다. 여기에서도 다른 곳에서와 마찬가지로 독재 권력이 단호한 조치를 취했습니다. 우선 사실주의는 필요하며, 그다음에는 사회주의자가 되기를 원한다는 전제하에 사실주의가 가능하다는 것이었습니다. 그렇다면 이 같은 조치의 의미는 과연 무엇일까요?

결국 선택하지 않고서는 현실을 복제할 수 없다는 점을 솔직히 인정하고 19세기에 공식화되었던 사실주의 이론을 거부해야 한다는 것입니다. 남은 것은 오직 앞으로 구성될 세계가 따라야 하는 선택의 원리를 찾는 일입니다. 그리고 그것을 우리가 알고 있는 현실에서 찾는 것이 아니라, 앞으로 다가올 현실, 다시 말해 미래에서 찾아야 합니다. 존재하는 것을 잘 재현해내기 위해서는 앞으로 존재할 것도 그려봐야만 합니다. 다시 말해, 사회주의적인 사실주의의 진정한 대상은 아직까지는 사실성이 없는 것입니다.

꽤 멋진 모순입니다. 그러나 결국엔 사회주의적 사실주의라는 표현 자체가 모순적이었습니다. 실제로 현실이 통째로 사회주의적이지 않은데 어떻게 사회주의적인 사실주의가 가능할까요? 현실은 과거에도 그랬고, 현재에도 완전히 사회주의적이지는 않습니다. 답은 간단합니다. 어제와 오늘의 현실 속에서 완벽한 미래 도시를 준비하고 그 도시에 기여하는 것을 선택하라는 것입니다. 따라서 현실 속에서 사회주의적이지 않은 것을 부정하고 단죄하는 데 전념하는 한편, 지금 사회주의적이거나 혹은 앞으로 그렇게 될 것을 부추기는 데 전념하게 될 것입니다. 그렇게 되면 우리에게 오는 것은 필연적으로 선과 악이 있는 프로파간다 예술, 형식적인 예술처럼 복잡하고 생생한 현실과 단절된 순정 소설 총서일 것입니다. 결국 이 예술은 정확히 사실주의가 될 수 없는 만큼만 사회주의적일 것입니다.

그러므로 스스로 사실주의자가 되고자 했던 이러한 미학은 진정한 예술가에게는 부르주아의 이상주의만큼 불모의 새로운 이상주의가 됩니다. 현실을 보다 더 깔끔히 말살하기 위해 그것을 남보란 듯이 최고의 반열에 올려놓은 셈입니다. 이제 예술은 무로 환원됩니다. 예술은 봉사하고 하인 노릇을 하다가 노예가 되고 맙니다. 오로지 현실 묘사를 경계하는 사람들만이 현실주의자라 불리며 칭송받을 것입니다. 이 사람들이 갈채를 받는 반면 그렇지 않은 사람들은 검열될 것입니다. 부르주아 사회에서는 아무도 읽지 않거나 오독된 작품이 명성을 얻는 데 반해, 전체주의 사회에서 명성을 얻는 방법은 다른 사람들이 읽지 못하게 하는 것입니다. 이곳에서는 여전히 진정한 예술이 왜곡되거나 입에 재갈이 채워져, 보편적 의사소통을 가장 열렬히 원했던 사람들, 바로 그들로 인해 의사소통이 불가능하게 될 것입니다.

이런 실패에 직면했을 때 할 수 있는 가장 단순한 방법은 이른바 사회주의적 사실주의가 위대한 예술과 크게 관련이 없다는 것, 그리고 혁명가들이 혁명 그 자체의 이익을 위해서 또 다른 미학을 모색해야 한다는 것을 인정하는 것입니다. 이를 거슬러 사회주의적 사실주의를 옹호하는 사람들은 이것 말고는 다른 예술이 가능하지 않다고 외친다는 것을 우리는 알고 있습니다. 그들은 실제로 그렇게 외치고 있습니다. 그러나 그들 자신조차도 이 주장을 믿지 않으며, 미학적 가치는 혁명적 행위의 가치에 종속되어야 한다고 마음속으로 결심했다는 것이 저의 깊은 확신입니다. 이런 사정이 좀 더 명확하게 이야기되었다면, 논쟁은 더 쉬워졌을 것입니다. 우리는 모든 사람의 불행과 예술가의 운명에 간혹 부여되는 특권들 사이의 지나친 대조로 인해 고통받는 사람들, 불행 속에 사는 사람들과 반대로 항상 자신의 생각을 표현해야 하는 사명을 지닌 사람들 사이의 극심한 간격을 거부하는 그들의 이 위대한 단념을 존중할 수 있습니다. 그러면 우리는 그 사람들을 이해할 수 있을 것이며, 그들과 대화를 시도해볼 수도 있을 것입니다. 예컨대 창조적 자유를 억압하는 것이 속박을 이겨내는 올바른 길이 아닐 수도 있다는 것과, 모두를 대변할 수 있을 때를 기다리는 동안 적어도 몇몇 사람을 대변할 기회마저 빼앗는 것은 매우 어리석은 짓임을 말해볼 수 있을 것입니다. 그렇습니다. 사회주의적 사실주의는 그 혈연관계, 즉 자신이 정치적 사실주의의 쌍둥이라는 것을 인정해야 할 것입니다. 사회주의적 사실주의는 예술과 무관한 목적으로, 가치의 서열 관계에서 더 우월해 보이는 목적을 위해 예술을 희생시킵니다. 요컨대 이것은 우선 정의를 이룩하기 위해 잠정적으로 예술을 제거합니다. 아직 불확실한 미래에 정의가 실현될 때 비로소 예술은 되살아날 것입니다. 저들은 반드시 달걀을 깨야만 오믈렛을 만들 수 있다는 현대 지성의 황금률을 예술에도 적용합니다. 그러나 이 압도적인 상식에 속아 넘어가면 안 됩니다. 수천 개의 달걀을 깨뜨리는 것만으로는 맛있는 오믈렛을 만들 수 없습니다. 깨진 달걀 껍데기의 수가 요리사의 자질을 평가하는 기준이 될 수는 없을 것입니다. 우리 시대의 미학적 요리사는 자신이 원했던 것보다 더 많은 달걀 바구니를 엎게 되는 것을 두려워해야 하며, 그때부터 문명의 오믈렛은 더 이상 만들어질 수 없고 결국 예술이 되살아나지 못할 것을 두려워해야 합니다. 이 같은 야만은 결코 잠정적이지 않습니다. 야만에 한계를 두지 않으면 그것은 예술에서 풍속까지 퍼져나갈 것이 당연합니다. 따라서 우리는 인간의 불행과 피에서 보잘것없는 문학, 호의적인 비평, 사진을 곁들인 작가 소개, 증오가 종교를 대신하는 교화용 작품이 태어나는 것을 보게 될 것입니다. 여기서 예술은 가식적 낙관주의로 절정에 달하지만 이는 바로 가장 최악의 사치이자 최악의 웃음거리밖에 안 되는 거짓입니다.

어떻게 놀랄 수 있겠습니까? 인간의 고통은 너무나 큰 주제여서, 손의 감각이 너무 예민해 고통까지 만져진다던 존 키츠John Keats*가 아니라면 아무도 건드릴 수 없습니다. 우리는 경향문학이 공식적인 위안이 되어 고통을 덜어주려고 끼어드는 모습을 잘 볼 수 있습니다. '예술을 위한 예술'의 거짓은 이 불행을 모르는 척하다가 이에 대한 책임을 지게 되었습니다. 그러나 사실주의의 거짓말은 인간에게 존재하는 불행을 용기와 책임을 가지고 인정하지만 더불어 그 불행을 심각하게 배신합니다. 아무도 모르고, 따라서 모든 기만이 허용되는, 다가올 미래의 행복을 과장하려고 불행을 사용했기 때문입니다.

오랫동안 대립되어온 두 미학, 즉 사실의 총체적 거부를 권장하

---

* 영국의 낭만주의 시인.

는 미학과 사실이 아닌 것을 모두 거부한다고 주장하는 미학은 결국 모두 현실에서 멀리 떨어져 같은 거짓과 예술의 말살 속에서 다시 만나게 됩니다. 우파의 아카데미즘은 불행을 무시하고 좌파의 아카데미즘은 불행을 이용합니다. 이 두 가지 경우 모두 예술이 부정됨과 동시에 인간의 비참함이 더 커져갑니다.


Ⅲ


"현실 없이 어떻게 예술이 가능할 것이며,
 예술이 어찌 현실에 종속될 수 있겠습니까?"


이 거짓이 예술의 본질 그 자체라고 결론지어야 할까요? 오히려 제가 지금까지 이야기한 태도들은 예술과 그다지 연관성이 없기에 거짓이라고 말하고 싶습니다. 그렇다면 예술은 무엇일까요? 결코 단순하지 않다는 것은 확실합니다. 모든 것을 악착같이 단순화하려는 수많은 사람의 외침 속에서 예술이 무엇인지 알기란 더욱 어렵습니다. 우리는 천재가 빛나고 고독하길 바라는 한편, 우리와 비슷해지기를 요구합니다. 슬프게도 현실은 더 복잡합니다. 발자크는 이를 한 문장으로 느끼게 해줍니다. "천재는 모든 사람과 비슷하지만 천재와 비슷한 사람은 아무도 없다." 예술에 있어서도, 현실이 없다면 예술은 아무것도 아니지만 예술이 없다면 현실 또한 대수롭지 않습니다. 실제로 현실 없이 어떻게 예술이 가능할 것이며, 예술이 어찌 현실에 종속될 수 있겠습니까? 예술가는 대상이 자신을 선택한 것처럼 또한 대상을 선택합니다.

어떤 의미로 예술은 덧없고 불완전하다는 점에서 세상에 대한 반항이기도 합니다. 그러나 감정의 원천인 현실을 보존할 수밖에 없는 처지라서 예술가는 이 현실에 다른 형식을 부여하는 것 말고는 어떤 것도 하지 않습니다. 이러한 면에서 우리 모두는 사실주의자이면서 그 누구도 사실주의자가 아닙니다. 예술은 있는 그대로의 것을 총체적으로 거부하지 않으면서 총체적으로 동의하지도 않습니다. 예술은 거부인 동시에 동의이며, 그렇기에 영원히 새롭게 되풀이되는 고통일 수밖에 없습니다. 예술가는 항상 이 모호함 때문에 현실을 부정할 수 없지만, 영원히 완성하지 못했던 작품을 통해 현실에 대한 영원한 의문을 제기할 것입니다. 하나의 정물화를 그리기 위해 예술가와 사과는 계속 충돌하고 서로 고쳐나가야 합니다. 그리고 세상의 빛이 없다면 형태들은 아무것도 아닐 테지만, 형태들 또한 빛에 빛을 보태줍니다. 찬란함으로 육체와 조각상을 살아나게 하는 실제의 우주는 그와 동시에 육체와 조각상으로부터 하늘의 빛을 고정하는 제2의 빛을 받습니다. 결국 위대한 스타일은 예술가와 그 대상의 중간 지점에 있습니다.

따라서 문제는 예술이 현실에서 도피해야 하는지 아니면 그에 복종해야 하는지가 아니라, 작품이 구름 속으로 사라지거나 반대로 납덩어리처럼 무거운 신발과 함께 끌려가지 않기 위해서는 얼마만큼의 현실을 채워 넣어야 하는지에 있습니다. 예술가는 제각기 자신이 느끼는 만큼, 능력이 닿는 만큼 이 문제를 해결합니다. 세계의 현실에 맞서는 예술가의 반항이 강해질수록, 그 반항을 견제하려는 현실의 무게 또한 무거워질 수 있습니다. 그러나 이 무게는 결코 예술가의 까다로운 내면적 기준을 질식시킬 수 없습니다. 가장 높은 수준의 작품은 언제나 그리스비극, 멜빌, 톨스토이, 몰리에르의 작품처럼 현실과 그 현실에 맞서는 인간의 거부 사이에 균형을 맞추는 작품일 것입니다. 현실과 그 거부는 즐거운 분출과 찢긴 생명의 분출 속에서 제각기 상대를 도약하게 만듭니다. 그때 아득히 먼 곳에서 하루하루의 세계와 다르면서도 똑같고, 개별적이지만 보편적이며, 즐겁고 슬픈 생명의 분출 그 자체인 세계, 천진무구한 불안정성으로 충만한 새로운 세계가 불쑥 솟구칩니다. 그 세계는 천재의 힘과 불만족에서 비롯된 힘에 의해 몇 시간 동안만 나타납니다. 세계란 이것인가 싶다가도 아니고, 아무것도 아니다가 전부입니다. 이것이 저마다 진정한 예술가의 이중적이며 지칠 줄 모르는 비명, 그를 똑바로 서서 버티게 하며, 두 눈을 크게 뜨게 만드는 비명입니다. 잠들어 있는 세계 한가운데에서, 한 번도 만난 적은 없지만 알아볼 수 있는 어떤 현실에 대한 순간적이며 집요한 이미지를 모든 이를 위해 저 멀리에서 일깨우는 그 비명입니다.

"예술가는 심판자가 아니라
정당성을 증명하는 사람입니다"

이와 마찬가지로 예술가는 자신의 시대를 앞에 두고 등을 돌릴 수도, 거기에 파묻혀버릴 수도 없는 노릇입니다. 시대에 등을 돌리면 예술가는 허공에다 말하게 될 것입니다. 그러나 예술가가 자신의 시대를 하나의 대상으로 보는 한, 주체로서 자신의 고유한 존재를 확인하고 그 시대에 전적으로 굴복하지 않을 수 있게 됩니다. 달리 말해 예술가는 모든 사람의 운명을 함께 나누기로 선택하는 순간, 자신도 하나의 개체임을 확인합니다. 그리고 그는 이 모호함에서 벗어날 수 없습니다. 예술가는 자신이 직간접적으로 보거나 고통을 겪은 것, 다시 말해 단어의 엄격한 의미에서의 시사성과 오늘을 살아가는 인간들을 역사에서 취합니다. 살아 있는 예술가 앞에 놓인 예측할 수 없는 미래와 이 시사성의 관계를 취하는 것이 아닙니다. 아직 존재하지 않는 사람의 이름으로 현대인을 심판하는 것은 예언의 역할입니다. 예술가는 살아 있는 인간에게 미치는 영향력을 고려해 그에게 제시된 신화들을 음미할 수 있을 따름입니다. 종교적이건 정치적이건 간에, 예언가라면 절대적 심판을 할 수 있으며 게다가 알다시피 그런 일을 마다하지 않습니다. 그러나 예술가는 그렇게 할 수 없습니다. 만약 예술가가 절대적으로 판단한다면, 그는 조악하게 현실을 선과 악으로 나누어 멜로드라마를 만들게 될 것입니다. 이와는 반대로, 예술의 목적은 법률을 제정하거나 통치하는 것이 아니라 무엇보다 먼저 이해하는 것입니다. 이해를 반복하다 보니 가끔 통치에 나서는 경우도 있긴 합니다. 그러나 어떤 천재의 작품이라도 증오와 경멸에 근거한 적은 한 번도 없습니다. 그렇기에 예술가는 우여곡절 끝에 단죄하는 대신 죄를 사합니다. 예술가는 심판자가 아니라 정당성을 증명하는 사람입니다. 예술가는 살아 있는 창조물의 영원한 변호사입니다. 그 창조물이 살아 있기 때문입니다. 예술가는 멀리 있는 사람의 사랑을 위해 현대의 인본주의를 법정의 훈계로 격하시키는 것이 아니라, 가까운 이웃에 대한 사랑을 위해 진정으로 변호합니다. 위대한 작품은 모든 재판관을 끝내 당황하게 만듭니다.

예술가는 위대한 작품을 통해 인간 중에서도 가장 고귀한 인간에게 경의를 표하는 동시에 죄인 중에서도 최악의 죄인에게도 고개를 숙입니다. 옥중에서 와일드는 "나와 함께 이 비참한 장소에 투옥된 불행한 사람 중 단 한 명도 삶의 비밀과 상징적 연관이 없는 사람은 없다"고 쓴 바 있습니다. 그렇습니다. 그리고 이 삶의 비밀은 예술의 비밀과 일치합니다.

150년 동안, 장사꾼 사회에서 작가들은 소수의 예외를 제외하고는 행복한 무책임 속에서 살 수 있다고 믿었습니다. 실로 그들은 그렇게 살았고, 살아왔던 방식대로 홀로 죽었습니다. 우리 20세기 작가들은 결코 더 이상 외롭지 않을 것입니다. 우리는 공동의 불행에서 벗어날 수 없으며, 만약 정의가 존재한다면 우리의 유일한 정의는 말할 수 없는 사람들을 위해 우리의 수단이 닿는 한, 말하는 것임을 알아야 합니다. 실제로 국가와 정당이 과거에 얼마나 위대했는지, 미래에 얼마나 위대할지를 막론하고, 그 압제로 고통받는 모든 사람을 위해 우리는 말해야만 합니다. 예술가의 입장에서는 특권을 지닌 사형집행관이란 없습니다. 그렇기에 아름다움은 오늘날, 특히 오늘날에 어떤 당파에도 복무할 수 없습니다. 아름다움은 장기적이든 단기적이든 오로지 인간의 고통과 자유를 위해서만 복무할 수 있습니다. 한 명의 참여예술가는 조금도 투쟁을 거부하지 않지만, 적어도 정규군에 합류하지는 않는 사람, 즉 의용군입니다. 그러므로 아름다움에서 정직하게 도출할 수 있는 교훈은 이기주의가 아니라 굳센 형제애입니다. 이렇게 고안된 아름다움은 어떤 사람도 속박한 적이 없습니다. 오히려 아름다움은 수천 년 전부터 매일, 매초 수백만 명에게서 종속의 짐을 덜어주었고, 때로는 몇몇 사람을 영원히 해방시키기도 했습니다. 결국 우리는 아름다움과 고통, 인간에 대한 사랑과 창조의 광기, 참을 수 없는 고독과 성가신 군중, 거부와 동의 사이의 끊임없는 긴장 속에서 예술의 위대함을 찾게 되었는지도 모릅니다. 예술은 하찮은 것과 프로파간다라는 두 심연 사이를 걷고 있습니다. 위대한 예술가가 이 능선 위에 내딛는 한 걸음 한 걸음은 극도로 위험한 모험입니다. 그러나 이 위험 속에, 오직 이곳에만 예술의 자유가 있습니다. 이 험난한 자유는 오히려 고행과도 같은 것이 아니겠습니까? 어떤 예술가가 이를 부정할 수 있겠습니까? 어떤 예술가가 감히 이 끊임없는 임무를 감당할 수 있다고 스스로 말할 수 있겠습니까? 이러한 자유는 심신의 건강, 영혼의 힘과도 같은 양식樣式, 끈기 있는 충돌을 전제로 둡니다. 자유는, 모든 자유가 그러하듯 지속적인 위험이 따르며 맥이 빠지는 모험입니다. 그렇기에 오늘날 우리는 조건이 까다로운 자유, 이 위험을 피해 온갖 종류의 속박으로 몰려들어 조금이라도 영혼의 안식을 얻으려 합니다. 그러나 예술이 모험이 아니라면 무엇이며, 그 존재 이유가 어디에 있을까요? 그렇습니다. 자유로운 예술가는 자유로운 인간이나 마찬가지로, 안락함을 찾는 사람이라고 할 수 없습니다. 자유로운 예술가는 큰 어려움을 감수하고 자신의 질서를 만드는 사람입니다. 그가 정돈하고자 하는 질서가 어지러울수록 그의 규율은 더욱 엄격해지고 더 많은 자유를 주장하게 될 것입니다. 저는 항상 오해의 소지가 있을 만하다고 인정하지만, 지드의 말에 공감하는 바입니다. "예술은 속박에 살고 자유에 죽는다."* 이는 사실입니다. 그렇다고 해서 예술이 끌려다닐 수 있다는 결론을 도출해서는 안 됩니다. 예술은 예술가가 스스로에게 강요하는 속박에 의해 사는 것뿐이지 다른 것에 의해 속박된다면 죽게 됩니다. 반면에 예술가가 스스로를 속박하지 않는다면 헛소리를 하거나 그림자들에게 굴복할 것입니다. 따라서 가장 자유롭고 가장 반항적인 예술이 가장 고전적일 것이며, 가장 위대한 노력의 결정체가 될 것입니다. 한 사회와 그 사회의 예술가들이 길고 자유로운 노력을 하는 데 동의하지 않는다면, 오락이나 순응주의의 안락함에 빠지거나 예술을 위한 예술의 유희나 사실주의 예술의 설교에 빠져버린다면, 예술가들은 허무주의와 불모성에 머물게 됩니다. 이 말은, 오늘날의 르네상스는 우리의 용기와 혜안에 대한 의지에 달려 있다는 뜻입니다.

그렇습니다. 이 르네상스는 우리 모두의 손에 달려 있습니다. 칼로 잘라버린 문명의 '고르디아스의매듭'을 다시 이어줄, 알렉산드로스에 반하는 인물이 서구에서 깨어나도록 하는 일은 우리에게 달려 있습니다. 이를 위해 우리는 자유에 동반되는 모든 위험과 과제를 감수해야 합니다. 정의를 추구함으로써 우리가 자유를 보존할 수 있는지를 아는 것이 문제가 아닙니다. 자유 없이는 우리가 아무것도 실현할 수 없고, 미래의 정의와 과거의 아름다움을 동시에 잃는다는 것을 알아야 합니다. 굴종은 고독한 군중 위에서만 떠돌기에 오직 자유만이 인간들을 단절에서 꺼내줄 수 있

---

■ 앙드레 지드의 『새로운 기회Nouveaux prétextes』(1911)에 수록된 그의 글 「연극의 진화L'évolution du théâtre」 중에서.

습니다. 그리고 예술은 제가 정의하려고 했던 그 자유로운 본질로 독재가 갈라놓는 것을 하나로 통합시킵니다. 따라서 예술이 모든 억압이 지목하는 적이라는 사실은 놀라운 일이 아닙니다. 좌파든 우파든 간에 예술가들과 지식인들이 현대 독재의 첫 번째 희생자가 되었다는 것 또한 그리 놀라운 일이 아닙니다. 예술에 대한 숭배가 없는 사람에게는 신비롭게 보일 테지만 독재자들마저도 예술 작품에는 해방의 힘이 있다는 것을 알고 있습니다. 위대한 작품 하나하나로 인간의 모습을 더욱 감탄스럽고 풍요롭게 하는 것, 그것이 바로 예술의 비밀입니다. 수천 개의 강제수용소와 감방 창살이 있더라도 감동적인 존엄의 증언을 어둠으로 감추기에는 충분치 않을 것입니다. 그렇기에, 우리가 새로운 문화를 준비하기 위해 잠정적으로라도 지금의 문화를 중단시킬 수 있다는 것은 사실이 아닙니다. 우리가 숨쉬기를 멈추지 않는 것처럼 인간의 불행과 위대함에 관한 끊임없는 증언은 멈출 수 없습니다. 유산이 없는 문화는 존재하지 않으며, 우리는 우리의 유산, 즉 서구의 유산을 거부할 수 없고, 거부해서도 안 됩니다. 미래의 작품이 어떻든지 간에 그 유산은 같은 비밀로 충만할 것이며, 용기와 자유로 이뤄진 그 비밀은 모든 시대와 국가의 예술가 수천 명의 결기를 자양분 삼아 자라난 것입니다. 그렇습니다. 현대의 독재정치는 예술가가 자신의 직업 속에만 틀어박혀 있을지라도 그들이 독재의 공공의 적이 됨을 우리에게 보여주었고 과연 그 말은 들어맞았습니다. 그렇게 함으로써 오히려 독재정치는 예술가를 통해 지금까지 아무도 짓누를 수 없었던 인간의 모습에 경의를 표하는 셈이 되었습니다.

제 결론은 단순할 것입니다. 우리 역사의 소음과 분노 한가운데에서도 "우리 함께 기뻐합시다"가 그 결론의 핵심입니다. 우리가 거짓되고 안락한 유럽이 죽어가는 것을 보았음을, 잔혹한 진실을 마주하게 된 것을 기뻐합시다. 오랜 속임수가 무너지고 무엇이 우리를 위협하는지를 똑똑히 보게 되었기에 인간으로서 기뻐합시다. 그리고 귀를 막고 자던 잠에서 깨어나 불행, 감옥, 피 앞에 억지로 잡혀 있어야 했던 것을 예술가로서 기뻐합시다. 만약 이 광경 앞에서, 우리가 여러 날과 여러 얼굴의 기억을 간직하고, 세상의 아름다움 앞에서 모욕당한 사람들을 잊지 않는다면, 서구 예술은 조금씩 그 힘과 위용을 되찾을 것입니다. 물론, 역사 속에서 이렇게 고된 문제들과 직면한 예술가의 사례는 거의 없습니다. 다만 가장 단순한 단어와 문장 들조차도 자유와 피의 무게로 값을 치르게 될 때 예술가는 그것들을 절제력 있게 다루는 법을 배웁니다. 위험은 글을 고전적인 것으로 만들고 결국 모든 위대함은 이 위험에 뿌리를 두고 있습니다.

무책임한 예술가의 시대는 지나갔습니다. 우리의 작은 행복을 위해서는 유감스러운 일입니다. 그러나 우리는 이 시련이 동시에 우리에게 진정성의 기회를 제공한다는 것을 인정하고 그 도전을 받아들일 것입니다. 예술의 자유가 예술가의 안락함을 보장해준다는 것 이외에 별다른 의미가 없다면 그것은 아무런 가치도 없을 것입니다. 어떤 가치나 미덕이 사회에 뿌리를 내리기 위해서는 그것에 대해 거짓말하지 않아야 합니다. 다시 말해 매번 그럴 수 있을 때마다 그것을 위해 값을 치러야 합니다. 만약 자유가 위험해졌다면, 그것이 더 이상 헐값에 팔리지 않는 단계에 있다는 것을 의미합니다. 일례로 저는 오늘날 지혜가 쇠퇴하는 것에 대해 불평하는 사람들에게 동의할 수 없습니다. 얼핏 보면 그들의 말이 틀린 것은 아닙니다. 그러나 사실 지혜가 도서관의 몇몇 인문학자들의 아무런 위험 없는 도락이었던 때만큼 그것이 쇠퇴한 적은 없습니다. 지혜가 실제의 위험에 맞부딪친 오늘날, 오히려 지혜가 다시 일어나 다시 존중받을 수 있는 기회가 생겼습니다.

니체는 루 살로메와의 결별 후 완전한 고독에 빠졌고, 앞으로 아무 도움도 없이 이 거대한 작업을 이끌고 가야 한다는 생각에 압도되고 동시에 고양된 나머지 제노바만을 굽어보는 산에서 한밤중에 산책하다가 나뭇잎과 가지 들로 큰불을 지피고 그것이 끝까지 타버리는 것을 바라보았다고 합니다. 저는 자주 이 불에 대해 상상해보았고, 머릿속으로 몇몇 사람과 작품의 진가를 가늠하기 위해 그것을 불 앞에 놓아본 적도 있습니다. 과연 우리의 시대는 견딜 수 없는 화염으로 많은 작품을 재로 만들어버리는 그러한 불과 같은 것이었습니다! 그러나 남아 있을 작품들은 그 속에서도 손상되지 않는 금속과 같은 것이기에 우리는 '감탄'이라는 이름을 가진 지성의 최고의 기쁨에 거침없이 빠져들 수 있을 것입니다.

물론 우리 모두, 그리고 저 또한 보다 온순한 불길, 잠깐 숨 돌리고 몽상하기에 적당한 휴식을 바랄 수 있습니다. 그러나 아마도 예술가에게 가장 불타오르는 투쟁 속에 존재하는 평화 말고 다른 것은 없을 것입니다. 에머슨은 "벽 전체가 하나의 문이다"라고 정확히 말한 바 있습니다. 우리가 맞부딪치며 살고 있는 벽이 아닌 다른 데에서 문과 출구를 찾지 맙시다. 오히려 휴식이 있는 곳, 그러니까 전쟁의 한복판에서 휴식을 찾읍시다. 제 생각에는 휴식이 있는 이곳이 이야기를 마무리할 곳입니다. 위대한 생각들은 비둘기의 걸음처럼 살금살금 세상에 나온다고 합니다. 아마 우리가 귀를 기울인다면, 제국과 국가의 소란 한가운데에서 희미한 날갯짓 소리와 같은, 삶과 희망이 꼼지락거리는 부드러운 소리를 들을 수 있을 것입니다. 어떤 사람들은 민중이 이런 희망을 가져온다고 말하고, 또 어떤 사람들은 사람 하나가 이런 희망을 가져온다고 말합니다. 그러나 저는 날마다 수백만에 이르는 고독한 자들의 행동과 작품 들이 역사의 경계와 가장 거친 외양을 부정함으로써 이 희망이 되살아나고 유지된다고 생각합니다. 그들은 우리 모두를 위해 제각기 고통과 기쁨을 딛고 일어나 진실, 항상 위협받는 그 진실을 우뚝 세우고 빛나게 하려는 것입니다.

1957. 12. 14.

# 스페인에 빚지고 있는 것

1958년 1월 22일, '지중해 우호 협회'는 한 달 전 알베르 카뮈가 스톡홀름에서 노벨문학상을 수상한 것을 기리기 위한 만찬을 열었다. 카뮈보다 앞서 연단에 오른 연사 중에는 이스라엘 상공부 장관 페레츠 베른슈타인Peretz Bernstein, 전 콜롬비아 대통령이자 콜롬비아 일간지 〈엘 티엠포〉의 전임 편집장 에두아르도 산토스, 국가평의회 부의장 르네 카생이 있었다. 카뮈는 마지막 연사로 나섰고, 아래 연설은 〈프뢰브〉 85호에 재수록되었다.

　과거 몇 차례 '지중해 우호 협회'와 스페인 단체의 초청으로 여러분과 자리를 함께했을 때 저는 훨씬 더 편안했습니다. 우리 모두가 좋아하고 존경했던 사람들에게 경의를 표하는 자리였고, 제게는 우리의 공통된 감정 중 한 부분을 그들에게 말하는 일이 주어졌습니다. 그때는 마음 가는 대로 훈훈하게 말할 수 있었고 오늘 저녁 느끼는 어색함 같은 것은 없었습니다.
　사실을 말하자면, 이 어색함은 제가 10월부터 겪었던 것과 조금 비슷합니다.[•] 사실상 저는 겸양이라기보다는 제 결점 탓에 결코 명예를 추구한 적이 없었습니다. 이 점에 있어서 저의 초연함은 신념에 가깝습니다. 그런 이유로 저는 자주 거절했고 이 거절이 초래한 반응들로 보건대 때로 제 거절은 지나칠 정도이기도 했습니다. 그럼에도 불구하고 어떤 명예들이 저에게 주어졌고, 예의상 가급적 조용히, 그리고 단순하게 받아들일 수밖에 없었습니다. 그러나 저는 결코 마음이 편한 적이 없었습니다. 사실상 이유를 알고 있지만 오늘 저녁에 말하기에는 흥미롭지 않은 이야깃거리입니다. 그래서 우선 한편으로 제 잦은 망설임에 대해 용서를 구하고 다른 한편으로 오늘 저녁 감사를 표하는 와중에도 결국 제가 내보이게 될 미숙함에 대해 미리 양해를 구하기 위해 제가 느끼는 어색함을 여러분에게 말하고, 여러분이 공감하길 바랐던 것입니다.

저는 한 발짝 뒤로 물러나기로 결심했지만 어쨌거나 여러분의 초대에 응하고 싶었습니다. 그 이유는 여러분도 아실 것입니다. 첫째, 여러분 중에는 저와 피를 나눈 분들이 있기에 결코 아무것도 거절할 수 없었고, 둘째, 그분들이 저를 어떤 심정으로 환영할지 알고 있었으며, 셋째, 바로 이 세 번째 이유 때문에 오늘 밤 여러분에게 말씀드리는 것인데, 그분들은 제가 자주 어려운 직업 탓에 의기소침했던 순간 저를 지지해주었습니다.

그렇습니다. 이 직업은 어렵습니다. 저는 그것에 대해 자유롭게 말하고 싶었고 제게 그것은 쉬운 일일 것입니다. 제가 지금껏 경

---

[•]    1957년 10월 16일 수상한 노벨문학상에 대한 언급이다.

험한 단계에서 저는 나름대로 제가 아는 진실, 오로지 그 진실 외에는 정파도, 교회도, 우리 사회를 죽이는 어떤 순응주의도 결코 순순하게 보아 넘기지 않았습니다. 최근에 저는 저를 두고 외톨이라고 쓴 글을 읽었습니다. 그러나 저와 보폭을 함께했으며 저의 형제인 수백만의 사람들도 마찬가지였습니다. 외톨이건 아니건 간에 저는 제 직업을 수행하려고 애썼고, 가끔 힘들다는 생각이 들었다면 그것은 우리가 살고 있는, 아주 끔찍한 지적 풍토인 그 사회에서 저의 일을 수행했기 때문입니다. 그 사회는 배신을 명예로 삼기도 하고, 반사적 움직임이 성찰을 대신하며, 종을 치면 침을 흘리는 파블로프의 개처럼 여러 구호에 맞춰 생각하고, 냉혹함이 너무 빈번하게 지성을 자처하는 곳입니다.

만약 어떤 한 작가가 여러 떠도는 말을 읽거나 경청하길 원한다면 도대체 어느 장단에 맞춰 춤을 춰야 할지 더 이상 모를 상황입니다. 어떤 우파는 그 작가가 선언서에 너무 많이 서명했다고 비난하고, 어떤 좌파(신좌파를 일컫는 것이고 저는 구좌파에 속합니다)는 충분히 서명하지 않았다고 비난할 것입니다. 우파는 그를 모호한 인도주의자라고 비난하고 좌파는 그를 귀족이라고 비난합니다. 우파는 글을 너무 못 쓴다고 비난하는가 하면 좌파는 글을 너무 잘 쓴다고 비난합니다. 당신은 예술가로 남으라고, 혹은 아니라고, 당신이 예술가인 것을 수치스럽게 생각하라고 합니다. 발언하라고, 혹은 침묵하라고 요구하지만 어떤 경우라도 단죄될 것입니다. 그러니 자신의 별을 믿고 멈칫멈칫 망설이며 맹목적인 행군을 고집스럽게 지속하는 것 말고는 대체 무엇을 해야 합니까? 그 행군은 모든 예술가의 행군이며, 어쨌든 예술가가 자신의 직업적 위대함과 개인적인 나약함을 동시에 정확히 파악하고 있다는 유일한 조건 아래 그 정당성이 부여되는 행군입니다.

대개 그것은 모두의 불만을 초래하는 것으로 귀결됩니다. 저는 이 사회의 몰락을 뼈저리게 느끼지만, 사회를 등지지 않고 그 비난의 대상에 저 자신도 포함시킵니다. 그러나 적어도 그 사회의 약점에 저까지 덤으로 끼는 일은 거부합니다. 저는 유물론자보다 멋진 일을 하려 그를 앞지르겠다는 만족감 하나만을 위해 교회로 달려가 불을 지르는 기독교도와 같은 부류에 속하지 않습니다. 저는 겹겹이 사슬로 치장된 자유를 사랑하지 않으며, 자식들을 불의에 몰아붙이는 것만이 정의에 헌신하는 길이라고 생각하는 정의의 수도 아닙니다. 국민과 젊은이가 풍부하지만 엘리트는 잠정적일지라도 빈약한 이 불행한 나라에서 저는 제가 믿는 질서와 르네상스를 찾아 나서며 저로서는 능력이 닿는 만큼 살고 있습니다. 그러나 제가 이 나라, 이 사회에 살면서 공통의 악으로 고통받는 것이 불가피하고 당연하다고 생각한다면, 제가 다른 삶을 상상하지 않기 때문이 아니며, 노예의 주인에게 둘러싸여 우리 중에서 살아남은 자유의 유령으로 자족하기 때문도 아닙니다. 저는 진정한 자유와 명예 없이는 살 수 없습니다. 일단 이를 인정했고 자유와 명예를 무엇보다 우선에 둬야 한다고 판단했기에, 이것이 모두에게 보장되고 넘쳐흐르길 기다리는 동안, 우리의 능력이 닿는 한 이를 증언하기 위해 쉼 없이 싸워야 한다고 생각했습니다.

이것이 제가 저의 직업에 대해 품고 있는 생각입니다. 제가 너무 많이 서명했는지 또는 충분히 서명하지 않았는지, 제가 왕자인지 청소부인지 저는 알지 못합니다. 다만 제가 스스로를 순진하게 평가할 수 없기에 제 직업을 존중하려고 애썼다는 것을 알고 있습니다. 또한 제가 썼던 단어들을 유별나게 존중하려 했다는 것을 압니다. 그 단어들을 통해 제가 쓴 글을 읽을 수 있었던 사람들을 존중하고, 그들을 속이지 않기를 바랐기 때문입니다. 가끔은 고단한 투쟁을 통해 글을 썼으며 솔직히 말해서 아직도 그 흔적이 제 마음속에 남아 있습니다. 이 투쟁은 피할 수 없습니다. 저는 이를 받아들였고 앞으로도 받아들일 것입니다. 그러나 투쟁은 저의 피를 말렸고 감당할 수 없는 회한을 맛보게 했습니다. 한마디로, 투쟁으로 인해 저는 인색해졌으며 자칫 환희와 삶의 위대한 힘을 빼앗길 뻔했습니다.

결국 말하고 싶은 것은, 제가 이 위험에서 벗어났다면, 여러분 중 일부에게 그들도 모르는 사이에 빚을 진 덕분입니다. 그러므로 저는 그들에게 거의 모든 것을 빚지고 있습니다. 이 사람들은 모든 정파와 모든 국가에 있습니다. 그들은 제가 공개적으로 그들에 대해 말할 수 없음을 알고 있는, 프랑스에 있는 제 친구들입니다. 그들은, 사람들은 반제국주의라는 안이한 이유로 파괴하길 원했지만, 우리가 옹호할 생존권, 수백만 명의 유대인 학살을 목격하고 그 자손이 우리가 그들에게 주지 못했던 조국을 만드는 것이 정당하고 좋은 일이라고 생각하는 이 모범적인 이스라엘에서 온 제 친구들입니다. 또한 제가 빚지고 있는 사람들은 제 남아메리카 친구들, 특히 지칠 줄 모르는 투쟁이 낳은 결과* 덕분에 자유로워

---

진 자유 콜롬비아의 친구들입니다.

여러분은 오늘 저녁 망명의 스페인에서 제가 이 모든 친구를 상징적으로 표현할 수 있게 해주었습니다. 스페인의 친구들이여, 우리는 참으로 같은 피를 나누었고 저는 여러분의 조국, 그 문학과 민족, 전통에 대해 갚지 못할 빚을 지고 있습니다. 또한 저는 여러분이 알지 못하거나 알 수 있는 길이 없는 또 다른 빚을 여러분에게 지고 있습니다. 투쟁하는 어느 작가의 삶에서, 투쟁하다 보면 생길 수 있는 우울과 고갈에 맞서 싸우기 위해서는 따뜻한 샘이 필요합니다. 여러분은 그 샘 중 하나였고, 지금도 마찬가지이며, 저는 제가 가는 길에서 항상 여러분의 적극적이고 넉넉한 우정을 느껴왔습니다. 망명의 스페인은 저에게 자주 감사의 뜻을 보여주었고 그것은 과분한 감사였습니다. 스페인 망명객들은 여러 해 동안 싸웠으며 망명의 끝없는 고통을 의연히 받아들였습니다. 저는 오로지 그들이 옳았다는 글을 썼을 뿐입니다. 글을 쓴 것만으로 오늘 밤 여전히 제가 마주하고 있는 눈길 속에서, 여러 해 동안 제가 살 수 있도록 도움을 준 충실하고 변함없는 스페인의 우애를 받았습니다. 이 우정은 과분함에도 불구하고 제 삶의 긍지입니다. 진실을 말하자면 이 우정은 제가 갈망할 수 있는 유일한 보상입니다. 그리고 여러분과 수많은 사람에게 감사하고 싶은 것이 있다면, 그것은 사람들이 쉽게 인정하려 들지 않으며 오늘 밤 제가 굳이 말하지 않아도 되는 굶주림으로부터 오랫동안 저를 먹여 살려주었다는 것입니다.

저는 다만 이 우정에 걸맞지 않은 일을 하지 않도록 노력하겠다는 것을 여러분에게 말하고 싶습니다. 여러분 곁을 떠나지 않을 것이며, 여러분에게 충직한 사람으로 남을 것입니다. 자유로운 국가의 자유로운 아카데미가 제 이름에 덤으로 보탠 영향력이 여러분을 위해 쓰일 수 있다는 것을 알기에 저는 이를 받아들이기 한결 쉬울 것입니다. 아시다시피, 저는 다가올 승리들과 축제의 날들을 예고하는 일에 익숙하지 않습니다. 여러분과 저는 우리의 투쟁이 끝나지 않을 것임을 알고 있습니다. 그러나 이는 우리의 삶을 이루는 씨줄과 날줄이며, 삶 그 자체입니다. 결국 본질적인 것은 제가 오늘 느낀 그 한마음으로 따뜻하고 충직하게 함께 살았다는 것입니다. 마지막으로 여러분의 충직한 친구가 감사를 드립니다!

1958

# 알제리엔 협회 강연

1951년 피에르 푸나리Pierre Furnari 대령이 창설한 '알제리엔 협회'는 파리에 거주하는 알제리인들이 정기적인 모임을 갖기를 희망해 만들어졌다. 협회는 출신이나 종교와는 관계없이, 정치적 또는 문학적 인사를 초청하며 토론과 만찬을 열었다. 「민간인 휴전을 위한 호소」가 실패한 후 알베르 카뮈는 더 이상 알제리에 대해 공식적으로 의견 표명을 하지 않았으나 푸나리 대령의 초청을 수락해 1958년 11월 13일, 그를 기리기 위해 마련된 만찬에서 아래에 수록된 담화를 발표했다. 작가의 기록 보관서에서 이 발언에 대해 수기로 작성한 흔적을 찾을 수 없으므로, 이 강연은 즉흥적으로 이루어졌을 가능성이 크다. 글의 첫 문단과 비형식적인 문체가 이 가설을 뒷받침한다.

신사, 숙녀 여러분,

제가 아무것도 준비하지 못하고, 아무런 확신 없이 즉흥적으로 말씀을 드리는 점에 대해 양해를 부탁드립니다. 저는 몇몇 알제리 사람과 술 한잔 하자는 초대를 받았는데 이 자리에 와서 이토록 많은 분을 보고 놀랐고, 이번에는 알제리 사람들이 파리를 식민지화한 것을 보고 아주 만족했습니다.

푸나리 대령의 과분한 칭찬에 응답해야 하는 저는 조금 난처하지만, 우리는 알제리 사람이고 그 사실이 제가 이곳에 있는 이유이며, 개인적으로 살아가면서 내내 결국 불운보다는 행운이 더 많았다는 것을 말씀드리고 싶었습니다. 말하자면 여러 행운이 있겠지만 가장 중요하다고 여긴 행운은 그저 제가 알제리에서 태어났다는 것입니다. 저는 제가 멀든 가깝든 간에 조금이라도 이 땅과의 연관성이 없는 글이라곤 쓰지 않았다는 것을 말할 기회가 있었습니다.* 그때 저는 제가 오래전부터 깊이 느껴온 단 한 가지에 대해 말했습니다.

저는 알제리에 행복의 교훈과 동시에 인생에서 결코 가볍게 넘길 수 없는 불행의 교훈도 빚지고 있습니다. 얼마 전부터 이 교훈은 버거운 교훈으로 변했지만 그래도 계속 그 자리를 지키고 있습니다. 그러니 이를 받아들여야 할 텐데, 우리 공동의 땅이 빠져있는 이 끔찍한 비극 속에서 희망을 가져야 하는 이유뿐만 아니라 또한 진리라고 부를 수 있는 것을 향해, 아랍인과 프랑스인 모두가 공통의 조치를 취해 앞으로 나아갈 이유가 있는지 확신하지 못하고 있습니다. 저는 그다지 자랑거리가 많지 않고 예를 들어 푸나리 대령이 저를 위해 쓰고자 하는 글과 관련해서도 자랑스럽지 않습니다. 그러나 이 협회의 주동자이기에 저의 친구 아우디

---

* 　　1957년 10월 18일 자 〈프랑-티뢰르〉에 실린 인터뷰를 가리킨다.

시오[*]가 반박하지 않을 것인데, 제가 알제리 작가로서 자랑스러워하는 것 중 하나는 우리 알제리 출신 작가들이 오래전부터 우리의 의무를 다해왔다는 점입니다.

더 정확하게 말하자면 우리 중에는 지금 '내일의 알제리'라고 불리는 것에 희망을 거는 사람이 많습니다. 과연 이러한 알제리가 성취될지는 잘 모르겠습니다. 또한 어떠한 조건에서 그렇게 될지도 모르겠습니다. 계속 피와 불행을 대가로 치르게 될지도 모르지만, 제가 말하고자 하는 바는 바로 '내일의 알제리'를, 알제리 작가들이, 우리가, 어제 이미 해냈다는 것입니다. 우리가 알제리 작가들의 학교 역할을 해왔다고 이야기하고 싶습니다. 우리는 알제리 작가 학파였으며, 제가 학파라고 했지만, 그것은 교리나 규율에 복종하는 사람들의 집단이 아니라 단순히 삶의 어떤 능력, 어떤 땅, 인간에게 다가가는 특정한 방식을 표현하는 사람들의 집단을 뜻합니다.

따라서 재능을 놓고 보자면, 제 생각에 우리는 프랑스인만큼이나 아랍인도 많은 학파였습니다. 아우디시오가 저보다 더 잘 설명했으니 저는 그 뒤를 이어 제 능력이 닿는 대로 그 말을 반복할 것입니다. 결국 이 땅은 한편으로 쥘 루아[Jules Roy][**], 에마뉘엘 로블

---

[*]  지중해의 정체성이 지닌 풍요로움과 다양성을 널리 알렸던 작가이자 시인.

[**]  알제리에서 태어났으며, 1945년에 파리에서 카뮈와 만났다. 카뮈는 1947년 〈라르슈〉에 루아의 소설 『행복한 골짜기 La Vallée heureuse』(1946)에 대한 찬사로 가득한 비평을 실었다.

레스Emmanuel Roblès[*], 아우디시오, 다른 한편으로 물루드 마메리 Mouloud Mammeri[**], 물루드 페라운Mouloud Feraoun[***]과 그 밖의 다양한 사람들을 배출해 이 작가들이 동시에 같은 언어와 자유 속에서 표현할 수 있도록 해주었습니다. 이 땅은…… 결국 정확히 말하자면, 제도들이 이를 가능하게 한 것이 아니라 단순히 모두 함께 수행했던 작업, 무엇보다도 서로에게 접근하는 방식 덕분에 가능했습니다. 그리고 이 학파는 내일의 알제리가 어떤 모습일지 보여주는 좋은 사례, 본보기가 되었다고 생각합니다. 개인적으로 저는 이것을 가장 자랑스럽게 생각합니다.

때때로 우리 머리 위에 쏟아지는 명예들은 폭풍우와 같고, 그저 담담히 받아들이려고 애쓰는 것이 비를 피하는 하나의 방법이 됩니다. 제게는 이 명예들이 크게 중요하지 않다고 느껴졌습니다. 그리고 알제리인들에게 이렇게 말하면 그들은 그리 놀라지 않을 것입니다. 우리는 한결 단순한 미덕, 즉 용기, 충직, 끈기, 완강함과 같은 미덕을 더욱 드높은 것으로 삼고 삽니다. 우리는 북아프

[*] 오랑 출신으로, 카뮈와는 1937년에 알제에서 만났다. '팀 극단Théâtre de l'Équipe'의 일원이었던 그는 카뮈와 함께 1938년 〈리바주Rivages〉를 창간하고, 〈알제 레퓌블리캥Alger Républicain〉에 여러 글을 기고했다. 소설가이자 극작가로 활동하며 쇠이유 출판사에서 '지중해Méditerranée' 시리즈를 총괄하기도 했다. 1956년 카뮈가 「알제리의 민간인 휴전 호소」를 세상에 알릴 때 그와 함께했다.

[**] 작가, 시인, 언어학자, 카빌리 인류학자 및 프랑스어 알제리 문학의 선구자. 『잊힌 언덕La Colline oubliée』(1952)의 저자로 잘 알려져 있다.

[***] 프랑스어로 글을 쓰는 카빌리 작가이며 『가난한 자의 아들Le fils du pauvre』(1950) 『땅과 피La terre et le sang』(1953)의 저자다. 에마뉘엘 로블레스를 통해 카뮈를 만났다. 이 두 사람은 알제리전쟁에 대한 의견이 일치하지 않았음에도 돈독한 우정을 쌓았다. 교사를 거쳐 사회센터의 감독관으로 일했던 그는 1962년 3월 15일 알제 인근 엘-비아르에서 군사비밀조직OAS에 의해 암살당했다.

리카 작가 단체 안에서 이러한 미덕을 발휘했고, 가급적 먼 훗날 제 노력과 삶을 결산하는 때가 온다면, 저는 우리가 온전한 우정으로 해냈던 이 협력과 북아프리카 문학의 창조를 제 삶의 긍정적인 일 중 하나로 손꼽을 것입니다.

군이 말하자면 제가 여러분보다 상대적으로 더 국제적 문학을 대변한다는 의식이 있기에 이런 말을 하는 것입니다. 알제리가 항상 제 주장에 동의한 것은 아니며 심지어 푸나리 대령이 방금 낭독한 문장 중 몇몇 대목을 오늘도 여전히 저는 반쯤만 인정하지만, 그 문장들은 그 내용에 비춰보아 마땅히 받아야 할 만큼 환대받지 못했습니다……. 그러나 어쨌든, 그 대접이야 어떠했든 간에 제 태도나 실수를 사람들이 어떻게 생각하든, 그러니까 저는 실수를 저질렀고 앞으로도 그럴 테지만, 그저 우리의 문학 속에 미리 선보이고자 애썼던 이 알제리를 대표하는 한 사람으로 저를 직접적으로 그리고 당당하게 알제리엔 협회에 받아주길 바랄 따름입니다.

1958

# 카뮈의 반시대적 고찰

말은 글에 비해 휘발성이 강해 금세 사라진다. 카뮈가 육성으로 청중을 마주 보며 발언했던 것을 글로 바꿔 책으로 묶은 이유는, 덧없이 증발하기엔 그의 말이 세월이 지나도 유효한 가치를 지니기 때문이다. 여기에 실린 글을 읽는 독자는 현장의 청중보다 유리한 입장이다. 청중은 카뮈의 육체적 언어를 곁들인 그의 음성을 듣는 특권을 누렸던 반면, 어느 한 대목을 놓치기도 했을 것이며, 되짚어 생각할 시간적 여유가 없어 자칫 오해할 수도 있었을 것이다. 우리 독자는 그의 말을 제각기 자기만의 호흡에 맞춰 읽고, 오독이 의심되면 뒤로 돌아가 되짚으며 단어의 무게를 가늠할 수 있다. 그러나 독자의 특권은 거기까지다. 동시대의 문제의식과 긴박성을 공유했던 청중은 그의 발언이 지니는 시사성과 맥락을 비교적 쉽게 이해할 수 있었다. 하긴 동시대인일지라도 알제리의 찬란한 태양과 푸른 바다를 몸으로 겪었던 카뮈의 말은 비 내리는 파리의 살롱에서 머리로만 시대를 읽는 지식인들에게 그 실감이 떨어질 수밖에 없었을 것이다. 대지에 굳건히 발을 딛고, 꽃향기에 젖은 몸을 차가운 바다에 몸을 섞은 기억이 없는 사람들이 운위하는 제국주의, 식민주의 등은 카뮈에게는 관념에 불과했다. 그는 물질적 여유를 누리지 못했지만 결코 가난 때문에 불행하지 않았고, 오히려 적빈의 몸은 풍요롭게 쏟아지는 태양의 축복을 만끽하기에 적당했다. 열일곱 살에 시작된 폐병으로 각혈하며 쓰러지기 일쑤였지만 여러 사람과 어울려야 가능한 축구와 연극을 사랑했고, 스물한 살에 그와 결혼한 여자가 마약중독으로 짐이 되었던 적도 있지만 평생 여인들과의 사랑을 포기하지 않았다.

이 책의 부제에는 책에 수록된 연설들의 시기가 '1937~1958년'으로 표기되어 있지만, 첫 번째 연설을 제외하고 나머지는 모두 전쟁 이후에 해당하며, 이 시기 카뮈의 관심사는 전후 프랑스와 유럽, 그리고 알제리가 처한 정치적 상황에 집중되었다. 제2차 세계대전 종전의 시점에서 되돌아보면 프랑스는 보불전쟁, 양차 대전을 포함해 70년 동안 세 차례에 걸쳐 독일과 전쟁을 치렀다. 그의 아버지는 제1차 세계대전이 발발한 1914년에 징집되었다가 전사했으니 카뮈가 미처 한 살을 채우지 못한 때였다. 그가 감수성 예민한 성장기를 보낸 시절은 양차 대전 사이, 그러니까 '전간기戰間期'라고 불리는 시대였다. 이 시대에 유럽에 역병처럼 퍼진 정치 이념이 소위 파시즘이다. 파시즘은 제1차 세계대전의 후유증, 경제공황과 맞물려 이탈리아, 독일, 스페인, 포르투갈뿐만 아니라 동유럽에 이르기까지 도처에서 독버섯처럼 자라났다. 프랑스도 예외가 아니었다. 1936년 6월 무렵 프랑스 파시스트 당원은 45만 명이었으나 이듬해 60만 명, 그다음 해엔 120만 명을 넘어섰고 이는 공산당과 사회당의 당원 수를 합친 것보다 많았다. 조금 거칠게 말하면 당시 정치적 선택지의 양극단에는 히틀러와 스탈린이 자리 잡았고 그 사이의 스펙트럼은 매우 복잡하고 세분되어 있었다. 주변인의 증언에 따르면 그 시절 카뮈는 딱히 특정 정당에 가입할 정도로 뚜렷한 정치 성향을 드러내지는 않았다. 다만 항상 가난한 사람들의 편이었다는 것은 분명했으니 자연스레 그는 공산주의에 경도되었다. 카뮈의 정신적 지주였던 장 그르니에의 충고에 따라 1935년 8월 무렵 공산당에 가입했지만, 정작 그르니에는 특정 정당에 가입하는 행위는 마치 가족에 대한 불만으로 도망치듯 아무 남자와 결혼하는 것과 비슷해서 결국 이혼하고 말 것이라고 했다. 카뮈가 공산주의자들의 후원으로 문화의 집에 취업해 이 책에 수록된 첫 번째 강연을 진행했던 시기가 바로 그에 해당한다. 그르니에의 예언대로 카뮈는 1937년 가을 공산당을 탈퇴했다. 공산당이 알제리의 해방을 정책의 최우선 순위로 삼지 않았기 때문이었다. 이 대목은 향후 카뮈의 정치적 입장을 이해하는 데에 단서가 된다.

식민주의는 자본주의의 오류가 집약된 결정체이고 카뮈의 정치의식은 그 모순의 중심에서 형성되었다고 할 수 있다. 그는 대부분 프랑스인이거나 그 부역자인 알제리인으로 구성된 극소수의 자본가를 멀리하고 가난한 사람과 동류의식을 가졌다. 그 가난한 사람의 대다수가 피식민지 사람이었기에 당연히 알제리의 정의와 자유를 옹호했고, 그런 생각을 공유한 정치활동가와 어울리게 마련이었다. 알제리의 공산주의자들은 식민지를 착취하는 프랑스 자본가에 대한 적개심으로 민중에게 계급의식을 심어주는 것을 최우선 목표로 삼았지만, 카뮈는 그 사상이 실현된 소련의 실상을 알고 일찌감치 공산당에서 탈퇴했다. 미래에 무산자의 천국을 이루기 위해 잠정적으로 현재, 이곳에서 벌어지는 폭력과 공포를 감수해야 한다는 메를로-퐁티의 입장도 카뮈는 수용할 수 없었다. 그가 메를로-퐁티와 갈라지는 지점이 바로 여기다. 또한 카뮈가 정의와 자유를 부르짖으며 알제리의 자본가들에게 맞설 때, 그의 곁을 지키던 동지들의 생각은 제각기 지향하는 바가 달랐다. 알제리 공산주의자들은 독립은 덤이었고 궁극적으로 계급투쟁을 통해 공산주의 실현을 추구했는가 하면, 아랍 민족주의자들은 식민지 이전의 나라로 회귀하는 것을 꿈꾸었다. 절대자의 교리에 따라 개인의 인권이 무시되는 이슬람 제국은 카뮈가 꿈꾸는 나라가 아니었다. 미래의 꿈이 아무리 아름다울지라도 지금 이곳의 살인과 공포를 정당화할 수 없다는 것이 카뮈의 일관된 생각이었다. 자본주의를 비판한다고 그를 곧장 공산주의라고 분류할 수 없고, 반공주의자라고 해서 친자본주의자라고 판단할 수도 없는 노릇이다. 한마디로 그는 반전체주의를 추구했지만 현실적 선택지는 그다지 선명하지 않았다. 정치가 적과 아군을 구분하는 기술이라면 카뮈의 적은 도처에 널려 있던 터라 그는 끊임없이 반항할 수밖에 없었다. 프랑스의 직업정치인은 좌우를 막론하고 그의 생각이 유치하다고 여겼고, 알제리에서는 그를 두고 어쩔 수 없는 식민 지배국의 국민이라고 비난했다. 카뮈가 강조하는 섬세한 정신이나 균형과 조화는 행동의 노선으로 삼기에는 너무 윤리적이었다. 부조리한 현실을 직시하고 반항의 단계를 거쳐 마침내 사랑을 주제로 사유를 펼치려 했던 카뮈는 뜻을 이루지 못했다. 그러나 파시즘이 낳은 배타적 민족주의를 경계하고, 계급 갈등을 대화와 사랑으로 해소하려던 카뮈의 노력은 그 어떤 정치 이념보다 현실적이었다. 반세기도 훌쩍 지난 지금 여기에서 카뮈의 생각이 반시대적 고찰로 읽히는 것은 길조가 아니다. 어제의 일기예보가 오늘은 무의미하듯 과거의 시사 논평은 대체로 지금 여기의 독자에게는 피부에 와닿지 않기 십상이다. 그런데 스페인에서 민주인사를 탄압한 극우 파시스트와 극좌 이념을 앞세워 동유럽에 탱크를 몰고 갔던 소련을 모두 질타했던 카뮈의 시대적 발언은 여전히 유효하며, 이는 우려스러운 일이다. 정의를 외치다가 홀로 고독하게 죽은 바르셀로나의 노동자와 자유를 주장하다가 거리에서 죽은 외로운 체코의 무명 인사는 정의와 자유라는 공통된 가치로 죽었기에, 그들이 굳건한 연대의 끈으로 이어진 공동운명체라던 카뮈의 말은, 세계화가 진전된 이 시대에는 더욱 실감 나는 진실이다. 시대가 혼란하고 시야가 불투명할수록 절대적 진리를 주장하고, 선명한 이데올로기를 앞세우는 거짓 예언가가 넘쳐난다. 이런 진리와 이념이야말로 안이한 선택이고 지식인의 아편이다. 교통사고로 세상을 뜨기 전, 알제리 민족주의자, 프랑스의 정치인에게 따돌림당했고 집필도 수월하지 않았던 카뮈는 고독과 우울증에 시달렸다. 이 책을 통해 독자 여러분도 그의 우울증에 동참하길 권한다.

2023년 5월

이재룡

**1913**    11월 7일, 프랑스령 알제리 몽도비(현 드레앙)에서 포도 농장 노동자 뤼시앵 카뮈와 카트린 엘렌 생테스 사이에서 태어난다.

**1914**    알제로 이주한다. 제1차 세계대전 중 마른전투에서 아버지가 사망한다. 이후 외할머니와 가정부로 일하는 어머니 아래에서 가난한 생활을 이어간다.

**1918**    알제의 벨쿠르공립학교에서 교사 루이 제르맹의 가르침을 받는다.

**1924**    알제 근처의 중등학교(그랑 리세)에 장학생으로 입학해 수학한다.

**1930**    바칼로레아 제1부에 합격해 가을 학기에 철학반으로 진급한다. 철학 교사 장 그르니에를 만나 많은 가르침을 얻는다. 고대 그리스 철학자들과 프리드리히 니체에게서 깊은 인상을 받는다. 폐결핵 진단을 받는다.

**1932**    〈쉬드Sud〉에 산문 「새로운 베를렌」 「제앙 릭튀스」 「세기의 철학」 「음악에 대한 시론」을 발표한다. 바칼로레아 제2부에 합격한다. 그랑제콜 입시 준비반 1학년(이포카뉴)에 들어간다.

**1933**    알제대학교에 입학한다. 초기 기독교 철학자들에게 관심을 보이는 한편 니체와 쇼펜하우어를 통해 비관주의와 무신론을 탐구한다. 스탕달, 멜빌, 도스토옙스키, 카프카와 같은 소설가들을 연구한다.

**1934**    다른 쪽 폐가 감염된다. 시몬 이에와 결혼한다. 가정교사 및 알제 도청

에서 일하며 수입을 얻는다.

**1935**     장 그르니에의 설득으로 알제리 공산당PCA에 가입하고, 알제리 인민당 PPA과도 가깝게 지낸다. 가을에 친구들과 '노동 극단'을 창단한다. 각 종 기록과 작품에 대한 메모를 모은 『작가 수첩』을 쓰기 시작한다.

**1936**     플로티노스에 관한 논문으로 철학 고등교육 수료증D.E.S.을 취득한다. 세 명의 친구와 공저한 희곡 『아스투리아스의 반란Révolte dans les Asturies』을 샤를로 출판사에서 출간한다. 라디오 알제 극단의 배우로 발탁되어 활동한다. 시몬 이에와 결별한다.

**1937**     알제 '문화의 집'에서 '토착 문명. 지중해의 새로운 문명'이라는 제목으로 강연한다. 일정 수의 알제리 이슬람교도들에게 프랑스 시민권을 부여하는 블룸-비올레트 법안을 지지한다. 산문집 『안과 겉』을 출간한다. 양차 대전 사이의 긴장이 고조되면서 인민당과 공산당의 관계가 단절된다. 더불어 공산당이 전략상 우선순위에서 반식민주의 운동을 제외하자 공산당을 탈퇴한다. '노동 극단'을 해체하고 '팀 극단'을 조직한다. 폐결핵 치료와 요양을 위해 파리, 마르세유를 거쳐 고산지대인 앙브렁에 체류한다. 이후 알프스, 이탈리아를 여행하고 알제리로 돌아와 알제대학교 기상 연구소의 조수로 일한다.

**1938**     산문집 『결혼』을 출간한다. 폐결핵 후유증으로 인해 철학 교수의 꿈을 접는다. 파스칼 피아Pascal Pia가 창간한 〈알제 레퓌블리캥〉에서 기자로 일한다. 프랑스가 아랍인과 베르베르인들을 가혹하게 다루는 것을 목

격하면서 권위적인 식민주의에 대해 강한 반감을 느낀다.

**1940** 〈알제 레퓌블리캥〉의 발간이 금지되고, 파리로 이주해 〈파리-수아르〉 편집부에서 일한다. 독일군의 파리 점령이 임박하자 클레르몽페랑으로 피난한다. 리옹에서 피아니스트이자 수학자인 프랑신 포르Francine Faure와 결혼한다. 감원으로 인해 〈파리-수아르〉에서 해고되고, 알제리의 오랑으로 돌아온다.

**1941** 물질적으로 어려운 가운데 사립학원에서 강사로 생활한다. 전염병 티푸스가 오랑 지역에 창궐하고, 이는 소설 『페스트』의 창작에 영향을 끼친다.

**1942** 폐결핵이 재발한다. 갈리마르 출판사에서 소설 『이방인』과 철학 에세이 『시지프 신화』를 출간한다. 쥘 루아와 교류하기 시작한다.

**1943** 파리로 돌아와 장-폴 사르트르, 시몬 드 보부아르, 앙드레 브르통 등과 어울린다. 〈레뷰 리브르〉 〈카이에 드 라 리베라시옹〉에 나치의 폭력에 저항하는 편지글 「독일 친구에게 보내는 편지」를 발표한다. 갈리마르 출판사의 출판 편집위원으로 임명된다. 비밀 지하신문 〈콩바〉의 활동에 가담한다.

**1944** 희곡 「오해」와 「칼리굴라」가 한 권의 책으로 출간된다. 마튀랭 극장에서 〈오해〉가 초연된다. 〈콩바〉를 통해 부역자 숙청의 필요성을 역설하고, 프랑수아 모리아크와 대립한다.

**1945** 가톨릭 주간지 〈탕 프레장〉의 주도 아래 '지성의 옹호'라는 제목으로 강연한다. 대외 정책 연구소에서 '알제리 위기와 북아프리카에서의 프랑스의 미래'라는 제목으로 강연한다. 전쟁이 끝나고, 파리에서 쌍둥이 남매 카트린 카뮈와 장 카뮈가 태어난다. 에베르토 극장에서 〈칼리굴라〉가 초연된다. 갈리마르 출판사의 '희망' 총서 편집 책임자로 임명된다. 『독일 친구에게 보내는 편지』가 출간된다.

**1946** 루이 기유와 여러 차례 만나며 교류한다. 〈라르슈〉에 산문 「미노타우로스」를 발표한다. 미국에서 체류하며 컬럼비아대학교에서의 〈인간의 위기〉를 포함해 미국 대학생을 위한 일련의 강연을 진행한다. 장 암루슈, 쥘 루아와 함께 프랑스 보클뤼즈 지역을 여행한다. 르네 샤르와 우정을 쌓는다. 11월 19일부터 30일까지 〈콩바〉에 '희생자도, 가해자도 아닌'을 연재한다. 파리 라투르 모부르 수도원에서 '무신론자와 기독교인들'이라는 제목으로 강연한다.

**1947** 파스칼 피아가 사임하고, 3월부터 5월까지 3개월간 〈콩바〉의 운영을 맡는다. 『페스트』를 출간하고 큰 성공을 이룬다.

**1948** 페스트에 관한 희곡 『계엄령』을 출간한다. 〈라 타블 롱드〉에 「양심적 살인자들」을 발표한다(『반항하는 인간』에 수록). 파리 플레옐 홀에서 열린 회의에서 '자유의 증인'이라는 제목으로 연설한다.

**1949** 남아메리카의 여러 나라에서 '살인자들의 시대'라는 제목으로 강연한다. 여행으로 인해 건강이 악화한다. 에베르토 극장에서 〈정의의 사람

들〉이 초연된다.

**1950** 고산 요양을 위해 그라스 근처의 카브리에 체류한다. 희곡『정의의 사
람들』을 출간한다. 사설 모음집『시론집』1권(1944~1948년 연대기)을
출간한다. 가족과 함께 파리로 이주한다.

**1951** 스페인 공화국의 친구들 협회의 주도 아래 '충실한 유럽'이라는 제목으
로 강연한다. 스페인 사회주의 및 자유주의 혁명 15주년을 기념하며 파
리 '카탈루냐의 집'에서 연설한다. 〈레 탕 모데른〉에「니체와 허무주의」
(『반항하는 인간』에 수록)를 발표한다. 에세이『반항하는 인간』을 출간
한다. 자유주의적 사회주의와 무정부주의적 노동조합 사상을 옹호하며
전체주의적 공산주의에 반대한다. 공산주의에 대한 거부로 인해 프랑
스에 있는 동료들에게 반감을 사고, 또한『반항하는 인간』의 출간은 사
르트르와의 결별로 이어진다. 영국 방송국 BBC의 '파리에서 온 편지'
에 출연해 영국 총선에 대한 의견을 제시한다.

**1952** 프랑코 정권이 전국노동자연맹의 조합원 열한 명에게 내린 사형선고에
반대하며 파리 바그람 강당에서 '사형수를 위한 호소'라는 제목으로 연
설한다. 유네스코가 프랑코 치하에 있는 스페인을 회원국으로 받아들
이자 유네스코의 임원직을 사임하고, 바그람 강당에서 열린 반대 집회
에서 '스페인과 문화'라는 제목으로 연설한다.

**1953** 생테티엔의 노동조합 사무소에서 '모든 자유의 옹호'라는 주제 아래
열린 회의 가운데 '빵과 자유'라는 제목으로 연설한다.『시론집』2권

(1948~1953년 연대기)을 출간한다. 동베를린에서 일어난 노동자들의 봉기를 탄압한 소비에트연방을 비난하며, 파리 뮈티알리테에서 열린, 이를 지지하는 모임에 참석해 연설한다.

**1954**  단편 「간부」(『적지와 왕국』에 수록)를 발표한다. 산문집 『여름』을 출간한다. 이탈리아 순회강연(토리노, 제노바, 로마)을 한다.

**1955**  그리스 소재 프랑스 대사관의 주도 아래 프랑스-그리스 교류 계획의 일환으로 그리스를 방문한다. 아테네에 있는 그리스-프랑스 문화 연합에서 주최한 '유럽 문명의 미래'에 대한 토론에 참여한다. 아테네 프랑스 협회에서 '동시대 연극'이라는 주제로 강연한다. 소르본대학교에서 열린 『돈키호테』 출간 350주년 기념행사에서 세르반테스, 우나무노를 기리며 발언한다. '라디오 유럽'의 제안으로 개최된 도스토옙스키에 대한 헌정 행사에 참가해 「도스토옙스키를 위하여」를 낭독한다.

**1956**  소설 『전락』을 출간한다. 알제에서 '민간인 휴전'을 위한 호소문을 낭독한다. 〈N.R.F.〉에 단편 「배교자 혹은 혼미해진 정신Le Renégat ou un esprit confus」(『적지와 왕국』에 수록)을 발표한다. 폴란드 포즈난에서 일어난 민중 봉기의 무력 진압에 대한 항의문에 서명한다.

**1957**  바그람 강당에서 열린 헝가리 봉기와 망명객을 위한 지지자 모임에서 발언한다. 단편집 『적지와 왕국』을 출간한다. 사형 반대 협회 설립자 아서 케스틀러와 공저한 산문집 『사형 제도에 대한 생각』을 발표한다. 노벨문학상을 수상하고, 스톡홀름 시청에서 열린 시상식에서 연설한다.

스톡홀름대학교, 웁살라대학교 등에서 강연한다.

**1958**   연설집 『스웨덴 연설』과 『시론집』 3권(1939~1958년 알제리 연대기)을 출간한다. 노벨문학상 수상을 기리며 지중해 우호 협회가 마련한 자리에서 '스페인에 빚지고 있는 것'이라는 제목으로 연설한다. 서문을 추가한 『안과 겉』을 재출간한다. 르네 샤르와 자주 교류한다.

**1959**   각색을 맡은 도스토옙스키의 〈악령〉이 앙투안 극장에서 상연된다(소설가이자 문화부 장관 앙드레 말로가 객석에서 관람한다). 『최초의 인간』 집필에 열중한다.

**1960**   1월 4일, 친구이자 갈리마르 출판사 사장의 조카인 미셸 갈리마르의 차를 타고 루르마랭에서 파리로 향하던 중, 몽트로 근교 빌블르뱅에서 자동차 사고로 사망한다. 루르마랭 마을의 공동묘지에 안장된다.

**단체명 · 용어 · 기타**